法治湖南与区域治理研究

第 11 卷

主 编　杜钢建　赵香如

中国出版集团

世界图书出版公司

广州·上海·西安·北京

图书在版编目（CIP）数据

法治湖南与区域治理研究. 第 11 卷/杜钢建，赵香如主编. —
广州：世界图书出版广东有限公司，2013.4
ISBN 978-7-5100-5909-4

Ⅰ. ①法… Ⅱ. ①杜… ②赵… Ⅲ. ①社会主义法制—
研究—湖南省 Ⅳ. ①D927.64

中国版本图书馆 CIP 数据核字（2013）第 058686 号

书　　名　法治湖南与区域治理研究（第 11 卷）
主　　编　杜钢建　赵香如
责任编辑　黄　琼
出版发行　世界图书出版广东有限公司
地　　址　广州市新港西路大江冲 25 号
http://www.gdst.com.cn
印　　刷　虎彩印艺股份有限公司
规　　格　850 毫米×1168 毫米　1/32
印　　张　12.875
字　　数　300 千
版　　次　2013 年 4 月第 1 版　2013 年 12 月第 2 次印刷
书　　号　ISBN 978-7-5100-5909-4/D・0065
定　　价　33.00 元

《法治湖南与区域治理研究》
编委会

目　　录

Contents

【"Hu Xiang"Neo-Confucianism and Traditional Culture】

Issue Brief

东海的日中边界划定问题

——国际法视野下的天然气田开发问题

滨川今日子　张云平译

　　围绕东海的资源开发问题,日中对东海划界问题的谈判从未中断。日本主张界线为日中中间线,而中国却认为本国的大陆架延伸到冲绳海槽。关于这一点,《联合国海洋法公约》并没有规定具体的划界标准。从国际判决中可以看出,一般应根据公平原则并考虑相关情况进行划界。由于东海的界线尚未划定,对于天然气田的共同开发等问题,两国的意见也相去甚远。在无法协商解决的情况下,海洋争议必须提交至强制程序,但是需进行领土归属协商的争议为强制程序的例外。包括钓鱼岛(日文名:尖阁诸岛)在内的东海的海洋划界谈判无疑会长期持续,因此日本政府应当优先考虑共同开发相关的协定。

外交防卫课

调查与情报

第 547 号

引　　言

　　日中关系一直持续着所谓"政冷经热"的状态。两国间悬而未决的问题之一,即东海的天然气开发问题。围绕此问题,虽然存在着各种各样的讨论,但笔者认为问题的根本在于两国对于海洋划界的见解不同。

　　本文将从国际法的角度探讨东海的日中海洋划界问题。因此,本文并不对东海的天然气开发问题进行多方面论述。① 首先,文中简要地回顾天然气田开发问题的概要,其次介绍规定海洋划界的国际法原则和关于争议解决的一般规则,最后讨论上述原则在日中海洋划界问题中的适用。

Ⅰ　东海天然气田问题的概要

1. 问题的经纬

　　1968(昭和 43)年,联合国亚洲和远东经济委员会实施了东海海域一带的海洋调查。调查结果显示,此海域极有可能埋藏着大量的石油天然气田,因此东海海域瞬间引起各方关注。

　　2003(平成 15)年 8 月,中国以着手春晓油气田的开发为契机,再次对东海的天然气田表现出很大的兴趣。白桦油气田位于距两国领海基线相同距离的"日中中间线"西侧 4—5 公里处,地下矿脉有可能与中间线东侧相通。由此,在把日中中间线作为两国海洋界线的日本,本国资源会被中国掠夺之担忧不断涌现。日本政府于 2004(平成 16)年 7 月开始在中间线东侧海域利用三维

---

　　①关于整体的天然气田问题,参照以下资料。经济产业省编:《能源白皮书(2005)》,pp.7—8;共同通信社、中国报道研究会编著:《中国动向(2005)》,共同通信社,pp.148—151;平松茂雄:《中国的海洋战略发展》,劲草书房,2002;泽喜司郎:《日中关于东海海底资源的争端》,载《东亚经济研究》63 卷 4 号,2005.3,pp.333—353.

探测船①进行了单独的地质调查,并于2005(平成17)年宣布称:春晓油气田和断桥天然气田延续到中间线日本领域内。②

虽然经济产业省于2005年7月批准了帝国石油株式会社在东海的试钻权设定许可,但是到目前为止并没有进行实际的试钻。此外,试钻权的设定从三十多年以前已开始实施申请。③ 另一方面,中国在同年9月开始了天外天油气田的生产,而通过海底管线和春晓连接的浙江省宁波市的天然气处理设备也开始了试运行。④

2005年,中国军舰数次航行在天然气田群附近,被认为是对日的示威行为。⑤ 另外2006(平成18)年春,对于中国在跨过中间线的区域内实施目的不明的调查活动,日本政府进行了抗议。⑥ 再次,同年4月,中国海事局因平湖油气田工程的缘由对普通船舶发布了禁止在周边海域航行的公告,但却没有事先通知日本政府,而且禁止航行区域甚至包含了中间线东侧海域,因此招致了日本的强烈反对。⑦ 关于东海天然气田问题,两国间关系持续紧张。

---

①日本并不拥有三维探测船,因此雇用挪威的探测船实施了调查。平成17(2005)年的年度预算中,编入了物理探测船的制造费用。

②经济产业省编:《能源白皮书(2005)》,p.8.

③"漂泊的海洋日本 对中关怀、资源开发迟缓",载《读卖新闻》2006.5.31.

④"东海天然气田的开发 中国试运行处理设施 香港报纸报道",载《每日新闻》2006.3.3.

⑤"东海天然气田海域发现中国新型军舰 示威行动?!",载《读卖新闻》2005.1.25;"春晓天然气田出现中国舰队 对日的示威行动?",载《读卖新闻》2005.9.10.

⑥"中国越过中间线调查 直升机数次出现 目的不明 日本提出抗议",载《冲绳times》2006.4.2,夕刊。

⑦"东海禁止航行 官邸报告2周后《限制公海航行自由》",载《产经新闻》2006.4.18.其后中国宣称禁止航行区域的设定出现技术性错误,将中间线向日方的海域从禁止航行区域中解除。

2. 日中实务者协商会议

为了打破这种紧张关系之僵局,日中两国举行了数次实务者协商会议。[①]

第一次局长级会议于 2004(平成 16)年 10 月召开。日本要求中方停止天然气田的作业和提供相关数据,但是中国以天然气田的开发始终在本国海域内进行而且其矿脉并没有通到日方海域为由,拒绝了日本的请求。日本在第二次以后的会议中也不断地提出同样的要求,然而到目前为止中国并没有回应此要求。

2005(平成 17)年 5 月举行的第二次会议上,中国提出议案即对日中中间线到冲绳海槽之间的海域进行共同开发。但是,从日本坚持应该以日中中间线两侧的海域为共同开发的对象这一立场不难看出,日方很难接受中方的议案。

在同年 10 月的第三次会议上,日本首次提出了共同开发议案。议案以夹日中中间线的两侧海域即春晓、天外天、断桥、龙井油气田为共同开发对象。中国回应称,将在下次会议上表明中方对日方提案的意见。另外,中国虽然没有接受停止开发天然气田的要求,但是对于提供信息这一点,其表示在达成共同开发的合意后可以讨论。

2006(平成 18)年 3 月的第四次局长级会议上,中国提出了新的议案,即在钓鱼岛附近和日韩大陆架共同开发区域一带进行天然气田的共同开发。对于新提案,虽然可以窥见某种程度上的进步,但是对钓鱼岛附近的共同开发表示完全无法接受之批判和反对依然强烈。[②] 也有评论称:从中国能源需求量的猛增[③]及已经向天然气田开发投入大量资金等无法轻易让步的国内状况来看,

---

[①]外务省主页"与东海相关的日中协商会议"〈http://www.mofa.go.jp/mofaj/area/china/higasi_shina/index.html〉(last access 2006.6.9)。

[②]"'中国的提案 充满挑衅'政府、执政党 强烈发对",载《读卖新闻》2006.3.9.

[③]"关于中国的能源状况",经济产业省,上列注[②],参照 pp. 293—300。

新提案只不过单纯是为了争取时间而已。①

同年 5 月的第五次会议上，日本要求中方对其在第四次会议上提出的共同开发案进行详细的说明，但却没有得到中方的具体回答，会议没有丝毫进展。②

另外，第六次会议也计划于 2006 年 6 月举行。

日中协商会议的主要论点

	日本的主张	中国的主张
①边界划定	日中中间线为适当。	中国的大陆架延伸到冲绳海槽。
②中国正在进行的开发	因中国进行开发的油气田矿脉跨越日中双方的海域，要求其立即停止开发和公开地下构造的数据等信息。	因中方和日方海域的矿脉并不连接而且开发是在中方海域进行，不接受中止开发、提供信息的要求。
③共同开发区域	提出对跨越中间线的日中双方海域，即对春晓、天外天、断桥、龙井共同开发。	从中间线到冲绳海槽的海域即钓鱼岛附近，与日韩大陆架共同开发区域一带（第 4 此会议上的新提案）。

（出处）"日中天然气田协议"《读卖新闻》2005.10.2 等各报纸的报道为基础，笔者制作。

3. 日中两国关于划界的主张

天然气田问题归根结底是因为东海海域中两国的界线尚未划定。日本认为"考虑联合国海洋法公约的相关规定、国际判例、日中两国的领海基线间的距离等情况，像日中这样在双方的距离不足 400 海里的海域中，应以距离两国海岸相同距离的中间线为

---

①"东海天然气田问题恶化之因 中国提出'共同开发钓鱼岛'政府抗议'不过是为争取时间'"《东京新闻》2006.3.9。

②"东海油气田共同开发 中国提议的海域或将成为下次协商的焦点"《朝日新闻》2006.5.19。

基础划定大陆架的界线",主张"像冲绳海槽①那样的海底地形没有法律意义的想法为恰当"②。

另一方面,中国认为"应根据大陆架的自然延伸等东海的海域特征进行划界③",主张中国的大陆架延伸到分布在西南诸岛西侧的冲绳海槽。驻日大使王毅发表讲话称"与拥有较长海岸线的中国相对,日本诸岛却像链条一样连接着。从这样的地理特征来看,以中间线为两国的界线也不符合公平原则"④,认为所属大陆架的面积大小应与各国的海岸线长度成比例。

下文将讨论国际法中关于大陆架和专属经济区(Exclusive Economic Zone 文中简称 EEZ)的规定。

Ⅱ 国际法的相关规定

规定大陆架和专属经济区的国际法有在《大陆架相关条约》(日本未批准,下文简称《大陆架公约》)和《国际联合关于海洋法条约》(平成 8 年条约第 6 号,以下简称《联合国海洋法公约》)

1.1958 年大陆架公约

1958 年的第一次联合国海洋法会议,通过了作为日内瓦海洋法四公约之一的《大陆架公约》。公约第 1 条将"大陆架"定义为①邻接海岸但在领海以外之海底区域之海床及底土,其上海水深度不逾 200 米,或虽逾此限度而其上海水深度仍使该区域天然资源有开发之可能性者;②邻接岛屿海岸之类似海底区域之海床及底土。另外,还规定同一大陆架邻接两个以上海岸相向国家之领

---

①海槽(船状海盆)是指"两侧坡度较和缓,比海沟较浅的海底宽敞凹地"(芦刈孝《最新地理小词典》二宫书店,1991,p. 168.)。

②外务省主页"公众问题集 亚洲"〈http://www. mofa. go. jp/mofaj/comment/faq/area/asia. html♯12〉(last access 2006. 6. 9)。

③外务省主页"公众问题集 亚洲"〈http://www. mofa. go. jp/mofaj/comment/faq/area/asia. html♯12〉(last access 2006. 6. 9)。

④"东海的油气田开发 为何对立? 根源在于未划定边界"《东京新闻》2005. 10. 24.

土时,其分属各该国部分的界线由有关各国以协议确定。若无协议,除因情形特殊应另定界线外,中间线或者等距离线为界线(第6条)①。换言之,大陆架公约中规定,当事国无法达成协议时的划界原则为等距离原则,但是当因情形特殊应另定界线时,则采用非根据等距离原则测算的边界线。

2.1982 年《联合国海洋法公约》

其后,在各国对于海洋资源的利用分配意见对立的背景下,为寻求对海洋法整体的重新认识,1973 年开始举行了第三次联合国海洋法会议②。会议于 1982 年达成了综合性规定了海洋相关问题的《联合国海洋法公约》并到此闭幕。因为日中两国同属公约的缔约国,所以两国的海洋边界划定应首先适用此公约。

与本文相关的此公约主要特征为以下三点:①EEZ 的制度化;②大陆架定义的变更;③EEZ 和大陆架共同的边界划定标准的设定。

(1)1970 年以来,以中南美和非洲住过为中心提倡的 EEZ 概念,在《联合国海洋法公约》中得以明文化。也即,沿岸国可以将与领海相连并从领海基线起不超过 200 海里的海域范围设定为专属经济区(《联合国海洋法公约》第 57 条。下文的《联合国海洋法公约》的条文省略条文名),并享有区域内海床的上部水域及海床与底土的天然资源之探测、开发、保存及管理的主权性权利,另外还拥有为其他经济目的而进行的探测、开发活动相关的主权性权利(第 60 条)。

(2)大陆架条约把凡具有开发天然资源可能性的海床及底土均规定为国际法上的大陆架,而无论其与海岸线的距离。随着科学技术的不断进步,此种规定下的大陆架有无限扩张之危险。《联合国海洋法公约》对此进行了修正,规定大陆架包括"领海以外依其陆地

---

①《大陆架相关条约(大陆架公约)(抄)》《基础公约集 2006 年版》东信堂,2006,pp.423—424。

②第二次联合国海洋法会议以决定领海的宽度为主要目的,于 2006 年举行。

领土的全部自然延伸,扩展到大陆边外缘的海底区域的海床和底土",如果从测算领海宽度的基线量起到大陆边的外缘的距离不到200海里,则包括"该沿岸国领海以外的海地区域的海床及底土,并从该国领海基线扩展到200海里的距离"(第76条)。

(3)第三次海洋法会议上,对于海洋边界划定的标准,出现了支持等距离原则的国家和支持1968年北海大陆架案判决中提出的公平原则(参照Ⅲ 1)的国家之间严重对立的情形。双方妥协的结果,使得既不提及等距离原则也不提及公平原则的"应在国际法院(International Court of Justice 下文简称ICJ)规约第38条所指国际法的基础上以协议划定,以便得到公平解决"(第74条、第83条)这一文本得以作为条文确立。

Ⅲ　海洋划界相关的案例

既然《联合国海洋法公约》基于自然延伸论和距离标准对大陆架进行了两种定义,划界标准也在具体性方面有所欠缺,因此不能轻易地对大陆架的定义及有关大陆架和专属经济区各自划界问题的条文文本进行单一的解释并将之适用于日中的东海划界问题。基于此,本文将试探讨已经做出的ICJ判决中提出的海洋划界标准相关的动态。①

1. 北海大陆架案

诉诸ICJ的有关海洋划界争议之第一例是北海大陆架案(西

---

① 本章论及的多数判例为1994年的联合国海洋法公约生效前的裁判,并非直接争论本条约的解释及适用。但是,多数判例对第三次联合国会议中认可的新趋势予以考虑进行新的判断,揭示了涉及海洋边界划定的国际习惯的规则是什么。此外,ICJ的判决尽管没有先例约束力(ICJ规约第59条),既然其被视为确定法律原则的补助手段,在讨论日中的边界划定问题时便不得忽视。另外,本章的记述参考了各判决当年的 International Court of Justice Reports of Judgments,Advisory Opinions and Orders,《国际法外交杂志》的各判例介绍,田畑茂二郎等编《国际法判例》东信堂,2000.10,但因篇幅有限,不再一一注释。

德意志对丹麦、西德意志对荷兰、1969 年判决）。在本案中，因为
西德意志没有批准《大陆架公约》，所以请求法院判定对于当事国
之间的划界应适用什么国际法原则。

　　法院做出判断：大陆架是"陆地领土的延伸或连续"，据此可
将大陆架视为沿岸国领土的一部分。大陆架的划界原则应"通
过协议，按照公平原则，并考虑到一切有关情况，以使每一个国
家尽可能多地得到构成其陆地领土自然延伸的大陆架所有部
分，并且不侵占另一国陆地领土的自然延伸"。另外，谈判中各
当事国应予考虑的因素包括：①海岸的一般构造以及任何特殊
或异常特征的存在；②大陆架的自然和地质结构及其自然资源；
③依公平原则划归沿海国的大陆架区域的范围与依海岸线一般
方向测算的海岸长度之间的合理比例。并且，根据争议地区海
岸线的形状不同，等距离原则有时会招致不合理的结果，其也不
是大陆架制度中的固有原则，不能视为习惯国际法的强制性
原则。

　　大陆架作为一国陆地领土的延伸，其边界划定应考虑相关情
况根据公平原则进行，这一做法成为目前为止的判例沿袭适用的
海洋边界划定的原则。但是，北海大陆架案的判决中并没有出现
"公平原则"及"相关情况"的具体内容。因此在以后的判决中，决
定边界划定标准时有必要明确上述二者的含义。下文中笔者将
介绍北海大陆架案之后请求 ICJ 审判的案例中是如何理解和处
理"公平原则"及应当考虑的"相关情况"的。①

　　2. 公平原则

　　突尼斯—利比亚大陆架案（1982 年判决）中，把公平原则理解
为"可以达到公平结果的适当的原则"。另外，其还认为公平原则

---

　　①作为对有关海洋边界划定的判例按案例分类的解说，参照松叶真美
《大陆架和专属经济区的边界划定—判例介绍—》《Reference》654 号，2005.
7. pp. 42—61。

是直接作为"法"而适用的一般原则,必须区分公平与善良。①

缅因湾海域边界划定案(美利坚合众国对加拿大,1984年ICJ特别分庭判决)中,所有适用于海洋界线确定的基本规范都得到以下说明。边界划定应通过适用可确保公平结果的公平标准和使用实际的方法完成。另外,如果各个案中没有强制性适用的特定标准或方法,法院的任务就是从可适用范围内选定适用于各个案的标准及实施此标准的方法。② 在寻求对大陆架和捕鱼区划定统一界线的本案中,必须适用与各自划分时相等及想适应的标准,且不优先处理两条界线中的任一条。据此观点,本案中可能适用地理性标准亦即平等划分两国间重合部分的海域的标准。

根据利比亚—马耳他大陆架案(1985年判决),公平,首先是指结果的公平。在格陵兰岛—扬马延海洋边界划定案(丹麦对挪威、1993年判决)中,如果《大陆架公约》第6条所述"等距离＋特殊情况规则"表述了基于公平原则的一般原则③,那么其与习惯国际法上的"公平＋相关情况规则"之间并无实质性的差异。因此,在划定大陆架界线时,即使适用习惯法而非《大陆架公约》第6条,划出暂时的中间线,然后根据相关情况调整才合乎先例。

3. 应当考虑的相关情况

虽然北海大陆架案中寻求考虑所有的相关情况,但是利比亚—马耳他案中却只限定于大陆架制度和公平原则适用的相关情况。在过去的判决中,为实现公平的结果而被认可为应当考虑

---

① "公平及善良"的意义并不明确,也有学说认为前者意指具体的正义,后者仅指便利上的考虑(简井若水编集代表《国际法辞典》有斐阁,1998,p.90.)。

② 法院列举了陆地对海域的支配,不存在特殊情况时的平等分割等作为可适用的"标准",作为"方法"列举了等距离·中间线、相对于沿岸的垂线等。

③ 1977年英法大陆架案中仲裁法院认为大陆架第6条规定了"除根据特殊情况其他边界线更加合理外"应当适用等距离原则的义务,提出"等距离＋特殊情况规则"。此规则成为在当事国没有合意时,大陆架的边界划定应当遵循公平原则这一一般规则的特定表达。

的相关情况和没有被认可为应当考虑的相关情况的因素中,有以下几种。

(1)海岸线的长度:与海洋边界划定相关的国际审判中,一般情况下会考虑海岸线的长度比。缅因湾案中,为使海岸线相对较长的美国分得更多的大陆架及捕鱼区,修正了中间线①。另外,利比亚—马耳他案中,海岸线的长度比也作为相关情况得以被考虑。但是,海岸线的长度和待划分海域的面积并不总是严格成比例的。举例来说,在格陵兰—扬马延案中,海岸线的长度比为1∶9,但是海域的划分比例确实1∶3。另一方面,喀麦隆—尼日利亚领土海域边界划定案(2002年判决)中,虽然认识到海岸线长度的本质性差异可作为修正或移动中间线的主要因素考虑,但是却当作两国海岸线没有那样本质上的差异,没有进行中间线的修正。

(2)岛屿:在突尼斯—利比亚案中,克肯纳诸岛被认为其大小(180平方公里)和位置(突尼斯的海上11海里)构成了边界划定的相关情况,赋予其"半分效果"。缅因湾案中,也同样承认了锡儿岛的"半分效果"。如果承认"半分效果",首先考虑该岛的存在划出假定的界线,然后无视岛的存在划出第2条假定的界线,采用这两条界线的中间线作为真正的界线。另一方面,格陵兰—扬马延案中对于没有定居人口且远离挪威本土的小岛(扬马延岛),承认其与本土拥有同样的所有权即200海里以内的潜在权限。

(3)海底地质、地形:在突尼斯—利比亚案中,划定大陆架界线时,地质要素在国际法的适用上只不过是必要限度内予以利用。利比亚—马耳他案中,利比亚主张,在划定界线时,应当考虑深约1 000米的海槽作为"断裂区"构成了两国间大陆架的基本隔绝这一事实。然而法院确认为虽然也有考虑地质要素的判例,但

---

①海岸线的长度本身并不是边界划定的标准和方法,而是构成"情况"的要素,在此种"情况"下有必要对根据其他基础确定的界线进行合理的修正。

是其仅限于 200 海里以内的范围,也已经是过去的事情。因此,法院否定了将地质要素视为决定大陆架范围的要素。

(4)经济、资源:突尼斯—利比亚案中,突尼斯主张本国的相对贫困以及资源的贫乏作为相关情况,但是法院认为不能考虑可变的经济状况。利比亚—马耳他案中也是一样,能源资源的匮乏、岛国发展国的请求、固有的渔业活动并没有被视为相关情况予以考虑。与之相对,缅因湾案中,虽然并没有基于对矿物资源的考虑而修正中间线,但是对于渔业及其他各种活动,尽管不是公平标准适用中的考虑要素,却把标准适用的结果是否会给相关居民的生活及经济福利带来重大变化视为法律更加应该关心的事情。格陵兰—扬马延案中,为了确保对作为渔业资源的旋瓜鱼的公平利用,中间线被向东调整。

(5)石油特许权:两国对于某种特定线构成了海洋界线形成默契,并在给予石油特许权①时都会遵守这条界线。有的国家主张在划定界线时上述情况应当予以考虑。突尼斯—利比亚案中此种主张得到认可,但在缅因湾案和喀麦隆—尼日利亚案中被否定。

(6)文化:格陵兰—扬马延案中,文化因素是否为相关情况引起争论。丹麦的领地格陵兰岛的总人口约为 55 000 人,其中约 6%的人口居住在东岸,而挪威的领地扬马延岛上没有定居人口,仅气象站及通信设施等的约 25 名职员时常居住而已。丹麦主张,这些人口差异及格陵兰岛人对其陆地和周边海域的留恋在划定界线时应当被考虑,但是法院却抛却了这一主张。

(7)安全保障上的问题:日比亚—马耳他案中,安全保障上的考虑尽管与大陆架概念不是没有关联,但是法院认为界线"并没有邻近两国的海岸到需要讨论安全保障的程度",没有进行中间

---

①特许权是指国家与个人缔结的公共事业的建设与运营的合同及授予其天然资源长期开发权的合同的总称。

线的修改和移动。格陵兰—扬马延案中,安全保障问题也得以讨论,但法院做出了和利比亚—马耳他案相同的判断。

4. 对自然延伸论、等距离原则的评价

北海大陆架案中,作为边界划定的方法法院否定了采用等距离原则而强调了大陆架自然延伸的概念。但是,其后的突尼斯—利比亚案中,将大陆架视为"陆地领土的自然延伸"的看法对于决定一国权利的正确范围来说,仅仅上述看法是不够的或者说是不恰当的,决定公平的边界划定和决定大陆架的自然延伸并不是同义语。

缅因湾案中,认可等距离原则为边界划定的实际方法的同时,却也做出判断:等距离原则并没有成为一般国际法的规则,也不具有作为习惯国际法的基础,另外也非具有优先权及优先性的原则。

利比亚—马耳他案中,法院在认定 EEZ 制度成为习惯法的基础上,认为 EEZ 必然伴随着对海底大陆架的权利,因此大陆架也必须和 EEZ 一样适用距离标准。但是,那并不意味着自然延伸观念被距离观念取代,两者互补并且均为大陆架这一法律概念的本质性要素。

综上所述,笔者认为尽管大陆架是陆地领土的自然延伸这一观点过去一贯备受支持,但是应与两个以上国家的大陆架重合时的边界划定标准相区别。等距离原则作为践行公平原则的方法之一,仅仅用于法院认为适用等距离原则是妥当的情形。虽说如此,"实际上在判例中,说等距离原则通常会被适用也并不过分"[1]。

Ⅳ 争端的解决

与海洋问题有关的争端要根据《联合国海洋法公约》第 15 部分规定的程序处理。

---

①岛田征夫等编《海洋法教材》有信堂高文社,2005,p. 88。

1. 协商解决

当事国应当首先通过《联合国宪章》第 33 条第 1 项规定的方法即谈判、调查、斡旋、调停、仲裁裁判、司法解决、区域机关或区域办法的利用,或各该当事国选择的其他和平方法解决争端(279 条)。

所谓谈判,是指争端当事国通过外交程序进行直接的协商。调查、斡旋、调停三者均指第三国通过提出解决方案及提供谈判场所等帮助解决争端的方法。① 这些方法都是当事国达成合意寻求争端解决的非裁判性程序,因此并不一定以国际法为准据,决定亦不具有约束力。但是下文论及的仲裁裁决、司法解决军要以国际法为基准,判决对当事国具有约束力。

仲裁裁判是指,对每个争端在依当事国的合意设立的非常设法庭进行的裁判。《和平解决国际争端公约》第 37 条规定了仲裁裁判的作用,即"……尊重法律的基础上解决各国的纠纷……"。这可以解读为仲裁的宗旨即尽管要以国际法为裁判的根本标准但是可不严格适用,而考虑法律以外的要素进行裁判②。

司法解决的主要机关是 ICJ。诉讼则遵守 ICJ 规约及 ICJ 规则规定的程序进行。裁判的标准为条约及公约、国际习惯、法的一般原则,作为确定法律原则的补助手段,也可适用司法判例及各国最权威国际法学者的学说(ICJ 规约第 38 条)。若经当事国同意,也可根据公平及善良原则裁判(同条)。

但是,ICJ 也不可以根据任何一方的委托进行审理。仅在当事国之间达成委托协议时③和当事国双方接受 ICJ 的强制管辖权时,ICJ 的管辖权才被认可。所谓强制管辖,是指根据争端当事国任一方的申请而没有另一方的同意下进行裁判的行为被认可,其

---

① 参照杉原高嶺《现代国际法讲义 第 3 版》有斐阁,2003,pp.386—391。
② 参照杉原高嶺《现代国际法讲义 第 3 版》有斐阁,2003,p.397。
③ 此情形可进一步分为两种,即发生争端后双方达成提交 ICJ 的协议和在各公约中事先规定争端发生时请求 ICJ 审判。

判决对当事国具有约束力。规约的当事国对于与以下四项相关的法律争端即条约的解释、国际法的任何问题、任何事实的存在如经确定属违反国际义务的事实、因违反国际义务而应予赔偿的性质及其范围,可以随时声明接受 ICJ 的强制管辖权(ICJ 规约第36 条 2)。做出此项声明的国家质检,只要一方将争端委托给ICJ,则 ICJ 自动获得同一义务范围内的管辖权。

2. 强制性解决

《联合国海洋法公约》规定,若无法通过合意解决,应当委托具有强制性和约束力的解决方法。

(1)原则:

作为争端的强制性解决场所,所有国家均可以随时通过书面声明,从①国际海洋法法院、②国际法院、③按照附件Ⅶ组成的仲裁法院、④按照附件Ⅷ组成的处理特定领域争端的特别仲裁法庭中选择一个或两个以上方法(286 条、287 条 1)。在合意无法解决争端时,如果争端各方已接受四项选择中的同一程序以解决这项争端,除各方另有协议外,争端仅可提交该程序(第 287 条 4)。如当事国未声明选择何种方法及或争端各方未接受同一程序时,争端仅可提交到③中的仲裁法院(第 287 条 3.5)。①

(2)例外:

但是,在上述强制性解决中设定有两个例外。

其中之一是在沿岸国对 EEZ 及大陆架行使主权性权利或裁量权的行使时的情形。与此相关的争端不适用强制管辖权,经任何一方当事国的请求应提交到附件Ⅴ第 2 节规定的调停程序(297 条)。②

---

①除当事国之间事先有合意外,仲裁裁判终局。当事国不能上诉,必须遵守该法院的裁判(联合国海洋法公约附件Ⅶ第 11 条)。

②该调停的任务仅限于听取当事国的意见、审理诉求和反驳及提出解决方案,不具有约束力。

其中之二则是关于划定海洋边界之规定在解释或适用上的争端,或涉及历史性海湾或历史性所有权①的争端。一国可以随时发表书面声明对于上述事项不接受强制程序。如果争端各方经谈判在合理期限内无法达成协议,则经任何一方当事国的请求应提交至附件 V 第 2 节规定的调停程序(298 条 1)。此外,任何争端如果必须涉及同时审议与大陆或岛屿陆地领土的主权或其他权利有关的尚未解决的争端,则不应提交这一程序(298 条 1(a)(i))。

3. 日中两国的海洋边界划定

日中两国并没有事先达成这样的合意:两国间发生海洋边界划定的争端时,同意将争端提交到 ICJ 审理。另外,日本虽然接受了 ICJ 的强制管辖权,但中国并没有接受。② 因此,如请求 ICJ 审理此案,则两国需一致同意提交争端到 ICJ。

对于《联合国海洋法公约》规定的强制程序,两国均未选择287 条第 1 项规定的法院,也没有声明排除适用第 298 条规定的强制程序。换言之,双方无法达成一致解决争端时,经任一方请求可提请附件 VII 规定的仲裁法院处理争端。但是因一国可随时声明对于边界划定的争端不接受强制程序,如果一方发表此声明,则本案应提交至附件 V 第 2 节规定的调停程序。此外,因为

---

①历史性所有权是指国际法上立足于某种情况具有一定法律地位的事实,并由于长期的国家行为(特别是主权的行使)和他国的默许,而取得的为其他国家广为承认的法律地位(简井《国际法辞典》有斐阁,1998,p. 347.)。比如,可以行使与领土同样的国家主权的海湾,限定为湾口宽 24 海里以内的部分(第 10 条 4.5)。但是即使湾口的宽度超过 24 海里,如果沿岸国长期且稳定地行使主权而其他国家均不反对,则承认该沿岸国对此海湾享有与领土同样的国家主权。这就是"历史性海湾"。

②日本于 1958(昭和 33)年 9 月 15 日,发表了接受强制管辖权的声明。声明如下,"(声明之日起)5 年内有效,其后此声明的效力于书面通告宣布废止时终止。"另一方面,中国于 1946(昭和 21)年 10 月 26 日接受了强制管辖权,却于 1972(昭和 47)年发布通告予以终止。

两国关于钓鱼岛归属的意见相左,若双方认为"必须同时审议涉及岛屿陆地领土的主权或其他权利有关的尚未解决的争端",可能不会诉诸调停程序。

结　　语

　　东海的日中边界划定问题,如若成为《联合国海洋法公约》中的强制程序的例外,没有两国的合意就无法解决。因此,今后同样要进行不间断的对话。有报道称,既然边界划定的谈判的长期化趋势不可避免,日本政府应当采取搁置争议,优先达成涉及利益分配方式的共同开发协定的方针①。两国在将东海发展成互助合作之海的认识上是一致的,②双方在此立足点上探索日中双方共赢的共同开发之道或许是另一条道路。

　　①"搁置日中划界问题　政府应优先共同开发之协议"《产经新闻》2006.5.31.
　　②外务省主页"公众问题集　亚洲"〈http://www.mofa.go.jp/mofaj/comment/faq/area/asia.html♯11〉(last access 2006.6.9)。

湖南社会组织发展法治化调研报告
——基于长沙市和常德市的实证分析

蒋海松①

社会组织是指非官办、非营利、带有志愿性、致力于经济社会服务事业的社会民间组织。在西方,也被称为"NGO"、"第三部门"等,甚至直接与"公民社会"相连。在发达市场经济国家,社会组织与现代政府、市场经济体制一起形成现代国家治理的基本架构。它以独特的性质和特有的优势能较有成效地解决私人领域乃至公共领域中的经济社会问题。

党的十六大报告明确提出,要积极发展各种商会、协会组织,培育和壮大社会中介组织。党的十七大提出要"健全党委领导、政府负责、社会协同、公众参与的社会管理格局",明确了社会管理主体多元化是加强和创新社会管理的必然趋势。而加快培育和发展社会组织,是其中至关重要的方面。

具体到湖南省,《法治湖南建设纲要》明确提出:"发展和规范社会组织。大力培育和扶持社会组织发展,力争到 2015 年,基本建立起与我省经济社会发展相适应、布局合理、结构优化、功能到位、作用明显的社会组织体系,充分发挥其提供服务、反映诉求、规范行为的作用。依法加强对社会组织的监管,健全监管体制,创新监管方式,制定社会组织行为规范和活动准则。建立政府向社会组织购买服务制度。实行社会组织信息公开和评估制度。

---

① 蒋海松,湖南大学法学院教师,法学博士。

引导社会组织建立行业规范,完善内部治理结构,强化社会责任,完善诚信自律机制,提高自律性。鼓励发展社会志愿者组织,建立健全志愿服务制度,规范志愿服务行为。"这为湖南社会组织发展提供了明确指引。

本次调研主要选取了长沙市和常德市两地作为样本。其原因在于,长沙作为省会,社会组织发展水平较高,具有示范效应。长沙市社会组织建设先后荣获了"全国民办非企业单位自律与诚信建设最佳组织奖"、"全国民间组织登记管理先进单位"、"全国社会组织深入学习实践科学发展观活动指导先进单位"等多项荣誉称号。而常德市则是地方发展的代表。

一、社会组织发展情况及在社会管理中的成效

(一)社会组织发展情况

民政部 2011 年社会服务发展统计报告指出,截至 2011 年底,全国共有社会组织 46.2 万个,比上年增长 3.7%;吸纳社会各类人员就业 599.3 万人,比上年下降 3.1%;形成固定资产 1 885.0 亿元,比上年增长 1.1%;社会组织增加值为 660.0 亿元,比上年增长 24.2%,占第三产业增加值比重的 0.32%;接收社会捐赠 393.6 亿元;全年共执法检查社会组织 1 917 起,其中取缔非法社会组织 21 起,行政处罚 1 896 起。

全国共有社会团体 25.5 万个,比上年增长 4.0%。其中:工商服务业类 24 894 个,科技研究类 19 126 个,教育类 12 491 个,卫生类 10 776 个,社会服务类 33 987 个,文化类 22 472 个,体育类 13 534 个,生态环境类 6 999 个,法律类 3 148 个,宗教类 4 650 个,农业及农村发展类 52 105 个,职业及从业组织类 17 648 个,国际及其他涉外组织类 519 个,其他 32 620 个。全年共执法检查社会团体 890 起,其中取缔非法社会团体 12 起,行政处罚 878 起。

全国共有民办非企业单位 20.4 万个,比上年增长 3.1%。其中:科技服务类 10 956 个,生态环境类 846 个,教育类 104 894

个,卫生类 21 573 个,社会服务类 31 750 个,文化类 8 827 个,体育类 7 700 个,商务服务类 6 897 个,宗教类 169 个,国际及其他涉外组织类 36 个,其他 10 740 个。全年共执法检查民办非企业 1 016 起,其中取缔非法民办非企业 9 起,行政处罚 1 007 起。

全国共有基金会 2 614 个,比上年增加 414 个,增长 18.8%,其中:公募基金会 1 218 个,非公募基金会 1 370 个,境外基金代表机构 26 个。民政部登记的基金会 183 个。公募基金会和非公募基金会共接收社会各界捐赠 219.7 亿元。全年共行政处罚基金会 11 起。①

自 2004 年至 2011 年全国社会组织发展态势可见下图:

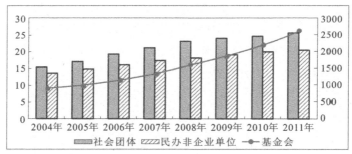

其中具体的分类数据可见下表:

单位:万个、个

指 标	2004年	2005年	2006年	2007年	2008年	2009年	2010年	2011年
社会团体	15.3	17.1	19.2	21.2	23	23.9	24.5	25.5
民办非企业单位	13.5	14.8	16.1	17.4	18.2	19	19.8	20.4
基金会	892	975	1144	1340	1597	1843	2200	2614

①《民政部发布 2011 年社会服务发展统计公报》,中央政府门户网站,2012 年 06 月 21 日 14 时 39 分发布,登录时间 2012-7-20. http://www.gov.cn/gzdt/2012-06/21/content_2166922.htm=。

据《光明日报》2012 年 10 月份最新的报道,"据民政部门统计,我们现在民政部注册登记的社会组织达 40 多万个,没有注册登记的估计还有一两百万个。我们 13 亿公民当中有几亿公民在社会组织里面参与活动。此外,还有备案的城市街道社区群众性社会组织 20 万多个,农村专业经济协会 4 万多个。"①

湖南省社会组织近年来也得到了显著发展。2004 年底、2005 年两届湖南十大公益事件的评选,2006 年的首届湖南慈善奖评选,2007 年的善行 2007、邦女郎、义工代表大会、湖南义工联盟成立、公益组织能力建设培训等事件,2008 年初抗击冰灾、汶川地震抗震救灾等公益行动蓬勃开展,群英会网友联盟,湖南联盟网等民间组织涌现。根据国家民间组织管理局公布的相关数据,截至 2008 年,湖南省共有社会组织 13 105 个,其中社会团体 9 006 个,基金会 71 个,民办非企业 4 028 个,占全国社会组织总数的 3.38%。现在,我省民间组织已发展至 16 595 个,占全国社会组织总数的 3.82%。而据民革湖南省委 2011 年调研报告指出,"我省现有各级各类社会组织 16 595 个,其中湖南省性的社会团体有 776 个,民办非企业 300 个,各类基金会 102 个,各级各类公益性组织大约 3 000 多个。"②

这些社会组织涉及的领域很广,有科教、文化、卫生、环境、劳动、慈善和社会福利等,为群众提供了多样化、专业化的服务,成为政府服务于民的桥梁和纽带。在提供公共服务、缓解社会矛盾、促进社会进步和发展等方面发挥了越来越重要的作用,日益成为建设社会主义和谐社会的一支重要力量。例如湖南省社会工作协会、湖南省扶贫基金会、湖南省温暖工程基金会、湖南省妇女儿童发展基金会等大型公益团体,在筹集捐款以赈灾救灾、扶

①《怎样认识社会组织的作用》,载《光明日报》2012 年 10 月 25 日 16 版。
②民革湖南省委:《关于加快发展湖南公益性社会组织的建议》,http://www.hnswtzb.org/News.aspx? ArticleId=38196。

贫济困、支持科研事业、帮助妇女儿童和老弱贫残等方面发挥的作用有目共睹;例如湖南光爱之家团队、湖南绿源环保协会、湖南爱弥尔自闭症教育中心、湖南开音自闭症教育中心等民间草根组织,在助学、环保、助残等方面起到了很大的推动作用,取得了良好的社会效应。

其中省会长沙的社会组织的发展具有带头作用。近年来,随着长沙市经济社会的快速发展,长沙市社会组织发展迅速。长沙市民政局2012年7月26日在本次调研中透露,截至目前,全市共登记社会组织2 693家,其中,社会团体888家,民办非企业单位1 805家。另外,全市还有备案社区社会组织776家。在覆盖范围上,全市社会组织涵盖经济、科研、社会事业、慈善、综合五大类,涉及科技、教育、文化、卫生、劳动、民政、体育、环保、法律服务等14个领域,已基本形成门类齐全、层次完备、覆盖广泛的社会组织体系。而且综合实力强。全市社会团体共有9万家企业会员,33万个人会员,年收入达24亿元,净资产13亿元,共有专职工作人员3.5万人,兼职人员7万人,注册的各类志愿者70多万人,社会组织已经发展成为一支不可忽视的重要社会力量。

作为地方发展的代表,常德市民政局2012年7月20日在调研中透露,截至2012年6月30日,全市共登记注册社会组织1 688家,市本级社会组织454家,市本级新增社会组织20家(社会团体11家,民办非企业单位9家),注销4家(社团2家,民办非企业单位2家)。其中社会团体277家,分布在经济类(含经济服务组织、农业及农村发展)74家,科学研究类80家,社会事业类(含教育、卫生、文化、体育、生态环境)57家,慈善类3家,综合类(含法律、宗教、职业及从业组织、国际及涉外组织、其他)63家;民办非企业单位177家,分布在科研类24家,教育类(民办学校)46家,文化类(劳动培训)49家,卫生类18家,体育类7家,其他综合类33家。

（二）湖南社会组织在社会管理中的作用

中国社科院 2012 年 5 月 21 日在北京发布的《中国民间组织报告 2011—2012》里称,中国民间组织发展步入全面发展的突破阶段,民间组织日益成为社会治理的重要主体。2011 年,社会管理创新成为国家重大发展战略,长期制约和束缚民间组织发展的双重管理体制获得实质性重大突破。在历史发展机遇面前,阻碍民间组织发展的重大障碍被逐步清除,民间组织的资源环境状况得到改善,民间组织开始步入全面推进、整体发展的新阶段。蓝皮书认为,2011 年,社会管理创新工作的大力推动和深入开展,带来社会管理理念的重大转变。民间组织改革成为社会建设和社会管理体制创新中的重要内容。在养老服务、社区建设、医疗保障、扶贫、就业等多个领域,民间组织已被纳入政府主导下的管理体制和工作机制。①

社会组织发展的成效在湖南省也得到了印证。常德市社会组织在社会管理中的作用与实效可概括为三方面。

1. 在促进经济发展方面发挥了"助推器"的作用

在该市经济建设中,社会组织积极协助政府招商引资、加强产业宏观调控、实施行业管理、促进行业公平竞争、维护市场秩序等方面发挥了积极的作用,成为带动行业经济发展的生力军,发挥了强有力的作用。如常德市温州商会在常德市德山善卷公园的建设中,积极协调各方面关系,招商引资,促成了这一规模大、档次高的公园的建成,得到了当地政府和群众的认可;2010 年在常德市召开的湘商大会,常德市各行业协会及商会积极参与,共有 108 个合作项目签约,签约总额达 466.9 亿元,引进资金 452 亿元,其中新型工业化项目 52 个,总投资达 164.1 亿元。为湖南省

①《调查称中国民间组织进入全面发展阶段》,2012 年 05 月 21 日 22:13 来源:中国新闻网 http://www.chinanews.com/gn/2012/05-21/3904796.shtml。

带来了巨大的经济效益,有力地推动了湖南省的经济发展。

2. 在缓解社会矛盾方面发挥了"稳定器"的作用

常德市社会组织为群众分忧解愁、为政府出谋划策、为社会和谐稳定做出了积极贡献,部分地解决了读书难、就医难等一些社会实际问题,在其自身做大做强的过程中,累计吸纳就业10万人,注册志愿者近2万人,社会工作者近1万人。汶川、玉树发生地震后,常德市各社会组织积极行动,通过募集资金、义演义诊等多种途径筹集资金上千万元,带着常德人民的深厚感情捐助灾区,常德市景泰志愿者服务中心法人张建等同志还亲赴灾区参与救援工作。常德市慈善总会,积极向社会筹措资金,每年为困难弱势群体募捐资金370多万元,被老百姓称为"及时雨"。常德市室内装饰协会开通了家装110,承担了用户业务投诉的工作,及时对用户投诉对象进行调查整改;常德市公共客运协会,对出租车司机集体罢工、闹事出面积极协调,沟通出租车司机群体与政府之间的关系,妥善地处理了事件,平息了纠纷,排除了不安定因素。还有如市消费者委员会、保险协会、力源医学检验中心等为广大消费者、客户及弱势群体免费提供服务,为解决了一些矛盾与争端做了大量帮助工作。

3. 在创新社会管理方面发挥了"加速器"的作用。

一是通过对社会组织的监督管理和引入市场竞争机制,进一步促进了全市社会组织服务观念加快转变,内部管理不断优化,服务领域深化拓展,尤其是行业协会发展和规范水平进一步提升,对调解贸易纠纷、促进产业升级、维护市场秩序、健全社会信用体系等方面的重要作用逐步彰显,服务社会经济发展的能力和水平不断提升,有利于进一步促进行业可持续发展和经济发展方式加快转变。二是各类社会组织逐步成为整合社区资源、满足居民需求、承接政府职能、参与社区建设的重要载体。通过社会组织服务项目,包括社会管理、社会事务、卫生教育、文化体育、就业保障等项目,促进了政府职能转变和行政效率提升。三是各类社会组织在政府引导下,积极参与社会管理和提供公共服务,充分发挥联结政府和企业、政府和群众的桥梁和纽带作用,宣传党和政府的各项方针政策,反映群众的利益诉求,协助政府调解社会矛盾,加快了建立和谐型社会的步伐。

长沙市社会组织建设则始终围绕全市经济社会发展大局,坚持培育扶持和监督管理并重,不断促进社会组织健康有序发展,先后荣获了"全国民办非企业单位自律与诚信建设最佳组织奖"、"全国民间组织登记管理先进单位"、"全国社会组织深入学习实践科学发展观活动指导先进单位"等多项荣誉称号。

从总体上看,社会组织在社会管理中的作用可以概括为如下几个方面。

1. 规范市场秩序、促进经济发展

社会组织对国民经济的直接贡献逐渐显现。据不完全统计,截至 2009 年底,全国社会组织吸纳工作人员 425 万,固定资产总规模约 669.5 亿元,总收入约 635 亿元,总支出约 450 亿元。从国际上看,非营利部门的经济活动规模一般占到本国 GDP 的 5%－10%,吸纳就业约占服务业人口的 10%。我国经济领域 5.9 万个行业协会,积极提供政策咨询,反映合理诉求,平衡各方利益,调解贸易纠纷,加强市场交流,促进产业升级,已经成为加快转变经济发展方式、促进行业可持续发展的"催化剂"和"助推器"。社会组织尤其是行业协会,在规范市场秩序、开展行业自律、制定行业标准、调解贸易纠纷等方面,已经成为市场经济体系中不可或缺的力量。广东省社会组织每年经济活动总量超过 500 亿元,招商引资约 300 次,提供咨询服务 1.6 万次,组团考察超过 1 000 次,协调会员与消费者纠纷约 1 900 次,为政府提供决策依据近 1 700 条,应对国际贸易纠纷约 120 起。

2. 代表不同的利益群体,夯实民主基础

广大社会组织广泛联系各个社会阶层,代表不同的利益群体,直接将党的声音传递给人民群众,把群众的呼声反映给政府部门,已经成了党和政府联系人民群众的桥梁和纽带。一些社会组织在城乡基层选举中,较好地承担了公民教育、选举观察、协助过程设计等工作。社会组织能够促进政府与公众的有效沟通。在传统的政府与社会的二元结构关系中,当政府与社会产生矛盾的时候,就会形成直接对立的局面,而没有缓冲的余地。而社会组织作为政府和公民之间的桥梁和纽带,一方面,社会组织能够代表所属群体理性、合法地表达其利益要求以实现有效的下情上达;另一方面,社会组织也能够通过与政府积极地沟通和交流,把政府的方针政策有效地上情下达,并进行不同群体的利益协调和对话。

3. 完善社会治理,促进公共服务

中国传统社会的一大缺陷就是国家社会高度一体化,政治权力支配一切,缺乏民间社会。在现代社会和政治生活中,如果只有政府一个声音,而无社会组织的声音,显然不能称作是一个健康社会。近年来,我国社会组织有了很大的成长,并逐渐显示出其对于社会公共事务的影响力,通过其影响促使公共决策的科学化和对政府行为的规范和监督,促进社会向"善治"目标迈进。社会组织有效承接部分政府"管不了、管不好"的治理功能。随着社会转型的深入发展,面对社会利益分化和公民需求多元化的新形势,由政府组织"包揽"公共产品的提供和对社会生活领域治理的传统模式,不仅社会成本巨大,而且由于政府存在自身利益、道德风险和强制命令等现象的存在,导致政府经常处于社会矛盾的"风口浪尖"之上。转变政府职能,将部分政府"管不了、管不好"的治理职能交由能担此重任的社会组织承接成为大势所趋。

社会组织可以有效配置社会资源。与企业通过竞争配置市场资源不同,社会组织主要依靠其富于公益、志愿、博爱、慈善的宗旨和理念感动社会,从而动员大量社会资源,并为实现社会目标对社会资源进行"社会效益最大化"配置。社会组织弥补了政府公共服务的不足。一些社区社会组织积极配合政府部门,协调劳动关系,参与社区共治,化解了大量社会矛盾。上海市黄浦区人民调解协会每年调解各类民间纠纷3 300多起,成功率达99%。

4. 直接服务于民生

在近年的抗灾救灾和重大活动中,全国各类社会组织以前所未有的规模和声势站在了第一线,累计募集款物超过1 000亿元,动员社会志愿者突破2 000万人次,成为推进公益事业、弘扬慈善精神的引领者。社会组织的发展也疏缓了就业压力。据不完全统计,近年来,全国社会组织提供的就业岗位已经超过1 000万个。

二、社会组织法治化成果

法律、行政法规是社会组织生长发育的褓襁。其作用也是把双刃剑。这培育了中国民间组织的生成,保障了民间组织的合法性。但对于民间社会而言,某些滞后的法律又往往成为民间组织发展的桎梏。民间组织迅速发展的现实一直不断地向立法提出制度需求,民间组织的发展:规模的扩大、主体的多元化、独立性的提高、能力的增强以及社会影响力的拓展等,一直是社会组织法治建设的推动力,民间组织法律框架的完善进程呈现主观上的主动与客观上的被动的特点。民间组织的立法一直在促进发展与加强管理、放松管制与有效规范、提供服务与切实监管、基本信赖与适度警惕的辩证关系中寻求平衡。

宪法虽然把结社自由作为公民的基本权利确定下来,但至今尚无关于民间组织的正式立法。在法律层面,目前规范调整社会组织的法律法规主要是1998年颁布的《社会团体登记管理条例》、《民办非企业单位登记管理暂行条例》及2004年颁布的《基金会管理条例》及1989年颁布的《外国商会管理暂行规定》。这些法规明确了各类社会组织的组织特征、法律地位、登记条件,确定了管理体制和管理权限,规定了监管职责以及对违法行为和非法组织的处罚措施。但其合宪性不乏争议。特别是,这些现行法规确立起我国社会组织管理的"归口登记、双重管理、分级负责"的双重管理体制规定了很高的登记门槛,被认为越来越成为社会组织发展的阻力。时至今日,社会组织法治化要求对这种双重管理体制进行改革。民政部民间组织管理局副局长李勇 2011 年 3 月 15 日透露,社会组织"双重负责"的管理体制将改变。2011 年 2 月 19 日,中央召开省部级主要领导干部社会管理及其创新专题研讨班,中央如此密集地论述社会组织参与社会管理也还是第一次。

目前,民政部正在会同国务院有关部门抓紧修订《社会团体登记管理条例》、《基金会管理条例》和《民办非企业单位登记管理暂行条例》。李勇透露,饱受质疑的民间组织"双重负责"管理体制或将改变为多部门共同参与的综合管理体制,最终目标是实现各种社会组织直接登记。中国社科院 2012 年 5 月 21 日在北京发布的《中国民间组织报告 2011—2012)》认为,社会管理创新赋予民间组织社会治理主体地位,民间组织已被纳入政府工作体制和运行机制。在社会管理理念方面,强调从政府的单一管理转变为多方参与、共同治理。民间组织不再仅仅是被管理的对象,也是社会自我治理的主体以及政府依靠的合作治理伙伴。①

在这种大背景下,包括湖南省在内的各地也在权限范围里做出自己的探索,既努力落实相关法律规定,也力求在社会组织法治化的探索上有所贡献。

《法治湖南建设纲要》明确提出了湖南社会组织法治化的目标:"发展和规范社会组织。大力培育和扶持社会组织发展,力争到 2015 年,基本建立起与我省经济社会发展相适应、布局合理、结构优化、功能到位、作用明显的社会组织体系,充分发挥其提供

---

① 中国新闻网:《调查称中国民间组织进入全面发展阶段》,2012 年 05 月 21 日 22:13 来源:中国新闻网 http://www.chinanews.com/gn/2012/05-21/3904796.shtml。

服务、反映诉求、规范行为的作用。依法加强对社会组织的监管，健全监管体制，创新监管方式，制定社会组织行为规范和活动准则。建立政府向社会组织购买服务制度。实行社会组织信息公开和评估制度。引导社会组织建立行业规范，完善内部治理结构，强化社会责任，完善诚信自律机制，提高自律性。鼓励发展社会志愿者组织，建立健全志愿服务制度，规范志愿服务行为。"这为依法推动湖南社会组织发展提供了明确指引。

湖南省民间组织管理局以湘民管函〔2012〕1号的形式印发了《2012年湖南省社会组织工作要点》，提出2012年湖南省社会组织管理工作的总体思路是："以科学发展观为统领，以促进社会组织发展为主线，以规范管理为核心，以社会组织创先争优活动和社会组织评估为重点，推动社会组织党组织建设、信息化建设、人才队伍建设，坚持加强和创新社会组织登记及日常管理，坚持统筹规划、分类指导，坚持解放思想、改革创新，坚持服务在先、规范管理，充分发挥社会组织在湖南省'四化两型'、'四个湖南'建设中的积极作用。"

在湖南省的具体举措中，主要有以下几个方面。

（一）坚持制度创新，不断完善法规，健全体制机制

2010年4月27日，《湖南省志愿服务条例》立法工作正式启动。《湖南省志愿服务条例》于2012年9月27日经湖南省第十一届人民代表大会常务委员会第三十一次会议通过，自2012年12月1日起施行。该条例所称志愿服务，是指志愿者在志愿服务活动组织者的安排下自愿无偿服务社会和帮助他人的公益性行为。该条例所称志愿服务组织，是指依法成立的从事志愿服务的非营利性社会组织。这实际是上社会组织中最重要的部分。本条例的通过使社会组织志愿者活动有法可依，成为法治湖南建设的又一亮点。

《湖南省志愿服务条例》规定，志愿服务活动组织者与志愿者之间、志愿服务活动组织者与志愿服务对象之间，应当就志愿服

务的主要内容协商一致。任何一方要求签订书面协议的，应当签订书面协议。人身安全、身心健康有较高风险的志愿活动、连续三个月以上专职服务的志愿活动、大型社会公益活动以及跨市级以上行政区域开展志愿服务活动，这四种情形下，志愿者应当与用人单位签订书面志愿服务协议。《湖南省志愿服务条例》要求，任何单位和个人不得利用或者借用志愿服务名义进行营利性活动或者非法活动，不得强行指派志愿服务活动组织者或者志愿者提供志愿服务。志愿服务经费的筹集、管理和使用应当向社会公开并依法接受监督。同时，志愿服务活动组织者根据实际需要，可以为志愿者办理相应的保险。《湖南省志愿服务条例》还将每年3月5日定为湖南省志愿者日。

2010年11月27日由湖南省第十一届人民代表大会常务委员会第十九次会议通过《湖南省募捐条例》，于同日以湖南省第十一届人民代表大会常务委员会公告第45号颁布，2011年5月1日开始实施。这为社会组织的慈善活动提供了指引。《湖南省志愿服务条例》主要包括总则、募捐人、募捐行为、募捐财产的管理和使用、鼓励措施、监督、法律责任、附则共八章、四十三条，针对社会普遍关注的募捐主体资格不明确、募捐程序不规范、募捐财产管理使用不透明、公开承诺捐赠事后不兑现等热点问题，一一做出了相应的规范。该条例尤其对募捐行为设计了募捐主体、募捐方案、募捐情况、募捐财产使用情况的四次公开制度，将募捐箱打造成"玻璃箱"，给人民群众一本明白账。

长沙市以建设全国社会管理创新综合试点城市为契机，先后出台了《长沙市行业协会管理办法》、《长沙市社会组织登记和监督管理办法》等13部政策法规，从管理体制改革、扶持措施创新、监管体系完善、信息化建设四个方面，强化社会组织的分类指导和分类管理，使社会组织活力进一步增强。

（二）创新管理体制，实行审批改革

如前所述，饱受质疑的民间组织"双重负责"管理体制将努力改变为多部门共同参与的综合管理体制,最终目标是实现各种社会组织直接登记。湖南省民间组织管理局《2012年湖南省社会组织工作要点》,提出要求认真落实长株潭(3＋5)城市群"两型"社会民政事业省部共建协议,探索跨区域社会组织登记管理办法,完善异地商会登记管理办法,建立健全社区社会组织备案制度。积极探索社会组织直接登记的方式方法,鼓励发展工商经济类、公益慈善类、社会服务类和社会福利类社会组织,大力发展民办非企业单位和非公募基金会,优化社会组织结构。

湖南省已经逐渐取消工商经济、社会服务、社会福利和公益慈善四类社会组织的前置审批,实行民政部门直接登记;降低社区社会组织和农村专业经济协会的成立门槛,实行登记备案双轨制。

长沙市出台《长沙市社会组织登记和监督管理办法实施细则》,明确直接登记、登记备案双轨制等操作规程,以体制机制创新激发活力。

(三)规范社会组织管理、监督及评估工作

长沙市社会组织全部建立了信息披露制度,重大事项报告制度,捐赠公示制度等行为规范,80%的社会组织建立了会员代表大会、理事会、监事会等民主议事机构。2011年颁布《长沙市社会组织实施评估办法》及评估指标体系,率先开展湖南省行业协会商会评估工作。长沙市率先在湖南省引入行业协会适度竞争机制,适度放开异地商会登记;吸引社会资金建立社会组织发展资金,并率先中部开展公益招投标,破解社会组织发展资金难题;长沙市开福区等区县制定《社会管理社会化奖励办法》,引导社会组织积极参与社会管理和提供公共服务。

(四)加强社会组织执法检查,实行非法组织清退、取缔

对于社会组织管理上,树立积极执法理念,认真贯彻落实民政部社会组织执法工作会议精神,着力转变"不会执法,不愿执法,不敢执法"的问题。是制定规范的行政执法程序和行政执法

文书,增加执法工作的可操作性。建立行政约谈和行政告诫制度,建立健全"和谐执法"方式。结合社会组织年度检查,督促违法社会组织改正违规行为。加大查非打非力度,加大对社会组织的行政执法力度,建立综合执法监督机制,依法依规查处社会组织的违法违规行为。

(五)推进政府购买服务机制建设,推动建立公共财政对社会组织资助和奖励机制

温家宝总理指出,政府的事务性管理工作、适合通过市场和社会提供的公共服务,可以适当的方式交给社会组织、中介机构、社区等基层组织承担。为此,国家将推动政府部门向社会组织转移职能,向社会组织开放更多的公共资源和领域,尤其是支持社会组织进入群众生产生活性服务领域。扩大税收优惠种类和范围,建立统一、合理、普惠的社会组织税收优惠政策体系,建立政府资助机制,推行政府购买社会组织服务,扶持社会组织发展公益项目。与此同时,进一步鼓励、支持和指导各地建立社会组织培育支持基地、设立社会组织发展基金、实施社会组织培育发展项目等,进一步增强社会组织综合实力,提高社会组织服务国家经济社会建设的能力和水平。

长沙市在推动购买服务方面成效明显。该市建立购买服务财政投入机制和监督考核机制,构建政府主导下的社会化公共服务体系。全市各级通过购买服务、以奖代补、税费减免等形式支持社会组织发展的资金超过1 000万元。市民政局拿出100万福彩公益金用于公益创投,以项目招投标的形式购买社会组织的17个公益慈善项目。全市社会组织在承接政府职能和参与购买服务中不断走向成熟,据统计,六年来,长沙市社会组织共引进资金800亿元,帮助企业融资超过100亿;建立产业园区8个,提供就业岗位20万个;除11个慈善会外,社会组织自发组织公益活动1 000余次,公益支出超过2亿元,仅长沙市温州商会就捐建小学2家,公益总额超过800万元。

三、社会组织法治化发展障碍与存在问题

社会组织法治化发展虽然取得不少成绩,但仍然存在不少障碍与问题。在第十三次全国民政会议上,温家宝总理指出,与新时期人民群众的期待和愿望相比,我国的社会管理和公共服务体制改革还相对滞后。为此,构建政府管理与社会自治相结合、政府主导与社会参与相结合的社会管理和公共服务体制,最大限度地调动各方面积极性,激发社会活力,共同完成对社会事务的统筹管理,将成为当前乃至今后一个时期的重要工作。中国社科院2012 年 5 月 21 日在北京发布的《中国民间组织报告 2011—2012》》认为,与此同时,民间组织整体上增长乏力,且公信力成为社会质疑焦点,公益慈善类组织敛财乱象警钟频敲,都要求民间组织今后迈入制度建设和能力提升时代。①

经过多年的努力,湖南社会组织发展的法制化进程进步明显、成效突出,社会组织发展环境不断优化,作用发挥日益明显。但必须要清醒看到,湖南的社会组织总体上仍处于发展的初级阶段,与社会组织应承担的社会责任、与长沙经济社会发展的整体要求还有明显的差距。特别是,以下问题较为明显。

(一)法规体系有待完善

目前规范调整社会组织的法律法规主要是 1998 年颁布的《社会团体登记管理条例》、《民办非企业单位登记管理暂行条例》及 2004 年颁布的《基金会管理条例》及 1989 年颁布的《外国商会管理暂行规定》。这些法规明确了各类社会组织的组织特征、法律地位、登记条件,确定了管理体制和管理权限,规定了监管职责以及对违法行为和非法组织的处罚措施。但其合宪性不乏争议。其中相关条款已经滞后于社会组终的快速发庭;社会组织行政执

---

① 中国新闻网:《调查称中国民间组织进入全面发展阶段》,2012 年 05 月 21 日 22:13 来源:中国新闻网 http://www.chinanews.com/gn/2012/05-21/3904796.shtml.

法法缺乏职责界定，业务主管单位前置审批也没有明确的操作规程。

《21 世纪经济报道》2011 年 3 月 17 日报道，①近三四年来我国民间组织数量增长速度连年放缓，2010 年我国社会组织数量增长率仅不足 3％。在很大程度上这是立法和管理滞后所致。

（二）"双重管理体制"有待进一步打破

现行法规确立起我国社会组织管理的"归口登记、双重管理、分级负责"的双重管理体制规定了很高的登记门槛，被认为越来越成为社会组织发展的阻力。民间组织在通过登记注册成为合法组织之前，必须先找一个党政部门作为其主管单位。使得许多没有官方背景的草根公益性社会组织因找不到业务主管单位而无法在民政部门注册，有的被迫选择工商注册。现行的"双重管理体制"重心偏于约束和管制，多头管理，职能交叉，存在衔接上的空白；业务主管部门、登记管理机关之间监管权限不明确，对社会组织的监督管理缺乏操作性，缺乏有效的衡量和追究手段。现行的这种控制型的管理模式其实就是指通过行政管理的手段对社会组织进行源头控制，从而将具有消极因素的社会组织挡在门外。

在目前的模式之下，一个民间的社会组织必须"政治上可靠、社会上支持、行政上挂靠、程序上合法"才能获得登记注册从而具有合法身份。而经登记注册的民间社会组织，除了接受政府民政部门等主管机关的监管外，还必须接受其业务主管机关的领导，且业务主管部门通常还必须承担主要的管理责任。这种双重管理的方式对社会组织的名称、机构、场所、人数、经费、章程、主管部门等都有极为严格的规定，对民间组织的活动经费、范围和内容也有严格的限制。就连中国近年来发展最快的民间公益组织

---

① 《社会组织双重管理体制谋变》，载《21 世纪经济报道》2011 年 03 月 17 日。

李连杰的基金会壹基金亦曾因没有"身份证",壹基金"随时可能中断"。直至 2011 年 1 月 11 日 11 时 11 分,壹基金公募基金会才在深圳揭幕挂牌。而这种因身份问题带来的不平等导致了双重恶果,一方面如红十字会之类的官方慈善组织垄断慈善资源,自身缺乏活力,与腐败几乎天然媾和,从红会的郭美美事件、最近的青基会的卢美美,这些曝光后的风波会越刮越大。另一方面太多民间组织却因为受到歧视而举步维艰,欲发挥社会职能却"有心无力",正所谓"江南有丹桔,经冬犹绿林,可以荐佳客,奈何阻重深"。

这些阻力在湖南省也有较明显的体现。长沙当前比较有影响力的湖南善行者联盟、湖南省小动物保护协会、湖南关爱之家志愿服务团队、天涯义工、绿色潇湘、国际关心中国慈善协会等,在本地都有比较丰富的活动开展,但都很难在民政部门登记注册,其主要影响因素之一是没有单位愿意作为它们的业务主管单位。同时,像湖南爱弥儿智障儿童康复中心、长沙慧灵智障人士社区化服务中心、长沙市孟妈妈青少年保护家园等民间组织,都是经过了多年的不懈努力,才从工商注册转到民政注册。

(三)结构不够健全

湖南登记注册的社会组织的总体数量还不多。比如按部省协议到 2015 年常德市社会组织注册登记总数要达到 3 000 多家,每万人达 5 个),已注册登记的社会组织质量不高,具有一定规模、影响力较强的也很少。常德市至今还没有基金会一类的公益社会组织。同时公益慈善类的社会组织非常稀缺,民政福利类、卫生类数量相当有限,法律服务类目前较少。

(四)外部环境不够理想,培育措施有待强化

(1)扶持不够,发展环境欠缺,没有相关扶持政策以及税收等方面的优惠政策,为基层社会组织提供良好的发展环境,促进社会组织的发展还不够。社会组织的培育优惠政策只在一些个别或零星的政策中体现出,没有做系统的规定。特别是长沙市社会组织已与

政府职能部门完成了"五脱钩",受政府职能转移进程缓慢和购买服务项目偏少的影响,导致脱钩后的社会组织缺乏发展动力。

(2)在资金上,还没有建立社会组织发展基金并纳入财政预算,社会组织缺乏政府资金支持。社会组织缺乏稳定的经费来源;另一方面政府资助集中于自上而下的"官办"公益性社会组织,部分社会赞助和国内基金会也在导向下向此类组织倾斜,广大的草根型公益性社会组织的经济来源只能主要依靠体制外资源,主要是国外大型基金会和部分社会赞助,资金分化明显。而在国际上公益性社会组织经费的 80% 来自政府购买服务,国内发达地区如深圳、广州则达 95%,而且纳入了财政预算。以湖南省社会工作协会为例,该协会在青少年社会工作(两次被评为湖南省十大公益事件)残疾人社会工作(被团中央和中国残联)农村社会工作(湘西自治州第一个农村社会工作站,中国社会工作协会农村社会工作创新单位)灾变社会工作(理县社会工作站,周强书记签批给予表扬,中国社会工作协会民政社会工作先进单位)在公益性服务上做出了比较突出的成绩,但政府仍然没有日常经费和项目支持,所有经费都是自筹。另外,近年备受关注的孟妈妈青少年保护家园等草根民间组织,其主要经费来源是会费和爱心人士的临时性捐赠,缺乏稳定的经费来源,很难从对应的政府部门中获得资金支持。

(3)在项目建设上,扶持经济发展的项目很少安排给社会组织来实施,使社会组织觉得无事可干,等等。这些原因使社会组织发展受到了一定的制约。

(五)管理不够规范,管理力量有待加强,队伍不够完善

现在社会组织登记管理部门人员编制普遍不足,工作经费也非常少。特别是社会组织执法机构和专职人员的缺失,导致对社会组织违法行为和非法社会组织的监管难以到位,既侵害了合法登记社会组织的权益,又给社会稳定和经济发展带来不稳定因素。

部分基层社会组织领导人遵章守法意识淡薄。部分基层社会组织的领导人在开展活动时,置组织的章程于不顾,超出业务范围开展活动,有的甚至忘了自身是非营利性组织,开展经营性活动不到工商部门办理登记,违反了现行法规的规定,造成了不良的社会影响;二是社会组织人才缺乏。社会组织一般规模较小,名气也不大,工资待遇也较低,因此,"小池养不了大鱼",有文化、有才能的人一般不愿意到基层社会组织工作,刚毕业的大学生有些是把基层社会组织作为一个跳板,在那里干了一年半载就跳槽,使社会组织失去了智力支撑,影响了后续发展。

大部分基层社会组织都没有建立理事会或财务等各项管理制度,工作比较松散,也比较随意,社会组织的领导者对社会组织发挥作用的认识不够,管理不够到位,影响了组织自身的社会公信力,也影响了组织的发展壮大。

(六)活动不够积极,党建工作有待加强

少数社会组织服务意识淡薄,发挥作用不够。有不少社会组织成立后没有开展活动,作用发挥不明显,会员没有享受到协会的服务,不但没有凝聚力,还造成会员退会,使自身越办越小。

2011年7月,常德市委组织部正式批准成立了社会组织党工委,这对该市社会组织工作尤其是社会组织党建来说,重大意义。但是,总体来看,市社会组织党建工作基础还比较薄弱。目前,全市社会组织只有党组织135个(其中市本级82个),在全市社会组织中占的比重很小。市级社团277个,建党支部的只有46个(其中党委3个),不到17%;民非单位177个,建党组织的只有36个(其中党委1个),约占20%,党组织在社会组织中发挥政治导向作用还不强,加强对社会组织党的建设十分迫切。

四、推进社会组织法治化的对策与建议

制度性因素已经成为制约社会组织发展的瓶颈。改革的重点,应当是在深刻认识社会组织发展规律的基础上,进一步转变

对社会组织的态度,对其给予正确的定位。具体而言,可考虑如下措施。

(一)要完善立法,建立社会组织基本法,修订相关法规

目前,我国社会组织登记管理的法规只有国务院三个条例,严重不适应社会组织发展形势,应当尽快制定和完善社会组织管理的法律法规,形成社会组织领域统一的、权威的和具指导性的基本法律规范。另外,社会组织的法律地位、属性、职能和权限以及与相关党政机关的关系要在法律层面上予以明确。此外,还要做好相关法律法律的配套完善。

(1)制定慈善法。虽然已有《湖南省募捐条例》这样的地方探索,但总体立法尚未出台。慈善法是一部慈善事业的基本法。慈善法要系统规定基本的慈善法律制度,包括慈善概念、慈善机构、慈善政策等。慈善法是公益慈善,是公益事业法,是推动整个公益事业的,要变成人人有义务、人人有责任的法律。2009 年 11 月 2 日,中国民政部社会福利与慈善事业促进司司长王振耀表示:中国慈善法已通过民政部送达国务院,法律的起草工作进入重要阶段。已经列入国务院年度立法计划和全国人大常委会五年立法规划。国务院民政部门已经做了大量的立法调研和比较法研究工作,慈善法框架草案也在不断易稿。

(2)修改《社团登记管理条例》《民办非企业单位登记管理暂行条例》。这两个条例分别制定或者修订于十年之前,随着社会发展和改革的进一步深化,相关规定已经不能适应现实需要,呈现出一些弊端,甚至在某种程度上已成为民间组织进一步发展的障碍。因此这两个条例的修改已经列入国务院年度立法计划。修改的重点内容是:增加涉外管理规范,完善管理体制,强化内部治理结构,进一步完善活动规则。

(3)制定税法配套规则和政策。《企业所得税法》及其实施条例中明确规定了符合条件的非营利组织的收入属于免税收入,也规定了公益捐赠税前扣除问题。但是这一制度如何贯彻实施,还

有待相关办法的出台，以明确申报程序、认定程序等实际操作问题。

（二）推进登记管理体制改革

以降低公众参与社会组织门槛为重点，逐步推进登记管理体制改革。在完善目前四类社会组织直接登记的基础上，扩大直接登记的范围，逐步实现全范围直接登记；进一步降低社区社会组织和农村专业经济协会登记门槛，通过管理体制的创新，激发社会组织的活力。

推进登记方式改革。加强对社会组织的分类指导和分类管理，积极发展工商经济类社会组织，完善行业协会竞争机制，加强异地商会登记管理；允许公益慈善类社会团体加入字号，助推社会组织品牌化发展；出引导社区社会组织积极参与社区服务与管理。

探索便捷的直接登记方式和管理模式，从审批、登记、注册、监管、经费、税收等方面应予完善的规定。

增强登记管理机关的力量。登记管理机关的力量薄弱，机构不健全，人员编制少。各级民间组织管理局更名为"社会组织管理局"。要有足够的人力、物力和财力保去依法依规管理社会组织，才能改变目前重登记，轻管理的状况。

（三）转变观念，进行职能转变，完善社会管理格局

即由以前的政府统管转变到以政府主导为主，社会组织为辅。以完善社会管理格局为指导，健全社会组织参与社会管理的机制。一是推进政府职能转移和购买服务。按照建设服务型政府的要求，厘清政府和社会组织职能定位，确定政府职能转移路线图，适时编制政府购买服务目录，建立政府承担、定向委托、合同管理、评估兑现的运作机制，以差额、金额和部分补助等方式，大力推动政府向社会组织购买服务。

（四）建立健全完善社会组织监管体系

以促进健康有序发展为目标，建立健全完善社会组织监管体

系。一是建立部门联动机制。建立由登记管理机关、业务主管单位、业务指导单位以及相关职能部门组成的社会组织服务管理联动机制,完善定期情况通报、信息互通、资源共享,监管协作的联席会议制度。二是开展联合执法。建立由民政、税务、公安、教育、卫生、外事等相关部门组成的社会组织执法监察管理体系,加强涉外社会组织管理,加强社会组织执法监察。三是建立评估长效机制。在总结行业协商会评估工作经验的基础上,完善评估指标体系,启动民办非企业单位规范化建设诚信评估,加强评估成果运用,建立评估长效机制,不断提高社会组织公信力和影响力。

(五)建立扶持培育社会组织体制机制

应该加大力度完善各项制度,切实帮助社会组织解决发展中面临的资金、场所、人才等实际困难,通过资源供给手段,引导社会组织发展,从而实现对社会组织的管理由控制转向培育。完善经费保障。常德市社会组织管理、扶持经费每年仅 3 万元,而需要 50 万。许多优势项目因此流产,应将社会组织管理经费纳入到地方财政体系,建立专项发展资金。各地针对这方面已进行了不少可贵探索,如 2012 年 3 月,广州市表示,年内将出台 12 个文件政策,扶持社会组织的发展,包括降低登记门槛,简化年检程序等。

建立社会组织发展专项资金。参照中央财政支持社会组织参与社会服务的做法,建立由财政、福彩公益金和其他社会资金投入的扶持社会组织发展专项资金,用于支持社会组织开展面向民生、面向群众、面向基层的社会服务。出台支持性政策,设立扶持公益性社会组织专项资金。省、市、县(区)各级民政部门应单独出台鼓励政策,支持社会组织发展。制定和落实公益慈善捐赠税收及各方面优惠政策,加强对社会组织的管理和引导,在活动场地、经费、业务等方面提供帮助,促使它们健康有序发展。财政、税物部门要按照国家的相关规定,落实慈善事业发展的税收优惠政策,依法实行慈善捐赠支出税前抵扣。大力发展非公募基金用于发展社会工作,同时尝试优惠政策向公益性社会组织倾斜。例如,可以对注册登记的社会组织,免收其成立、变更登记公告费;对因归并、重组申请注销的社会组织,免收其注销登记公告费;同时对新成立(含新引进)的专门从事社区公共服务事务的社会组织,可以经过公益性性质审定,给予一定的一次性开办补贴,并适当返还部分税收。各级政府和社区应向公益性社会组织免费提供工作场地,便于它们在社区开展各种公共服务。

建立政府向社会组织购买服务的制度,将政府购买服务列入省、市、县(区)各级财政预算。政府购买服务是加快公益性社会组织发展的基础,推进公益性社会组织是政府重要职责,但要按照政事、政社分开的原则,逐步将政府"养机构、养人、办事"向符合条件的公益性社会组织购买服务转变。政府应将公益性社会组织购买的服务经费列入年度财政预算,由社会工作主管部门按照项目以合约的方式,向公益性社会组织购买服务。如长沙市开福区2011年预算中单列"社会建设项目"。同时,政府有关部门向公益性社会组织提供必要的支持,以改善和维持其正常运行。

(六)加大执法力度

查处非法组织和违法行为,严查社会团体开展合作活动中的其他禁止性行为。比如,社会团体开展合作活动,不得超出章程规定的宗旨和业务范围;不得以任何形式或名义强制组织或者个人参加,以及强制收取相关费用;未经批准,不得举办评比达标表彰活动;与党政机关或者其他组织名义举办合作项目,应当事先征得合作方同意;利用党政机关领导干部个人名义进行宣传,应当征得本人同意。

五、结　语

总体来看,中国开始步入民间组织管理体系及制度创新阶段,培育扶持和监督管理将成为民间组织发展的主旋律,政府与民间组织合作增多,良性互动将成为常态。社会组织今后获取的政府和社会资源都将呈大幅度攀升态势,困阻民间组织发展多年的资源短缺问题将得到重大的改善。

党的十七大报告中提出要"重视社会组织建设和管理"。2011 年 2 月,胡锦涛总书记在省部级主要领导干部社会管理及其创新专题研讨会上发表了重要讲话,强调要加强和创新社会管理,引导各类社会组织加强自身建设、增强服务社会能力、支持人民团体参与社会管理和公共服务,发挥群众参与社会管理的基础作用,进一步加强和完善社会组织管理,使社会组织健康有序发展。可以说,对民间组织应该要既积极支持、热情帮助,又要正确引导、合理规范,为公民社会的健康成长营造一个良好的制度环境。古人云,官民相亲、其力断金。又云,民为邦本,本固邦宁。只有建立人人参与、共同参与的全新治理格局,才能激发社会活力,才能早日达成"忽如一夜春风来,千树万树梨花开"的活力四溢的全新局面,在社会组织法治化进程中树立新的里程碑。

信访法治化的有关思考

肖洪泳①

信访,是指公民、法人或者其他组织采用书信、电子邮件、传真、电话、走访等形式,向各级人民政府、县级以上人民政府工作部门反映情况,提出建议、意见或者投诉请求,依法由相关行政机关处理的活动。在当今社会,信访是除法律以外的又一种解决问题的办法,是一种比较直接的利益表达形式。但是,由于信访的有关信息一般要经过信访办公室工作人员的筛选,然后递交给有关领导、有关机关,所以从这个意义上来讲,也是一种间接的利益表达方式。

信访制度作为我国公民民意表达、政治参与和纠纷解决的一种途径,在我国有其深厚的文化传统和社会根基,同时在化解社会矛盾、维护社会稳定等方面也起到了一定的作用。但随着社会的发展,信访制度也逐渐暴露出其制度的缺陷,目前我国信访量呈逐年上涨之趋势,重复访、赴京访现象普遍,在上访群体中不乏某些上访者为达到自身利益最大化而进行缠访、闹访甚至假访的现象,同时由于各级政府部门对上访的态度所持有的模糊性或反感本能,无法为信访问题的真正解决提供良好的思路和方案,甚至千方百计压访、堵访和截访,导致社会矛盾积重难返,造成一定的社会不稳定因素,甚而威胁到我国政府和法律的尊严。

一、我国当前的信访现状

从我国目前信访的总体现状来看,大致有着以下这样一些

---

① 肖洪泳,湖南大学法学院副教授,硕士研究生导师,法学博士。

特点。

1. 上访总量居高不下

改革开放以来,特别是自 1990 年代中期以来,群体信访和矛盾激烈的个体信访不断增多,面对各种利益冲突和社会矛盾的增多,我国现有的信访制度面临着严峻的挑战。据统计,2000 年全国县级以上信访部门受理的群众信访总量是 1995 年的2.13倍,仅全国人大常委会信访局每年受理的信访案件就达到 10 万件,并在 2003 年引发了信访量持续上升的"信访洪峰"——在 2003 年里,官方提供的数据表明,仅仅两个月时间,到北京上访的人次均创下历史最高,海量的信访洪峰已经对社会特别对北京市的稳定造成了巨大影响。

此外,据学者于建嵘的社会调查,632 位上访者中竟有 401 位在上访前已到法院起诉过,其中认为法院不依法裁判而败诉的占54.9%。从 H 省信访联席会议办公室 2007 年第 25 期《工作简报》得来的数据中看,该省 2006 年 6 月—2007 年 3 月共 10 个月的集中整治进京非正常上访活动期间,共处置的进京非正常上访4 689 人次中,涉法问题最多,有 1 708 人次,占 36%。

根据笔者对湖南省有关信访的调研情况来看,情形亦与前述相关情况大致相符。由此可见,我国信访总量逐年攀升,长期居高不下,而且与涉讼案件的关联性日渐强烈,已然成为我国当前信访最为显要的现象。

2. 信访内容纷繁复杂

信访内容涉及面宽,除信访人反映的土地、腐败、城建、劳动人事、民政、政法等问题外,凡是生活中发生的涉及政治权力运行和政府职能行使的问题都可以信访。由于信访内容涉及多方利益和广泛的社会关系,从而形成了信访制度内容的复杂性。

信访内容包括国家机关及其工作人员的职权行为和与职权行为有关的其他行为,不仅包括违法行为,也包括合法行为;在合法行为方面不仅包括向被信访人提出建议,还包括对被信访人的合法但不合理的行为提出批评、意见或要求；信访人不仅可以对被信访人现在的行为进行信访，也可以对其过去的行为进行信访。

3. 群访、越级上访不断攀升

随着我国社会发展步伐的不断加快，涉及群体利益的社会问题与日俱增，譬如企业改革、环境污染、房屋拆迁等涉及面较为广泛的领域，群访事件不断攀升。而由于基层政府解决社会矛盾尤其是涉及群体利益的社会矛盾缺乏有效的经验和足够的诚意，难以采取较为妥当的措施和方案，从而使得人民群众往往迫不得已越级上访，尤其是直接进京上访，不断推动越级上访与日俱增。

4. 截访、堵访现象愈演愈烈

作为一个人口众多的现代转型国家，各种矛盾的存在本是十分正常的事情。但因为中国权力自上而下的运行特点，下级政府部门都不愿意将自己的地方问题曝光在上级部门的眼皮底下。而且对于信访问题，我国绝大多数地方均将其作为地方政府部门绩效考核的重要依据，甚至建立起所谓的一票否决制度，从而迫使各级政府部门纷纷采取措施堵访、截访，尤其是花费大量的人力、财力和物力堵截上访人员进京反映问题。从近些年看，全国各地堵访、截访现象愈演愈烈，已成难以控制的局势。

二、我国信访的社会基础

在我国，信访作为人民群众寻求权利救济以及反映政府有关部门或工作人员问题的重要途径和手段，不仅有着深厚的文化传统方面的支持，而且也有着其不可缺失的社会基础。正是文化传统和社会现实的各种因素交织在一起，不断造就了我国信访问题的日渐突出。

1. 上访、告状的历史传统

我国自古以来就存在着上访、告状的历史传统，甚至有许多王朝，亦曾努力推行过上达天听的直诉制度，诸如登闻鼓、邀车驾等直接诉至皇帝的鸣冤方式。这一源远流长的历史传统，造就了我国人民群众依赖最高权力解决纷争的心理诉求，从而使得信访即使在现代社会，亦成为人们易于接受和选择的权利救济方式。

2. 自上而下的权力运行模式

我国的古代社会，君主集权力于一身，逐渐形成了根深蒂固的中央集权模式，社会秩序的调控始终与这一自上而下的中央集权存在着千丝万缕的内在联系，人民群众一旦遭遇地方政府的挤压而难以获得权利救济之时，便很容易往上寻求更高权力的补救。加上 1949 年以来，人民民主的政治理念在很长一段时期依赖于广泛的社会动员来加以实现，更是在自上而下的权力运行模式的同时，又促成了信访这一自下而上的政治参与方式，从而使得信访更是夹杂了现代社会的鲜明特点。

3. 法律信任的缺失

我国具有深厚的司法行政化的历史文化传统，各级地方官员也是既管理行政事务，又管理司法事务，不断造就了民众普遍的青天意识或清官情节，逐渐使得民众丧失了对法律的信任。1949 年以后的法律传统与国家政权建设紧密相连，形成了政法不分，相互协作的局面。这种在传统社会积淀下来的青天意识或清官情结，仍在很大程度上影响着人们的政治行为选择，强有力地抵制着人们法律意识的增强，从而决定了信访有其深厚的意识形态基础。加上我国刚刚迈上法治建设的漫漫征途，社会的法制化程度不高，法律制度不完善，老百姓不相信法律，遇到问题和侵害想不到运用法律武器维护自己的权利。这就大大促动了信访这一权利救济方式的发展。

三、当前信访的主要问题

我国当前的信访不仅继承了中国古代的政治文化传统，而且承续着 1949 年以后国家权力自上而下的运作方式，并与人民民主的观念、广泛的社会动员或群众运动缠绕在一起，从而造就了我国信访的鲜明特点，并逐步呈现出其所存在的主要问题。

1. 信访功能错位

信访本来只是这公民权利救济途径的补充方式,但在现实运作中,许多民众更希望通过信访来解决问题,而不通过正常的法律途径,从而使得信访在一定程度上甚至取代了司法救济和行政救济为主的权利救济方式。同时,信访应该充分发挥其监督行政行为的作用,但大多数情况下信访机构仅致力于解决当事人的有关问题或诉求,而忽视了借助信访以达到监督或规范行政行为的目的。

2. 信访体制不顺

我国当前的《信访条例》尽管对信访机构的设置有着一定原则性的规定,但由于没有真正明确信访机构的职权与职责,从而造成信访机构的工作任务无法明确,其职权亦极为有限,往往只是信访问题转达的一条渠道,从而不可能真正为信访问题的解决提供有效的机制和途径。

而且在当前,从中央到地方,各级党委、人大、政府、法院、检察院及相应职能工作部门都有信访机构,可以说我国的信访工作机构空前复杂。信访机构并属于国家机关序列,没有严格意义上的隶属关系。从横向看,主要有政府、人大、法院和检察院四大块,各自处理职权范围内的信访事项;从纵向看,形成了中央、省(自治区、直辖市)市(县)和乡镇四级架构。由于缺少权威性的统一归口管理及领导机构,信访机构之间缺少横向的联系与制约以及纵向的命令与服从,这样一个庞杂的信访工作机构很难有效运转。中央与地方、中央各部门以及地方各部门的信访机构间缺乏统一协调的机制,上下级信访机构之间缺乏强制约束,资源既不能共享,步调也不能一致。信访部门对其他各行政机关也没有明确的制约能力,这使得信访部门在处理来信来访时显得"力不从心"。而各地信访机构的职能和权力及运作方式都有较大的差异,缺乏基本的强制约束力。这样一来,由于政府间职责交叉及信访事项产生原因极为复杂,致使信访事项管辖权混乱,导致信访事项受理及处理主体不明,经常使信访案件在不同层级机构间来回转办。

3. 信访程序有失规范

(1)受理范围不明确,立案具有随意性和偶然性。在我国当前的信访实践中,由于制度未对立案条件做出刚性规定,在大量的信访事项远远超出了信访机构承载能力的情况下,只能选择少量事项立案查处,而这个选择主要依靠领导批示。只有那些线索清楚、影响较大的信访事项才可能立案,偶然性和运气占了很大成分。

(2)办理信访案件的时限不明确。目前各信访机构处理信访事项并没有统一、严格的时限要求。《信访条例》虽然规定了行政机关对于交办的信访案件的处理时限,但事实上这个时限经常被打破。甚至当事人的信访件在信访机构就会停留很长时间才被移交至有权处理的单位,因此有些信访人寄出去的信件如石沉大海也是可以理解的。

(3)责任追究机制不力。目前,我国还没有出台相关的具有高度权威性的责任追究机制。有些地方虽然建立了"各级信访工作领导责任制和责任追究制",按照这一制度的要求,对发生较大规模的连续到省委、省政府或北京上访,对社会稳定和正常工作秩序造成严重影响的要追究当地领导责任,但这只能从表面上减少大规模的"上京",而不是长远之计。

(4)缺乏科学的信访终结机制。《信访条例》第 35 条规定:"信访人对复核意见不服,仍然以同一事实和理由提出投诉请求的,各级人民政府信访机构和其他行政机关不再受理。"而且根据《信访条例》第 34 条和第 35 条的规定,我国信访实行的是三级终结机制。即如果信访人服从信访事项处理意见,则就不用经过复查程序和复核程序而终结信访;如果信访人不服从信访事项处理意见,则可以通过向原办理行政机关的上一级行政机关复查进行二级救济;对复查意见仍然不服还可以向复查机关的上一级行政机关请求复核寻求三级救济。但是在实践中这些规定并没有严格执行。时常可见，那些事实上已经终结的信访事项，多次被提起，信访工作成本增加，工作秩序遭到严重的扰乱。由于《信访条例》规定的终结程序并没有规定复核机关做出的终结处理意见的法律效力，也就无法界定违反"终结程序"的信访人所应承担的法律责任，这些都导致了"终结机制"的现实可操作性不强。当事人极易就同一事实和理由反复不停地找各级机关寻求解决，这也是缠访、重复信访等非制度化上访数量居高不下的重要原因。

四、信访法治化：解决信访问题的根本措施

解决信访问题，长远的目标当然在于通过民主政治的深入发展，逐步建立起权力自下而上的政治体制，从而改变我国权力自上而下的运行方式。而要妥善推进我国当前的民主政治改革以化解信访问题，当务之急在于加强基层民主建设的步伐，尤其要真正提升人民代表大会所具有的权力机关的宪法属性，将人民群众的信访问题交由人民代表大会通过专员监督制度予以解决。这样，一个地方所存在的问题才能真正交由一个地方自身加以解决，从而逐渐根除信访所赖以存在的社会土壤。

但是从我国目前的社会现实来看，民主政治的发展不是短期内就能一蹴而就的，这也就不可能通过人民代表大会的政治体制改革而在目前根本解决信访问题。因此，在我国自上而下的权力运行模式没有得到彻底改观以前，无论是简单地保存信访现状还是废除信访现象，都是不可取也不可能的，必须在既有的信访格局下，在不断发展民主政治的基础上，通过法律的手段全面调整和规范信访过程中所涉及的一系列行为，促使信访逐步实现法治化。

1. 规范信访机构职权

没有相应的职权，就无法尽到自己的职责。信访机关首先应当拥有充分的调查权，并规定保障调查权充分实现的措施，如传唤、公开调查结果等。我国应赋予信访机关充分的调查权，可以

直接或间接对事件展开调查、做出判断,任何国家机关和社会组织必须积极配合。信访机关应当拥有案件的督办权,可以要求相应的国家机关在规定时间内报告处理情况,接受监督。在特定的案件中,信访部门应该拥有直接的处理权,并可以对某些违法违纪行为做出适当的处罚。此外,信访机构的权力应当和人民代表大会的其他监督权力有机地衔接起来,比如在有关选举问题的上访、对国家工作人员的控告上访、要求对行政规章进行合法性审查等上访案件中,信访机构应当向人民代表大会常委会汇报,建议启动相关罢免机制及法规审查机制,罢免有关代表或官员,撤销不合法的行政决定和命令等。

2. 统一信访机构设置

改革目前的信访体制,可以考虑撤销各部门的信访机构,把信访全部集中专门设立的独立信访机关,实行自上而下的垂直领导方式,借助信访以强化上级监督下级的功能。也可以考虑全部集中到各级人民代表大会,加强信访工作管理,通过人民代表来监督一府两院的工作,以加强系统性和协调性。这就可以考虑,在人民代表大会下面设立信访工作委员会,直接对人民代表大会负责,将原来分散在政府、法院和检察院及相关职能部门的信访都集中到各级人民代表大会。同时,行政机关的信访机构应该与监察机构合并,将行政复议与监察结合起来,职能重点转为加强对各级行政机构及其责任人的监察监督,强化上级政府对下级政府的监督,进一步完善个人责任追究制度。此外,建立信访机关工作人员任职资格制度和淘汰制度,应该改变目前从各单位抽调人员的状况,按照司法干部的标准聘用信访干部,实现信访干部的专业化、职业化。

3. 全面推行司法改革

在法治社会,只有司法机关才能为公民提供真正有效的救济。"司法最终解决"原则应当成为设计中国纠纷解决体系与社会治理模式的准则,法院应当成为纠纷解决体系中最为权威、最为主要的机构。这就要求全面推行司法改革,强化人民法院的独立审判。努力推进两审终审制度改革,杜绝案件无限期进入再审程序。建立法官责任制度,确保司法正义的个案实现。努力降低司法解决纠纷的门槛,任何贫困人群都能通过司法获得权利救济。尤其要适应现代社会要求,建立和完善以司法救济为核心的权利救济体系,树立司法的最高权威性。

4. 健全信访法律体系

从法律渊源来看,我国现行《信访条例》还属于行政法规,尽管其在一定程度上推动了信访工作的程序化、规范化,但还远没有涵盖国家信访工作的全部,必须通过全国人民代表大会立法用法律的形式加以进一步的全面规范。因此,我国应当尽快出台《信访法》,以改变信访制度单纯依靠规定、条例和政策来调节的现状,健全信访法律体系,实现信访工作的程序化和法制化,使公民的信访活动和政府的信访工作真正纳入法制化轨道。尤其在立法中要重点考虑:①明确受理范围。明确信访的受案范围,尽量不与司法救济途径重复。②严格程序规制。对信访问题的提出、受理、办理和督察等一系列的法律程序,完善信访活动的处理、复查、复核的工作机制一系列程序做出严格而具体的规定。③加强责任追究机制。明确信访机构及其工作人员在信访工作中的责任和义务,对于违反任何相关规定的工作人员都要依法追究其法律责任。④健全信访终结制度。

湖南省人民调解工作的调研报告
——来自湖南省司法厅、常德市司法局、长沙市司法局的调研数据

肖艳辉①

一、当前基层社会矛盾纠纷主要类型和特点

（1）婚姻家庭纠纷呈上升趋势。主要源于农民工打工的人数逐年增加，夫妻长期分居，夫妻双方经济收入出现较大差距，打工农民趁春节回家之机来离婚的诉求增多，离婚案件数量攀升。

（2）土地矛盾纠纷居高不下。一是城区的征地补偿问题引发的矛盾；二是第二轮土地承包问题引发的矛盾，第二轮土地承包手续不规范，土地承包面积调整后，在使用权证上没有做变更说明，从而导致此类纠纷居高不下。

（3）施工扰民纠纷和安全生产纠纷增多。一是因修建高速公路引发周边群众生活不便而带来的矛盾；二是因安全生产问题而致的伤害和死亡赔偿问题而致的纠纷。

（4）劳资纠纷问题凸显。此类纠纷主要表现在拖欠工资、保险待遇、工伤补偿等方面，而且此类纠纷多为群体性纠纷，如果处理不及时，很容易引发群体性上访事件。

（5）医疗事故纠纷、交通事故纠纷、环境污染纠纷日益增多。

总体而言，婚姻家庭纠纷、山林土地纠纷、征地拆迁补偿纠纷、劳资纠纷约占总数的60%。而企业改制、企业破产、"三劳"纠

---

① 肖艳辉，湖南大学法学院副教授，硕士研究生导师，法学博士。

纷(劳动、劳务和劳资纠纷)矿产资源开发、房地产开发、城镇建
设、干群关系、三农问题引发的纠纷则较之于传统纠纷,则有起因
复杂、主体多元、内容复杂、类型多样、涉及面广、群体性强、处置
难度大、对维稳影响大等特点。例如,现在的纠纷主体不仅有公
民之间的而且还有公民和法人之间、非法人团体和组织及其相互
之间,甚至还有党员、干部与群众之间,公民和政府之间的;而纠
纷的内容趋于复合化趋势,往往民事、经济、行政、治安和刑事案
件交织在一起。

二、湖南省人民调解工作在制度创新上的主要贡献

(1)调解组织网络不断细密和健全。按照"哪里有人群,哪里
就有人民调解组织"的原则,各地着力巩固发展县、乡、村人民调
解组织,使人民调解工作最大限度延伸到经济社会生活的各个领
域。基本上形成了以县(区)乡镇(街道)调委会为龙头,村(居)和
企、事业单位调委会为基础,区域性、行业性调委会为节点,多类
型人民调解工作室和调解小组为触角的多层次、广领域、全覆盖
的人民调解组织网络。目前,湖南省有 54 287 个人民调解委员
会,有 26 万多名人民调解员。湖南省约 70% 的县、市、区建立了
联合人民调解委员会;90% 的县、市、区设立了驻法院人民调解工
作室;100% 的乡镇(街道)设立了驻公安派出所人民调解工作室
或人民调解工作窗口;11 个市州建立了驻检察院人民调解工作平
台。常德、怀化、岳阳、郴州、永州、湘西等地在跨省、市、县、乡的
接边地区广泛建立了边界纠纷联防联调组织。湖南省消费行业
人民调解组织网络进一步健全。长沙、郴州、邵阳、常德、岳阳、湘
潭等地在二级以上的医疗机构积极建立了专门的医患矛盾调解
室,经费由政府解决一部分、医院解决一部分、保险公司解决一部
分。目前已成功调处了几千件医患纠纷,受到社会广泛好评。

(2)调解机制不断完善和创新。为认真贯彻和落实周永康同
志提出的"调解优先"原则,我省积极探索了以人民调解为基础的
"三调联动"工作机制(即人民调解、司法调解、行政调解的衔接联

动机制),形成了诉前引导人民调解,诉中委托人民调解,诉后执行和解调解,在公安派出所设立人民调解工作室或警司联调室,在县、乡两级设立由党政领导挂帅、公检法司等有关部门参与的社会矛盾纠纷调处中心,派出的调解员,有常驻的,也有兼职的,经费由公安、法院、检察院出,纳入了整体的财政预算,对于个别单位经费没有到位的,由合作单位协商解决。这项开创性的工作,被中央综治委和司法部誉为"湖南模式"向全国推广,并得到中央的肯定和高度评价。

而我省创立的矛盾纠纷调处"五项机制",即矛盾纠纷预警机制、排查调处机制、应急处置机制、排调责任追究机制、"一票否决"考核机制为人民调解工作的制度化、规范化和科学化起到了很大的促进作用。

(3)调解工作法治化程度提升。近几年来,我省调解业务依法规范方面取得了一定的成绩:首先,全面开展调委会规范化建设,社区规范化的调委会已经达到 62.5%,村规范化调委会已经达到 43.5%;其次是规范人民调解工作,根据司法部《关于进一步规范人民调解组织名称和标识的通知》文件精神,对人民调解组织的名称和标识的规范情况进行了全面的检查和整改,全面启用了司法部下发的新的人民调解文书格式;再次是建立了人民调解协议司法确认制度,各区县(市)人民法院均确定了相关庭室,全面开展了人民调解协议司法确认工作。

(4)队伍建设不断加强和提升,调解队伍向专业和专职方向发展。长沙市率先试行了专职人民调解员制度,由政府出资、面向社会择优考录专职人民调解员,选聘懂法律、高素质的人员进入人民调解员队伍,整合资源,组建了人民调解员专家库,积极引导专业人员和法律服务工作人员参与人民调解工作。积极明确在城区街道配备 2—3 名专职人民调解员;在农村每个乡镇配备 1—2 名专职人民调解员,在城市每个社区配备 1 名以上专职人民调解员。而村一级则要配备兼职人民调解员 1—2 名,形成了专职和兼职兼容的人民调解员队伍。郴州、衡阳、怀化、长沙、益阳等地对人民调解员实行培训后持证上岗制度;长沙、郴州、株洲、衡阳等地建立了首席人民调解员制度,此举进一步加强了人民调解员的队伍建设。

三、湖南省人民调解工作目前存在的问题

（1）对人民调解工作的重视程度有待进一步加强。人民调解工作是一项基础性的治理社会矛盾的治本性工作,社会效应大于经济效应,具有长期性的特点。但对于这种经济效应上没有立竿见影效果的社会纠纷调处机制建设,基层的重视度还是不够,只有矛盾扩大到影响社会稳定和自己的政绩时,政府才会出现花多少钱都愿意的情况。因此,应保持一贯重视态度,加强人民调解专职队伍建设,落实经费保障,尤其是村委会和居委会的调解员,尽力激励和督促他们将纠纷化解在基层,从而节约社会成本,营造社区和谐氛围,增加老百姓的幸福指数。在此,湖南省可以借鉴云南省模式,尽快实现"以奖代补"机制,努力提高调解工作效率。

（2）人民调解组织机构有待进一步规范。目前,企事业单位、集贸市场、工业园区和环保、消费、农业等领域和行业新型人民调解组织建设还比较薄弱,存在着"断层"和"空档"现象,人民调解组织还不能涵盖矛盾纠纷发生的各个领域和各个区域。其次,村（社区）一级的人民调解委员会规范化程度还只有 43.5%,城市社区规范化调解委员会也只有 62.8%,还有完善的空间。基层反映的意见主要是办公场地未全部落实、工作经费无保障影响了村（社区）调委会的规范化建设,因此,很多村一级并没有配备专职调解主任,而基本上是由村（居）主任兼任,由于村（居）主任身兼数职,难以集中精力来进行调解工作。而且,由于经费紧张,一些直接指导人民调解工作的司法所工作人员都没有配齐,严重影响了人民调解工作的开展。因此,落实经费保障,完善基层组织机构建设和基础设施建设显得尤为重要。

（3）调解队伍整体专业素质有待提高。虽然调解队伍的整体

素质比以前有很大改善,调解队伍的专职化也成必然趋势。但由于近年来社会矛盾纠纷已出现诸多新变化,对调解员的法律素质、调解技能提出了新的要求。而我省调解员队伍的基本格局还是年龄结构不够合理,整体素质、文化层次和专业水平偏低。从某区的统计数据来看,50 岁以上的占 27.6%,40—50 岁的占 47.7%,30—40 岁的占 20.6%,30 岁以下的占 3.9%;其中,具有大专以上学历的占 8.8%,高中学历的占 49%,初中及以下文化的占 41.8%。可见,文化偏低、缺乏专业训练,缺少激情和活力是目前调解队伍的主要问题。这种格局自然不能适应当前社会的新变化,在处理一些复杂纠纷或财产争议纠纷时,往往不能做到依法调解,不能使双方当事人心服口服,从而会影响调解效率和效果。因此,应提升调解员队伍的整体文化素质和专业素质,加大对调解员的培训力度,设立统一的调解员职业资格考试,提高任职门槛,逐步向专业化和专职化方向转型。

(4)人民调解工作经费无法落实到位。按照《人民调解法》的明确规定,村级人民调解委员会的工作经费由村委会解决,调解员待遇比照村委会成员落实。人民调解的指导经费、业务经费、调解员培训经费和补贴经费,列入当地财政预算。然而,从笔者了解的情况看,湖南省绝大部分的调委会和调解员的经费都没有落实。究其主要原因,一是人民调解保障机制很不完善;二是乡村财政十分紧张,根本无力支付人民调解经费;三是有的县区虽然把人民调解经费列入了当地财政预算,但并没有按规定拨付。据统计,2011 年常德市指导人民调解工作经费,平均每个司法所一年只有 2 940 元,平均每个调委会一年只有 205.7 元,平均每个调解员一年只有 4.6 元。工作经费落实标准太低,基层人民调解员的补贴经费(含生活、交通、误工补贴等)缺乏足额保障,甚至没有保障。基层人民调解员调处案件过程中的安全风险防控机制缺乏等都在一定程度上严重影响和挫伤了人民调解工作人员的积极性和主动性,导致许多正常工作无法开展。

四、总体建议：调解工作社会化，由政府向社会购买此项服务

在此次调研中，基层普遍反映调解工作的经费困难，而且难以落实到位，影响工作的正常开展，调解人员缺乏积极性，要求增加编制和提高待遇，统一纳入公务员编制或者事业编制，而相关的管理人员则要求提升为副科级待遇。笔者经过分析，觉得此项要求不很科学。因为我省调解员队伍非常庞大，有将近 30 万调解人员，如果纳入公务员编制或事业编制，将会造成机构臃肿，加大政府财政压力，而且运转不一定有效便捷，服务质量也不一定能得到保证。但如果将调解工作社会化，实行由政府向社会购买此项服务，则不但可以提升服务质量，减轻政府工作压力，而且还能创造就业岗位、促进从事调解工作的专门性社会组织快速成长。这一做法不但符合世界潮流，即行政具体事务外包，促进社会组织发展；而且，调解工作社会化，可以通过市场竞争方式来提升服务质量，营造良好的市场竞争环境，促进市场的良性发展；最后，这一做法也符合小政府、大社会的宪政发展要求。具体操作层面，建议如下：

（1）调解经费进行专门预算，向社会公开招标，购买服务。从有资质和符合条件的专门从事调解工作的单位中选出几家进行竞争。明确任务要求和工作标准，明确验收条件。政府先支付一部分经费，验收或评估合格后再支付剩余的经费。

（2）区分专职调解员和兼职调解员，实行不同的管理体制。这一做法主要是考虑在发展的初期，市场还未发育完善，有可能会衔接不畅，可以先实行过渡，设立专职调解员和兼职调解员。对于专职调解员，建立人民调解工作奖励制度，在保证基本经费的情况下，建立"以奖代补"和"一案一档奖励"制度，花小钱换稳定，花小钱换高效。具体标准可在湖南省统一基本标准的基础上，各地视财力状况和调解工作量状况适当提高标准；然后充分

利用社会保险和商业保险机制,解决调解员的人身安全、养老保险等后顾之忧,以利于专职调解人员全身心投入工作。毫无疑问,在初级阶段,专职调解员,由政府买单,除了基本工资、购买五险外,超工作量部分,实行以奖代补。对于兼职的调解员,可实行灵活的以案件数量定报酬的经费供给方式。建议将本辖区内的退休法官、检察官、律师、法律工作者和有一定法律专业知识、热爱调解工作的干部、教师等人员推选、聘任到调解员队伍中来,建立调解员专家库。在市场初步发育后,只留下部分专职调解员进行该市场的监管和业务指导工作,而大部分的具体调解工作可交由专门性的调解公司去完成,政府只要进行经费转移支付即可。在整个环节中,政府的职能就是经费预算、确立评判标准和市场监管。

(3)设立统一的调解员职业资格考试,提高任职门槛,逐步向专业化和专职化方向转型。调解工作质量的保证依赖于调解员的素质提升。提高调解员的文化素质和专业素质,具体措施有:一是加强人民调解员的专业培训;二是设立统一的资质考试。专业培训活动和资格考试同样可以交给有资质的培训机构、大学或研究院所来举办,政府同样是向社会购买培训服务和资质考试服务。政府的职责是确定这部分经费的预算,并选择有资质和有能力的服务提供方。我省村(居)调解主任的培训目前都是依靠乡镇自行组织,在培训形式上,多采取以会代训的形式进行,缺乏针对性、系统性和专业性。而且培训形式单一,效果也不好,各级政府对基层人民调解委员会的业务指导也不够,特别是近几年,国家出台了很多新的法律法规,对新形势下各种矛盾纠纷利益诉求解决带来了很多调整和变动,但调解主任的学习和培训显然没有及时跟上这些形势的变化和发展的需要,履行调解职责的专业能力普遍还不是太强。因此,政府向社会购买这部分服务,让学有所长的专家来进行培训和考试活动,可能比政府自己亲力亲为,会更有效果。而且,政府相关部门也能在具体事务上减压。上级司法行政部门要监督、协调下级司法行政部门和各级组织部门要将人民调解员的培训纳入各级组织部门的年度培训计划之内,可采取岗位轮训、年度培训、观摩交流等多种形式,切实增强调解队伍的政治素质、法律水平、业务能力和调解技巧。要切实加强人民法院(基层法庭)对人民调解工作的业务指导,积极运用旁听案件审理、重大疑难案件会诊、专业辅导授课等多种形式提高各级调解队伍的业务素质。

人民调解工作具有方便、快捷的特点,是非诉解决矛盾的主要机制,不但成本低、效果好,调解率高,而且也符合我国的文化特色和基本国情,因此,要重视这种本土的、具有东方特色的文化遗产,多宣传、多培育,将之发扬光大。

关于刘桂生涉药系列案犯罪分析

2011年10月至2012年5月,我院查处了湖南省食品药品监督管理局原党组副书记、原副局长刘某某受贿案和省食品药品监督管理局药品注册处处长、药品安全监管处处长阳某受贿案。这是两起典型的职务犯罪案件,食品药品监督管理局是事关人民群众切身利益的重要敏感部门,犯罪嫌疑人作为省级药品食品监管部门的重要领导,利用事关国家和民生大计的药品监管权进行权钱交易,严重损害了国家工作人员的职务廉洁性,破坏了国家药品监管的正常工作秩序,造成了较坏的社会影响。

一、该案的特点

（一）该案被查处的人员级别较高

刘某某为副厅级、阳某为正处级,均为要案。二人均为位高权重且在医药管理和药品安全监管、食品安全监察这样的要害部门掌控。

（二）被查处人员放松了思想改造抵挡不住诱惑,逐渐陷入犯罪的泥坑

刘某某原是省药监局党组成员、纪检组长,工作敬业,对自己尚严,积极上进。也曾拒收过礼金。后来随着年龄的增大,已任副局长的他,感觉升局长无望,遂产生贪图安逸的想法,慢慢放松

---

① 赵远才,长沙市开福区人民检察院预防科长。
② 盛俊杰,长沙市开福区人民检察院干部。

对自己的要求,心存侥幸地收受起企业老板的礼金来。先是1 000—2 000 元的购物卡,后发展到 3 万、5 万元的红包现金。阳某也曾是单位的一名清廉的且很有发展前途的青年干部,但最终也被"朋友"的"小意思"一步步送入犯罪的泥坑。

(三)该案作案时间长,受贿次数多,涉及的行贿人员多

2005—2011 年,前后为时六年。刘某某在担任湖南省食品药品监督管理局党组成员、副局长期间,利用其先后分管省药监局的稽查总队、市场监督工作和被省药监局委派作为湖南省药品集中采购厅局级联席会议成员的工作便利,接受医药销售公司负责人向某某、程某某、康某某、王某某、高某某、毛某某、龙某某、曾某某、高某、毛某某、张某某、刘某某的请托,收受他们所送的"感谢费"50 笔,共计人民币 82 万元。阳某也是前后受贿 9 次,总额12.5 万元,最多的 3 万元,最少的一次 5 000 元。

(四)打擦边球,钻法律空档,为请托人谋取利益而受贿

刘某某收受好处后利用职务便利,为私营医药企业在减轻药品质量问题行政处罚;在开办药品批发经营公司(分公司);变更(换发)《药品经营许可证》;免除上省药品质量公告;增设特殊药品销售范围;认定药品质量层次等事项上谋取利益。阳某利用《中华人民共和国药品管理法实施条例》第八十一条规定中的不严密处,为被查处单位开脱,减轻处罚收受好处。如 2007 年 11月,犯罪嫌疑人阳某时任湖南省药监局稽查总队副总队长。湖南省药监局稽查总队当时根据市场抽验调查,认定长沙双鹤医药有限责任公司销售的江西制药有限责任公司生产的复方甘草片是劣药,遂对长沙双鹤医药有限责任公司立案调查。根据《中华人民共和国药品管理法》和《中华人民共和国行政处罚法》,认定为劣药的药品应该按药品货值的 1—3 倍进行处罚。阳某受人请托后,只没收长沙双鹤医药有限责任公司违法所得 7 万多元,不进行罚款。为感谢阳某在药品行政处罚上对长沙双鹤医药有限责任公司的关照,该公司负责人将人民币 2 万元送给了阳某。

二、案发原因简析

(一)廉政教育薄弱,干部防腐拒变的能力有待提高

在反腐倡廉这项系统工程中,教育发挥着基础性的作用,学习教育活动成功与否,直接关系到党风廉政建设的总体成效,关系到广大行政执法人员拒腐防变能力强弱。该案的发生,与所在单位行业的风气,干部廉政意识有很大关系。

1. 行政不兼洁、行为不规范、道德准则不操守

在办案中笔者了解到,发案单位少数干部在公司验收、GSP认证、药品抽验、药品处罚上存在接受企业宴请、娱乐、收受小额财物等行政不廉洁、行为不规范、道德准则不操守的行为。刘某某分管业务后,逐渐放松了对自身要求,与药品批发经营企业的人员经常在一起吃饭、打牌、娱乐,阳某等一些下属也经常陪同参与其中。刘某某错误地认为只要不收"大钱",不在假药或"事故药"上帮忙就不会有问题。案发后少数干部对一些案件的负面影响还没有完全消除,对办案工作不理解,有抵触情绪。一些干部在谈及刘某某时甚至还说过"在被查处的厅级干部中刘某某还算是清廉的"。"刘某某只是运气不佳"等不当言论。

2. 廉政教育没有实行常态化,开展教育方式单一

食品药品监督管理局应坚持预防为主,党风廉政教育常抓不懈,不断强化干部廉洁从政意识,做到警钟长鸣、常抓常新,才能在全局上下营造了风清气正的良好氛围。该局对于廉政教育并没有实行常态化,制度化,教育方式也只是通过会议和文件,方式单一,没有深入人心,敲打不到位。

3. 廉政文化缺失

廉政文化建设作为拒腐防变宣传教育的重要内容,使广大干部职工在潜移默化中接受教育,得到启迪。食品药品监督管理局是廉政风险较高的部门,应开展多种形式的廉政文化增强干部对廉洁行政的内心认同。但未见该局行政大楼悬挂或展示有关廉

政文化的标识、宣传栏、廉政画廊、廉政格言警句选萃,有关廉政文化的主题活动也未见开展。

(二)行政处罚档案管理不规范

行政处罚档案是食品药品监督管理部门按照法定的程序,在办理药品、医疗器械质量行政处罚案件过程中形成的、反映行政执法活动全过程具有保存价值的历史记录。案卷材料是行政监督、许可、处罚是否依法进行、是否公平公正和行政效能的直接体现。行政处罚档案能客观反映出食品药品监督管理部门执法状况、执法能力和执法水平。

在办案过程中,笔者调取相关行政处罚案卷时,发现该局行政处罚案卷存在案号不连贯、案卷不齐全的问题。还有一些案卷缺失无法查找。行政处罚案件是否依法进行,是否执行到位缺乏必要的监督管理机制。行政处罚案件究竟是怎么办理的,办理得怎么样,有没有执行到位,是否存在执法不公、执法不严的问题全靠行政处罚案卷档案来反映,如果档案管理不重视起来,势必影响行政效能和勤政廉政,且无法进行过错追究和行政问责。

(三)重大案件讨论会议记录不规范

重大案件讨论制度是集思广益,发扬民主,提高案件办理质量,防止错案发生的重要制度,也是打击假劣药品行政处罚的最后一道重要的关口。会议记录是记载会议基本情况的文字材料,是由会议直接形成的重要原始档案,是日后可供查考的唯一凭据。会议记录是否规范、质量如何,关系工作的正常进行,关系到行政案件的质量和责任追究,关系到约束和规范与会人员的发言,关系其转化为档案之后的完整性、真实性。既影响当前,也影响长远。但在办理案件过程中,笔者发现绝大部分的《重大案件讨论会议记录》不规范,体现为:有些记录过于潦草,辨认困难;有些记录过于简略,往往一句话带过,不能反映与会者的发言主旨和会议原貌;有些记录只有会议结论,而未记录与会者发言;有些记录未见与会者签名,也未记录原因。

会议记录的不规范,也影响到干部的勤政廉政。犯罪嫌疑人刘某某收受贿赂,为他人减轻药品行政处罚幅度,由于会议记录的不规范、不完整,也间接纵容刘某某在重大案件讨论会议上明显违背处罚基准,积极对不应当减轻、从轻的行政处罚案件发言进行袒护。

(四)监督体制不顺,难以实现有效监督

由于食品药品监督管理局掌握稽查执法的行政权力,负责药品零售经营的行政审批,餐饮安全和药品、医疗器械生产、流通、使用方面的监督管理等,执法过程中难免受到很多的诱惑和考验,一旦缺少有效的监督制约机制,极有可能出现滥用权力、以权谋私、片面执法、乱处滥罚等现象,导致腐败等问题的发生。

(五)主要领导分管业务权力过于集中

刘某某担任省食品药品监督管理局副局长后,2004年开始分管药品稽查工作,并在2007年同时分管药品市场管理工作。药品市场管理是药品经营的市场准入,而药品稽查工作是药品质量问题的查处,两项工作都是食品药品监督管理局重要的业务工作。使其同时分管药品"一进一出",权力过于集中,不利于权力的约束,也容易孳生腐败。药品批发经营企业与食品药品监督管理局打交道也集中市场管理和药品稽查,很多公司与刘某某建立的是一种"长期"的关系。

权力过于集中,分工调整不及时,岗位不轮换,这样往往容易形成"人情案"、"关系案",因为是熟人,容易出现大案化小,小案化了。所以对长时间分管一项工作,在一个岗位、一个部门工作的领导干部进行及时分工调整、交流任职,既是党风廉政建设的基本要求,也是实践过程中反腐倡廉行之有效的办法。

(六)内部监督不到位

药品监管机构组建的时间短,人员来自不同部门,在系统内自上而下还没有形成一套完整规范的执法监督制约机制,一些执法人员在工作中还存在"重执法、轻规范,重法律、轻纪律,重法治、轻德治"的现象。所以加强内部监督显得尤为必要。

加强内部监督有利于提高药监执法人员的执法水平,推进依法行政,及时发现、查处和纠正执法人员的违法、不当行为。加强药监执法行为的监督,对确保执法人员依法办事,维护行政相对人的合法权益,有利于保障药监机关履行法定职责,减少权力滥用和权钱交易现象的发生,维护药监部门的社会形象。

通过办案笔者了解到,药监系统在办理药品行政处罚案件实行的是"办、审、定"三分离制度,但实际操作过程中,对一般行政处罚案件还是由稽查总队一家办,一家审,一家定,法规处只是在结案后进行事后形式审查监督;另外对于结案后,药监系统并没有建立过案件的"回访监督制度",案件办得怎么样,行政相对人对处罚服不服,在办案中有没有执法人员的"索、拿、卡、要"等违纪违法行为缺乏必要的了解和监督;一些重大的案件在立案后,办案过程中缺少行之有效的内部监督,案件质量得不到层层把关,同案不同罚的情况时有出现。

(七)外部监督设计不合理

据笔者了解,药监系统的外部监督体现在设立了"行风评议员"制度,由"行风评议员"对执法中出现的问题进行外部监督。但"行风评议员"由药品批发经营企业、药品生产企业人员组成。药品批发经营企业、药品生产企业是药监局的被监管对象,是行政相对人,由这些人员组成"行风评议员"来进行外部监督存在很多隐患,被监管对象对于"行风"敢不敢于提出监督意见?药监局对于"行风评议员"所在的企业的监管和执法能不能到位,能不能一视同仁?是按什么规定挑选"行风评议员"的?其过程是否公平公正透明?

药品质量问题是老百姓尤为关心和关切的问题,也是社会的焦点矛盾点。该局在重大药品质量案件的处理过程中,没有必要的外部监督。重大药品质量案件最终由重大案件讨论会议做出处罚决定,其过程没有外部监督的介入,缺乏公开透明度。

三、防范对策

（一）使廉政教育常态化，筑牢药监干部道德堤坝

净化人的思想、强化反腐倡廉意识，必须依靠长期的思想教育。一是要根据任务和岗位的不同，采取不同形式和渠道，有针对性地对药品执法人员进行思想和道德教育，通过坚持不懈的教育，逐步确立起正确的世界观、人生观、价值观，端正他们的权力观、地位观、利益观，从根本上筑牢大家的思想道德防线，抵御和防止执法过程中各种腐败问题的产生；二是领导干部要带好头，加强自身的学习提高，树立强烈的政治意识、责任意识和大局意识，正确处理与下级、被监管对象的关系，切实担负起党风廉政建设各项任务的落实；加强重点时机的教育。在节假日和干部的婚丧喜庆、子女升学、生日庆典、生病住院、乔迁新居等重点时机，适时开展廉政提醒，告诫监管干部不要为亲情所累，不要被"人之常情"所迷；三要采取针对性的教育形式，保持教育的常态化：常搞教育鼓劲，常找同事谈心，常敲木鱼提醒，常用制度照明，防止小错酿成大错。

及时开展好多种形式的警示教育，从而提高食品药品执法人员遵纪守法的主动性和自觉性。对于本单位的案件要仔细分析，自我剖析，查找原因。在日常工作中坚持"以人为鉴"，把在执法办案中接受当事人吃请、办"人情案"等典型案件作为反面教材，及时地开展警示教育，通过对违纪的人员进行通报、对处分结论的公开，增强大家的危机感和紧迫感，促进执法人员依法行政的自觉性，杜绝各类问题发生。

结合食品药品监督管理局自身的特点，开展多种形式的廉政文化建设，让每一名执法人员时刻能感受到廉政就在身边，把廉政烙在心里，进而强化勤政廉政观念、逐步打造出能干事、干成事、不出事的执法队伍，不断推进药监事业快速、健康、可持续发展。

（二）加强对行政处罚案件档案管理的规范化、制度化

应当加强案件监督检查，提升案件档案管理水平，增加办案人员的责任心，提高行政执法能力、行政效能。对于行政处罚案件应严格依照办案期限办结归档，应当建立办案工作的跟踪监督机制。法规部门对案件的办理进度要进行监督检查，及时跟踪案件的办理情况，并视情况进行督办、催办。对严重违反规定，超期未结的案件应当进行过错追究，实行责任问责制追责。案件结案后，行政处罚相关材料应当及时整理组卷归档，整理归档的案卷都必须经过相关部门的检查，对不符合规范的案卷限期整改，并由内业人员实行跟踪落实，把好案件质量关。

统一规范执法文书格式、统一归档要求。对行政处罚档案的收集、整理、编制等归档要求应做出明确的规定，使行政处罚档案的管理有统一的规范和标准。应当对于行政处罚档案卷宗的组卷顺序、编号目录、文书样式应当进行统一规范和明确。

对稽查总队成立之后所办理的行政处罚案件进行"回头查"，查明未归档案件的原因，责令承办人做出说明，并将案件及时整理归档；查明遗失案卷材料的原因，对承办人进行问责；对往期所办理的案件进行执法规范检查，并督促承办人限期进行整改。

（三）明确会议记录的规范要求，严格会议记录规范管理

重大案件讨论会议、局长办公会等涉及行政处罚、行政许可的会议应当明确会议流程、发言顺序，并由专人负责会议记录。未用完的记录本应专人保管，入柜上锁，用完后须编号、归档。查询记录应履行相应手续，会议记录一旦形成不得涂改。对发生记录本丢失、损毁、泄密情况的，应追究责任。文秘人员工作变动时，正在使用的记录本应及时办理交接手续。会议记录复印件交业务科室附卷备查。

会议过程中行政处罚、行政许可承办人应当就所承办事项进行全面汇报，对拟做出的决定的法规依据要引用到款、项。与会人员发言应当用语规范，准确，并可就不明、存疑点请承办人做出

说明或解释。

会议记录应尽可能完整、客观、实事求是地记载会议情况,反映会议全部内容和全过程。对会议讨论中与会者各种不同意见和表态情况,对议题结论要真实、完整记录,发言的基本观点、主要论据要记全。记录应忠实于发言者、讲话者的原意,准确记录。没有听清楚的不能凭主观想象推断,必要时录音辅助,记录本预留空白,会后核实补正,尽量保持原貌。

(四)规范权力运行,坚持监督、制约原则,严把案件审核关

1. 整章建制

将重点放在"靠制度约束行为、靠监督规范执法"上,建立健全案件审核、审理,文书管理,投诉举报等各项制度,使案件的受、立、查、审、罚、结各环节都处于有效的监督制约中。法规处的监督工作前移,对重大案件的查办可以提前介入,监察室应做好事后监督,建立"案件回访监督",对行政相关人做好回访工作。一靠责任落实。要建立健全行政执法责任制,将执法责任层层分解到部门负责人和每名执法人员,做到权责明晰,责权统一。严格执行限时办结制,对不按规定操作的行为进行严厉制裁。实行行政执法连带责任制,将下属人员的职务犯罪与主要领导、分管领导及直接领导的"德、能、勤、绩、廉"进行考核挂钩,甚至是依法追究责任;二靠组织监督。实行案件质量评审制度,定期由局领导、法规处及执法处室负责人组成评审小组,对查处的案件进行质量评查。

2. 发挥外部的监督作用

要克服行政机关内部监督中存在的"自己的刀难削自己的把"的问题,就要充分发挥外部的监督作用。一靠发挥国家机关的监督作用。要虚心接受地方人大、政协和法制部门的监督检查,广开言路,对于重大案件讨论会议,可以邀请人大代表、政协委员或法制部门的人员参加,对其提出的指导意见、建议或提案,要做到深入调查,有错必纠。二靠发挥行政相对人的监督作用。

建立案后回访制度,行风讲评制度,保证行政相对人对执法人员的意见能够及时反馈到执法机关,实现行政监管对象的反向制约监督。三靠发挥广大群众的监督作用,省食品药品监督管理局公众网可以将行政许可审批流程、审批进度挂网公示,对于省内的药品质量公告应及时挂网进行公示,接受人民群众的监督,对假、劣药品和医疗器械应定期进行曝光,设立行风投诉举报电话并公之于众,发挥群众监督无处不在的优势,使执法人员的一言一行都得到有效的监督制约,保证各类案件处理的公正性。

侦查活动怎样具体排除非法证据

长沙市开福区人民检察院反贪局

随着以人为本思想和依法治国观念逐渐深入人心,尊重和保障人权已经成为不可阻挡的时代潮流。然而,受我国传统诉讼观念和"由供到证"侦查模式的影响,司法实践中刑讯逼供等严重侵犯公民基本权利的非法取证行为仍然屡禁不止,无论是早些年受到广泛关注的"杜培武案"、"佘祥林案",还是 2010 年被披露的"赵作海案",其源头都在于侦查机关的非法取证。而这类典型案件中的非法乃至暴力取证行为一经曝光,都会"一石激起千层浪",引发公民对国家刑事司法制度的信任危机。为了有效遏制刑讯逼供等非法取证行为,着力推进国家人权行动计划的顺利开展,最高人民法院、最高人民检察院、公安部、国家安全部和司法部于 2010 年 6 月 13 日联合发布了《关于办理刑事案件排除非法证据若干问题的规定》(以下简称《非法证据排除规定》)和《关于办理死刑案件审查判断证据若干问题的规定》,旨在通过确立非法证据排除规则遏制侦查人员的非法取证动机,以从源头上消除非法取证行为。

作为我国刑事证据制度的一项重大创新,《非法证据排除规定》除了对审判阶段的非法证据排除进行了较为具体的程序规定外,还创造性地将非法证据排除提前至检察审查环节。《非法证据排除规定》第三条规定:"人民检察院在审查批准逮捕、审查起诉中,对于非法言词证据应当依法予以排除,不能作为批准逮捕、提起公诉的根据",从而将非法证据排除提前至审前阶段的检察审查环节。2012 年 3 月 14 日由第十一届全国人民代表大会第五次会议修正通过的《中华人民共和国刑事诉讼法》(以下简称新《刑事诉讼法》)第五十四条第二款吸收了这一规定的精神,强调"在侦查、审查起诉、审判时发现应当排除的证据的,应当依法予以排除,不得作为起诉意见、起诉决定和判决的依据",这就进一步赋予检察机关主动对证据合法性进行审查的权力。为了更好地在检察实务工作中,特别是在自侦部门的侦查活动中做好非法证据排除工作,就非法证据排除的实际操作做一些阐述。

一、非法证据和非法证据排除规则的界定

(一)非法证据的概念和特点

《牛津法律词典》对"非法证据"的释义为:"通过某些非法手段而获得的证据。"而我国《诉讼法大辞典》对此释义为:"不符合法定的来源和形式或者违反诉讼程序取得的证据"。目前我国法学界对于非法证据的概念也没有统一的界定。有学者认为,非法证据是指不符合法律规定的证据内容、证据形式、收集或提供证据的人员及程序或用其他不当的方法获取的证据。因此概括起来,非法证据包括以下几种情形:证据内容不合法、证据表现形式不合法,收集或提供证据的人员不合法,收集或提供证据的程序、方法、手段不合法。这是广义上的非法证据的范围。狭义的非法证据,仅指法律规定的享有调查取证的主体违反法律规定的权限和程序,采用违法的方法取得的证据材料,即收集程序不合法的证据。也有学者称之为"非法取得的证据"。

根据这些概念,刑事非法证据的概念有以下几方面的特征:①非法证据仅产生于刑事诉讼中证据的收集过程。所谓收集证据,是指根据《刑事诉讼法》的规定,依法享有侦查权的机关及其人员发现、固定、提取与案件有关的各种证据材料的一种侦查活动。可见,非法证据与刑事诉讼程序是密切相关的。②非法证据的"非法"是针对收集证据的程序和方法而言的。③非法证据的收集主体是特定人员。④从非法证据的种类来看,它包括非法取

得的口供证据和非法取得的实物证据两种类型。

(二)非法证据排除规则的主要内涵

为了能够在司法实践中正确运用和严格执行这一制度,作为检察机关自侦部门的干警必须准确理解非法证据排除规则的主要内涵。该规则主要包含以下几个方面的内容。

1. 公检法三机关都有排除非法证据的义务

新《刑事诉讼法》第五十条规定审判人员、检察人员、侦查人员必须依照法定程序,收集能够证实犯罪嫌疑人、被告人有罪或者无罪、犯罪情节轻重的各种证据。严禁刑讯逼供和以威胁、引诱、欺骗以及其他非法方法收集证据,不得强迫任何人证实自己有罪。新《刑事诉讼法》第五十四条强调在侦查、审查起诉、审判过程中,发现有应当排除的非法言词证据和非法实物证据的情形,都应当及时将其排除,不能将应当排除的非法证据作为起诉意见、起诉决定和判决的依据。由此可知,公安机关、人民检察院和人民法院都有排除非法证据的义务,非法证据排除贯穿于整个刑事诉讼活动中。

2. 绝对排除非法言词证据

按照新《刑事诉讼法》第五十四条规定"采用刑讯逼供等非法方法收集的犯罪嫌疑人、被告人供述和采用暴力、威胁等非法方法收集的证人证言、被害人陈述,应当予以排除。"这里的"非法言词证据"是指通过非法手段所获取的言词证据,不包括主体不合法、形式不合法、违反程序的言词证据。

关于"非法言词证据"的非法手段,本条只明确列举了"刑讯逼供"、"暴力"、"威胁"三种手段,因为在司法实践中最突出的问题是以刑讯逼供等暴力、威胁的方法获取言词证据。一旦确认是"非法言词证据",应当坚决排除,没有商量的余地。这里的"等"是指与刑讯逼供、暴力、威胁相当的手段,诸如以殴打、捆绑、违反使用械具等恶劣手段逼取口供的;以较长时间冻、饿、晒、烤等手段逼取口供,严重损害犯罪嫌疑人、被告人身体健康的。当然,成为"非法言词证据"的这些手段,并不要求必须构成犯罪,不构成犯罪,也能作为"非法言词证据"予以排除。

此外,本条没有规定"引诱"、"欺骗",并不意味着引诱、欺骗的取证手段就是合法的。如果采用引诱、欺骗的方法严重侵犯了被讯问人的人身权利,迫使犯罪嫌疑人、被告人不得已做出供述,并且严重损害了口供的客观真实性的,也应当予以排除。

3. 相对排除非法实物证据

新《刑事诉讼法》第五十四条规定"收集物证、书证不符合法定程序,可能严重影响司法公正的,应当予以补正或者做出合理解释;不能补正或者做出合理解释的,对该证据予以排除。"这里规定的"收集物证、书证不符合法定程序",主要是指违反刑事诉讼法关于搜查、扣押的程序规定,如未经合法批准或授权,搜查人员不符合要求等。这里的非法实物证据只包括物证和书证,不包括勘验、检查笔录和鉴定意见。因为物证、书证的收集通常采取搜查、扣押等手段,这些手段违法,就可能侵犯公民的人身权利、隐私权等基本人权,而勘验、检查笔录和鉴定意见的制作不存在侵犯人权的问题,因而不属于非法实物证据排除的适用范围。这里的"严重影响司法公正",包括实体公正和程序公正,即要结合违法取证行为的违法程度、侵犯权利的性质和程度、非法取证行为的主观状态、取证手段造成的后果等因素进行权衡裁量,其违法取证行为及其后果对案件的实体公正和程序公正是否存在严重影响。这里的"补正或者做出合理解释",是指对违法取证行为进行纠正,再通过合法的程序予以收集,或者能够证明搜查、扣押是在"紧急情况下"不得已而实施的等。

4. 加强对取证活动的法律监督

新《刑事诉讼法》第五十五条和第一百七十一条第一款就是关于检察机关发现侦查机关违法取证行为如何进行法律监督的规定。根据该规定,检察机关接到报案、控告、举报或者发现侦查人员以非法方法收集证据的,可以采取以下监督处理方式:①调

查核实。检察机关通过询问有关证人、被害人等,收集和查阅有
关检查报告、录音录像等材料,以确认侦查人员是否存在以非法
方法收集证据的情况。②要求侦查机关做出说明。检察机关通
过调查后,如果认为存在以非法方法收集证据情形的,可以要求
侦查机关对证据收集的合法性做出说明。③向侦查机关提出纠
正意见。如果检察机关确定侦查机关确有以非法方法收集证据
情形的,应当向其提出纠正违法行为意见。④依法追究有关人员
的法律责任。如果检察机关认为侦查人员违法收集证据的行为
构成犯罪的,应当依法追究其刑事责任。这里的侦查人员,既包
括公安机关的侦查人员,也包括检察机关查办职务犯罪案件的侦
查人员。

5. 遵守非法证据的法庭调查程序

新《刑事诉讼法》第五十六条、五十七条、五十八条对非法证
据法庭调查程序做了规定,主要包括以下内容。

(1)提出非法证据排除的申请。在法庭审理过程中,当事人
及其辩护人、诉讼代理人有权申请人民法院对以非法方法收集的
证据依法予以排除。本条中的"法庭审理过程"是指法庭审理的
整个过程,包括开庭审理前、审理中和辩论结束后,只要是法庭审
理没有结束,当事人及其辩护人、诉讼代理人都可以提出该申请。

(2)提供相关线索或者材料。当事人及其辩护人、诉讼代理
人申请排除以非法方法收集的证据的,应当提供相关线索或者材
料。这里的"相关线索或者材料",是指涉嫌非法取证的人员、时
间、地点、方式、内容等相关线索或者材料,包括血衣、伤痕、照片、
医疗证明、伤残证明、询问笔录、同监人的证明等。当然,这些线
索或者材料只要能对非法取证产生合理怀疑即可,并不要求完
整、准确。

(3)审判人员决定法庭调查。依据新《刑事诉讼法》第五十六
条的规定,在法庭审理过程中,只要审判人员认为可能存在非法
取证情形的,就应当决定对有关证据收集的合法性进行法庭调

查。这种法庭调查应当与法庭审理程序区分开来,独立进行。

(4)证据合法性的证明责任。新《刑事诉讼法》第五十七条规定,在对证据收集的合法性进行法庭调查时,人民检察院应当对证据收集的合法性加以证明。如果检察机关认为现有证据材料不能证明证据收集合法性的,可以提请人民法院通知有关侦查人员或者其他人员出庭说明情况。这里的"其他人员",是指除讯问的侦查人员以外的其他在场人员,包括记录人、录音录像制作人、翻译人员、了解情况的看守、监管人员等。"说明情况"是指作证,即将自己知道或者看到的有关收集证据的过程的真实情况向法庭做出陈述,以便法庭做出正确判断。

(5)非法证据的排除。法庭经过调查,确认或者不能排除存在新《刑事诉讼法》第五十四条规定的以非法方法收集证据情形的,对有关证据应当予以排除。这里规定的"不能排除",是指检察机关通过一系列的证明活动,没有达到"排除合理怀疑"的程度,即正常的人仍然认为存在非法取证可能性的情况。此时,法庭应当决定对有关证据予以排除,不将其作为定案的依据。

二、检察环节如何贯彻非法证据排除规则

(一)正确理解检察机关在非法证据排除程序中的功能

在我国,检察机关的设置和权力配置不同于西方国家。与英美法系国家的检察机关相比较,我国的检察系统虽然与警察系统和审判系统完全分离,但在权力隶属关系上不像美国等国家那样属于行政机关;与大陆法系国家的检察机关相比较,尽管诉讼理念相对比较接近,但机构的设置并不像大陆法系国家那样采用"审检合署",也不实行"检警一体化"。在我国的权力结构中,检察权与审判权和属于行政权的警察权彼此独立,审判权、检察权和行政权平行设置于人民代表大会制度下,在机构设置上完全分离,在工作关系上相互配合与协调。在宪法的规定中,检察机关既属于国家的法律监督机关,又是与审判机关并列的司法机关。

所以,在我国就不应当把非法证据排除的裁量权仅仅视为是由法官来行使。在刑事诉讼的很多阶段中,检察官比法官享有更多、更充分的非法证据排除机会。如果把西方国家的非法证据排除规则概莫例外地运用于我国检察实践,就明显地脱离了中国的司法实际。

新《刑事诉讼法》第五十四条第二款规定:"在侦查、审查起诉、审判时发现有应当排除的证据的,应当依法予以排除,不得作为起诉意见、起诉决定和判决的依据。"从法律的规定中可以看出,我国刑事诉讼程序中有权对非法证据予以排除的主体包括审判机关和检察机关。同时,侦查机关也不得将非法证据作为起诉意见的依据。审判机关主要是在判决过程中对证据的合法性进行审核,并继而作为对被告人定罪量刑的依据;检察机关主要是在审查起诉阶段担当非法证据排除的主体,从证据收集的合法性、有效性的角度进行审查。

就整个检察环节来说,对证据的合法性进行审查包括批捕阶段和审查起诉阶段。这两个阶段是前后承续、紧密连接的整体。审查批准逮捕、决定逮捕时对证据的审查判断是检察环节的一个前置审查程序;审查起诉阶段对证据的审查判断是后置审查程序。从证据审查的复杂性和重要性来说,审查起诉阶段对非法证据排除的关注点要多于审查批准或决定逮捕阶段,这主要是因为大量的调查取证工作都集中在犯罪嫌疑人被羁押后的侦查阶段。

(二)注重对非法证据排除规则启动权的保护

1. 加强对非法证据排除请求权的保护

对非法证据的排除,仅仅依靠办案人员对规则的自觉遵守是难以达到目的的。在检察环节对证据的认定把好审查关,不仅是完成刑事追诉工作任务、履行法律监督职责的需要,同时也是保证刑事诉讼中非法证据排除规则得以贯彻的关键步骤。非法证据排除规则的启动,也就是通常所讲的对证据的可采性与合法性提出质疑的来源,决定着某一非法证据最终能否纳入正当程序加以排除。

在检察实践中,对证据的合法性进行审查的过程是一个复杂的、严谨的、动态的过程,仅凭检察官的个人见解和主观能动性,常常难以发现证据的瑕疵并进而对证据的非法性做出正确认定,在多数情况下都需要来自刑事被追诉方及其辩护人的要求和提醒。尽管检察工作人员通过受理犯罪嫌疑人及其法定代理人、辩护人的申请,可以依法启动非法证据排除程序。但是,被追诉人由于其所处的不利地位以及对侦查机关所持的对抗态度,常常导致侦查人员对他们提出的非法证据排除要求抱有怀疑和不信任的态度。从客观上讲,实践中也确实存在许多犯罪嫌疑人、被告人提出的所谓非法证据排除要求缺乏事实根据,对他们的要求进行必要性的审查也是情理中的事情。一般来说,辩护律师会比较客观地反映情况,提出的非法证据排除要求相对比较合理。但律师往往不是证据产生中的直接见证人,证据来源的间接性以及因辩护可能产生的功利主义思想,也可能促使他们做出错误的判断。怎样在正当合理的请求与无理虚假的要求之间辨识、提出有利于非法证据排除的线索,首先是必须加强对非法证据排除请求权的保护,在坚持程序正义原则的基础上,努力疏通诉讼言路,倡导执法公正,杜绝司法专横。

2. 充分调动被害人或者第三方的积极性

有权提出非法证据排除要求的不仅仅只有被追诉方,与案件处理结果直接相关的被害人或者第三方也同样享有一定程度的请求权。美国最高法院在明尼苏达诉卡特案的判决中就确立了这样一个原则:得到别人允许在其家中短时间逗留的人对该人家受到非法搜查,有权利提出反对。也就是说,这些短暂逗留的人也有提出非法证据排除的权利。司法实践中有关非法证据排除要求的启动主体本来是很多的,问题是检察机关在审查起诉过程中如何有效地启发和利用他们的积极性来发现非法证据线索,并保证他们的合理要求得到实现。

(三)科学区分非法证据强制排除与裁量排除的界限

检察业务工作中需要把握的一个关键问题,是如何处理非法证据强制排除与裁量排除的界限问题,这不仅是诉讼理论上长期争论不休的问题,也是诉讼实践中长期纠缠不清的复杂难题。只有加深对这一问题的正确理解,才能促使司法机关从准确打击犯罪和加强人权保障的两难境地中坦然地走出来,从容地应对来自各方面的挑战。

新《刑事诉讼法》第五十四条规定:"采用刑讯逼供等非法方法收集的犯罪嫌疑人、被告人供述和采用暴力、威胁等非法方法收集的证人证言、被害人陈述,应当予以排除。收集物证、书证不符合法定程序,可能严重影响司法公正的,应当予以补正或者做出合理解释;不能补正或者做出合理解释的,对该证据应当予以排除。"从法律的规定中可以看出,对于非法言词证据,包括犯罪嫌疑人、被告人的供述、证人证言、被害人的陈述,采用的是强制排除原则,即无论在什么情况下,这类证据都不得被司法机关所采用;对于违反法定程序收集的实物证据,则采取了裁量排除原则,即只有当这些违法取得的物证、书证严重影响到司法公正并不能进行补正或做出合理解释时,才予以排除。也有的学者将上述两种排除方法分别称为绝对排除的原则和附条件排除的原则。法律做出这样明确的规定,并且将言词证据的排除原则与实物证据的排除原则分别加以规定,也主要是在努力解决我国刑事侦查中长期存在的刑讯逼供问题的同时,兼顾打击和惩罚刑事犯罪的需要。而立法的这一真正意图在于加强对犯罪嫌疑人、被告人的人权保障。因为如果不对非法言词证据进行强制性排除,侦查讯问过程中屈打成招的事例就会屡禁不绝。

对非法实物证据采取裁量排除主义原则,与我国当前的司法实践现状是相吻合的。无论是公安机关还是检察机关,在刑事侦查技术手段和高科技设备方面,都还很难完全适应社会发展的需要,在很多方面还远远不能满足打击智能化、技术化和信息化犯罪的需要。即使在竭力倡导非法证据排除规则的美国，司法程序中所排除的实物证据，也主要是指违反《美国联邦宪法》第四修正案的规定而取得的证据，这些证据的取得也主要是发生在违法逮捕、搜查和扣押的过程中。

三、非法证据排除规则对检察院自侦工作的影响

（一）对侦查工作带来严峻的挑战

非法证据排除规则的适用将会对犯罪嫌疑人、被告人及其律师的辩护活动，检察官、法官的司法活动带来深刻的影响，进而构成对现行侦查机制的严峻挑战。就检察机关查办职务犯罪而言，主要挑战有三。

1. 不供率、翻供率、排除非法证据的申请将会大量增加

随着犯罪嫌疑人、被告人及其律师对非法证据排除规则的不断熟悉，他们会从中阅读出有利于自己的权利规则，并以此指导自己的辩护行为。犯罪嫌疑人、被告人的权利规则包括：自己有供述与不供的自由，即使不供，侦查人员也不能采取强迫手段；即使已被迫供述，这种供述也因违反了规则而不能成为诉讼证据。辩护律师的权利规则是，如果辩护对象（犯罪嫌疑人、被告人）认为自己被强迫作用供述，无论这一供述是否真实，辩护律师都有权提出证据排除的申请。

在权利规则的指引下，不供率、翻供率、排除非法证据的申请都可能明显增加。从犯罪嫌疑人、被告人角度讲，不认罪本是其天然倾向，加之权利意识的增强，侦查人员强制行为的减少，认罪比例很可能会随之降低；即使在侦查阶段供认有罪，在此后的审查起诉、审判阶段翻供的可能性也会有所增大。无论口供是否真实，只要存在刑讯逼供的可能性，被告人及其辩护人都可以在审判阶段提出排除口供的申请，而这通常会启动正式的法庭调查程序。其实，从司法实践出发，在审查逮捕、审查起诉阶段，犯罪嫌疑人在接受检察官讯问时，律师通过会见嫌疑人了解到刑讯逼供

的线索之后，也可能提出这一申请，或者向检察机关提出控告，检察机关应当进行调查核实。对于确有以非法方法收集证据情形的，应当提出纠正意见；构成犯罪的，依法追究刑事责任。由于排除非法口供的申请在审查逮捕、审查起诉和审判阶段都可能以各种形式提出，因此，排除非法证据申请的比例将会明显增加。

2. 自侦案件的不捕率、不诉率将会上升

根据新《刑事诉讼法》的规定，检察机关在侦查和审查起诉时发现有应当排除证据的，应当依法予以排除，不能作为逮捕和起诉的依据。司法实践中，检察机关做出排除决定有两个途径：①办案人员在阅卷或会见犯罪嫌疑人时发现线索，经过调查核实后主动予以排除；②犯罪嫌疑人及其律师提出排除申请或者控告，经调查属实后依法予以排除。在非法证据排除规则实施之后，检察机关将在审判阶段对证据收集的合法性的法庭调查中承担举证责任，这就加重了追诉风险，促使其在审查逮捕、审查起诉阶段主动排除非法证据成为可能。对于犯罪嫌疑人及其辩护律师提出的申请，尽管新《刑事诉讼法》并未规定类似于审判阶段的法庭调查程序，检察机关也必须对此进行审查，做必要的调查核实，并考虑到拒绝申请可能导致审判阶段的法庭调查，因而对犯罪嫌疑人及其律师的意见须给予重视。

审查逮捕和审查起诉阶段非法证据排除规则的实施，很可能对逮捕率和起诉率带来直接影响。通常状况下，如果认罪口供不被采纳，部分类型的职务犯罪案件会因欠缺关键证据而无法定案，如"一对一"的受贿案，另有其他一些自侦案件也会因为证据不充分还需要继续侦查，由此形成证据不足的不捕与存疑不诉。作为后果，一定时间内的不捕率和不诉率会因之上升。

3. 对职务犯罪案件证据合法性的法庭调查将会增多，有罪判决率将会下降

非法证据排除规则发挥作用最大的空间是审判阶段。这是因为：①随着诉讼的深入，被告人对自己享有的权利，包括申请

排除非法证据权利的认识越加清楚；②案件进入审判阶段后，被告人实际上"脱离"了追诉机关的羁押控制，更有可能在中立的法官面前提出排除非法口供的申请；③审判阶段的非法证据排除程序启动便利，由控方而不是由辩方承担举证责任，对被告人及其辩护人较为有利；④从辩护条件看，律师及其他辩护人在审判阶段介入的比例明显高于审前程序，辩护机制也相对完善。鉴于以上因素，随着非法证据排除申请的不断提出，将会产生一定比例的排除决定。而一旦被排除的口供对定案不可或缺，相应的案件处理要么是公诉机关撤回起诉，要么是法院做出无罪判决。无论是撤回起诉还是无罪判决的增加，都会导致有罪判决率的下降。

（二）促使职务犯罪侦查人员转变执法观念

1. 从"职权主义"向"当事人主义"侦查理念的转变

侦查理念是办案人调取各种证据过程中思想的起点和归宿，是所有侦查模式形成的基础，而侦查模式又是控诉和辩护关系所呈现的一种状态。当一种司法理念根植于办案人员的思想中时，由这种思想带来的各种行为是非常复杂和不可预计。当前，我国正在逐步建立当事人主义的侦查理念，以求最大限度地保护当事人的合法权益，首先要转变大量执法人员，特别是一线侦查人员的司法理念，这是对侦查工作由"职权主义"向"当事人主义"转变的基础和最为核心的内容。

非法证据排除规则明确规定了收集证据的原则、非法证据排除的原则、非法证据的调查程序和排除程序，这不仅是在制度上的一种规范，更是对享有侦查权的司法机关和执法人员在办案思想和理念上的一次冲击。它要求办案人在采取任何侦查行为时，一定要将是否侵害了当事人的合法权益作为一项重要的前提予以考虑，尽量避免那些可能侵害当事人合法权益侦查行为的发生，对那些已经通过侵害当事人合法权益取得的证据，要及时纠正，提前排除。

2. 从惩罚犯罪的观念向惩罚犯罪与保障人权并重的观念转变

近年来,国家对检察工作人员素质的要求越来越高,进入的门槛也渐趋严格,但是在传统的重刑主义思想的影响下,检察机关自侦部门工作人员在查办职务犯罪案件中,对于犯罪嫌疑人的看法仍然是惩罚为主。新《刑事诉讼法》关于非法证据排除规则的确立,要求自侦检察人员在办案过程中,转变旧有观念,运用各种合法方法获取证据,在保障人权的前提下开展侦查工作。作为职务犯罪办案人员,必须树立正确的执法观,处理好惩罚犯罪与保障人权的辩证关系,要在办案过程中追求司法文明,既注意对犯罪嫌疑人合法权益的保护,也要求承担起打击职务犯罪的法定职责,二者不可偏废。

3. 从偏重证明力的证据观向强调可采性的证据观转变

长期以来,检察机关自侦部门的侦查人员办理职务犯罪案件过程中,在收集证据时往往注重对证据能否有力证明犯罪嫌疑人的行为是否达到犯罪的构成要件,而忽视了对证据的收集是否合法,能不能被法庭采纳为定案依据。非法证据排除规则的确定,对于侦查活动中非法收集的证据将会被排除,不予以采纳,这样势必要求侦查人员在收集证据时树立一种证据能否被采纳的证据观念,注重证据的可采性。

(三)促进检察机关自侦工作方式的改善

1. 由依赖于犯罪嫌疑人的口供转变为对实物证据的收集

过去,由于受到经济条件和技术手段的制约,在职务犯罪案件侦查过程中,办案人员过分依赖于犯罪嫌疑人的口供,而很少及时有效地收集到对证明案件有力的实物证据。一方面,在侦查阶段,办案人员以非法手段收集证据的现象较为普遍,而且难以得到有效的控制。为了突破案件,有些职务犯罪侦查人员滥用刑事追诉权,对犯罪嫌疑人采用欺骗、引诱、威胁甚至刑讯的方法获取其有罪的供述。这些证据不但严重侵害了犯罪嫌疑人的权利,而且一旦被法庭发现,很难达到对犯罪嫌疑人控诉的目的。另一方面,如果犯罪嫌疑人对自己的作案行为不予交代,自侦部门仅依靠口供很难在起诉意见书中说服公诉部门依法提起公诉,这同样不利于达到惩罚犯罪的目的。这就要求检察机关的自侦部门必须改变传统的主要依赖于犯罪嫌疑人的口供转变为注重对实物证据的收集。

2. 创新侦查方法,提高侦查技能

在追求程序正义与侦查效能有机统一的目标指引下,非法证据排除规则内含了一种积极的行为引导功能,即引导侦查人员遵照法定的程序,采用合法有效的方法展开调查取证。对自侦机关来说,这意味着必须放弃简单粗放式的传统侦查模式,转而探索一种既符合法律要求,又能保证办案效果的侦查模式。非法证据排除规则旨在剥夺违反法定程序的侦查行为可能带来的不当利益,消除违法侦查的动机,其客观结果将使实践中的侦查程序更加规范,侦查行为的正当性有所增强。由于非法证据排除规则明确了通过刑讯逼供等非法方法获取的证据不具有可采纳性,而职务犯罪侦查机关迫于侦破案件的需要,不得不对自身的侦查方法加以改进、创新,侦查人员必须采用相对间接的侦查方式,启用更多的侦查手段,在人证之外寻求其他有价值的证据线索,通过收集其他证据以查明案件事实。在多重压力和动力的驱动下,迫使自侦部门的办案人员不断强化学习,及时总结经验,努力提高侦查技术水平,以求达到侦破案件的目的。

3. 规范侦查人员的取证行为,增强其办案风险意识

新《刑事诉讼法》明确的非法证据排除规则,目的是为了规范侦查行为和保护当事人的合法权益。一种侦查行为必须有一种侦查理念来引导,由一种侦查模式来规整,如果失去了理念与模式的引导、规整,必将导致一种行为发展的无序和任意。这对于办案人员侦查理念的转变的要求首先要从规范侦查行为做起。作为查处职务犯罪案件的办案人,在取证的过程中,在其思想上

必须有两方面的规则要遵守:①在证据条件方面,证据的取得必须有合法的依据;②在程序条件方面,证据的取得要经过司法审查,必须履行一定的司法义务,取证手段上也必须严格遵守一定的限制。只有同时符合上述两方面规则所取得的证据才能称之为"合法"。相反,只要违背了上述任一条规则,就是非法证据。同时,增强了执法办案人员的风险意识,对于办案人员来说,当业已取得的证据在审查或者审判过程中被确定为"非法证据",侦查人员很可能在办案中产生违法办案的行为,而这种行为在检察机关内部存在着严格责任追究制度。非法证据排除规则的明确,能够有效地提高执法人员的风险意识,迫使办案人员在执法过程尽量避免侵犯当事人权利行为的发生。

四、应对非法证据排除规则的做法

新《刑事诉讼法》关于非法证据排除规则的确立,在促进检察机关自侦工作职能强化的同时,也对自侦工作提出了新的更高的要求。检察机关职务犯罪侦查部门在加大惩治犯罪力度的同时,要更加透明、更加规范、更加注重打击犯罪与保障人权的平衡。为此,检察人员应当充分认识刑事诉讼法修改的意义,正确理解和全面把握立法意图和法律规定的含义,认真贯彻落实新《刑事诉讼法》的规定,提升自身业务能力和执法水平。并以此为契机,积极采取应对措施,化挑战为机遇,努力把自侦工作提高到一个新的水平。

(一)加强学习,转变观念,大力提高侦查人员素质

1. 加强学习培训

组织广大职务犯罪侦查人员加强自学,特别是主管领导要带头学习,深入领会新《刑事诉讼法》中非法证据排除规则的本质内容。可采用邀请专家讲座、召开专题研讨会等方式开展业务培训,引导侦查人员准确把握立法精神,熟练掌握具体的法条规定。

2. 严格依照法定程序和要求办案，不断提高规范化办案的能力

在非法证据排除的问题上，要认真研究、准确把握非法证据排除的范围，积极承担排除义务，虚心接受对侦查活动的监督，严格遵守法庭调查程序，做好出庭说明情况工作，及时听取辩护人关于排除非法证据的意见和建议。

3. 转变重口供的观念，增强证据意识

①必须转变倚重口供办案的观念，真正树立重证据，重调查研究，不轻信口供的观念。②要牢固树立证据意识，严格依照法定的条件和程序收集证据，严格执行收集证据的禁止性规定，确保证据收集方式合法。职务犯罪侦查人员应增强三个证据意识，即证据合法性的意识，既要充分认识证据的客观性和相关性，更要充分认识证据的合法性，必须依法收集证据；重视无罪证据的意识，所收集、整理移送的证据要客观、全面；掌握证明标准的意识，在证据的收集和运用上，必须坚持法律规定的证明标准，确保案件得到依法正确处理。

（二）充分利用新《刑事诉讼法》的规定

充分利用新《刑事诉讼法》关于特别重大、复杂案件传唤和拘传时间延长的规定，精心研究讯问方法，切实提高讯问水平，依法收集、固定证据。

新《刑事诉讼法》第一百一十七条规定，传唤、拘传持续的时间不得超过十二小时；案情特别重大、复杂，需要采取拘留、逮捕措施的，传唤、拘传的持续时间不得超过二十四小时。这一规定为自侦部门突破案件争取了宝贵时间，使拘留前办案时间的紧张得到有效缓解。但是，必须注意对于案情不是特别重大、复杂，或者没有采取拘留、逮捕措施必要的，必须在十二小时内解除拘传。只有同时符合上述法定条件的，才可以将拘传时间延长至二十四小时。实际上，职务犯罪侦查部门要解决突破案件难的问题，不能将希望都寄托于延长的十二小时上。要有效突破案件，必须提

高初审的成功率。要提高初审成功率,除了提高讯问技巧,关键
是要做好初查工作,要从提高初查质量上寻找出路。将办案工作
重心前移,把初查工作做扎实。对于案件线索涉及的有关情况或
者事实,要从外围查清,对于案件涉及的人和事特别是关键性细
节,都要查清,做到心中有数。要建立以无罪推定为前提的成案
意识,侧重把突破的工作重心放在初查阶段以及口供认罪之前的
准备工作上,以实现所收集的证据的合法性、客观性和关联性三
者的有机统一。

（三）充分运用法律赋予检察机关的技术侦查权,取得合法
证据,排除非法证据

新《刑事诉讼法》第一百四十八条规定,人民检察院在立案
后,对于重大的贪污、贿赂案件以及利用职权实施的严重侵犯公
民人身权利的重大犯罪案件,根据侦查犯罪的需要,经过严格的
批准手续,可以采取技术侦查措施,按照规定交有关机关执行。
检察机关在侦查职务犯罪的实践中,一般使用了电子侦听、电话
监听、电子监控、秘密拍照或录像、秘密获取某些物证、邮检等秘
密的专门技术手段。技术侦查是自侦部门必不可少的侦查手段
之一,随着科学技术水平的发展和信息化的普及,职务犯罪日益
呈现技术化、智能化,犯罪手段也更加隐蔽,犯罪分子往往是国家
公务人员,犯罪行为是在履行职务中实施并有其职务掩护,通常
痕迹、物证少,加之其位高权重,关系网密,保护层厚,反侦查能力
较强,办案的干扰多、阻力大,侦查中发现难、取证难、固定证据难
的问题十分突出。因此,检察机关在查办职务犯罪的过程中使用
必要的技术侦查措施,有利于减少对犯罪嫌疑人口供的依赖,有
利于及时掌握犯罪嫌疑人的行踪和心态,强化侦查控制,减少适
用拘留、逮捕等羁押措施,从根本上实现"由供到证"向"由证到
供"的侦查模式转变,促进办案规范化,预防非法取证行为的发
生,从而提高检察机关的侦查能力和执法公信力。在查办职务犯
罪案件时,自侦干警要树立善于运用技术侦查手段破案的思想,

将其作为突破重大、疑难案件、提高办案科技含量的有效方法和途径。

（四）建立健全证据审查和补正制度，及时排除非法证据，确保自侦环节不出现非法证据排除情形

检察机关职务犯罪侦查部门要强化证据审查意识，必要时可以设置专门预审人员，加强对所办案件的预审，在移送审查起诉前，对全案证据进行审查把关，及时发现案件证据中存在的瑕疵和漏洞，及时采取相应措施，能够补正的，及时补正；不能补正的，重新按照法定程序进行收集。尤其是，对于"一对一"的贿赂犯罪，要重点审查口供的完整性和细节，注意发现取证的瑕疵和证据之间的矛盾，及时采取措施加以补强。对于重要证人证言和关键性证据，要尽可能采取多种方式进行有效固定，防止翻供、翻证、毁证，确保办案工作能够顺利开展。此外，为了能够将非法证据排除在侦查阶段，应建立和完善批捕、起诉部门对职务犯罪侦查的提前介入、引导取证和侦查监督机制，以逮捕标准和庭审标准指导和规范侦查阶段的取证工作，确保诉讼过程的顺利进行，以提高自侦案件的整体质量。

（五）完善同步录音录像制度，规范侦查讯问活动，预防非法取证行为的发生

新《刑事诉讼法》第一百二十一条规定，侦查人员在讯问犯罪嫌疑人的时候，可以对讯问过程进行录音或者录像；对于可能判处无期徒刑、死刑的案件或者其他重大犯罪案件，应当对讯问过程进行录音或录像。录音或录像应当全程进行，保持完整性。全程同步录音录像制度的确立对于讯问是否合法，将提供直接有力的证据。它有利于规范检察机关自侦案件的讯问行为，预防发生刑讯逼供等非法取证的现象，在法庭对证据的合法性调查中可以起到直接证明的作用。作为检察机关职务犯罪侦查部门，首先应严格落实新《刑事诉讼法》关于同步录音录像的规定，同时应严格遵守高检院《关于讯问职务犯罪嫌疑人和关键证人全程同步录音

录像的规定》。事实上,同步录音录像既是一种固定证据的方式,可以有效遏制犯罪嫌疑人翻供,也是用来证明自侦工作人员严格依法办案的有效方式。因此,无论是从办案的角度还是保护检察干警的角度,同步录音录像制度都必须贯彻落实好。

五、确定非法证据排除规则对于侦查活动的意义

在侦查模式逐渐由重"职权主义"向重"当事人主义"转化的进程中,我国对程序正当性越发的重视,那么,确立非法证据排除规则也就成为完善侦查模式的必要环节。适合我国的非法证据排除规则,是指在当前侦查模式下,正当程序与实质真实出现矛盾时,选择将正当程序置于实质真实发现之上,是能够更好地维护司法尊严、保障公民权利的一种规则。确立合适的非法证据排除规则是为了更好地协调正当程序与实质真实的矛盾,避免出现正当程序的衰落导致实质真实的误判的情况,彻底改善"侦查任意主义"的现状。非法证据排除规则的构建必然会使程序正义的诉讼理念更深入人心,彻底改变侦查模式"重打击、惩罚犯罪"、"轻保障犯罪嫌疑人、被告人权益"的局面。非法证据排除规则的确立必须以我国的司法实践为基础,必须分步骤分阶段的确立并完善我国的非法证据排除规则,只有循序渐进,该排除规则才能在实践中真正具有可操作性,才不至于让彻底、严格的排除显得过于突兀,使公民权利一下子凌驾于公权力之上,打击侦查机关或者部门对于发现案件、打击犯罪的积极性。只有切实提升了侦查机关或者部门运用非法证据排除规则的能力,规范侦查活动,才能更好地履行职责,为建设中国特色法治国家而尽到应有的责任。

提升执法理念维护公平正义
——公诉工作应对修改后刑事诉讼法的几点思考
廖耀群

一、加强学习,充分认识刑事诉讼法修改的重要意义和全面掌握修改的核心内容

1. 刑事诉讼法修改的重要意义

刑事诉讼法在法律体系中具有极其重要的地位,号称小宪法,仅次于宪法,是规范刑事诉讼活动的程序法,关系到对人的处理,关系到人的自由乃至生命。我国近代法律的奠基人之一沈家本说过:刑律不善不足以害民,刑事诉讼不备,即良民亦罹其害。震惊全国的佘祥林、赵作海等几起冤案,包括媒体名义披露的湖南滕兴善故意杀人案(已被执行死刑,后改判无罪,赔偿66万)都能说明一个完善的刑事诉讼法的重要性。这次中国刑事诉讼法的修改可以说是举国关注,是中国司法体制改革的重要标志性成果或者说是里程碑。对于检察机关而言更是如此,检察机关的法律监督权总体而言是虚的,要想得到落实,需要靠具体的办案来体现,因此,检察权的主要内容,包括自侦权、公诉权、审查逮捕权、刑罚监督权等都体现在刑事诉讼法里面。宪法、组织法、检察官法、民事法、行政诉讼法对于检察权的规定都没有刑事诉讼法这么具体和全面。

2. 刑事诉讼法修改对检察机关的影响

马克思说过,法律是统治阶级意志的体现。因此,修改法律的过程也体现了各种力量博弈的结果。法律调整的过程也就是相关部门、相关群体权力或者权利调整的过程。在这次刑事诉讼法修改过程中同样能看到参与刑事诉讼相关的部门最高法、最高检、公安部、司法部等相互争夺权力的影子,也能听到些许媒体和法学理论界为群众权利呼吁的声音。从最高法的立场来看,它是刑事诉讼的主导者,诉讼围绕审判进行,所以最高法没有什么好担心的,但最高检就比较紧张,因为修改前对检察机关享有自侦权和逮捕权的争议是很大的。公安部也比较紧张,担心看守所从自己手中划归司法部管辖。

不过从最后的结果来看,修改后的刑事诉讼法对最高检来说还是比较满意的,保留了检察机关的自侦权和逮捕权以及相对不起诉权,增加或者说明确了检察机关的技术侦查权,延长了检察机关的传唤时间和拘留时间,明确了特别重大贿赂犯罪可以指定居所监视居住,在表述上扩大了检察监督的范围,比喻说羁押必要性的监督。相比1996年刑事诉讼法修改检察机关权力大缩水,这次修改最高检可以说是长舒一口气。不过,很遗憾的是,对检察机关有利的部分基本上是在自侦部门和审查逮捕部门、监所检察部门,对检察机关不利的部分主要体现在对公诉部门。这个观点不是笔者的突发奇想,是刑事诉讼法修改后全国检察长座谈会形成的共识。"相对于公诉工作而言,新刑事诉讼法带来的严重挑战大于有利条件",这是全国检察长座谈会上朱孝清副检察长提出的观点。为什么这么说呢?新刑事诉讼法明确了证明有罪的责任和排除非法证据的责任,加强了对辩护权的保障,增加了简易程序出庭,增加了四个特别程序(未成年人、刑事和解、违法所得没收、精神病人强制医疗),在扩大了公诉案件无罪判决风险的同时,显著增加了公诉环节复核证据、案件出庭的工作量。可以预见,新刑事诉讼法实施之后,随着辩护权的完善和加强,今后案件的变数、证据的变化和指控犯罪的难度明显加大,判无罪的可能性会越来越大,律师或者当事人提出证据不合法时需要公诉部门复核的工作量也会越来越大,更不用说简易程序出庭带来的工作量的增加。

3. 刑事诉讼法修改涉及公诉环节的主要内容

（1）人权保障写入刑事诉讼法第二条。

（2）完善证据制度：

a. 明确举证责任，公诉案件为检察机关，换言之被告人、犯罪嫌疑人不负证明自己无罪的责任。

b. 明确刑事案件证据标准。

证据确实、充分，应当符合以下条件：

a）定罪量刑的事实都有证据证明；

b）据以定案的证据均经法定程序查证属实；

c）综合全案证据，对所认定事实已排除合理怀疑。

c. 明确非法证据排除制度，基本上沿用两个证据规定，需要注意的是非法程序取得的实物证据，刑事诉讼法采取的是砍树取果的方法，而不是砍树弃果。言词证据则全部排除。

d. 明确遏制刑讯逼供的相关规定和措施，其中在看守所讯问没有规定例外情形。同步录音录像也予以明确。

e. 建立证人保护制度、强制出庭制度和补偿制度。

f. 明确行政执法机关收集的证据材料在刑事诉讼中予以使用。

（3）明确羁押必要性审查相关规定。增加了取保情形，完善了取保措施。

（4）完善了辩护制度。明确辩护人的职责和权力；完善委托辩护人和权利告知的规定；完善辩护律师会见在押犯罪嫌疑人、被告人的规定；完善律师阅卷的规定。辩护律师查阅、摘抄、复制的范围扩大到全部案卷材料；完善听取辩护人意见和送达的程序，侦查阶段和审查起诉阶段都应当听取；增加规定律师执业权利的保障措施，检察机关负责受理律师投诉并负责向有关机关提出纠正通知；律师免除作证义务与例外情形；完善辩护人的执业禁止行为，律师犯罪由案件以外侦查机关负责侦查办理；完善法律援助,扩大援助范围,规定检察机关和公安机关有义务指导援助律师。

(5)完善审判程序:

a.恐怖活动案件列入中级人民法院的管辖范围,案卷材料、证据移送人民法院,规定了庭前会议制度,明确了中止审理范围。

b.扩大了简易程序适用范围,除几种例外情形,所有基层法院管辖案件被告人认罪的都可以适用,简易程序公诉人要出庭。

第二百零九条有下列情形之一的,不适用简易程序:

a)被告人是盲、聋、哑人,或者是尚未完全丧失辨认或者控制自己行为能力的精神病人的;

b)有重大社会影响的;

c)共同犯罪案件中部分被告人不认罪或者对适用简易程序有异议的;

d)其他不宜适用简易程序审理的。

c.完善第二审程序。

d.完善扣押冻结款物处理。

明确人民法院做出的判决,应当对查封、扣押、冻结的财物及其孳息做出处理。人民法院做出的判决生效以后,有关机关应当根据判决对查封、扣押、冻结的财物及其孳息做出处理。对查封、扣押、冻结的赃款赃物及其孳息,除依法返还被害人的外,一律上缴国库。

e.对延长办案期限做了具体规定,人民法院审理公诉案件,应当在受理后二个月以内宣判,最迟不得超过三个月。

f.完善死刑复核程序。

g.完善审判监督程序,扩大了抗诉案件范围,包括非法证据排除、可能影响定罪、量刑;违反规定程序,可能影响公正审判的。

h.完善刑罚执行程序、增加社区矫正的规定。

i.完善附带民事诉讼制度,扩大有权提起附带民事诉讼的主体范围;当事人可以申请法院采取保全措施。

j.增加"未成年人刑事案件诉讼程序"明确办理未成年人刑事

案件的方针和原则：实行教育、感化、挽救的方针，坚持教育为主、惩罚为辅的原则；扩大未成年人法律援助范围；对未成年犯罪嫌疑人、被告人严格适用羁押措施和实行分押、分管、分教；完善讯问、审判未成年人时其法定代理人到场制度；明确未成年犯罪嫌疑人、被告人社会调查报告的程序及适用；建立附条件不起诉制度和犯罪记录封存制度

（6）明确建立刑事和解制度，规定了刑事和解的适用范围和程序。

（7）建立犯罪嫌疑人、被告人逃匿、死亡案件违法所得的没收程序，具体操作有待司法解释进一步明确。

（8）建立依法不负刑事责任的精神病人的强制医疗程序，规定了强制医疗的适用范围。

第二百八十四条　实施暴力行为，危害公共安全或者严重危害公民人身安全，经法定程序鉴定依法不负刑事责任的精神病人，有继续危害社会可能的，可以予以强制医疗。

规定了采取强制医疗措施的决定程序，即由公安机关移送，人民检察院申请，由人民法院决定，检察机关监督。

（9）检察机关不起诉增加到四种，即增加没有犯罪事实的不起诉。同时，增加了未成年犯罪附条件不起诉，作为相对不起诉的补充。

二、提升理念，为全面提升公诉工作水平打下坚实思想基础

1. 提升人权保障理念

刑事诉讼法是为保证刑法正确适用，实现保障人权、打击犯罪目的而生。我们讲法律是武器，武器就具有两面性，用得好可以保护好人，打击犯罪，用得不好也会伤及无辜，这个无辜，既包括一般群众，同样也包括你我在内的所有人。作为一名司法人员，一定要牢记这一点。公诉环节作为检察机关的最后一关，落

实人权保障,笔者的理解要从以下几个方面努力:

(1)牢牢把握刑法的谦抑性原则。刑法的谦抑性原则主要适用立法环节,但是在刑事司法过程中也要求执法人员充分遵循罪行法定原则、罪责刑相适应原则和人人平等原则,要求我们对于刑法的适用一定要谨慎,一定要抑制定罪的冲动,克服不必要的重刑主义。对于嫌疑人的行为,如果做违法评价能处理的,就不要做犯罪评价;能够不予判处羁押刑的,就不要为图省事试图一关了事。在审查起诉工作中对轻微刑事案件、定罪与否存在争议案件贯彻非刑罚化、非监禁化原则。对证据的把握一定要从有利于被告人、犯罪嫌疑人的角度去审查、甄别。在自己内心没有把握,不能排除合理怀疑的时候,宁冒放纵犯罪的风险,也不要放任冤枉好人可能性的出现。

这里,简单谈谈羁押必要性的审查,羁押必要性的审查体现了刑法的谦抑性原则和人权保障原则,刑事诉讼法第九十三条做了明确规定,笔者的理解,对这个规定,不是搞不搞的问题,而是怎么样搞好的问题。公诉环节的羁押必要性审查,作为承办部门或者承办人,主要有几个顾虑,一是担心诉讼风险,二是担心廉政风险,三是担心执法办案和信访风险,特别是嫌疑人放出来之后的不可控性,因为法律规定是原则的,理论上只要不会逃避侦查审判、继续危害社会、妨害侦查取证,就不应继续羁押,但是实际情况是复杂的,特别是配套制度不完整的情况下,执法风险是很大的。所以,在机制设立上,要通过制度来化解这些风险,减轻承办人的压力,确保羁押必要性审查工作积极稳妥推进。

(2)在办理案件过程中注重对期待可能性的评价。期待可能性是指根据行为时的具体情况能够期待行为人实施合法行为的可能性。期待可能性的确立来自于德国的癖马案。如果有期待可能性,即能够期待行为人在行为时实施合法行为,行为人违反此期待实施了违法行为,即产生责任;如果无期待可能性,即行为人在行为时只能实施严重违法行为,不能期待其实施合法行为,此为阻却责任事由,行为人不负刑事责任。期待可能性不仅有有无的问题,还有程度的问题。没有期待可能性的,应当作非犯罪化处理,期待可能性低的,应当从轻或者减轻处理。也就是通常所说的法律不强人所难,最简单的办法就是换位思考。刑事诉讼法不强制近亲属出庭作证就贯彻了这一原则。

(3)尊重辩护权和辩护人。公诉人负有指控犯罪的职责,辩护人有为嫌疑人脱罪和维护其权益的使命,立场不同,应当相互理解。只要辩护人是在法律框架内行使权力,公诉人就应当尊重并给予保障。新刑事诉讼法明确规定了辩护权的保障职责主体是检察机关,这是执法人员的权力,更是法律赋予执法人员的责任。在公诉环节,一定要耐心听取嫌疑人的无罪辩解,不要一概认为其是翻供,是无理狡辩,切忌做有罪推定,以免放过纠正错案的可能。前几年媒体披露的几起冤案的发生,让人触目惊心,其中检察机关之所以没有把好监督关,很重要的因素就是经办人员在各个环节没有重视犯罪嫌疑人的辩解,不愿意探究其中的矛盾,导致案件存在的矛盾和纰漏从侦查环节到批捕环节到公诉环节一路放行。教训深刻,当引以为戒。

(4)谨慎行使公权力。执法人员手中的权力,关系到嫌疑人的自由、名誉、财产等,同时还关系到嫌疑人的家庭乃至家族。执法人员要抱着对法律的敬畏之心,对生命和自由的敬畏之心,以诚惶诚恐、如履薄冰的心态来对待经手的每一个案件,不能抱有成见,不能有固化思维,不能有特权思想,更不能为了自己所谓的面子或者怕增加工作量而对案件出现的问题视而不见甚至加以隐瞒,一定要实事求是,一定要理性平和,一定要秉持公正。要坚决杜绝司法专横,摈弃权力的傲慢与冷漠。

2. 提升程序公正理念

什么是程序公正,英国法学家丹宁勋爵说过:正义不仅要实现,还要用看得见的方式实现。这个所谓"看得见的方式"就是公开公正的程序。卢乐云副检察长提出,检察机关的公诉权无论是指控犯罪还是诉讼监督,都是程序性权力。对于检察机关而言,程序公正具有非常重要的意义。程序不合法,一切正当性都无从谈起,如果出现不良后果,更会带来责任的追究,成为徇私枉法的主体。卢乐云副检察长在谈到程序的重要性时打了一个很好的比方:假如刑事诉讼是一条河流,诉讼活动是河水,那么程序就是保障司法权运行和公民权利实现的维护刑事司法公正的堤岸,具体的程序性规定就是堤岸上一道道闸口,控制着河水的流速与方向。

修改后的刑事诉讼法规定的程序相比以往更加复杂,也更加责任明确。按照卢乐云副检察长的观点,公诉应对新刑事诉讼法要增强程序自觉和程序自信,从公诉理念、思维方式、素能建设、公诉机制方面实现突破。

(1)树立程序正当的理念,程序正当的核心要素包括排除偏见(任何人不得作为自己案件的法官)、听取意见(各方辩护必须公平的听取)、说明理由(包括实体决定和程序决定的理由)。

(2)树立程序监督的理念。程序监督不仅停留在对侦查审判活动合法性审查上,还应对证据的收集、固定、审查、举证、质证等进行监督。

(3)树立程序制裁的理念。公诉环节程序把握不好或者监督不力,不能在提交法庭审判前予以补救或者排除,就会承担指控失败判决无罪的风险。

就公诉部门而言,笔者在这里特别要强调告知程序的重要性。不管是刑事诉讼法规定的告知犯罪嫌疑人的权利,还是听取被害人意见的程序,一定不能走过场,因为往往案件质量出现问题或者出现涉检信访,进行责任倒查的时候,这两个程序不到位就会追究承办人的责任。

3. 提升法律监督理念

公诉权作为检察权的基础权能,其本质也是法律监督权,公诉工作的三项基本任务中也明确要强化诉讼监督。因此,要脱离就案办案思想,依法大胆准确行使公诉环节的法律监督权。具体分两个方面来讲：

（1）对侦查机关的监督。主要围绕追诉漏罪、漏犯进行，有效防止有罪不究、以罚代刑、放纵犯罪。承办人在审查案件时，要严审细查，特别注意对侦查机关注明另案处理的对象进行跟踪办理，要设立监督台账，严格审查其立案文书，符合追诉的依法追诉。同时加强对退补以后公安机关撤案的情况的监督，加强对羁押必要性的审查。对于经济犯罪和财产型犯罪，讯问和审查时注意掌握侦查机关扣押、冻结、查封财物的情况，退赃情况和涉案财物的处理情况。新刑事诉讼法明确了非法证据排除，公诉环节要结合相关规定加强监督，其中对于刑讯逼供的问题要高度重视犯罪嫌疑人、家属、辩护人的申诉与控告，加强与相关部门的配合，符合立案条件的及时查处。

（2）对审判机关的监督。首先是要准确把握抗诉的条件，新刑事诉讼法对审判监督程序的启动条件做了调整，相应的高检院新刑事诉讼规则对于抗诉条件也会做出新的规定，其范围应该会比较以往更大，需要认真学习加以落实。同时，对于审判机关在审判组织组成、简易程序适用、法律援助权利保障、审理超期等方面的程序违法行为，公诉人也要加强监督，及时纠正。

特别要指出的是，无论是侦查监督也好，还是审判监督也好，都要求全体公诉人员认真学习好新刑事诉讼法和即将出台的新刑事诉讼规则等司法解释，全面掌握公诉环节法律、司法解释规定的诉讼程序及公诉人在审查过程特别是出庭过程中的正当权力，只有对程序掌握全面，才能做到心中有数，才能及时发现侦查和审判环节的违法问题，才能正确监督，敢于监督。

三、积极应对，逐步建立和完善适应新刑事诉讼法要求的各项工作机制

1. 进一步提高对公诉权是检察机关核心和标志性职能的认识，增强公诉人使命感、荣誉感，营造公诉工作重要、担任公诉人

光荣的氛围

新刑事诉讼法给公诉工作在执法理念、职责任务、工作机制、能力素质等各方面都带来了挑战,应对这些挑战,需要检察长、院党组、全院干警更加关心和重视公诉工作,更需要公诉部门的干警从认识上充分了解公诉工作的价值地位,从思想上增强爱岗敬业的工作意识。只有了解一项工作的意义和价值,才会发自内心热爱这项工作,热爱这项工作,才有做好这项工作的热情和动力。

2. 进一步加强公诉队伍建设,提升公诉队伍素质

公诉队伍建设首先是人员保障,要尊重司法规律,以省检察院提出的标准,即根据案件数量,按照人均办理40案的标准配备合理公诉人员,按照检务与事务分离的原则配备适当的书记员,注重年龄结构和知识结构的优化和提升,保持公诉队伍适当的流动性和逐步实行年轻化、专业化。其次是学习培训保障,通过建立和完善奖励机制,鼓励公诉人提升自我素质,以适应新的要求。在公诉人能力素质提升方面,要提升证据审查能力、出庭公诉能力、法律监督能力、化解社会矛盾和应对执法风险能力。

3. 进一步完善公诉工作相关机制,规范执法行为

要按照新刑事诉讼法和新刑事诉讼规则的要求,建立和完善公诉环节的工作机制,包括简易程序出庭工作机制;未成年人案件办理工作机制(附条件不起诉和社会调查);刑事和解案件办理机制;扣押冻结款物处理工作机制;非法证据排除工作机制;侦查人员出庭工作机制(特别是自侦案件);羁押必要性审查工作机制;司法工作人员违法行为调查工作机制;判决裁定审查工作机制;量刑建议规范化工作机制(如何提出、如何举证、如何在公诉意见中阐述和答辩)十个方面的机制。通过工作机制的完善,进一步形成良好的工作习惯,规范公诉执法办案行为。

4. 进一步提升出庭水平,全面适应控辩式庭审要求

新刑事诉讼法对辩护权的保障力度显著加大,其中关于律师会见权、阅卷权、调查取证权规定详尽而具体,并且规定了权利的

救济途径,今后,律师可以全面介入公诉活动,其对抗国家公诉的能力必将进一步增强。而新刑事诉讼法确立的非法证据排除制度和不得强迫自证其罪以及证人强制出庭的规定,使证据特别是言词证据的不稳定性明显增加,法庭也必然会改变过去依照案卷判案的做法,将主要根据控辩双方庭审中提高的证据来认定事实。过去依赖口供和言证定罪的习惯做法将陷入困境。如果公诉人不及时提高自身综合素质,不在法律功底、文字和口头表达能力和随即应变能力上下决心提高,则将在法庭上面临尴尬局面,将难以胜任今后的公诉工作。如何提升出庭水平、适应控辩式庭审要求,笔者提四点想法:

(1)锻炼好公诉基本功。通过系统学习刑法、刑事诉讼法,学习刑事审判参考,开展专题培训、演讲论辩训练,推广疑难案件讨论制度,逐步提高公诉人的综合分析、判断和论证能力。注重小节,养成着装规范、举止得体的公诉仪表和培养严肃认真、沉稳自信的公诉气质,提升公诉人的形象。

(2)在吃透案情的基础上,全面掌控庭审局面。在办理具体个案过程中,要做好庭前预测,对据以定罪的主要事实和证据反复推敲,做到心中有数,加强与审判人员、律师的沟通,了解不同观点,完善公诉意见和答辩提纲;庭审中要讲究讯问技巧,突出讯问重点讯问时要思路清晰层次分明,增强对合议庭的说服力,做到言之有据,逻辑严密;对辩护人的诱导性提问要有警惕性,及时向法庭指出,避免庭审被动;要讲究庭辩策略,注重释法明理,特别是要认真、缜密审查辩护人提供证据来源的合法性和关联性;要尊重辩护人,保障被告人的合法权利,不要一味打压,在控制自身情绪的同时,善于激发对方的良好情绪和反应,营造和谐友好的论辩氛围。

(3)要建立健全公诉庭考核机制。加大听庭、评庭力度,新刑事诉讼法实施后,要及时准备示范庭,邀请人大代表、政协委员、人民监督员、律师听庭,广泛听取意见,查找不足。推行领导带头出庭、听庭，促进公诉出庭水平整体提高。

（4）要发挥科技手段，积极探索多媒体出庭公诉系统的应用，利用多媒体系统进行立体举证，增强庭审直观效果。这项工作需要与侦查部门、技术部门、法院通力协作，是执法人员努力的方向。

距离新刑事诉讼法实施只有不到 80 天的时间，最高检察院和省院领导都指出，学习和贯彻新刑事诉讼法是当前检察机关的一项十分紧迫的任务。公诉工作作为检察工作的重要组成部分，一定要贯彻中政委周永康书记提出的五个意识（人权意识、程序意识、证据意识、时效意识、监督意识）和曹建明检察长提出的六个并重（惩治犯罪与保障人权并重、程序公正与实体公正并重、全面客观收集审查证据与坚决依法排除非法证据并重、司法公正与司法效率并重、强化法律监督与强化自身监督并重、严格公正廉洁执法与理性配合文明规范执法并重），围绕公诉工作依法指控犯罪、强化法律监督、提高办案质量三项任务，不断促进公诉工作克服新的困难，取得新的进步。

拉德布鲁赫的法哲学

铃木敬夫著　李沁璜译①

一、相对主义

正因为无法决定什么是正确的,所以至少必须弄清是什么构成了法。消灭这点的是真理性,并不是因为那是不可能的,而是因为权威的推动。这样一来相对主义得以与实证主义相结合。(1934年)②

相对主义,并不是想把法哲学限定在全部埋头于自己的方法,企图从形式法的正当化,被咬得一干二净的骨头上发现一片肌肉纤维这种希望不大的贫乏尝试。(1914年)③

我们对于爱憎都有自己的权限,而对于赞赏以及非难却没有凌驾于他人之上的权利。因此自由法论结论也就是对于自身严厉以及对他人的宽容。(1914年)④

相对主义将站在自己立场确信的东西与站在他人立场正确的态度上一同指引我们。(1932年)⑤

相对主义在包含了对无法证明的论敌之信念进行挑战的同时,也对论敌那些无法被否定的信念表示肯定与尊重。因此,相

---

①铃木敬夫:日本札幌学院大学教授,湖南大学法学院兼职教授;李沁璜:湖南大学法学院硕士研究生。

②Mensch im Recht,S. 82.(拉德布鲁赫著作集4,第五页。以下略记为著作集。)

③Grundzüge,S. 24.(著作集2,第23页。)

④Grundzüge,S. 68.(著作集2,第67页。)

⑤Rechtsphilosophie,S. 84.(著作集1,第101页。)

对主义的伦理是一方面采取坚决斗争的态度,一方面却持有判断的宽容与公正的态度。(1934 年)①

相对主义是普遍的宽容,但是对于不宽容它是不会宽容的。(1934 年)②

相对主义在给予国家立法权的同时也对其有限制,它有对其管辖下的人们的包括思想自由、学术自由、信仰自由、出版自由在内的若干自由尊重的义务。就这样,相对主义与自由主义相结合了。(1934 年)③

怀疑,换言之微笑时表露的怀疑并非是绝望的,而是源自于选择爽朗放弃的怀疑程度的产物。(1945 年)④

全面理解并且不否决任何事物的相对主义是基本的色调。为做出明了丰富可能性的决定无法舍去牺牲决心的人们用危险的态度强化了这种基本的色调。(1945 年)⑤

在相对主义、中立性、宽容的背后,就有被称为自由的积极价值、作为肯定法治国家的自由、作为人格培养地的自由、作为文化创造基础的自由。(1947 年)⑥

我们从相对主义本身推导出了绝对的结果,特别是传统的自然法的先决条件。我们通过使用与自然法的方法原理不同的方式成功奠定了其实质上的教理,即人的权利、法治国家、权力的分立、国民主权的教理的基础。人们虽然远离了自由与平等,但自由与平等仍是人们必然常常回归的不朽的据点。(1934 年)⑦

①Mensch im Recht,S. 81.(著作集 4,第 4 页。)
②Mensch im Recht,S. 86.(著作集 4,第 9—10 页。)
③Mensch im Recht,S. 83.(著作集 4,第 6 页。)
④Gestalten und Gedanken,S. 156;Fontane, S. 10.(著作集 9,第201 页。)
⑤Der inner Weg,S. 6.(著作集 10,第 82 页。)
⑥Vorschule. S. 105.(著作集 4,第 203 页。)
⑦Mensch im Recht,S. 87.(著作集 4,第 11 页。)

二、正义·合目的性·法的安定性

法的理念仅仅是正义。（1932 年）①

所有政治上对于实事的争论都是关于正义的无休止的讨论。（1924 年）②

正义与真、善、美一样，是一个绝对的价值，因此它有自身的基础，而并不是从更高层次的价值推导出来的。（1947 年）③

相关于真理的言论同样也适用于正义。当然，并不是说合目的的事物就是真实的。但是真实的事物不顾虑某些目的发展时却是十分合目的的。（1932 年）④

从正义对公共福利的其他作用来看并未接受其本质的各种要素。而正义恰恰只有在其自律性中才会对公共福利发生效用。这正如学问与艺术仅在不附属于任何公共福利的情况下，在遵从其特有的真与美的法则时，才真正属于公共福利的意义是一样的。（1937 年）⑤

法在其本质上必须揭示对正义的要求。但是，正义在法规的普遍性与法律面前也要求平等。（1929 年）⑥

平等并不是给予的，一切事物都"如同一个鸡蛋与其他鸡蛋"一样是不平等的。因此平等不过是给予的不平等在特殊观点之

---

①Rechtsphilosophie，S. 124.（著作集 1，第 148 页。）

②Die Problematik der Rechtsidee；Die Dioskuren，Jahrb. f. Geisteswissenschaften，Bd. 3，1924，S. 43. Siehe auch Rechtsphilosophie，S. 169.（著作集 1，第 208 页。）

③Vorschule，S. 24.（著作集 4，第 52 页。）

④Rechtsphilosophie，S. 281.（著作集 1，第 363 页。）

⑤Mensch im Recht，S. 98.（铃木敬夫译，《拉德布鲁赫·摩笛的刑法》，1997 年凤舍，第 83—84 页。）

⑥Mensch im Recht，S. 27.（著作集 8，第 156 页。）

下抽象出来的概念。(1924 年)①

争论所得到的结论,即对法的见解的争论通过法律的产生得到了解决。此外,对各个法律案件的争论也通过在法律上有效的判决得到了解决,这比是否实现了正义且达到目的更为重要,法律秩序的存在比法律秩序的正义更加重要。(1929 年)②

与正义是法的第二大伟大的任务相反,其第一大任务是法的安定性,即和平。(1932 年)③

一般在法的纠纷中,即使那是不正当的,也总要站在法的安定性上进行最后的决断。(1947 年)④

法的安定性的要求与自然法则的理念是一样的,是一个从深层欲望中产生出来的事物。即是从将混沌的现状变得秩序井然,然后开辟预见的道路并支配其使其服从的欲望中产生的。(1946 年)⑤

限制越严格就会越加重极端的程度,这种极端的程度越混乱纷争就越多,法的不安定性就越严重。(1908 年)⑥

正义的理念在法通过普遍规范解决纷争的本质被界定时,法的安定性给法的概念加入了比实证性更广的凭证。(1937—1938 年)⑦

公共的福利、正义以及法的安定性,实施超越法的共同统治。但这种统治不是在迟缓的和谐中进行的,而是在充满紧张的关系

---

①Die Problematik der Rechtsidee;Die Dioskuren,jahrb. f. Geiseswissen-schaften,Bd. 3,1924,S. 46. Vgl. auch;Einführung,S. 19f. ;Rechtsphilosophie,S. 126. (著作集 1,第 150 页。)

②Einführung,S. 35. Vgl. auch;Rechtsphilosophie,S. 169. (著作集 1,第 208 页。)

③Einführung,S. 35. Vgl. auch;Rechtsphilosophie,S. 181. (著作集 1,第 223 页。)

④Vorschule,S. 62. (著作集 4,第 126 页。)

⑤Geist d. engl. Rechts. S. 48. (著作集 6,第 48 页。)

⑥Erfolgshaftung;in;Vergleich. Datstell. d. deutschen und ausländischen Strafrechts,Allg,T. ,2. Band,1908,S. 253.

⑦Mensch im Recht,S. 103.

中实施的。（1937 年）①

正义与合目的性，或者说正义与公共的利益两者，绝不可能处在在完全和谐的状态中，而是处在紧张的关系中，而这种紧张的关系只能通过相互妥协、相互牺牲才可以不时得到消除。（1941 年）②

我们必须寻求正义，同时也必须考虑法的安定性。这是因为法的安定性本身就是正义的一部分。因此我们必须重新建设尽可能满足上述两种观念的法治国家。（1946 年）③

法的安定性绝不是法应当实现的唯一价值，也不是决定性的价值。与法的安定性并存还有另外两种价值——合目的性与正义。在这些价值的排序中我们必须将有关公共福利的法的合目的性放在一个极端的位置上。一切"对国民有用的事物"并不是法，相反，法这种制度，即产生法的安定性，寻求正义的系统到最后倒是对国民有效用的。（1946 年）④

正义先行于合目的性并且优先于法的安定性。（1947 年）⑤

实定法的效力在通常情况下是以法的安定性作为根据的。但是在某种非常不正当的法律场合，由于这种不正当，也依然有可能从这样的法律中剥夺其效力。（1947 年）⑥

由于有客观性或者合法性这样的价值标准存在，绝不可以认为能解答法的究极的疑问。有了这种标准，也绝不可以认为能够驾驭法中最难的课题。客观性和合法性只有在将国家统治交给

---

①Mensch im Recht，S. 104.

②Elegantiae，S. 70.

③Rectsphilosophil，S. 357；Mensch im Recht，S. 124；SJZ 1946，108.（著作集 4，第 267 页。）

④Rectsphilosophil，S. 352；Mensch im Recht，S. 118；SJZ 1946，107.（著作集 4，第 260 页。）

⑤Vorschule，S. 32.（著作集 4，第 67 页。）

⑥Vorschule，S. 37.（著作集 4，第 75 页。）

懂得礼让的人的手中时才能发挥其作用。但是,如果像圣奥古斯丁说的那样,国家已成为盗贼团体的话,只有更高价值的信仰才能解决问题。这时,必须用正义的火焰来消除所有的疑惑和不安。(1948 年)①

三、实证主义和自然法

必须相信,认为存在相同的自然法的这一主张,因为通常所到之处都通过呈现出不同的时代或者国民多种多样的法律观,已经被纯经验地反驳。(1914 年)②

只有正当的、正确的法的范畴是普遍妥当的,其适用的事物并不都是普遍妥当的。(1914 年)③

无论法在其内容上如何不当地被制定,其已经通过单一的存在达到了目的,即实现了法的安定性的目的。(1914 年)④

实定法的无限制的有效性、经验所给予的这种彻底的绝对化、人类工作的这种完全性是价值哲学里找都找不到的例子吧。(1914 年)⑤

实定法的这种绝对的妥当是实定法的——但仅仅是实定法的——真理、实定法的真正的意思。但是正因如此,它还不是真理。(1914 年)⑥

叫做法学的实证主义这一名字的权力性的偶像崇拜是在现实主义政治的时代、权利国家的时代,在法这一面上产生的现象。(1919 年)⑦

---

①Des Reichsjustizministeriums Ruhm und Ende; in SJZ 1948.

②Grundzüge, S. 3f. Vgl. anch; Rechtsphilosophie, S. 106f. (著作集 2,第 7 页。)

③Grundzüge, S. 5. (著作集 2,第 8 页。)

④Grundzüge, S. 183. (著作集 2,第 186 页。)

⑤Grundzüge, S. 175f. (著作集 2,第 180 页。)

⑥Grundzüge, S. 181. (著作集 2,第 185 页。)

⑦Ihr jungen Juristen, S. 13.

　　在实定法的超实定这个意思上,对自然法的评价不单只是其形成和内容上,甚至对其效力的评价也是无法脱离法哲学的本质而紧紧结合的。(1924 年)①

　　离我们远去的法实证主义的时代,特别执着于宿命的一面性,只考虑法的实定性和安定性,长期停滞于制定法的合目的性与正义等有计划的探究,导致法哲学与法政策长达数十年的沉寂这一结果。(1924 年)②

　　自然法式的思考是一种误解。但是,是在思考的限度里果实最丰厚的迷惘。(1929 年)③

　　可以说根据在今天被一般承认的说法,除"成文化的法"、"实定的法"以外的法是不存在的。(1929 年)④

　　的确,就算是实证的哲学为了确立实定法的效力,有必要将某种超实证的、自然法的支点作为根本规范。即使这个根本规范如圣保罗说的"所有的事物都必须服从自己之上的某种权威。"(罗马书第十三章第三节)一样,只不过是根据现实权力的自然法得到认证的。(1932 年)⑤

　　自然法对制定法的进一步确立起到帮助的同时,相反地也对制定法的斗争起到了作用。(1932 年)⑥

　　大多数场合,个人的良心可能比起牺牲对自己的法的确信,违反实定法更加困难吧。但是,也可以这么认为,可能存在抗拒服从良心的"恶法"。(1932 年)⑦

------

①Die Prolematik der Rechtsidee;Die Dioskuren,Jahrb. f. Geisterwissen-schaften,Bd. 3,1924,S. 49.(著作集 5,第 63 页。)

②Die Prolematik der Rechtsidee;Die Dioskuren,Jahrb. f. Geisterwissen-schaften,Bd. 3,1924,S. 50.(著作集 5,第 64 页。)

③Einführung,S. 32.

④Einführung,S. 33.

⑤Rechtsphilosophie und Rechtspraxis,in:JW 1932,3,738.

⑥Rechtsphilosophie,S. 106.(著作集 1,第 125 页。)

⑦Rechtsphilosophie,S. 181.(著作集 1,第 223 页。)

能够支持不正的法作为有效力的法的只有法的安定性,但是,法的内容的不正当,即因为其不存在不正义性且非合目的性的程度太过严重,原本应该能够想到用被制定的法的效力保证的法的安定性的价值得不到重视的情况。(1932 年)①

根据超实定法的自然法,换言之,通过将实定法的效力专门作为基础的自然法的根本命题,国家要受自己的实定法约束。(1932 年)②

自然法只有在自然的状态下才能得以实现。与此相对的,在文化国,社会秩序与传统紧密相连,被传统所左右。(1944 年)③

接下来的事情是,应该在国民的法律家意识里深深铭刻。这就是说,对法律的通用力,若非那样,以至于作为法的性质不得不被否认的不正,还有可能存在危害公共利益的法律。(1945 年)④

如果法律有意识地否定对正义的导向,比如说恣意给予、否定人权的话,这个法律是无法通用的,对于国民来说也没有服从的义务,法学家也应当拿出否定这个法律作为法的性质的勇气。(1945 年)⑤

自然法的诸原则确实在各个点上被许多疑问所包围。但是经过几个世纪的研究创造出了坚固的存在,在所谓的人权及市民权中通过极其广泛的一致汇集的结果,对于那些诸原则中的若干问题,现在还只存在不自然的怀疑的疑惑。(1945 年)⑥

我们必须重申,超越所有法律的人权是存在的。必须再次确

---

① Rechtsphilosophie, S. 282f. (著作集 1,第 365 页。)

② Rechtsphilosophie, S. 289. (著作集 1,第 373 页。)

③ Gestalten und Gedanken. S. 95f. (著作集 9,第 124 页。)

④ Rechtsphilosophie, S. 336;Mensch im Recht, S. 106. (著作集 4,第 227 页。)

⑤ Rechtsphilosophie, S. 336; Mensch im Recht, S. 106. (著作集 4,第 226—227 页。)

⑥ Rechtsphilosophie, S. 336; Mensch im Recht, S. 107.

认违反正义的法律都是无效的这一自然法的见解。(1946 年)①

　　实证法通过"法律就是法律"这一断言,从德国法曹阶级那里剥夺了对有随意的、犯罪的内容的法律的抵抗力。但是,实证主义本身是根本无法确立法律的妥当性的。(1946 年)②

　　有制度与权力作后盾的实定法,即使内容不正当、不合目的,也被赋予了优先权。但如果实定法与正义的矛盾达到无法容忍的程度使此法律成为"恶法"时,实定法对正义即应退让的情况就另当别论。(1946 年)③

　　当对正义的追求没有被重视时,作为正义的核心——平等,其未被实定法的规定所体现、有意识地被否定时,这样的法律恐怕不单只是"恶法",其根本不具有法的性质。(1946 年)④

　　实证法的不正如果极端化,被这个实定法保障的法的安定性对于这种不正已经到了完全没有意义的程度,在这种情况下,不正的实定法必须给正义让出道路。(1947 年)⑤

　　从以前所有的讲座中,或多或少了解到的法学实证主义驯顺了法曹家们,甚至将成文形式的国家意思当作是法。(1948 年)⑥

　　如果存在基督教的自然法的话,所谓的基督教的社会主义也应该存在。(1949 年)⑦

----

　　① Mensch im Recht, S. 108.

　　② Rechtsphilosophie, S. 352; Mensch im Recht, S. 118; SJZ 1946, 107. (著作集 4,第 259 页。)

　　③ Rechtsphilosophie, S. 353; Mensch im Recht, S. 119; SJZ 1946, 107. (著作集 4,第 260 页。)

　　④ Rechtsphilosophie, S. 353; Mensch im Recht, S. 119; SJZ 1946, 107. (著作集 4,第 261 页。)

　　⑤ Vorschule, S. 33. (著作集 4,第 67 页。)

　　⑥ Briefe, S. 25.

　　⑦ Kulturlehre, S. 82. Vgl. auch: Mensch im Recht, S. 108. (著作集 8,第 132 页。)

四、后　　记

第五章是从 G·拉德布鲁赫的高足 A·卡夫曼编撰的《法学格言》之Ⅲ. 正义、合目的性、法的安定性，Ⅳ. 相对主义，Ⅴ. 实证主义和自然法中提炼、翻译得来的。虽说是翻译的，但因为已经有优秀的翻译集《拉德布鲁赫作品集》（东京大学出版会刊，全 10卷）出版，所以只考虑了小部分译言的统一，大体上以作品集作为参考。拙译补充了在作品集中没有的部分。只是卡夫曼在从拉德布鲁赫大量原作中选出法格言的过程中，将原文相应转化为格言时对表达方式及语句做了一定程度的修改。例如，拉德布鲁赫的原作中，多次说道"相对正义是法的第二大任务，其第一任务是法的安定性、秩序以及和平。"卡夫曼删除了"秩序"这个部分。类似这样的改动在隽语集全卷中随处可见。因此，为了了解格言的意思，并且了解格言和格言之间体现的拉德布鲁赫的真意，希望读者们可以参照《出处一览》，翻阅原作与著作集，学到拉德布鲁赫法哲学的全部内容。

就业基因检测之规制和风险防范:
一个实用主义的立场

李　锦①

　　医学检查作为招聘流程的一个环节,进而影响并决定求职是否成功,是当代商业世界的常规实践。招聘的雇主对掌握和了解求职者的身体健康状况,充满着强烈的经济兴趣:雇员的健康与否,不仅对企业的生产效率和经济效益具有直接的影响,而且往往决定了雇主的经营成本和商业开支的多寡。故自 20 世纪的早期始,通过医学检查的方式,甄别和筛选健康合格的求职者,已蔚为壮观。作为一种营业自由,在自由放任主义的观念之下,雇主可以任意雇佣员工。随着劳工保护的理念兴起,任意雇佣的时代虽然一去不复返,但为平衡雇主和员工的利益,一般允许雇主在招聘时发出附条件的录用,并常以通过医学检查为条件。于是,常规的医学检查,如血检、尿检、胸透等,大行其道,颇为流行,而基因检测、筛查等手段,亦不鲜见。

　　作为基因检测之结果,基因歧视的现象亦顺应而生。在国外,相关案件和争议已见诸报端,成为学术讨论的热点;在我国,2010 年佛山基因歧视第一案的发生,或不过冰山之一角。基因检测和基因歧视所引发的法学课题,不仅引起了学术界的广泛关注,而且得到各国立法者和公共政策制定者的高度关切。然而,基因歧视的相关争议和防治对策,尚未能够达成普遍的共识。其

　　①李锦,湖南大学法学院助理教授,法学博士。本文得到中央基本科研费湖南大学青年教师培养计划的资助,特此感谢。

中,主流的防治范式是一个强调求职者或雇员之基因权利的径路,即主要透过强调受检者具有基因隐私权的立场,否定并拒斥基因检测的进行和实施,进而达到消除基因歧视的效果。然而,与主流的立场和路径不同,笔者试图以一个实用主义的立场重新检讨上述问题及其解决方案。原因在于,多数国家均在有限程度上承认雇主有权知悉受检者的基因构成和特征,并允许在特定条件下可以实施对求职者或雇员的基因检测。值是之故,基因权利的立场是有局限的,其典型的病症是,权利之滥觞无度,以及"倒洗脚水"之作祟心态。实用主义的立场并不纠缠于基因权利的构造和阐述,反而试图追问如下问题:如果就业基因检测的引入可能引发基因歧视风险,那么是否应允许对求职者进行基因检测?如果在法律上和实务中允许如此做法,则许可的程度是普遍的,还是有限度的? 在构想法定许可的限度,应具体考量哪些相关因素呢?

一、就业基因检测的运用与歧视风险

(一)基因检测的定义和类型

根据美国基因检测工作组的界定,基因检测是"出于临床应用之目的,旨在检测与遗传疾病相关的基因型、表现型、染色质组型和基因变异,对人类 DNA、RNA、染色体、蛋白质及其特定代谢产物所进行的生化分析。"[①]该定义之范围明确排除三种形式的基因分析,即纯粹为科学研究之目的而为之的基因分析,为确定血统和亲缘而进行的亲子 DNA 鉴定,以及为打击犯罪而为之的刑事鉴证 DNA 分析。这一定义虽然揭示了基因检测的重要侧面,却因为过于强调基因检测的临床应用性质(或医疗性质),及其与

---

① Task Force on Genetic Testing of the NIH-DOE Working Group on Ethical, Legal and Social Implications of Human Genome Research et. ,eds. , *Promoting Safe and Effective Genetic Testing in the United States* , National Institute of Health(1997).

遗传疾病相关的特性,反而忽视了基因检测的目标多样性和敏感性。

在目标多样性方面,有学者认为,基因组学的至高目标是,它的实际运用有朝一日能够极大地改善人类预防、预测、治疗和治愈许多重大疾病的能力。但是,在某些社会中,暴力犯罪的社会失序风险有时会远远超过重大疾病所造成的社会风险,因此基因组学的次要目标是,严谨有效的刑事鉴证技术,可以通过正确识别和确认犯罪嫌疑人等,以阻止犯罪的再度发生,并实现刑事正义的"罚当其罪"①。此外,即便基因组学具有重大的医疗应用价值和目标,但是针对不同群体所进行的基因检测,其目标仍然可能是多重的。例如,已有基因遗传病表征的个体,为排除其他疾病的可能性,对其实施诊断性的基因检测,有助于正确地问诊求医;同样的,同一家系的不同成员已出现基因遗传病的,尚未发病的其他成员为了确定自身的基因风险,可进行预测性的基因检测,即确认自身是否为特定基因缺陷的携带者,以及该特定基因缺陷的遗传特性和发病状况;最后,后基因组学的发展,业已发现诸多的重大疾病均隐现着基因的身影,亦即这些常见的重大疾病是遗传基因和环境等诸因素共同作用的结果,为此可以通过易感性的基因检测来确定自身患病的风险程度,并采取相应的预防或防治措施。

而在敏感性方面,基因检测是获知受检者基因信息的重要手段,而基因信息又被认为是高度敏感性的个人信息,因为它包含着非常重要的遗传信息和特征。为此,美国学者安纳斯等人曾将个人的基因档案比拟为"未来日记",认为基因信息"可以基于不

---

① Anita L. Allen, "Genetic Privacy: Emerging Concepts and Values", in Mark A. Rothstein ed. , *Genetic Secrets: Protecting Privacy and Confidentiality in the Genetic Era* , Yale University Press(1997), at 32.

同条件而预测个人未来的可能医疗状况"①。未来日记的隐喻,论证了基因信息特别立法保护的必要性。虽然这一论证还存在争议,但是通常认为,基因信息如同其他的健康信息一样,可被归属于"敏感信息"(sensitive information)的范畴,并受《个人资料数据法》的保护。由于基因信息的敏感性,无论是基因信息的特别立法保护,还是个人资料数据法的保护,不仅应重视基因信息的合法使用,而且须格外关注基因信息的合法获取问题。

考虑到目标多样性和敏感性,或可给出如下定义:基因检测是出于不同目的和理由,对人类遗传物质,如 DNA、RNA、染色体及其代谢产物所进行确定其遗传特性的细胞和分子结构分析。根据其医学应用和非医学应用的语境,可以将其大致分为两大类型:在非医学应用的语境中,主要有身份检测(在民事、刑事程序中鉴别特定人等的身份)和谱系检测(确定家系的谱牒,是否可以追溯到同一祖先等)的形式;而在医学应用的语境中,又可以区分为下述形式的检测类型:

(1)诊断检测(diagnostic testing):确认或排除受检者是否患有某种推测存在的基因病;

(2)产前检查(prenatal testing):确认或排除受孕胚胎或胎儿是否存在某种基因缺陷或先天缺陷;

(3)胚胎植入前诊断(pre-implantation diagnosis):在人工生殖技术的辅助下,对体外受孕的胚胎在植入着床前进行选择性的检测,以确认是否存在某种基因缺陷的状况;

(4)症状发生前检测(pre-symptomatic testing):通过查明或排除某个将来发作之基因变异的检测,以评估发展为特定健康问题——如乳腺癌、阿尔茨海默症等——之风险;

---

①George J. Annas, Leonard H. Glantz, and Patricia A. Roche, "Drafting the Genetic Privacy Act: Science, Policy, and Practical Considerations", 23 *Journal of Law, Medicine and Ethics* 360,365 (1995).

(5)带因者或杂合性检测(carrier or heterozygosity testing):旨在识别某种常染色体或与 X 染色体相关的隐形遗传病之杂合性带因者;

(6)易感性检测(susceptibility testing):即检测受检者是否具有某些基因变体,该变体可以揭示出发展为某种复杂的多因素疾病或特征的倾向性。[1]

(二)就业基因检测的运用与歧视风险

医学检查的必要性和正当性在于,雇主可以借此得知求职者当前的身体状况,也可以推知其未来的健康情况。[2] 一般推定,医学检查可以有效地检测出受检者的身体状况和健康情况,故其主要功能有二:①可以确诊受检者是否患有某种疾病,抑或是否存在某种程度的残疾和缺陷,故有医疗诊断和发现之功效;②可以预测受检者的未来健康情况,并基于医学发展和进步,做尽早预防或防治之准备。在就业领域中,医学检查的运用,不仅只是为了满足雇主的利益,更重要的是出于公共卫生的社会利益。如果只是为了满足雇主的利益,这种独厚某个群体的具体实践显然是不公平的。医学检查还可以及早发现隐含的健康问题和疾病状况,让求职者和员工获知自身的健康风险,保护其免受来自工作场合和环境的毒害物质的影响,并减少和预防职业病的发生、改善社会的公众健康水平。因此,医学检查构成雇主招聘以及监控雇员之健康状况风险的必要手段,不仅必然,而且正当。

基因检测引入体检程序是相对晚近的事情。在美国,20 世纪 50 年代有个案报告,G-6-PD 缺陷的带因者如暴露在特定化学物

---

①Jorge Sequeiros, "Regulating Genetic Testing: The Relevance of Appropriate Definitions", in U. Kristoffersson et al. eds., *Quality Issues in Clinical Genetic Services*, Springer(2010), at 25, 27-28.

②Sharona Hoffman, "Prelacement Examinations and Job-Relatedness: How to Enhance Privacy and Diminish Discrimination in the Workplace", 49 University of Kansas Law Review 530-531(2001).

质下,会发生血红细胞溶解的负面反应,因此,当时已在考虑求职体检时筛查具有相关特征之受雇者的可能性;[1]自 20 世纪 70 年代末期及 80 年代初期后,雇主对其受雇主从事基因检测或监控之情形在美国更形普遍,引起政府部门的广泛关切。[2] 1998 年,美国管理协会的调查表明,约有 5.7% 的雇主公司(52 家)确定会对求职者进行基因检测,以筛查和排除具有基因变异风险的求职者。在 2000 年的另一项调查中,约有 2.4% 的公司表示,他们会要求检查求职者是否患有乳腺癌、结肠癌、镰状细胞性贫血和亨廷顿病等与基因相关的缺陷和疾病。在此期间,美国曾经发生过多起影响比较大的基因歧视案例,其中就包括劳伦斯·伯克利实验室使用就业前基因筛查的案例。美国国会在 2008 年制定并通过《美国基因信息非歧视法》时,曾认为这个案例具有标杆的意义,并导致国会对基因歧视的事例有非常强烈的兴趣,并最终导致反歧视立法的出台。同样的,在德国、澳大利亚都有不少的报道和访谈,提及曾经遭遇过基因歧视的现象,并发生过枉似的基因歧视案例。在我国,2009 年广东佛山市基因歧视第一案,正是就业基因检测一个令人担忧的不利后果。

在工作场合下,基因检测的实施目的,虽然是非医学性的,即为了确定求职者或雇员相对于工作职务的医学适格性(medical fitness),然又与确定受检者的健康状况和身体特征相关。故其检测的形式和类型主要是医学性质的应用,进而可以排除非医学应用的类型。此外,产前检查和胚胎植入前诊断,由于受检对象是怀孕的孕妇和体外培养的胚胎,亦与就业体检的语境没有太大关联。至于诊断检测的实施,一般已有某种基因遗传病的外在表征,即属于表现型或显性(phenotype),而非隐性的基因型(geno-

①OTA,1990.

②焦兴铠:"工作场所基因检测在美国所引起之劳动法争议".载《台大法学论丛》2006 年第 35 期,第 178 页。

type)。基于显性的特征而要求基因检测,既属于传统的残疾歧视,又构成某种程度的基因歧视。当然,在概念上,基因歧视是否包含对具有表现型的基因病患者的残疾歧视,一向有争议。在美国,出于概念澄清和法制发展的缘故,已有表现型的基因歧视,构成事实上的残疾歧视,受 1990 年《美国残疾人保护法》(*Americans with Disabilities Act*)之规制和保护。

因此,工作场合的基因检测,主要包括诊断检测、症状发生前检测、带因者检测和易感性检测。四种类型的基因检测之使用,均可能引发基因歧视之争议。作为基因歧视概念的塑造者,保罗·比林斯曾给过这样的定义:基因歧视所指的是,仅仅基于个人基因构造与"正常"基因组对比的明显变异,而歧视该个人或其家庭成员。[①] 当雇主藉由基因检测获得求职者或雇员的基因信息,并以该信息作为是否录用、晋升或调职的决定或参考因素,则相关人士可能会受到不利待遇而影响到自身的生计。以易感性检测为例,美国国会技术评估办公室在 1990 年度的报告中指出,虽然科学发展业已发现,有 50 多种基因状况,可能会因暴露在特定的环境风险之下,增加当事人对特定疾病之易感性;但是,这些基因状况常因当事人种族或出生地不同而呈现出不同的分布比例,[②]故基因歧视事实上还可能涉及更为复杂和敏感的群体或种族歧视。例如,在美国,针对黑人筛查镰状细胞型贫血的基因筛查,就引发过种族歧视的争议,并导致美国各州纷纷通过立法禁止镰状细胞性贫血的基因筛查。此外,易感性检测虽然可以检测出发展为特定疾病的倾向性,但这一倾向性只是一种盖然性而非必然性。此种盖然性的分布比例通常是不均衡的,更多地取决于基因和环境因素的复杂互动。目前的科学研究对外在环境与基

---

①Paul R. Billings, et al., "Discrimination as a Consequence of Genetic Discrimination", 50 The American Journal of Human Genetics 476 (1992).

②OTA,1990.

因之互动影响究竟如何,尚未有充分透彻的掌握和理解,故而基因检测之结果会对当事人之基因因素在嗣后发展为特定疾病一事,往往造成夸大其词之谬误。①

二、就业基因检测之法律规制

就业基因检测之实施所引发的基因歧视风险,受到不少国家的重视和关注。在未雨绸缪之际,一些国家通过制定专门的法律来规制就业基因检测的实施,进而试图缓和基因歧视的风险和争议。与此同时,我们也要看到,大多数国家对此并未制定专门立法,而是通过既有的反歧视立法和人权法案来解决就业基因歧视的案例。这一做法通常遵循司法导向的径路,即主要透过司法裁判的方式,以个案的形式确认基因歧视的事实构成和法律制裁,而较少直接涉及对基因检测的法律规制,因而此处存而不论。下面,本节将主要介绍有专门立法的法律规制状况。

1. 瑞士

2007 年生效的《瑞士联邦人类基因检测法》,对不同范围和领域的基因检测规定了较为完备的法律条文,其宗旨是保护人类尊严和人格、预防不当的基因检测及其资料的滥用、保证基因检测的品质及其结果解释的方式(第 2 条)。该法第二章规定了基因检测的一般原则,即非歧视、同意、不知的权利、资料保护和检测实施许可等原则。在就业领域的基因检测方面,第 21 条规定其雇主及其医疗顾问应遵循的一般原则,即在录用或劳动关系存续期间,不得要求进行症状发生前基因检测、披露之前症状发生前基因检测之结论或利用该结论、要求与劳动者个人特征有关而与健康无关的基因检测;随后之第 22 条则,则规定了可以实施症状

---

① International Labor Office,Worker's Privacy,Part Ⅲ:Testing in the Workplace,12 Conditions of Work Digest(1993),at 58. 转引自焦兴铠:"工作场所基因检测在美国所引起之劳动法争议",载《台大法学论丛》2006 年第 35 期,第 181 页。

发生前基因检测之例外。

(1)应注意的是,这一例外之规定仅适用于症状发生前基因检测之形式。根据明示其一即排除其他的解释法理,该规定并不适用于其他的基因检测形式。

(2)法律规定,在满足和符合以下条件时,职业医生或受委托的医生才可在录用和劳动关系存续期间要求进行症状发作前基因检测:①瑞士事故保险基金规定,工作职务应进行职业健康的监控,或其他联邦法规要求雇员接受医学检查,以确定其是否适合该工作,因为存在着职业病的危险、引发严重的环境污染,或对第三人存在事故的重大风险或健康危害;②依 1981 年 3 月 20 日《联邦意外事故保险法》第 82 条或其他法律规定,与工作场所相关的措施不足以排除上述风险;③根据已知的科学知识,职业病、环境损害、意外事故或第三人的健康风险,与劳动者的特定基因倾向具有因果关系;④人类基因检测专家委员会已确认其因果联系,并承认检测方法的可靠性;⑤得到利害关系人的书面同意。

(3)该法还具体规定了工作场合基因检测的实施程序和要求:①只能处理与工作职务相关的基因倾向,因此需要个体化的基因检测要求;②考虑到基因检测的风险及其后果,要求无论是检测前还是检测后,均应提供专业的基因咨询服务;③检测完成后,必须立即销毁受检样本,不得封存;④医生应将检测结果告知利害关系人,而雇主只能得悉,受检者是否可以胜任拟任的工作职务。

2. 德国

相比于瑞士的联邦法律,德国的法律规定则更为严格,即采用完全禁止工作场合应用基因检测的做法。根据 2009 年修正的《德国基因检测法》(GenDG)第 19 条之规定,任何雇主不得在形成劳动关系之前后,要求进行任何基因检测或分析,或者要求获知先前进行的基因检测之结果或资料,或使用、接收任何基因检则之结果。第 21 条则进一步否定工作场合基因歧视的行为,"任何雇主不得因雇员的基因特性或与其有关之人士的基因特性,而歧视或对他不利,尤其是在劳动关系的形成、职业发展、职业培训或劳动关系的终止等方面。同样的,它还适用于雇员拒绝进行任何基因检测或分析,或者拒绝披露先前检测或分析之结果"。

与此同时,有两种情况可以允准雇主进行基因检测或筛查,而不适用禁止基因检测的员工保护措施:①在员工医学检查和工作场合筛查的框架下,如果有必要确定在特定的工作场合或职业活动中会导致发生严重疾病或严重健康状况的基因特性,则允许进行通过基因产物分析的诊断性基因检测;②存在由联邦议会授权的联邦政府法规,允许在公认的科学技术水平之下,在职工医学检查和工作场合筛查时进行诊断性的细胞基因分析和分子基因分析。但是,这一基因检测需满足增进职业健康的三个条件:①可以确定某些基因特性在特定工作场合可能引发严重疾病或严重健康状况;②两者之间存在高度的可能性,即这些疾病或健康状况与受检者的工作场所或职业活动存在关联;③柜应的基因检测是比较恰当的检测方法,且确定在检出上述基因特性不会造成受检者的伤害或不便。

3. 欧盟及其他成员国

在其他具有专门基因立法的欧盟国家中,一般均采用禁止雇主要求和获得求职者或雇员的基因信息。奥地利的《基因技术法》第67条规定,雇主,包括授权的代理人和合作者,禁止去收集、要求、接受或利用来自其雇员、求职者之基因检测结果。这一禁止还包括为基因检测目的而要求交付和接受人体组织。葡萄牙的《个人基因信息和健康信息法》虽然允许雇主可以寻求基因信息,但却仅限于正当的职业健康和安全目的。而在欧盟层面,尽管缺乏特定的基因立法,仍有资料保护和歧视条款处理和使用基因资料。与健康相关的基因资料是欧盟资料保护指令之下的

"敏感信息"(sensitive information)，应予保密。① 此外，《欧盟基本人权宪章》(2010/C 83/02)第 21 条禁止任何基于基因特征的歧视。同样的，基于基因特征的歧视在欧盟成员国亦在被禁止的范围之内。

4. 美国

一般的就业实践是，雇主不得在求职前要求进行任何的体检；但可以在任职前或附条件的录用时，要求雇员接受医学检查。但这一检查是个体决定的模式，即必须考虑与职务和工作的相关性要求。换言之，不得要求求职者或雇员接受与职务无关的而与个人特征相关的医学检查。在基因检测的应用方面，1970 年制定的《职业安全和卫生法》，被认为与雇主对受雇者进行基因检测的主要关联法律。根据该法所规定的一般义务条款，雇主可以根据职业安全和卫生管理局所颁布的准则，即有义务对其受雇者或求职者从事基因检测，藉以保证他们不会对某些特定毒害物质具有高度的易感性。② 但是，基于对基因歧视的担忧，在 2008 年之前，主要通过 1960 年《民权法》、1990 年《美国残疾人法》、1996 年《健康保险可携带性和责任法》之相关规定和相关判例，为工作场合的基因歧视提供适当的法律保护。2000 年，时任总统克林顿颁布第 13145 号总统行政命令，明确宣示在联邦雇员的招聘中，决不允许有任何基因歧视的情形。该行政命令不仅禁止联邦政府机构在雇佣和解雇阶段基于基因信息而歧视当事人，还进一步限制联邦机构藉由基因检测之结果将政府雇员进行分类管理，以致剥夺其就业和晋升之机会。

2008 年 5 月，布什总统签署公布《基因信息非歧视法》(GI-

---

① Sirpa Soini, "Genetic Testin Legislation in Western Europe-A Fluctuating Regulatory Target", 3 J Community Genet 146(2012).

② Melinda Kaufman, "Genetic Discrimination in the Workplace: An Overview of Existing Protections", 30 Loy. U. Chi. L. J. 425-426(1999).

NA),该法不仅是美国在新世纪的第一部民权法,而且是美国历
史上第一部前瞻性的反歧视法规。^① 该法第 202 节规定,雇主如
果基于雇员相关基因信息,未能或拒绝雇佣、解雇任何雇员,或以
其他方式(如雇佣的报酬、期限、条件或特权等)歧视雇员,均构成
非法的就业歧视。该法还规定,雇主不得强行要求、规定收集或
购买雇员或其家庭成员的基因信息。GINA 同时规定,为了检测
工作场合有毒物质的生物学效果,雇主可以获得员工的基因信
息。但是,它的实施必须满足以下的法定条件和程序:①雇主向
雇员发出基因监测的书面通知;②雇员提供事先知情的、自愿的
书面授权,或者基因监测是联邦和州法所规定的;③雇员被告知
个人监测之结果;④监测应符合任一联邦基因监测法规的规定,
包括劳工部部长根据 1970 年《职业安全和健康法》、1977 年《联邦
矿业安全和健康法》、1954 年《原子能法》所颁布的任何此类法规,
或者符合各州的任一基因监测法规,尤其是根据 1970 年《职业安
全和健康法》之授权的有关基因监测法规的配套立法;⑤雇主只
能接收基因监测的统计报告结果,且该结果不得披露具体雇员的
身份。

总而言之,从上述的专门立法规定来看,出于基因歧视的风
险和担忧,各国均毫无例外规定了禁止录用时进行与工作无关的
基因检测,这是一种典型的非歧视的法律规制模式。但是,与此
同时,它们又规定了基因检测的例外情况,即出于职业安全和健
康的缘故,允许进行可控的基因检测和监测。这种可控的基因检
测和检测,主要以法定许可或行政许可的形式而为之。

三、就业基因检测之风险防范原则

从比较法的考察来看,就业基因检测的法律规制与基因歧视
的风险预防原则有莫大关系。在此意义上,尽管很多批评者认

---

① Jessica L. Roberts, "Preempting Discrimination: Lessons from the
Genetic Information Nondiscrimination Act", 63 Vand. L. Rev. 437(2010).

为,基因歧视的风险事实上不如所拟想的那样严重,因而不值得大费周章、小题大做,但事实上,基因歧视不仅已经见诸报端,而且历史上还与种族主义的污名化阴魂不散。纳粹分子的种族屠杀,正是基因决定论之极端邪说的行动后果。因为基因歧视所引发的基因决定论的深层忧虑和畏惧,导致不少国家的立法者制定前瞻性的反歧视立法,以规制基因检测和基因信息的利用和风险。

对待基因歧视风险的态度及其相应的防范原则,必然影响基因检测的使用限度。基因歧视风险的存在和发生,从目前来看似乎还属于小概率的事件,却隐含着滥用的无尽风险,因而需要谨慎对待。在风险防范的法律原则方面,一般存在着两个并存且互为替代的原则:即以规制不确定科学风险为核心的预防原则,和以规制影响评估为中心的经济理性原则。

预防原则作为处理具有高度不确定性的环境风险之原则,自20世纪70年代提出以来,迅速获得欧盟层面及其成员国的广泛认同和接受,成为欧盟法律的一般原则,进而构成欧盟化的重要一环。预防原则是欧盟在缺乏科学确定性的情况下,针对公共利益存在严重危害风险,不必具有充分科学证据前提所采取的风险预防措施。预防原则的欧盟化显示,预防原则在欧盟法律调和与政策趋同的建构进程中,是欧盟整合的动态发展过程,并对欧盟机构、成员国和欧盟人民,产生重大影响及政策变迁。①

预防原则不必等到风险的实际发生,亦不以具有科学证据证明之风险概率,才能采取预防性的措施和手段。因此,它在某种程度上是先发制人的,具有强烈的预防性特征。其可能存在的问题:①预防原则的内容是高度抽象的,具有模糊性;②风险预防原则的后果往往并不可欲,即预防风险的行为本身亦可能带来新的

---

①洪德钦:"预防原则欧盟化之研究",载《东吴政治学报》2011年第二十九卷第2期,第4页。

风险,风险总是层出不穷的,并形成后现代性的"风险社会"。此外,它还有可能抹掉风险所带来的可能受益,因为高风险往往意味着高收益的可能性。

按照孙斯坦的理解,最强形式的预防原则是瘫痪性的,它禁止它所有要求的所有措施。① 在强预防原则的精神之下,最佳的行为指引是"不行为",而且理想的参照点是遵循现状,而最佳的衡量标准是过去"田园诗般"的生活。除非改变现状没有任何负面的影响,那么改变现状才是可欲求的。如果将这一理解和认识扩广到就业基因检测的领域,那么理想的预防措施就是禁止工作场合基因检测的应用。从《奥地利基因检测法》的相关规定来看,它显现出预防原则的精义,即防范职场基因歧视的最佳做法,就是绝对禁止在该领域进行任何类型的基因检测。

严格禁止和预防当然是最简单易行的措施和策略,但同时也排斥了可能实现的公共健康收益。工作场合下的基因检测和监控,可以有效地防止职业疾病的发生,并提升职业安全和健康水平。这一点恰正是基因检测引入体检的正当论据之一。从职场安全的角度来看,理论上雇主应当提供安全且健康的环境,以免造成雇员死亡或重大伤害之后果;而雇员在执行职务时,亦应有适格的执业条件和身体状况,以免造成对自身或第三人的伤害或事故。理论上,个人是自我利益的最佳判断者,也是自我利益的最佳维护者。但残酷的现实是,很多求职者或劳动者迫于生活的压力和负累,不得不只身冒险,罔顾工作场合的不利条件及其可能产生的损害后果。在此情形下,必然会导致公共健康资源的耗费,进而造成社会财富的耗损和负增长。

在某些情形之下,透过运用就业基因检测来筛选求职者和雇员,反倒是一个次优(second-best)的选择。这一做法虽然不免惹

---

① [美]凯斯·R·桑斯坦:《恐惧的规制——超越预防原则》,王爱民译,北京大学出版社 2011 年,第 4 页。

来歧视的嫌疑,但亦包含了合理差别对待的正确寓意。在英语世界中,不利的歧视和合理的差别对待实为同一词(discrimination),其间的关键区分在于,其差别对待的理由是否正当、合理。正当与不当、合理与不合理,背后均涉及道德原则的论证。歧视的本质在于,违反了"同等情形同样处理"的形式正义原则。而合理差别待遇的论证,必须构成相同原则的反面,即不同情形不同处理。然而,同与不同,无法仅靠形式正义原则本身来确定。由于万事万物均有同的一面,亦有不同的另一面,何种程度的同或不同才足以正当化同等对待或差别对待,仍旧悬而未决。为此,有必要引入后果论的经济理性原则,作为一个实质的道德原则,并避免诸如事物本质等本体性的实质正义原则。

在规制风险的语境中,作为经济理性原则的一个表现,规制影响评估是针对政府所拟定的各项法规予以重新检讨,客观分析法规所造成的明显或潜在影响,以决定法规的立、改、废,或制定出更有效率的法规。整体上,规制影响评估的基本目标是减少政府的不必要干预,增强政策法规之间的一致性。具体而言,对于维护公民健康和安全的社会法规而言,其任务在于重新检讨社会管制的必要性,重构社会管制的工具和方法,导入具有明显经济动因和激励的管制和条款,以实现宪法上的基本权利保障。作为管制改革的一个侧面,规制影响评估的引入为 OECD 成员国的发展提供了一个重要的契机。从当前的实践来看,几乎所有成员国或多或少均确立了相应的规制影响评估制度和程序,从而为改进和完善政府决策提供了一个理性、科学的基础和模式。

规制影响评估模式对待基因风险的态度,取决于基因风险的各种影响。一般来说,求职时应用基因检测作为一个必要的筛查项目,当然会影响特定求职者求职的成功与否,进而影响其收入和生活水平。与此同时,假如工作场合存在一定的环境风险因素,可能导致某些带因者因其缺陷而易感染或易发展为特定疾病,则特定易感性的基因检测具有潜在的经济收益,即以预防和治疗特定疾病的费用和支出作为一个基本的参数。在这样的考量之下,出于职业安全和健康的易感性检测就具有一定的经济合理性,因为可以通过对其潜在影响的量化值进行初步的成本效益分析,只要能够得到潜在收益大于成本的最终结论即可。以此而论,我们可以看到《瑞士联邦基因技术法》的相关规定,闪现着经济理性原则的光芒。它允许出于一定的例外,并满足必要的条件,雇主就可以对求职者进行基因检测,以筛选和监控求职者的适格条件和健康状况。

作为一种科学和医学工具,基因检测不可避免具有中立性的特质,其功效罪愆事实上取决于使用者的意图。也就是说,我们必须区分科学技术和科学技术的应用,科学技术本身是中性的,但其应用的结果和状况,则应视使用者的不同意图而定。同一把刀,厨师可以用之来做菜,烹饪出美味佳肴;而在杀人者手中,则会变成剥夺他人生命的武器和工具。问题是,不能因为刀可能被用来杀人,就禁绝刀的流通和使用。基因检测技术及其使用,其理相同。我们不能因为水脏了,就连同水里的孩子一起都泼掉;同样的,我们也不能因为基因检测在求职时可能导致基因歧视的后果,就绝对禁止基因歧视的使用和实施。如果使用得当且予以妥善的管制,完全有可能消除就业基因检测的负面效果和影响。为此,从实用主义的立场来看,考虑到基因检测的经济理性规制,不同类型和求职体检的不同模式,当规定不同的法律对策以应对之。

四、实用主义与就业基因检测的限度

实用主义的精义在于,不纠缠于概念和逻辑,以问题为导向,就事论事。求职体检应用基因检测的问题,既可能以基因歧视为终结,又可以合理的差别待遇为依归。其路向的终点,并非基因检测本身的问题,而是取决其使用者的意图。在这样的问题脉络中,合理规制求职体检之基因检测,须考虑以下几个方面。

1. 体检模式的影响

一般来说,就业体检方式有两大基本模式:标准化模式和个体决定模式。在标准化模式之下,由于其检查标准的事先预定性,必然只能考虑一般情形而非个别状况,无法实现与具体工作职位的衔接性,故难以摆脱歧视的身影。即使某些检查标准是由官方公布的,其具体实施和贯彻仍然难以摆脱基因歧视的公开化和污名化,并造成某些就业歧视在社会的滥觞。而个体决定模式,由于通过考虑与工作职位、工作环境和工作场所的因素,而确定相应的体检要求,有助于确定基因检测的工作相关性和营业必要性,并可借此正当化工作安排的差别化待遇,回避基因歧视的争议问题。因为,在工作场合的语境下中,与工作相关的差别待遇通常并不构成歧视,因此,"工作相关性"和"营业必要性"构成论证就业体检之合法性和合理性的关键标准。具体来说,个体决定模式的基本步骤有三:①由主检医生评估与工作或职位相关的健康状况需求;②个人需提交完整的医疗史,并接受体检;③就个人医学所评估的状况,与工作上的具体需求做比较,并得出最终的结论。[1]

2. 体检的实施阶段和性质

从求职体检的实施时间和阶段来看,基本上可以分为求职前体检、录用前体检、入职前体检和入职后体检。从国外的实践来看,一般来说,严格禁止求职前体检,不得将体检是否合格作为求职的一个必要条件;在附条件录用的程序中,允许将体检合格作为一个录用的必要条件,只是该体检只能检测与工作胜任相关的能力和健康程度,不得进行与工作能力无关的而与个人特征有关的任何基因检测;入职前体检和入职后体检,均以完成了求职程序并录用求职者为前提,其体检性质属于工作场合的医学监控,

---

①Mark A. Rothstein and Charles B. Craver et., Employment Law, West Publishing Co. (1999), at 51.

旨在确定和防控职业健康和安全。因此,原则上,法律法规均允许在满足和符合特定条件之下,且出于维护职业健康和安全之故,雇主可以进行和实施特定类型的基因检测。

3. 工作场合应用之基因检测的类型

如前所述,四种类型的基因检测可被广泛运用于工作场合:①诊断检测。诊断检测的对象通常已经具有基因病的某些外在表征,诊断检测的目的是为了确诊患病的真实状况。在美国,平等就业委员会曾明确建议,基因病已发作之患者属于残疾法所保护的对象,因此可以受到 ADA 之保护。由于隐含残疾歧视的风险,故各国法律一般均禁止对求职者和雇员进行诊断检测。②症状发生前检测。很显然,在症状发生前,带因者仍然是健康的,只是在某个未来时点,其潜在的基因缺陷会演变成特定的基因遗传病。在此,只要带因者是健康的,没有出现预定的疾病表征,就不能对其进行基因检测,因为带因者对此具有知或不知的权利,应由其来决定是否进行基因检测。③带因者检测。如果症状发生前检测属于某种显性的遗传基因缺陷,那么带因者检测则属于隐形遗传基因缺陷的检测。按照孟德尔遗传法则,隐形遗传基因通常对带因者没有任何潜在的外在影响,其影响对象仅仅是其隔代遗传的后代。因此,带因者检测是一种与工作能力无关的基因检测,而直接关乎带因者的个人特征,所以亦不能轻易允准。④易感性检测。理论上,易感性检测是最符合经济理性原则的基因检测之一,因为它可以给受检者提供一个有效的风险评估,并藉由改变自身的生活方式和行为模式规避相应的疾病风险。为此,易感性检测是工作场合之下适于实施和执行的基因检测。其问题在于,如何通过实施程序,以有效规避易感性检测的复杂性和不确定性。

4. 求职之基因检测的实施程序

求职之基因检测的实施程序主要关注两个问题,即谁有权决定基因检测,又应当告知谁检测之结果。在谁有权决定基因检测的问题,雇主通常没有直接的决定权,除非其委托的主检医生觉得有必要进行基因检测,则直接由医生下达基因检测的要求和规定;但最终的决定权应交由求职者自己。除非有求职者的书面同意,雇主及其委托医生无权采集求职者的血液和毛发等样本。又,考虑到求职者的不知之权利,应赋予其拒绝检测的权利,并禁止因其拒绝检测而遭受不利的对待。而在基因检测结果的告知方面,除了受检者及其家庭成员之外,有关基因信息的检测结果不得告诉他人。雇主只能得知基因检测之最终结论,而不得接触或获得基因检测之具体内容,亦不得将相关信息告知其他人和机构。

　　基于上述实用主义的考虑,尽管缺乏相关的立法规制,仍然可以为基因歧视第一案提供充分的司法指南。与单纯否决基因检测的反歧视立场相比,实用主义允许求职体检时引入基因检测,并冀望该检测可以俾益于雇主、求职者和雇员。与此同时,如何有效地规制基因歧视的风险并实现一种合理的差别待遇,确实需要一种"走钢索"的微妙平衡术。

　　从雇主模范的角度来看,公务员招考应该贯彻公开、公平、公正的原则,不得歧视求职者。然而,从我国的当前实践来看,公务员招考中的歧视现象却屡见不鲜,颇受诟病。正是这种就业歧视的隐忧,我国《就业促进法》明确禁止基于性别、民族、健康程度、户籍等因素的歧视。例如,该法明确规定,不得歧视残疾人,并不得以传染病病原携带者为由拒绝录用。虽然《就业促进法》并未直接禁止基因歧视,但如美国的反歧视立法实践一样,基因歧视可以有效涵摄在残疾歧视的概念之下,因为基因缺陷可以被看成是某种程度的残疾。基于这一逻辑推论,在某种意义上,《就业促进法》明确反对基于诊断性基因检测之不利结果而歧视求职者。尽管《国家公务员考试录用通用体检标准(试行)》第21条规定是一个兜底条款,可以将比较严重的基因遗传病纳入其中,但基因遗传病的排除仅能依据该疾病的表现型,而不能基于基因检测之实施及其评估。

对我国基因歧视第一案的批判是相当容易的,但并不能为后来者提供更有教益的启示。根据上述实用主义的立场,笔者以为,就业基因检测的应用,至少应满足下列条件和要求:

(1)基因检测的要求是特异性的,应基于工作职务的特殊性和风险性;

(2)原则上应禁止诊断检测、带因者检测和症状发生前检测;

(3)是否进行易感性的基因检测,应由受检者自行决定,雇主可以为其提供基因咨询的建议和服务;

(4)受检者的书面同意,是实施就业基因检测的先决条件;

(5)受检者拒绝就业基因检测的实施,不得被视为体检不合格。但,如果因此发生相应的工伤事故和责任,可以减轻或豁免雇主的民事赔偿责任;

(6)基因检测之结果不得随意披露给雇主或其他机构,雇主只能获知基因检测之专业结论;

(7)求职者或雇员有权决定是否知悉基因检测之结果,应充分尊重其知或不知的权利。

中国政府公开性的法律建构：
历史、类型与制度创新

田飞龙[①]

一、引　言

法治现代性的展开是在人类理性确认权力必要性之后对权力的"驯化"过程，如曼斯菲尔德认为行政权的历史就是"驯化君主"的历史。[②]"驯化"并非一种针对权力的单方面挑战，同时也是权力形成的过程，因而具有某种暧昧的性质，既需要确保政府履行公共职能的有效能力——这是建立政府的初衷或功利目的[③]使然——也需要为政府权力设定可靠的约束框架。单纯强调"控权"或"限制权力"只是陈述了法治现代性的片面的理想诉求。王绍光在 1990 年代初提出的有些非主流意味的"强有力的民主国家"[④]的概念多少有些捕捉到了法治现代性在处理权力问题上的

①田飞龙，北京航空航天大学人文与社会科学高等研究院助理教授，北京大学法学博士。本文为 2012 年度教育部人文社会科学研究专项任务项目《"阳光治校"之高校"三公经费"的公开研究》的阶段性研究成果，项目批准文号为：12JDJYLZ08。
②哈维·C·曼斯菲尔德：《驯化君主》，冯克利译，译林出版社 2005 年版。
③这种通过建构集体权力完善自我保存机制的"初衷"或"功利目的"普遍存在于近代主要政治哲学家的理性意识之中，如霍布斯、洛克、卢梭等，尽管他们各自的理论图景差异颇大。
④王绍光：《安邦之道：国家转型的目标与途径》，三联书店 2007 年版，第一篇"建立一个强有力的民主国家——兼论'政权形式'与'国家能力'的区别"，第 3—32 页。

暧昧性质。而"公开性"是法治现代性"驯化"权力的重要手段,它同样具有权力制约和权力形成的双重面向,既提供了公民的监督通道,也提供了公民参与政府决策从而为权力奠定更加坚实的合法性基础的制度可能性。① 法国著名政治思想家基佐从聚集社会理性的政治功能角度提出了公开性作为代议制政府必要制度形式的重要观点,认为公开性是政府与社会之间的联系纽带且属于代议制政府要素中最晚获得确立的。② 功利主义大师边沁更是明确地将"公开性"标记为自由政府和独裁政府的主要区别之一,并热衷于从政治实践的角度讨论如何在政府建筑设计上体现这一要素。③ 20 世纪以来欧美行政程序法建设,尤其是罗斯福新政以来"行政民主化"汹涌潮流,使得"公开性"成为法律改革运动的重要维度。尤以美国为例,罗斯福总统与最高法院的宪法对决最终导致了美国司法审查的"程序转向",倒逼美国公法制度的结构性变迁,集中体现在以 1946 年的《联邦行政程序法》为主干,以 1966 年的《信息自由法》和 1975 年的《阳光下的政府法》

---

① 这在行政法领域的学术反思与制度表现尤其突出,单纯的"依法行政"已经无法满足现代行政权的合法化要求,因而需要从合法性之源头——民主——中挖掘新的有效而可控的机制,国内学界关于"新行政法"的讨论即指涉这一法律变迁的重要趋势,参见王锡锌:"行政正当性需求的回归——中国新行政法概念的提出、逻辑与制度框架",载《清华法学》2009 年第 2 期;邓联繁、田飞龙:"新行政法与依宪行政",载《行政法学研究》2011 年第 1 期。

② 基佐认为:"从理论上讲,公开性是代议制政府的最根本的特征。我们看到,为了这一目标,它号召所有拥有权利的个人和行使权力的那些人,来寻找作为合法统治权的规则之源的理性和正义。公开性包含了社会与其政府之间的联系。但看一下事实,在代表代议制政府的那些基本元素中,它是最后一个被推行并获得稳固的立足点的。",引自弗朗索瓦·基佐:《欧洲代议制政府的历史起源》,张清津、袁淑娟译,复旦大学出版社 2008 年版,第 74—75 页。

③ 菲利普·斯科菲尔德:《邪恶利益与民主:边沁的功用主义政治宪法思想》,翟小波译,法律出版社 2010 年版,第 334—344 页。

为两翼，从"程序"维度强化并有效实现了司法对行政权力的法治驯化，在一定程度上弥补了法院从"实体正当程序"领域撤退之后出现的法治真空。① 中国行政法最近十年的发展，尤其是围绕行政程序法的研究与立法推动，深受美国法的影响。② 2008 年的《政府信息公开条例》是这一影响的初步成果。当然，域外影响结晶出具体法制成果也是因为这一法律变革的线索迎合了中国改革时代的公法变迁逻辑，本文的重点就在于整理中国法制变革的自身逻辑。

一般的法学家通常将法治现代性理解为"法院现代性"，尤其是在英美普通法国家，此论颇能得到其特定法治传统的支持，但实际上法治现代性的发育成熟是法律与政治长期互动协调的结果。③ 公开性的法律建构便属于源自政治领域（代议制）的功能性制度设计，它同样服务于"驯化"权力的目的，同样采取的是权利思维和法律逻辑。因此，公开性是法治现代性的重要构成。

新中国法治现代性的建构同样离不开公开性的法律创制。尤其是改革开放以来，配合国家整体上的反腐败需求和法治进程的需要，公开性的法律建构经历了从政策到法律、从基层到高层、从监督导向到治理导向的重要变化，展示出公开性系列制度在新中国法治现代性进程中的独特功能。甚至，正因为"法院现代性"

①有关美国行政法的这一段历史及其背景，参见王名扬：《美国行政法》（下），中国法制出版社 2005 年版，第 21、第 22 两章。

②比如沈岿教授翻译的《美国行政法的重构》（美国教授斯图尔特注，商务印书馆 2002 年版）就广受学界欢迎和征引，甚至湖南省的《行政程序规定》的起草过程也有美国行政法学家的实质性参与。

③比如美国著名宪法学家图什内特就通过对美国伦奎斯特法院的研究证明了政治过程与司法审查过程之间的"映射"（mirror）关系，参见图什内特：《分裂的法院：伦奎斯特法院和宪法的未来》，田飞龙译，中国政法大学出版社 2011 年版。

受到政治和宪法体制的硬约束,①这种在领域和功能上不断扩展的法律公开性却有可能成为中国法治现代性的重要路径选择。本文即拟对中国改革以来政府公开性的法律建构进行历史考察和类型分析,并对湖南省长沙市"开放型政府"改革中具有创新意义的制度经验加以评述,以期对中国法治现代性生成的自身规律和理性路径进行法理上的解释和引导。

二、公开性法律建构的改革史简述

公开性的法律建构遵循了新中国制度变迁的特色性路径:从政策到法律,从基层到高层。在改革时代,关于公开性的政治价值与制度功能,最早的要求来自于中共十三大报告(1987),当时是作为"社会协商对话制度"的一个要素加以规定的。中共十三大报告被认为是1978年以来关于政治体制改革的思想与制度思考相对集中全面的一份报告,在我国改革进程中具有重要的历史意义及需要不断返回挖掘和理解的制度意义。十三大报告这样规定社会协商对话制度中的"公开性"问题:"必须使社会协商对话形成制度,及时地、畅通地、准确地做到下情上达,上情下达,彼此沟通,互相理解。建立社会协商对话制度的基本原则,是发扬'从群众中来、到群众中去'的优良传统,提高领导机关活动的开放程度,重大情况让人民知道,重大问题经人民讨论。"

十三大建立社会协商对话制度的基本背景是围绕改革中的利益分化、特权现象和腐败现象,社会领域出现了大量矛盾和冲突,常规的法院程序无法加以有效消化,需要建立协商性的政治社会纠纷解决与反腐败机制。关于"公开",十三大报告的基本目

---

①这种硬约束集中体现在2008年对"齐玉苓"案司法批复的明确废除和"人民司法"的大规模重建,这种与规范法治理论相悖反的司法改革动向引起了法学家的焦虑甚至愤怒,比如张千帆:"法院无权回避宪法",载http://www.civillaw.com.cn/article/default.asp? id=42866。然而法学家的评论通常并未认真对待中国宪法中的"党的领导"和"人大至上"的根本原则,并未在整全意义上的中国宪法结构中对法院的司法权做出解释。

标是"下情上达，上情下达，彼此沟通，互相理解"，制度设想是"提高领导机关活动的开放程度，重大情况让人民知道，重大问题经人民讨论"。应该说，十三大的社会协商对话制度同时包含了公开性制度和民主性制度，且非常明确地指出了"公开"的两个基本功能维度：监督和民主参与。随后的国家政治尽管很快经历了重大的风波考验，但十三大报告确立的公开性改革事业却得以继续并不断获得深化。十三大报告关于公开性的规定是改革进程中重要的政治决断，对新中国法治现代性起到了重要的推动作用。公民的"知情权、参与权、表达权和监督权"获得了初步的政策基础。

1988 年 3 月，中共十三届二中全会从反腐败的角度提出了政务公开作为一项重要的权力监督与党风廉政建设措施，要求试行办事制度公开。同年 11 月 20 日，《人民日报》报道了河北省藁城市在农村推行的"两公开一监督"制度经验，即"公开办事程序、公开办事结果、接受群众监督"，其制度要点是：将村务、政务活动中所依据的政策法规、方法渠道等程序及承办时间和办理结果及时向群众公开，接受监督。① 据介绍，该市当时遭遇的问题是职能部门"门难进、脸难看"的衙门作风及基层"七所八站"吃拿卡要的不正之风，首次试验"两公开一监督"之后，十年之内风气大变，初步显示出公开性制度的监督效果。同年，中央书记处提出各级领导机关要推行"两公开一监督"的制度经验，这也可视为对 1987 年的十三大报告关于社会协商对话制度中确立公开性制度的政治要求的制度化落实。同年，《村民委员会组织法（试行）》正式实施，但只规定了村级财务公开，尚未明确提出"村务公开"的概念。1991 年，中共中央和国务院在关于农业和农村工作的决定中提出

---

① "'两公开一监督'显威力——藁城县采访随记"，载《人民日报》1988年 11 月 20 日；"尊重农民民主权利，坚持村务政务公开——藁城两公开一监督十年不懈"，载《人民日报》2002 年 5 月 14 日。

了建立村务公开制度的目标。"村务公开"正式进入中央政策性
文件。1995 年,某些省市实行"阳光法案",推行"阳光办事制度",
"两公开一监督"被发展为更加简约的"办事公开",但仍然以监督
为导向。1996—1997 年,中纪委全会相继提出要实行政务公开制
度,凡是可以公开的办事内容、办事程序和结果,特别是与群众利
益直接有关的财务等事项都应公开,以便群众监督。从中纪委系
统对政务公开的多次专门决议来看,公开性的法律建构确实是以
"监督"为导向的,服务于反腐败的功能性需求。

　　1997 年的十五大报告也明确从"监督"的角度对"政务公开"
做出最高级别的政策确认:"城乡基层政权机关和基层群众性自
治组织,都要健全民主选举制度,实行政务和财务公开,让群众参
与讨论和决定基层公共事务和公益事业,对干部实行民主监
督。……要深化改革,完善监督法制,建立健全依法行使权力的
制约机制。坚持公平、公正、公开的原则,直接涉及群众切身利益
的部门要实行公开办事制度。"

　　1998 年,中共中央办公厅、国务院办公厅联合发出《关于在农
村普遍实行村务公开和民主管理制度的通知》(中办发〔1998〕9
号),这是中央第一次就村务公开发布专门性政策文件。同年,
《村民委员会组织法》修订实施,其中将"村务公开"明确纳入,使
"村务公开"由政策转变为正式的法律制度。"村务公开"是村民
自治制度的重要组成部分,也是公开性法律建构的最基层的制度
试验。

　　2000 年,国家人事部和中共中央组织部公布《2001—2010 年
深化干部人事制度改革纲要》,对于党政干部的选拔进行了"公开
性"的制度探索,这属于"党务公开"的范畴,但尚未正式提出"党
务公开"的概念。借助"党管干部"原则下的干部人事制度改革,
"党务公开"开始了有限但重要的制度改革试验。同年 12 月,中
共中央办公厅、国务院办公厅发出《中共中央办公厅、国务院办公
厅关于在全国乡镇政权机关全面推行政务公开制度的通知》,"政

务公开"在全国基层政府全面铺开。

2004 年党的十六届四中全会做出了《中共中央关于加强党的执政能力建设的决定》,其中首次明确提出了"党务公开"的概念和制度框架:"坚持和健全民主集中制,增强党的团结和活力。发展党内民主,是政治体制改革和政治文明建设的重要内容。要认真贯彻党员权利保障条例,建立和完善党内情况通报制度、情况反映制度、重大决策征求意见制度,逐步推进党务公开,增强党组织工作的透明度,使党员更好地了解和参与党内事务。营造党内不同意见平等讨论的环境,鼓励和保护党员讲真话、讲心里话。"

"党务公开"是党内民主的重要前提,其制度原理与"政务公开"基本相同。因此,《中共中央关于加强党的执政能力建设的决定》所提出的党务公开的基本制度架构也与政务公开接近。"党务公开"随后进入十七大报告和中国共产党的新党章。可见,"党务公开"和"政务公开"、"党内民主"和"人民民主"之间具有相互启发、相互促进的关系,对于更为根本的党务改革而言,基层群众系统和国家系统的制度经验往往具有试验和先导的意义。2010年 9 月 15 日,中共中央发布《关于党的基层组织实行党务公开的意见》,将"党务公开"制度化,成为党内民主的一项常规性制度。2010 年 11 月 9 日发布《关于开展县委权力公开透明运行试点工作的意见》,展开重点试点工作。① 该意见同时要求"把党务公开与政务公开、厂务公开、村(居)务公开和公共事业单位办事公开等有机结合,相互促进、协调运转,不断完善公开制度,丰富公开内容,创新公开形式",这里的政策意图很明显,就是将"公开性"渗透进政治社会生活的各个领域,成为中国法治国家的一种全新的精神理念与制度依据。由于执政党在中国政治法律结构中的

---

① 陈丽平:"全国党务公开工作综述:基层党务公开全面推开",载《法制日报》2010 年 12 月 27 日。

"主权代表者"①地位,其活动形式与决策程序具有最根本的政治
意义,因此"党务公开"实际上构成了最为重要的政治公开。

2008 年 5 月 1 日,《政府信息公开条例》正式实施,"政府信息
公开"作为行政公开的基础性环节获得了法律转化,正式成为行
政机关的法定义务。该条例同时适用于公共企事业单位的信息
公开。不过,由于该条例仅限于结果信息的公开,其"监督"意义
仍然非常突出,尽管同时突出了"服务"的意义。

1987 年是十三大报告关于公开性的法律建构的第二个维
度——民主参与——则是通过"法治政府"的中央规划和地方试
验逐步展开的,其中的标志性文件为《国务院全面推进依法行政
实施纲要》(2004)、《国务院关于加强市县依法行政能力的决定》
(2008)和《国务院关于法治政府建设的若干意见》(2010),标志性
的地方立法是《湖南省行政程序规定》(2008)。这些政策性文件
和地方立法将公开性的法律建构与行政过程的民主参与在逻辑
上和制度上联系起来,并通过行政决策具体制度的建构加以强
化,逐步矫正了十三大以来公开性的法律建构"重监督、轻参与"
的格局,使得十三大报告的"公开性"规定的功能维度更加完整与
丰满。而且,将"公开性"和"有序民主化"在逻辑和制度上加以连
接,也是中国建设法治国家与法治政府,进而建设法治现代性的
一条自主探索的制度路径,而且是最为稳健、很有前途的一条
路径。②

---

① 如政治宪法学的力倡者陈端洪教授就将"党的领导"明确表示为具有
主权意义的第一根本法,参见陈端洪:"论宪法作为国家的根本法与高级
法",载《中外法学》2008 年第 4 期。

② 有论者将这样一种整合"公开性"和"民主治理"两大基本要素的行政
治理模式归纳为与传统的管理主义模式相对的"参与式治理模式",参见王
锡锌、章永乐:"从'管理主义模式'到'参与式治理模式'——两种公共决策
的经验模型、理论框架及制度分析",载江必新主编:《行政规制论丛》2009 年
卷(总第 1 卷),法律出版社 2009 年版。

上述关于公开性法律建构的改革史为我们展示了"法院现代性"之外主要由政治和社会系统互动激发的不同领域和层次的政策驱动型制度变迁图景。当然，这里呈现的主要是内部政策系统的叙事路径。实际上，中国的公开性法律建构还受到其他两种因素的刺激或压力：①加入 WTO，承担贸易法规和贸易信息的透明度义务；②以 2003 年 SARS 事件为代表的政府风险管理制度化的压力。从政策驱动的角度来看，"问题—政策—法律"构成了公开性要素制度化的一般性路径。然而，由于"问题"和"政策"思维中的工具主义和功利化倾向，此种制度演变路径欠缺了严格的权利起点和法律思维，而且不同领域和层次的公开性制度建构也参差不齐，需要进行理论逻辑上的辨析与清理。

三、公开类型与制度类型：一种理论逻辑上的整理

从以上关于中国改革以来"公开性法律建构"的历史描述中，我们看到了一条不断向完整的政治社会领域扩展的"公开性法律运动"线索，其中包含各种层次和形式的"公开"话语和制度，比如早期的"两公开一监督"，中期的"办事公开"、"村务公开"和"政务公开"以及后期的"厂务公开"、"政府信息公开"和"党务公开"。但是，中国不是通过一部产自议会的《信息自由法》来解决公开性的法律建构问题，然后通过"法院现代性"来连接议会立法，这是西方国家的传统路径。中国从自身的政治体制、宪法架构和政治经验出发，遵循的是"问题"导向而非"权利"导向的主导性改革思路，其典型表现就是：即使是致力于政治体制改革的十三大报告也主要是从通过社会协商对话解决矛盾纠纷和反腐败的问题意识出发提出公开性的法律建构的，后续的以"政务公开"为重点的政策思路基本上延续了问题先行的初衷，尽管在正式的文件中也同时援用权利论证的思维。政策与法律的出台都有自身特定的"问题"，但中国的公开性的法律建构却被长期牢牢地束缚于"监督—反腐"的单一功能之上，"公开"的服务功能和民主参与功能只是在最近几年才逐渐被添加进"公开"的规范性内涵之中并生

成为具体的制度形式的。

由于长期将"公开"捆绑在"监督—反腐"的单一功能之上,基层政权系统和公众对于"公开"的政治和法律理解也出现了结构性的缺陷,很多地方对于《政府信息公开条例》(2008)包含的新功能——显著的"服务"功能和隐含的"民主参与"功能——无法正确理解,仍然沿用与"政务公开"相对应的"监督"意涵。此外,中国的公开性的法律建构还明显呈现出从基层到中央、从政策到法律的改革试验痕迹。这些零散而纷乱的制度实践显示出政策制定者在不同问题之间的"游走"与"试探"的痕迹,着眼于如何通过公开性的制度装置遏阻自身政治生命体的溃败,将公开性制度更多地定位于辅助性的统治技术,具有工具化和功利化的倾向,并未真正从公民权利的角度进行严整的理论推演和制度设计,因而表明相关的决策者只是"政策制定者",而非"立法者"。其中的合理性不必多言,笔者关注的是如何在法律理论上对这些既有的公开性制度实践加以规范性的整理,使之具备更加明朗化的逻辑理路,能够更好地呈现"公开性的法律建构"对于中国法治现代性的制度意义。

(一)三大系统

该部分根据中国公开性法律建构的历史状况和宪法理论,试图提出一种据以认知和实践的类型化分析框架。笔者认为中国的公开性的法律建构根据适用主体和领域的不同可以分为三种类型,基本上对应于中国政治领域中的"党"、"政"、"群"三大系统。

1. 政治公开

对应于党务系统,指党的各级组织的规章制度与决策程序的公开;这是从主权政治意义上讲的,"中国人民在中国共产党的领导下"是中国主权的混合结构,是中国宪法的第一根本法,[①]任何

---

①陈端洪:"论宪法作为国家的根本法与高级法",载《中外法学》2008 年第 4 期。

离开"党的领导"的具体决策都不具有主权政治意义；政治公开的基本制度形式是党务公开；党务公开在诸多的公开话语及其制度形式中起步较晚，但发展较快，力度较大，显示出党务改革的审慎性与根本性；共产党的法定（非选举）执政党地位决定了对它而言不存在普通政党意义上的"内部事务"，其规章制度和决策程序同时具有国家政治的意义，属于国家政治的实体意志形成阶段，因此需要进行规范化的公开性制度建构。

2. 治理公开

对应于政务系统，指人大、行政、司法三大系统的法律法规和决策程序的公开；这是从相对于主权政治的治理意义上讲的，尽管全国人大在宪法上是最高国家权力机关，但仅限于在国家政治系统中具有最高地位，即高于全国人大常委会、国务院、最高法院、最高检察院等机构，在法理上相对于具有人民之实体意志形成功能的"党的领导"而言只具有程序上的配合性和从属性，即以其规范化的议会程序和日常化的国家机构系统制定出符合前述实体意志的法律法规并加以执行，将人民的实体意志在治理意义上予以规范化的展开；治理公开涵盖了国家政治意义上的人大、行政、司法的全方位公开，比如《政府信息公开条例》处理的就是行政系统的信息公开问题；此外还有人大的立法公开和司法系统的公开问题，也都有相应的政策性文件或法律、法规、规章的支撑；治理公开服务于对国家机构系统的监督和国家权力过程的民主参与；"政务公开"在公开性法律建构的初期存在界限上的模糊，但后来逐渐在规范意义上获得明确界定，即严格定位于这里所指的"治理公开"。

3. 社会公开

对应于社会自治系统，指社会自治体的规章制度和决策程序的公开；社会自治是改革以来的常态国家建设过程中国家与社会分权体制化的产物，最初源于人民公社历史性失败而催生的村民自治，后来的居民自治、企业自治、高校自治等均属此类；中央政策性文件或法律中出现的"村务公开"、"厂务公开"、"校务公开"、"居务公开"均属于社会自治领域的公开性制度,即"社会公开";社会公开既是社会自由的象征,也是国家法律授权性规范的明确要求;社会公开对于"社会建设"具有根本性的意义,它可以弥补当前社会建设中"重民生、轻民主"的缺陷,引导社会重新"社会化"和秩序化,推动社会自治民主的发展,在社会管理思维上优于"民生思路"或"维稳思路",是社会建设极有前途的发展方向;一个完整意义上的社会需要满足"公平感"、"秩序"、"活力"三个基本要素,因此需要不同层面的社会创新,社会公开制度的系统化建构可以作为一种具有竞争力的政策思路。

上述的公开类型"三分法"是从中国宪法理论的角度对改革以来的公开性法律建构的类型化认知,有利于将相对零乱的"公开"话语和制度加以逻辑上的规整,明确不同类型的公开性制度所具有的功能导向,以便在充实相关类型的公开性制度时做到有的放矢。

就新中国法治现代性的生成而言,"社会公开"具有基础性,"党务公开"具有根本性,而"治理公开"是一种中观的公开性系统,受到两端意志和结构的直接影响,同时也以常态国家的法治思维与框架不断对外输出影响,形成具有一定中介性和贯通性的政治制度构造。

(二)两种制度类型

就"治理公开"而言,在逻辑上又可区分为两种制度类型。

1. 权利型公开制度

此类制度的正当性来自于公民权利,国家因此负担法律上的公开义务;公开性的权利基础主要是公民的知情权,这在根本上取决于公务活动的公益相关性和公民的主权分子的身份;此类制度要求公开的信息和程序与公务活动密切相关;一般的信息自由法即属于权利型的公开制度,其直接目的不是为了解决国家的某个特定问题,而是满足公民知情权的要求,公民可以仅仅基于"知情"而非其他某种特定的私人化需求而具有针对国家信息的请求权。

2. 功能型公开制度

此类制度的正当性并不是来自于公民权利,而是来自于政治系统对自身某些问题或伦理的自觉意识和反馈操作;此类制度不是要直接满足公民的某种特定权利——尽管可能援用权利论证的思维,如公民监督权——而是对政治系统的漏洞进行修补,属于"打补丁"的工作;此类制度的典型代表就是官员财产申报与公开制度和行政指导类信息公开制度;官员财产信息和行政指导类信息并不属于严格的公务信息,但政治系统基于反腐败的需要和对公众生活的引导性伦理,在"补丁"意识之下建立了此类制度。

依据这一制度类型的"二分法",笔者发现改革以来许多的"公开性法律建构"均属于功能型公开制度,其逻辑起点不是公民权利,而是在功能上解决政府的特定问题。直到《政府信息公开条例》的颁布,权利型公开制度才正式具有法律地位。中国法律语境中的"政务公开"和"政府信息公开"分属不同的逻辑系统和制度类型,因而在《政府信息公开条例》颁布之后很长时间内导致了公务员系统和公众系统对两种"公开"关系理解上的巨大偏差。

《政府信息公开条例》标志着中国的"公开性的法律建构"真正回归了公民权利的本位,标志着公开性制度建构的重心从"功能型公开制度"向"权利型公开制度"的转变。这种转变是当代中国法律文化的重要成就,因而也是中国法治现代性建构的重要成就。

当然,这只是一个起点,是行政公开性的理想起步。《政府信息公开条例》仅仅是一部行政法规,仅仅规范行政信息的公开,离"治理公开"还有很大的距离,《保密法》和《档案法》所建构的"保密文化"还未受到系统性的修正。

四、公开性法律建构的司法环节:公法文化的视角

尽管中国的法院在现行体制下无法像美国联邦最高法院那样手持宪法引领时代潮流,但也应该对政治系统业已肯定的权利

和法律文化加以确认、配合并通过具体司法予以保障。然而在理论上被指认为"正义的最后一道防线"的中国法院系统似乎比行政系统更加保守,在支持公民权利的方面明显"缺位",甚至开倒车。《政府信息公开条例》实施以来司法救济的效率低下广受诉病,更加令人忧虑的还包括司法系统表现出来的对《政府信息公开条例》的错误解读和对"公民"之公共性的根本漠视,其背后是改革以来法律文化与司法文化的"私法"预设和对"公民"的"私性"假定,即使在属于典型公法诉讼的行政诉讼中也不例外。而公开性的法律建构显然需要一种不同于私法文化的公法文化的支撑,中国法院在政府信息公开诉讼中的意识和行为恰恰反映出一种保守的私法文化偏见。①

比如北京市高级人民法院 2009 年 4 月 13 日发布《北京市高级人民法院关于行政审判适用法律问题的解答(四)》(以下简称《解答》)中曾明确提出如下的审判指导意见:

"13、……公民、法人或者其他组织认为行政主体应当主动公开政府信息而没有公开,向法院提起行政诉讼的,应当证明其与被诉的行政行为之间有法律上的利害关系。

14、……公民、法人或其他组织向行政主体申请获得相关政府信息,该行政主体不予公开,公民、法人或其他组织向法院提起行政诉讼,要求该行政主体履行法定职责,必须证明申请公开的政府信息与其自身的生产、生活、科研等特殊需要直接相关。"②

根据张步峰博士的介绍,北京市法院系统在《政府信息公开

---

① 这种私法文化背后是一种以私法为情景预设的"权利义务法理学",忽视了现代法律中"权力"概念的独立性和公民权利的公共性,有关批判性分析。参见童之伟:《法权与宪政》,山东人民出版社 2001 年版以及该作者最新的关于"法权中心主义"的理论性综述,即童之伟:"法权中心主义之要点及其法学应用",载《东方法学》2011 年第 1 期。

② 转引自张步峰:"政府信息公开诉讼的受理困境分析——以北京市为例",北京市法学会行政法学研究会 2010 年年会论文集,第 356—357 页。

条例》实施的第一年里没有正式受理并审查任何一起政府信息公开诉讼案件,不予受理的基本理由与上述《解答》基本一致,即从"法律上的利害关系"和"特殊需要"两个关口对公民起诉进行拦截,对《政府信息公开条例》做出过分狭义的解释。北京市的法院一般将"法律上的利害关系"解释为"人身权和财产权",将《政府信息公开条例》中本属指导性条款的"特殊需要条款"解释为强制性条款。如果说北京市高院还是在司法救济上留有余地的话,浙江省高院则旗帜鲜明地为其司法不作为提供"法律理由":

"首先,应慎重把握受案范围。在现行法律框架下,在受案范围上不能突破《行政诉讼法》对行政相对人'人身权、财产权'的保护范畴,对《条例》第33条第2款规定的'合法权益',仍应限于'人身权、财产权',对起诉人认为侵犯其他权利的,可通过《条例》第33条第1款的举报途径予以救济。

其次,正确界定原告的诉讼主体资格。我们认为获取政府信息的权利是宽泛的,但是通过行政诉讼的形式寻求司法救济,则要考虑有限的司法资源及行政、司法救济制度的设计。准确界定政府信息公开行政诉讼案件的原告资格,应正确理解《条例》第33条第2款'认为行政机关在政府信息公开工作中的具体行政行为侵犯其合法权益的'的规定,起诉人应当符合'三需要'条件,并认为合法权益受到侵犯,这是原告资格的基本条件。"[1]

这里需要对《行政诉讼法》的受案范围进行简要的解释。《行政诉讼法》第11条规定了行政诉讼受案范围通常应限定于"人身权、财产权",但其兜底条款也为"其他法律、法规"扩展行政诉讼范围保留了余地。即使立法者的最初意图是将行政诉讼的功能严格限定在"人身权、财产权"范围内,但法律本身的开放性结构

①浙江省高级人民法院课题组:"政府信息公开行政诉讼案件疑难问题研究",载《行政法学研究》2009年第4期。

以及公民权利与救济需求的同步发展早已超出了该法制定时的
具体背景和特定顾虑。由于缺少宪法诉讼,对于"人身权、财产
权"之外的权益进行行政诉讼的救济有时成为中国法律救济体系
的唯一途径,比如20世纪90年代后期逐渐兴起的"受教育权"相
关案件(典型的如刘燕文案、田永案)。如今,《政府信息公开条
例》以"法规"的形式通过《行政诉讼法》的开放性结构将行政诉讼
的受案范围扩展至"知情权"领域,既是《行政诉讼法》本身结构和
目的使然,也是《政府信息公开条例》的制定者的原初意图,本应
得到司法机关的理解和支持。浙江省高院的"最保守"的解释显
然不符合《行政诉讼法》开放性结构、《政府信息公开条例》立法目
的以及司法机关权利救济伦理的多重要求。以受案范围的保守
解释作为司法不作为的法律理由显然不能够成立。按照浙江省
高院的逻辑,"主动公开类信息"一般并不直接侵犯公民的"人身
权、财产权",但属于公民"知情权"的范围,法院似乎可以一概不
管,任由公民在"举报"中遭遇多种尴尬。

至于浙江省高院界定的"原告的诉讼主体资格"也相当荒唐。
"三需要"(《政府信息公开条例》规定的生产、生活、科研等需要)
本为指导性条款,该高院却将其解释为强制性条款,过度收集公
民申请信息,人为增加公民实现权利的实体条件,属于违法解释。

法院惯用"受案范围"和"原告主体资格"来限制公民的行政
诉讼权利,似乎显示了一种司法节制的美德。然而,法院系统有
时却以极其激进的方式充当公共政策的制定者角色,表现出一种
明显的司法能动主义,比如2001年"宪法司法化第一案"齐玉苓
案的司法批复[1]、2008年最高法院推动司法解释的民主化[2],2010

---

[1] 黄松有:"宪法司法化及其意义——从最高人民法院今天的一个批复
谈起",载《人民法院报》2001年8月13日。

[2] 沈岿:"司法解释的民主化与最高法院的政治功能",载《中国社会科
学》2008年第1期。

年最高法院在《婚姻法司法解释（三）》（征求意见稿）中大肆推进
"个体财产制"，推动婚姻关系的契约化和财产化，拆除婚姻家庭
的伦理基础及其制度保障。① 法院系统在节制主义和能动主义之
间的曲折反复与飘荡摇摆正反映了中国的司法权相对于其他权
力分支的尴尬境地，存在"理想冲动"与"现实制约"之间的复杂性
与矛盾性。司法系统内部新旧力量混杂，政治社会情势复杂，部
分新法学精英想有所作为，且又频频受阻，司法理性上渐趋保守，
但时而又在一种"法治现代性"的单薄理论诱惑下走向极端。

关于北京市高院和浙江省高院在处理与公民知情权有关的
政府信息公开诉讼上的极端保守态度，笔者认为它们提供的所谓
"法律理由"根本站不住脚。重要的还不是这些法院系统的法律
错误，而是其"政治错误"。何谓法院的"政治错误"？就是法院对
于宪法上"公民"概念理解的极端狭隘和对行政诉讼功能的片面
认知。"公民"者，源自"民"而达于"公"，后者才是公民的本质属
性，否则只是私法上的"自然人"。然而由于改革以来私法文化空
前发达，公法文化相对滞后，导致法院系统对"公民"的理解习惯
性地回归到 1986 年《民法通则》的框架内。1989 年的《行政诉讼
法》立法也受到了这种私法文化的影响。私法文化是不完整的法
律文化，解放的是人的"私性"，对于人的"公性"并无建树，甚至是
一种严重而片面的消解。2006 年物权法草案违宪争议中私法学
者的论证理路就显示出了对作为现代法律文化之重镇的公法文
化的轻蔑与忽视。② 《行政诉讼法》将公民权益定位于"人身权、财
产权"就受到了私法文化的直接影响，即在行政诉讼程序中，所谓

---

①对最高法院此次司法能动主义的批评，参见强世功："司法能动下的
中国家庭——从最高法院关于《婚姻法》的司法解释谈起"，载《文化纵横》
2011 年第 2 期；赵晓力："中国家庭资本主义化的号角"，载《文化纵横》2011
年第 2 期。
②有关该场争论的理论评述，参见田飞龙："物权法草案违宪争议观点
评述与思考"，载《江苏警官学院学报》2007 年第 1 期。

公民并不是公民,只是私法意义上的自然人,只有当自己的私性意义上的肉体或有限的私有财产受到行政权侵犯时才可提起诉讼。"人身权、财产权"是典型的私法文化的产物。《行政诉讼法》采行权利的私法框架与当时的政治上的保守性正好契合。然而,经历1989年《行政诉讼法》制定以来二十余年的发展,中国的公法文化和公法制度发展迅猛并在中国特色法律体系中具有举足轻重的地位。中央的政策文件反复提及公民的"知情权、参与权、表达权和监督权",这些权利绝对不是"人身权、财产权"那样的私法权利,而是基于公民身份的公法权利。《政府信息公开条例》规定的就是公民的"知情权",这是中国法律文化由"私"转"公"的重要制度成果。可笑的是,浙江省高院竟然对自1989年《行政诉讼法》以来通过中央政策性文件和《政府信息公开条例》所确立的新型公法权利"知情权"毫无法理上的自觉,在法律解释方法与技术上更是保守至极,从而对司法权的社会权威以及司法在推动公民权利保护方面的作用上起到了非常负面的影响。浙江省高院所奉行的"公民"概念还是1980年代通过《民法通则》和《行政诉讼法》确立起来的"自然人"概念,显示出法院系统所奉行之法律文化的极度落后。吊诡的是,浙江省高院的报告中所操持的语言在形式上确实很像"法言法语",而且甚至还自以为是地从限制公民行政诉讼权利出发将指导性条款解释为强制性条款并予以"要件化"。实际上,任何法律解释都必然包含着一定的"政治判断",在浙江省高院貌似"技术化"的法律语言背后潜藏着极端保守的法律文化。由于欠缺对发展中的法律文化及其类型变换的正确理解,欠缺对法律文化的进步意识和理性精神的时代化把握,高堂之内的法官精英只能抓住法律条文的片断和法律技术的碎屑"沾沾自喜"并傲视公民,然而他们并不理解什么是宪法上的公民。对公民日益高涨的公法权利诉求的遮蔽甚至日益成为民意与司法相冲突的一种重要来源。甚至还有部分法院将政府拒绝公开信息的行为解释为不属于"具体行政行为",这就属于明显的技术性错误了。

　　幸好，最高法院在 2011 年 7 月 29 日公布的《最高人民法院关于审理政府信息公开行政案件若干问题的规定》（法释〔2011〕17号）中对地方法院系统的一系列"落伍"的《解答》、《报告》、《纪要》、《指示》等地方性司法解释和指导文件进行了清理，从司法公共政策统一性的高度对与知情权有关的政府信息公开诉讼的审理问题做出了较为进步的解释，但是在某些关键问题上仍然存在解释不足或限制公民知情权的缺陷，从而为地方司法通过裁量限制公民知情权提供了司法政策上的依据，比如该解释第一条并未明确知情权作为一种独立的公民权利类型，这就为地方司法援用"人身权/财产权"的旧式分类法提供了方便之门；该解释第二条第（三）项未明确政府的信息制作义务及其标准，对行政主体礼让过度，不利于公民知情权的实现；该解释第十二条第（六）项简单肯定了地方司法的"特殊需要"标准，阻却了作为正当申请事由的公民监督理由，其后果是阻却公民身份与公民责任的表达。可见，法院系统在理解《条例》所包含的公法文化和公民权利上的思维缺陷和理论缺陷却不是最高法院的一纸文件能够加以解决的。

　　司法独立不仅仅是一个宪法体制问题，更是一个法律文化问题，以及与法律文化相关的司法能力问题。公开性的法律建构的系统化与条理化是新中国法治现代性生成的重要标志，因此上述的"三分法"和"两类型"具有重要的引导意义；而中国的法院系统如何理解"公开性的法律建构"所包含的公法文化和公民权利的深厚内涵并通过司法程序予以消化，则是新中国法治现代性需要加以展望的一个成熟性指标。

五、结　　语

　　始自十三大政治报告、结晶于 2008 年的《政府信息公开条例》和随后的党务公开法规的"公开性法律运动"是新中国法治现代性本土进程的重要线索。转型时代的中国法学家应该放宽观察和思考中国法治进程的视阈，在习得西方的基本法治理论和制度经验之后，不能总是简单秉持一种"规范演绎"的思维，而应同时具有"经验归纳"的意识。将法治现代性化约为"法院现代性"甚至要求在宪法中并不具有卓越地位、在司法实践上并不具有优先性表现的法院承担起"宪法司法化"的重任，似乎是一种法学家式的"规范演绎"的显白逻辑。然而，霍姆斯告诫我们"法律的生命在于经验，而不在于逻辑"，这里的"经验"就法律演进史而言绝不能仅仅限于司法经验，尤其是后发现代化国家很难从孱弱的新司法系统中获得改革与竞争的强劲动力和政治理性。

本文对"公开性法律建构"的历史考察和类型分析就是试图从"法院现代性"之外的角度透视中国法治演进的自身规律和路径。尽管公开性法律建构的改革史考察呈现出一种明显的工具主义色彩和零乱现象，但该路径在改革以来，特别是 1989 年《行政诉讼法》制定以来日益成熟发展的公法文化和公法制度的理论与实践框架中却逐步走向了权利化和系统化。经过笔者在法理逻辑上的规范性整理，中国的"公开性的法律建构"呈现出从政策到法律、从基层到高层、从党外到党内的演变规律，并在对应于"党"、"政"、"群"三大系统的"政治公开"、"治理公开"和"社会公开"的不同层次上获得了进展不一的制度性成就，且"权利型公开制度"日益超越"功能型公开制度"而成为中国公开性法律建构的主导性方向。这种从公开性法律建构的角度进行观察和分析的结果表明，中国的政治社会系统正在经历重要的理性分化，而且公开性的法律文化和制度要素逐渐贯穿其中，不断"生产"出可供各系统改造利用的制度性产品。

更加重视中国法治转型的本土经验并向其中添加制度理性的成分，将其潜藏的政治智慧、制度功效和实践精神予以层次化和系统化，可以成为中国法律学者新的作为空间。

论看守所

袁坦中①

羁押场所简称"监所",公安机关归口管理的监所为看守所、拘留所、收容教育所、强制隔离戒毒所、戒毒康复中心和安康医院。本文以看守所为中心,对公安监所管理中的人权保障予以探讨。

我国看守所,是被刑事拘留、逮捕人员合法权益的保护者,应当具有正直、胜任以及仁慈的品质。正直的基本要求是对于被刑事拘留、逮捕人员不怀有敌意,不利用他们作为谋取自己利益的工具;现实中存在的压迫者残余以及剥削者残余现象应当坚决杜绝。胜任的基本要求是有足够能力为刑事拘留、逮捕人员提供人道的生活待遇以及正当的诉讼便利,现实中能力不足、意愿不够的问题应当通过改革予以解决。仁慈的基本要求是:在所务管理中,尊重被刑事拘留、逮捕人员的参与协商,权力行使建立在讲道理的基础上,而且公开透明,接受广泛监督;简单的命令式执法和权力绝对化,已经山穷水尽,需要被替代了。一旦我国看守所的这些品质坚固树立起来,也就实现了从威权到善治的人权保障体制变革。

①袁坦中,湖南大学法学院副教授,法学博士。

第一节 看守所的宗旨

一、看守所概述

(一)羁押看守所和改造看守所

就现行看守所管理与执法的法律依据而言,除了属于行政法规层级的《中华人民共和国看守所条例》(以下简称《看守所条例》),还有公安部陆续颁布的有关管理与执法的一系列部门规章、规定,如 1991 年 10 月 5 日颁布的《实施办法(试行)》,1998 年 4 月颁布的《公安机关办理刑事案件程序规定》,2008 年 2 月颁布的《看守所留所执行刑罚罪犯管理办法》,2009 年 5 月颁布的《看守所防范和打击"牢头狱霸"十条规定》等。公安机关内部关于看守所的法律文件的数量繁多且形式多样。根据公安部编制的《公安部现行有效规章及规范性文件目录》和《公安部决定废止的规范性文件目录》,截至 2010 年 11 月,有关监所管理的规范性文件就有 70 件,其中大部分针对看守所的管理与执法而言。①

《看守所条例》第 2 条规定:"看守所是羁押依法被逮捕、刑事拘留的人犯的机关。被判处有期徒刑一年以下,或者余刑在一年以下,不便送往劳动改造场所执行的罪犯,也可以由看守所监管。"按照该条规定,看守所的职能为两个:①执行刑事强制措施,即羁押依法被逮捕、刑事拘留的犯罪嫌疑人、被告人。②执行刑罚,即对被判处有期徒刑一年以下,或者余刑在一年以下,不便送往劳动改造场所执行的罪犯,予以劳动改造。执行第一个职能的看守所,称为"羁押看守所",执行第二个职能的看守所,称为"劳改看守所"。

羁押看守所的法律依据,学者一般认为就是国务院制定的

---

① 高一飞、聂子龙:"论我国看守所立法",载《时代法学》2012 年第 2 期。

《看守所条例》，进而以《立法法》的规定为依据，主张由全国人大常委会制定法律取而代之，以符合"剥夺人身自由的法律应当由全国人大及其常委会制定"之规定。

笔者认为，这种观点是有疑问的。按照《中华人民共和国刑事诉讼法》（以下简称《刑事诉讼法》）的规定，刑事拘留和逮捕分为决定和执行两个部分，执行机关一律为公安机关。剥夺人身自由，包括抓捕的瞬间行为和羁押的持续状态两个环节，而我国实行抓捕动作和羁押状态合一的体制，在这样的背景下，执行机关为公安机关，就意味着执行抓捕的机关和执行羁押的机关都是公安机关。因此，看守所作为公安机关的组成部门，执行羁押职能的法律渊源来自于《刑事诉讼法》，而非《看守所条例》。在公安机关内部，执行抓捕由侦查部门负责，而执行羁押由看守所负责。《刑事诉讼法》第 83 条规定：拘留后，应当立即将被拘留人送看守所羁押，至迟不得超过二十四小时。第 91 条规定：逮捕后，应当立即将被逮捕人送看守所羁押。对于如何执行羁押的问题，《刑事诉讼法》语焉不详，国务院制定《看守所条例》，予以细化落实，也是正当的。所以《看守所条例》第 1 条开宗明义：依据《中华人民共和国刑事诉讼法》及其他相关法律，制定本条例。

劳改看守所的法律渊源，有《中华人民共和国刑法》，也有《中华人民共和国监狱法》。《刑事诉讼法》第 253 规定：对被判处死刑缓期二年执行、无期徒刑、有期徒刑的罪犯，由公安机关依法将该罪犯送交监狱执行刑罚。对被判处有期徒刑的罪犯，在被交付执行刑罚前，剩余刑期在三个月以下的，由看守所代为执行。对被判处拘役的罪犯，由公安机关执行。对于上述规定有以下几点需要注意：

（1）对于判处有期徒刑的罪犯，按照 1996 年《刑事诉讼法》，余刑在一年以下的，由看守所代为执行。按照 2011 年第二次修改的《刑事诉讼法》，已经缩短为余刑三个月以下的，由看守所代为执行。

(2)判处短期有期徒刑的罪犯,法定执行机关应当为监狱,看守所只是代为执行机关,之所以代为执行,是因为时间短暂,不便于送外劳动改造场所执行。判处拘役的罪犯,法定执行机关才是看收所。

(3)《看守所条例实施办法》第 56 条规定:看守所因工作特殊需要,经主管公安局、处长批准,并经人民检察院同意,对个别余刑在一年以上的已决犯,可以留在看守所执行。该条规定和相关法律以及《看守所条例》第 2 条相冲突,属于无效解释。

(二)公安看守所与司法看守所

1906 年《大清监狱律草案》规定,"徒刑监,拘禁处徒刑者,拘留场,拘禁处拘留刑者,留置所,拘禁刑事被告人。"从此,留置所独立于监狱而为中华法系所知晓。北洋军阀时期,看守所附设在各级审判机关中,不同于狭义的监狱。国民党政府时期,1946 年制定公布了《看守所组织条例》。经过多次修改,并 2007 年修正后以《看守所组织通则》的形式至今仍在我国台湾地区发生法律效力。根据早期规定,各省高等法院及其以下各级法院均设看守所,用以羁押刑事被告人即未决犯。

新中国成立后,1954 年《劳动改造条例》第 6 条规定:劳动改造机关受人民公安机关的领导。第 3 条规定:犯人的劳动改造,对已判决的犯人应当按照犯罪性质和罪刑轻重,分设监狱、劳动改造管教队给以不同的监管。对没有判决的犯人应当设置看守所给以监管。第 8 条规定:看守所主要羁押未决犯。判处徒刑在两年以下、不便送往劳动改造管教队执行的罪犯,可以交由看守所监管。1983 年司法体制改革,新设立司法部,已决罪犯监管,原则上由公安机关移交给司法行政机关。但是,监狱司法部新设缺乏经验,也考虑到当时"严打"的需要,判处一年以下有期徒刑以及判处拘役的罪犯,仍有公安机关下属的看守所负责执行。至2011 年第二次修改《刑事诉讼法》,公安机关下属看守所代为执行的短期犯,缩短为余刑三个月以下的人。

自 2009 年看守所内"躲猫猫"死亡事件以来,看守所被推到风口浪尖,万众瞩目。很多学者认为,刑讯逼供、牢头狱霸、超期羁押以及深挖犯罪,是看守所的四大顽疾,看守所从属于作为侦查主体的公安机关,是造成顽疾的体制原因,鉴于从属于侦查主体违背诉讼规律,缺少法律依据,主张将看守所移交给中立的司法行政机关。笔者认为,上述观点过于笼统,比较妥当的方案或许是如下。

1. 实现羁押看守所和改造看守所的分立

将现在的混合看守所分立为羁押看守所和改造看守所,理由在于:①从职能上说,执行羁押和执行改造,是大相径庭的两个职能,将两者合并于一身,难免导致"一视同仁"处理,如将犯罪嫌疑人、被告人作为罪犯对待,强迫他们接受劳动改造和思想改造,等等。②从历史渊源上来说,从上述历史沿革来看,看守所的基本职能是执行羁押,改造短期徒刑犯是权宜之计,而非长久之策。③从体制改革角度来说,尽管我国刑事执行,原来是司法行政与公安机关二元分离体制,但是现在呈现出了明显的一元化趋势,公安机关已经将管制、缓刑、暂于监外执行、假释等事项的刑事执行权移交给司法行政机关。

2. 羁押看守所保留为公安看守所

公安机关本来就是羁押执行机关,这是现状,对现状不满的观点,大体上都是不能成立的。第一个不满是公安看守所执行羁押没有法律依据,这种观点的缺陷,笔者已经做了分析。第二个不满是公安看守所执行羁押导致羁押从属侦查,没有中立性。笔者认为,公安机关是一个家族集合的概念,它拥有很多家族成员,但是家族成员之间未必按照同一个模子铸造出来的,未必一定有共同点,也未必一定有相互协作关系。所以公安家族尽管拥有多项职能,但是通过内部调整,对于看守所这一家族成员,可以做到角色单一化,让它执行羁押职能,心无旁骛,不兼任补充侦查者的角色。第三个不满是羁押从属于公安机关导致了四大顽症。笔者认为,就算在监狱等司法行政机关管理的劳改场所,上述病症也同样存在。四大顽症不是隶属关系导致的,而是另有所本。

3.改造看守所宜移交给司法行政机关

基本理由在第一点中已经说明。改造罪犯不是公安机关的长处和职能,而是监狱等劳动改造场所的长处,何必舍长取短呢?建议设立隶属于司法行政机关的短期犯改造所,余刑三个月以下以及判处拘役的罪犯,交其执行。

不过,尽管我们认为理想的看守所应当是公安羁押看守所,但是我们尊重现实,还是以混合了羁押和改造职能的公安看守所为下文的探讨对象。

二、看守所宗旨的人权保障化

(一)看守所原始宗旨

就羁押看守所而言,它的原始职能是执行羁押,保障诉讼顺利进行。和刑事诉讼法上的强制措施联系起来,可以看出这项职能其实就是人身保全职能。

保全,就是免于危险的意思,人身保全,就是将人控制起来,以免某些危险出现的意思。在刑事程序中,犯罪嫌疑人可能逃跑、自杀、自伤,也可能实施继续危害社会的行为,还可能实施妨碍证据的行为,例如伪造、毁灭证据,订立攻守同盟,等等;这些对于侦查、起诉和审判的顺利进行来说都属于"危险"因素。为此,我国刑事诉讼法规定了相当于人身保全的强制措施,可以将犯罪嫌疑人、被告人以限制或者剥夺人身自由的方式控制起来,以免出现上述危险。其中,剥夺人身自由的保全方式,基本上就是刑事拘留和逮捕(拘传因为时间短暂,不需要羁押于看守所,本书不予考虑)。有鉴于此,《看守所条例》第 3 条规定:看守所的任务是依据国家法律对被羁押的人犯实行武装警戒看守,保障安全;对人犯进行教育;管理人犯的生活和卫生;保障侦查、起诉和审判工作的顺利进行。该条规定明确了看守所的人身保全职责以及人身保全的基本方式。人身保全职责就是两个保障,亦即,"保障安全"和"保障侦查、起诉和审判工作的顺利进行"。履行人身保全职责的基本方式是,"武装警戒看守"、"教育"和"管理人犯的生活和卫生"。

就改造看守所而言,看守所的职能是改造罪犯。《看守所留所执行刑罚罪犯管理办法》第 4 条规定:看守所管理罪犯应当坚持惩罚与改造相结合、教育和劳动相结合的原则,将罪犯改造为守法公民。

(二)看守所宗旨的人权保障化

看守所职能的人权保障化,意思是看守所的原始职能经过进化,从人权保障层面得到升华,具有了人权保障职能的性质。从人权保障职能的角度看,看守所的基本职责,是以尊重和保障人权的正当方式进行人身保全和罪犯改造。近代以来,人权成为普世价值,可以说,人权是近代世界区别于古代世界的标志。受此感召,1988 年 9 月,全国人大常委会批准了《禁止酷刑和其他残忍、不人道或有辱人格的待遇或处罚公约》。"实行依法治国,建设社会主义法治国家"和"国家尊重和保障人权"先后于 1999 年 3 月、2004 年 3 月入宪。《刑事诉讼法》第 2 条规定:刑事诉讼的宗旨是惩罚犯罪,保障人权。《看守所条例》第 4 条规定:看守所监管人犯,必须坚持严密警戒看管与教育相结合的方针,坚持依法管理、严格管理、科学管理和文明管理,保障人犯的合法权益。严禁打骂、体罚、虐待人犯。《看守所留所执行刑罚罪犯管理办法》第 6 条规定:罪犯的人格不受侮辱,人身安全和合法财产不受侵犯,罪犯享有辩护、申诉、控告、检举以及其他未被依法剥夺或者限制的权利。2009 年,公安部监所管理局提出:维护和保障被监管人合法权益是公安监管工作的出发点和落脚点。

坚持看守所职能的人权保障化,必须反对两种错误理解。①去人权保障,以为没有人权保障职能,一样可以执行好原始的羁押和改造职能。实践当中,一些同志以为羁押就是"一看二收三送走","关得住,跑不了,死不了"就算完成任务。这样执行羁押,和关一头野兽有什么区分? 又如,"既然是我改造你,你就得按我的要求进行改造",把自己当成天地君亲师,强迫罪犯崇拜。是否应当这样理解:原始羁押职能之如人权保障化的羁押职能,正如爱情之如婚姻,婚姻升华了爱情,人权保障化的羁押职能升华了原始羁押职能。也如猴子之如人类,人类是猴子进化而来,但是人类不可退回到猴子的状态,人权保障化的羁押职能由原始羁押职能进化而来,但是不允许退化到原始职能的状态。②去羁押执行和改造执行职能,以为人权至上,羁押管理和改造管理是人权的绊脚石,必欲去之而后快。其实,人权保障不是实体,而是实体的性质,是执行羁押管理和改造管理的活动所具有的性质。人权保障和羁押执行的关系,正如火与烛的关系,一方面,没有烛自然不能生火,另一方面,不能生火的也不能谓之为烛。总而言之,执行羁押和改造应当以保障人权的正当方式进行,换句话说,保障人权是指执行羁押和改造过程的保障人权,这才是对于看守所羁押执行和改造执行职能的贴切理解。

如前所述,公安监管机关已经认识到,保障被监管人员合法权益是中国特色社会主义公安监管工作的基本出发点和落脚点。对于如何保障被刑事拘留、逮捕人员以及服刑人员人权,我国的立法和理论一直在探索中前进。

被刑事拘留、逮捕的犯罪嫌疑人、被告人也是人,罪犯也是人,都具有人格尊严,应当受到人道和公正待遇。对此精神,我国看守所立法有所体现,《看守所条例》第 4 条规定:"看守所监管人犯,必须坚持严密警戒看管与教育相结合的方针,坚持依法管理、严格管理、科学管理和文明管理,保障人犯的合法权益。严禁打骂、体罚、虐待人犯。"该条两句话,第一句从正面规定人权保障的宗旨,其中,"管理"是指各种人身保全的具体措施以及与之相关的活动,如收押、武装警戒和看管、生活和卫生、会见和通讯、奖励和惩罚以及出所等,"依法"、"严格"、"科学"和"文明"是"保障人犯的合法权益"的基本方式,基本意思就是要求看守所的管理活动应当以保障被刑事拘留、逮捕人员合法权益的方式进行。第二句从反面做了禁止性规定。正反结合,对保障人权提出了全面要求。另外,《看守所留所服刑罪犯管理办法》第 4 条规定:看守所应当保障罪犯的合法权益,为罪犯行使权力提供必要的条件。

《看守所条例》制定于 1990 年,二十多年来,我国人权保障事业日新月异,第 4 条的规定也得到了持续的补充和完善,具体表现可以归纳为四个部分。

1. 就受保障人员称谓而言,将人犯改称为"被羁押人"

1991 年 11 月,我国发表了《中国的人权状况》白皮书。2009年,国务院新闻办公室发布了《国家人权行动计划(2009—2010)》,其中对"保障被羁押者的权利与人道待遇"提出了明确要求。2012 年,国务院新闻办公室发布的《国家人权行动计划(2012—2015 年)》指出,中国将进一步加强对刑事诉讼活动、刑罚执行和监管活动的监督,保障被羁押人的合法权利。这些指导性文件,不但将人犯合法权益修正为被羁押人合法权益,有利于保障被刑事拘留、逮捕人员的无罪推定待遇,而且将被羁押人的合法权益予以具体化,有利于看守所在管理活动中贯彻实施。

2. 就受保障权利的而言,范围不断拓宽

被执行刑事拘留、逮捕的人员以及服刑人员,由于是刑事案件的当事人,由于被羁押于看守所,其人权内容自有特殊之处,其人权保障措施自有特殊之处。这些内容或者保障措施有其特殊之处的人权,我们简称为被刑事拘留、逮捕人员人权。依据我国法律规定,被刑事拘留、逮捕人员具体大致可以分为五类。①人身权,包括生命权、健康权和人格权等。②辩护权,主要包括会见辩护人的权利以及进行辩护准备的权利等。《刑事诉讼法》第 36条规定:辩护律师持有律师事务所的专用介绍信(或者法律援助机构的公函)律师执业证书以及委托书,要求会见犯罪嫌疑人、被告人的,看守所应当安排会见。《中华人民共和国律师法》(以下简称《律师法》)也有类似规定。③获得及时释放权。《刑事诉讼法》第97条规定:对于采取强制措施超出法定期间的,犯罪嫌疑人、被告人以及他们的近亲属、法定代理人和辩护人,有权要求予以释放;第84和第92条规定:发现被拘留、逮捕的人不应当被拘留逮捕的,应当立即释放;第93条规定,人民检察院对于没有继续羁押必要的,可以建议侦查机关予以释放或者变更强制措施。《看守所条例》第26条规定:人犯病情严重的可以依法取保候审;第45条规定:看守所在人犯羁押期间发现人犯中有错拘、错捕或者错判的,应当及时通知办案机关查证核实,依法处理。④亲属联络权,《看守所条例》第28至31条规定,人犯可以与近亲属会见、通信,特殊情况下可以离所探亲。⑤申诉控告权,《刑事诉讼法》第14条规定:对于公安司法工作人员侵犯人身权利和诉讼权利的行为,可以申诉、控告。《看守所条例》第46条规定:对人犯的上述书、申诉书,看守所应当及时转送,不得阻挠和扣押。人犯揭发、控告司法工作人员违法行为的材料,应当及时报请人民检察院处理。

被刑事拘留、逮捕人员除了上述具体人权,我国宪法和法律还赋予了一般人权或者概括人权。根据上述法律原则,被刑事拘留、逮捕人员还享有一般人权。另外,在法定人权之外,被刑事拘留、逮捕人员还享有一些应然权力。

3. 就保障方式而言,增加了公开透明的要求

2009年《公安部关于进一步加强和改进公安监管工作的意见》提出:"要深化监所警务公开,进一步提高公安监管工作的透明度,不断扩大公众对公安监管工作的知情权和监督权。要经常邀请人大代表、政协委员、执法监督员和人民群众代表到监所检查指导,听取意见、建议,不断改进工作。要积极、稳妥地推出一批监管场所向社会开放,争取人民群众和社会各界对公安监管工作的了解、理解和支持。"监所警务公开,就是公开管理的意思,由于增加了公开管理,《看守所条例》第4条的四个管理实际上发展

成为了五个管理。

4. 对于禁止性规定的内容,予以了补充,不再限于打骂、体罚和虐待等

例如不得规定劳动指标,不得侮辱人格。司法部预防犯罪研究所司法人权研究室主任冯建仓 2011 年在第四届北京人权论坛上说,近年来中国在保障犯罪嫌疑人、被告人、罪犯和监狱服刑人员的人格尊严权方面取得进展,包括不再明文禁止监狱服刑人员同性恋及染发、入狱无需"抱头蹲地"等。

第二节　看守所的原则

以人权保障为宗旨的看守所,应当是社会认可的正直并胜任的被刑事拘留、逮捕人员合法权益保护者,和社会认可的仁慈的所务管理者,其行为应当以与此相符的方式进行,立法和司法也应当以此为基本原则。正直的基本要求是对于被刑事拘留、逮捕人员不怀有敌意,不利用他们作为谋取自己利益的工具;现实中存在的压迫者残余以及剥削者残余现象应当坚决杜绝。胜任的基本要求是有足够能力为刑事拘留、逮捕人员提供人道的生活待遇以及正当的诉讼便利,现实中能力不足、意愿不够的问题应当通过改革予以解决。仁慈的基本要求是:在所务管理中,尊重被刑事拘留、逮捕人员的参与协商,权力行使建立在讲道理的基础上;简单的命令式执法和权力绝对化,已经山穷水尽,需要被替代了。无论作为正直并胜任的保护者,还是作为仁慈的管理者,都应当是社会认可的,具有公信力,都应当公开透明,接受广泛监督。一旦我国看守所的这些行为原则坚固树立起来,也就实现了从威权到善治的看守所变革。

一、正直并胜任的保护者

联合国《保护所有遭受任何形式拘留或监禁的人的原则》规定:"司法当局或其他当局"一语是指根据法律其地位及任期能够

最有力地保证其称职、公正和独立的司法当局或其他当局。"司法当局或者其他当局"应当称职、公正和独立,重在说明看守所作为被刑事拘留逮捕人员保护人的公正和称职这两个特征。

看守所担当被刑事拘留、逮捕人员合法权益的保护者,第一个要求是正直。正直与无私,总是如影随形,正直的意思,从否定的方面说就是无私。据此,对待被刑事拘留、逮捕人员,正直的看守所应当就像父亲一样,虽然威严,但是关切,而不是如同虎狼之师,充满敌意,横加掠夺。换句话说,压迫者、剥削者是不能充当父亲管理人的,这是自明之理,无需论述。但是,我国的看守所,进化程度有待提高,敌意和利用的残余若隐若现,不绝如缕,给人以青面獠牙的狰狞之感,吞噬着看守所的正直形象,还我正直的父亲,这是看守所改革中亟待解决但是被有意无意忽略了的问题。

（一）去 敌 意

当前,敌意的残余来自三个方面。

1. 传统观念的残余

我国司法传统中,奉行有罪推定,一入囹圄,即为罪人。新民主主义革命和社会主义革命时代,被刑事拘留、逮捕人员是专政对象,两者是敌我关系,看管被羁押人就是"看管阶级敌人"。进入社会主义建设时代以后,社会主要矛盾本来已经发生翻天覆地的变化,但是十年文革,仍以阶级斗争为纲,搞所谓继续革命,致使专政论、敌我论的观点根深蒂固。党的十一届三中全会以来,拨乱反正,果断停止以阶级斗争为纲的错误路线。尤其是党的十六大以后,以科学发展观为指导全面建设社会主义和谐社会,国家尊重和保障人权也写入宪法。这样的大环境,要求看守所摒弃不合时宜的敌我观、专政观。当前,看守所的观念转变工作整体上是好的,但是仍然有压迫者观念的残余,写在墙上,刻在心中,体现在管理中。有的看守所,监房墙壁上还挂着"看守所是无产阶级专政机关"的老旧标语。"就办案人员来讲,经过多年来的

'严打'以及各类专项打击活动,人们思想上早已形成了'从重从快打击犯罪'就是意味着对严重刑事犯罪进行从严惩处,只要是羁押在看守所的人,就是罪人或者说是坏人,对罪人和坏人就不能仁慈。这种带感情因素执法的观念根深蒂固,难以改变,以致侵犯被监管人合法权益的事件时有发生。"①

2. 威权管理的实用考量

把人当人看,这里尊重,那里协商,繁琐不堪,办不了事,贯彻不了自己的意志。不把人当人看,而是当作物品看,当作会说话的动物看,把对人的管理蜕化成对物的管理,一方唯唯诺诺,一方说一不二,可以随心所欲的处置,管理起来就会得心应手。所以,看守所基于实用的考虑,对于威权管理往往恋恋不舍。在看守所管理活动中,收监就强迫剃光头,往往只告知被刑事拘留、逮捕人员必须遵守的监规,而不愿告知其享有的合法权益,甚至将其所享有的合法权益束之高阁。"实践中,看守所为了树立权威,便于管教,往往对一些被监管人之间吵架、不尊重管教干部等行为,采取加戴械具的方式进行处理,以罚代教。"②

3. 狱侦的考量

1954 年《劳动改造条例》第 7 条规定:劳动改造机关对于正在侦查、审判中的犯人的监管、教育工作,应服从侦查、审判工作。该条规定正式确认了狱侦的正当性。现在,"劳动改造机关"一分为二了,狭义的狱侦适用于监狱等劳改场所,不适用于看守所,但是公安部 2002 年制定的《看守所深挖犯罪工作规则》,将广义的狱侦以深挖犯罪的方式延续下来。有的同志提出:应当赋予看守所狱侦组一定的侦查权,在押员反映本地案件的线索,狱侦组可直接查证。除了看守所直接狱侦以外,看守所作为与犯罪作斗争的第二战场,还有尽力协助侦查单位的责任,

---

①李淑权:"看守所被监管人人权保障探讨"。
②李淑权:"看守所被监管人人权保障探讨"。

力求尽其所能,通过变相刑讯逼供对羁押人施加压力,以便突破心理防线,侦破案件。

当此之际,看守所的环境会以压迫者的面目出现。如同十八层地狱的压迫处境,如蛇缠身,如芒刺背,不寒而栗,比一般的刑讯逼供更为折磨人。这个时候,如果看守所里又伸来一颗橄榄枝——招了吧,招了立即送到监狱去,宽宽的房子明亮的窗,还有机会到室外做劳动,被刑事拘留、逮捕人员为了抓出它,就会甘愿付出任何代价,哪怕是"输服供词"。

去除上述敌意残余,是任重道远的事情,除了在身体力行中浴火重生之外,没有省力的办法。从操作层面来讲,迫在眉睫的是否定看守所狱侦,将看守所配合侦查的任务限制在发现犯罪线索上;同时规范看守所收集犯罪线索,不再将其作为业绩考核指标。

（二）不 利 用

看守所不得利用管理之便,为自己谋取私利,天下哪有卖儿致富的父亲? 当前,这方面的情况整体上是好的,但是也存在剥削者的残余现象。

1. 强迫劳动

《看守所条例》第 34 条规定:在保证安全和不影响刑事诉讼活动的前提下,看守所可以组织人犯进行适当的劳动。组织被刑事拘留、逮捕人员劳动,本来是为了促使在押人员养成劳动习惯、学习劳动技能、增强身体素质以及避免空虚无聊,应当在自愿的基础上进行。但是实践中,被刑事拘留、逮捕人员往往被视为罪犯,同服刑人员一样被强迫劳动。而且看守所之所以强迫被刑事拘留、逮捕人员劳动,目的在于创收,弥补经费不足,给干警发福利。受这些动机的驱使,有的看守所大量组织被刑事拘留、逮捕人员参加生产劳动,规定每日劳动指标。一些被刑事拘留、逮捕人员为了完成指标,进行"超时间、超强度、超体力"劳动,睡眠和吃饭的时间都被挤占了不少,长此以往,身体怎能不受损害,心灵怎能不受折磨,人格怎能不受凌辱!

2. 出售消费品

看守所将被刑事拘留、逮捕人员的伙食供应压缩到非常低的程度,"如某基层看守所每月的平均财政拨款是 2.9 万元,该所每月在押人员一般在 250 人左右,扣除看守所所需的水电、罪犯送监执行等费用外,用于在押人员的伙食经费平均不足 80 元/月,即使加入在押人员生产劳动收入补贴部份,每月也不足每人 100元,与当地的市场平均物价相比显然过低"①。在这种情况下,稍有钱财的被刑事拘留、逮捕人员及其家属,都会想方设法,购买消费品,以满足刚性生活需求。而看守所往往以安全考虑为由,拒绝家属从外面购买的消费品,于是,看守所的小卖部成为了唯一的卖方,提供商品,价格高不可攀。这其实也是一种利用权力形成垄断进行掠夺的方式。

3. 权力寻租

看守所里的生活,一是资源匮乏,一是干警决定资源分配。干警将资源分为三六九等,没拿关系走后门的所获最少,睡觉都得站着,给钱给物的吃香喝辣,占两个铺位。于是,被羁押人家属只好支付贿金,以免匮乏与伤害。

4. 雁过拔毛

国家对看守所在押人员的伙食食物有统一标准,但没有明确在押人员的伙食给养费占财政拨付给看守所经费的比例,造成部份看守所的其他经费开支大于在押人员伙食给养费开支,容易从中滋生看守所挪用、挤压、占用或侵吞、贪污在押人员伙食经费等违法犯罪现象,影响了在押人员伙食给养工作的正常开展。建议财政部门在划拨给看守所的费用中明确有关费用开支的内容、范围和金额,如在押人员伙食给养费比例等,保护在押人员的合法权益,防止从中发生违法犯罪问题

①刘日葵、梁琪:"对看守所在押人员伙食给养情况的分析"。

为了解决看守所受利益驱动违规收费和违规组织劳动问题，当务之急是遵照《全国看守所监管执法专项检查活动方案》，规范看守所组织在押人员劳动行为，按照有关规定确定劳动项目、场所和参加人员，停止违规劳动项目，清理设在看守所监区以外的劳动场地，杜绝下达劳动指标或任务等错误做法；严禁以任何形式向在押人员收取费用，对在押人员现金一律实行记账式管理，取消一切代金券，在押人员消费时必须由本人签字，加餐必须价格公道，日用品不得高于市场零售价，坚决纠正高价加餐、高价出售日用品等问题，杜绝出售香烟、打火机等违禁物品。从长远来看，还必须落实从优待警从严治警的方针，使其不愿也不敢剥削利用被羁押人。对于权力寻租，除了上述治理外，看守所还需要改造，获得仁慈管理者的品质。

二、胜　　任

看守所作为被刑事拘留、逮捕人员合法权益的保护者，空有一腔热血是不够的，必须具有铁肩担道义的能力，方可胜任。

（一）保障免于外部侵害的能力

被刑事拘留、逮捕人员可能受到的外部侵害主要来自两方：①侦查、起诉、审判机关等办案机关；②其他被刑事拘、逮捕人员。看守所作为人权保护者，必须有足够的能力抵御来自这两方的侵害。

一个方面，抵御侦查机关的非法侵害。

1. 实行侦羁分离

长期以来，看守所从属于公安机关内部的预审部门，担负侦查职责，侦查羁押职能合于一身。2008 年，预审职能剥离给侦查部门，看守所从属于新设立的监管部门，侦查部门的主管领导原则上不担任监管部门的主管领导。从而实现了侦查与羁押之间的初步分离。不过，公安机关内部分离的效果并不充分，看守所内刑讯逼供致人死伤或者制造冤假错案的现象时有发生。有的观点认为,公安机关内部侦羁分离,藕虽断了丝还连,解决之道在于斩草除根,将看守所连同羁押监管职能从公安机关剥离出来,转交给司法行政主管机关。司法部原副部长段正坤在会后接受记者采访时候表示,云南发生的"躲猫猫"事件只是冰山一角,这种滥用的司法权力必须得到有效监管,他认为,应该把羁押权从公安系统分离出来,移交给一个没有直接利害关系的独立的第三方机构。

2. 防范提讯侵害

我国的相关规定包括:一般在所内讯问室提讯,严格限制出所提讯;所内提讯时,讯问人员和被讯问人员通道不同,中间实行物理隔离,实行同步录音录像;制作提讯记录,进行体表检查。

3. 规范看守所深挖

2002 年,公安部出台《公安机关深挖犯罪工作规则》,看守所深挖犯罪,是指看守所民警通过对在押人员实施严格管理、谈话教育、心理咨询、耳目控制、秘密监控、技防手段、网上比对、专案特审等措施,发现和收集犯罪线索、获取犯罪证据,甄别在押人员、突破疑难案件、揭露、证实犯罪的一项长期性、综合性的侦查措施,同时也是公安机关的一项基础性业务工作。[①] 笔者认为,尽管可以采用非强制手段收集犯罪信息,为侦查部门提供协助,但是看守所并非法定侦查主体,不得立案侦查,也不得采取化装侦查、诱惑侦查和技术侦查等强制侦查措施。上述看守所深挖犯罪,违背了侦查法治的基本精神,应当予以纠正。

4. 制约超期羁押

《看守所条例》第 43 条规定:"看守所对人犯的法定羁押期限即将到期而案件又尚未审理终结的,应当及时通知办案机关迅速审结;超过法定羁押期限的,应当将情况报告人民检察院。"第 45 条规定:看守所在人犯羁押期间发现人犯中有错拘、错捕或者错

---

①马海舰、刘峰:"论公安监所深挖",载《犯罪研究》2008 年第 6 期。

判的,应当及时通知办案机关查证核实,依法处理。切实纠正超期羁押。实行换押和羁押期限变更通知制度,看守所对超过法定羁押期限的,一律拒绝提讯。实行羁押期限即将届满通知和届满报告制度,对于超过法定羁押期限的,看守所向检察院驻所检察室发出报告书,由其依法履行监督责任。

又一个方面,抵御"同事(其他被刑事拘留、逮捕人员)"非法侵害:

(1)收押时告知有生命安全不受侵犯的权利,以及受到侵害或者威胁时的对策。

(2)设立过渡监,进行心理干预,帮助克服恐慌,适用看守所环境。

(3)进行安全风险评估,分类关押、分级管理;必须区分成年人和未成年人,男性和女性,已决罪犯和犯罪嫌疑人、被告人,老弱病残和健康人员,分别予以关押;对有牢头狱霸倾向的从严管理。

(4)民警直接管理,不能委托其他被拘留逮捕人员进行管理。

(5)严密看管,监房实行主、辅民警责任制,二十四小时值班,适时巡视;监控中心实行二十四小时无死角全方位视频同步监控;武装警察按照规定巡逻。

(6)进行思想教育,集体和个别谈话,准确了解被刑事拘留、逮捕人员的心理状态。

(7)设立紧急警铃,提高看守所现场制止侵害的能力。

(二)提供人道待遇的能力

看守所对于被刑事拘留、逮捕人员应给予人道及尊重其固有的人格尊严的待遇。

《看守所条例》第五章明确规定了被刑事拘留逮捕人员的生活卫生待遇。第 22 条规定:监室应当通风、采光,能够防潮、防暑、防寒。看守所对监房应当经常检查,及时维修,防止火灾和其他自然灾害。被羁押人犯的居住面积,应当不影响其日常生活。

第 23 条规定：人犯在羁押期间的伙食按规定标准供应，禁止克扣、挪用。对少数民族人犯和外国籍人犯，应当考虑到他们的民族风俗习惯，在生活上予以适当照顾。第 24 条规定：人犯应当自备衣服、被褥。确实不能自备的，由看守所提供。第 25 条规定：人犯每日应当有必要的睡眠时间和一至两小时的室外活动。看守所应当建立人犯的防疫和清洁卫生制度。第 26 条规定：看守所应当配备必要的医疗器械和常用药品。人犯患病，应当给予及时治疗；需要到医院治疗的，当地医院应当负责治疗；病情严重的可以依法取保候审。第 27 条规定：人犯在羁押期间死亡的，应当立即报告人民检察院和办案机关，由法医或者医生做出死亡原因的鉴定，并通知死者家属。

尽管《看守所条例》第 48 条规定：看守所所需修缮费和人犯给养费应当编报预算，按隶属关系由各级财政专项拨付；财政部与公安部也联合下发《关于进一步加强看守所经费保障工作的通知》，要求各省级人民政府部门会同同级公安部门重新核定看守所在押人员伙食金额，报财政部、公安部备案，还规定由财政负担在押人员的医药费、衣被费，对看守所公务费等其他费用也提出足额列入预算予以保障。但是当前，有的看守所经费日不敷出，提供人道的生活待遇的能力不足。伙食问题的解决之道可以尝试：第一步是各省级公安和财政部门协商，确定被羁押人伙食实物数量标准；第二步是将伙食供应纳入政府集中采购范围，看守所作为采购单位，按月按人按标准呈报采购计划，财政财政部门作为支付单位足额付款。居住问题的解决之道，看守所应当具有动员能力，组织人大代表、政协委员或者社会贤达人士进行考察，对于居住面积达不到 2 平方米法定标准的，发布公民考察报告，通过社会舆论督促政府采取行动，或者直接援建。对于医疗问题，解决办法也可如法炮制。

"父母在，不远游，游必有方"。身家一体，这是我们中国人的传统，羁押的虽只一个，牵挂的却是一家，为此，《看守所条例》第六章规定了被刑事拘留、逮捕人员与近亲属的联络权。第 28 条规定:人犯在羁押期间,经办案机关同意,并经公安机关批准,可以与近亲属通信、会见。第 29 条规定:人犯的近亲属病重或者死亡时,应当及时通知人犯。人犯的配偶、父母或者子女病危时,除案情重大的以外,经办案机关同意,并经公安机关批准,在严格监护的条件下,允许人犯回家探视。①

《看守所条例》的规定很美好,但是,近亲属联络方面,现实中不批准是原则,批准是例外。如何让它不再是水月镜花,这是立法者应当考虑的事项。据报道,《看守所条例》修订草案拟规定:在侦查阶段,犯罪嫌疑人与近亲属会见、通信的,应当经案件主管机关批准,在起诉、审判阶段,犯罪嫌疑人、被告人可以与近亲属会见、通信。希望这条草案能够获得通过。

(三)提供诉讼便利的能力

刑事诉讼法规定:被刑事拘留、逮捕人员有聘请律师的权利,聘请的意思由看守所向办案单位传达,指明了律师姓名和事务所的,办案单位应当及时告知该律师和该事务所;没有指明的,办案单位应当告知律师协会。被刑事拘留、逮捕人员与律师的会见权也得到法律保障。《刑事诉讼法》规定:律师持有律师事务所介绍信(法律援助中心公函)律师执业证书和委托书的,看守所应当安排会见。与律师的会见应当在不受监视的情况下进行。不是律师的人担任辩护人的,从起诉阶段开始,经办案机关许可,也可以参照上述方式安排会见。

刑事诉讼法规定:对侵犯被羁押人诉讼权利和人身权利的行为,律师可以代为申诉、控告。《看守所条例》第 46 条规定:对人犯的上述书、申诉书,看守所应当及时转送,不得阻挠和扣押。人犯揭发、控告司法工作人员违法行为的材料,应当及时报请人民

---

① 王丽娜:"《看守所条例》修订草案已报国务院增加了保障人权的原则"。

检察院处理。

上述规定,①必须得到贯彻实施,防止办案机关打招呼,变相阻扰;②根据保障被羁押人正常诉讼的需要,适当扩大保障范围,主要为自行辩护提供必要的便利。

二、仁慈的父亲管理者

笔者认为,合格看守所,一方面应当具备必要的尊严,另一方面应当和被羁押人互为主体惺惺相惜,融合了这两个方面特征的意象,没有比父亲管理者更为栩栩如生的。所以,看守所的转型,不妨定位为父亲管理者。王阳明说:"夫圣人之心,以天下万物为一体。其视天下之人,无远近内外,凡有气血,皆其昆弟赤子之亲,莫不欲安全而教养之,以遂其万物一体之念。"①稍加发挥,"圣人之心",在这样的场合所指的其实就是父亲之心,基本特征是"亲",是仁慈、关爱。父亲的意象也是回应时代的回声,今天的父亲,基本的特征是讲究话语民主,或者说:讲道理,而不是威权治理。这主要表现在两个方面。

(一)监室事务管理实行民主集中制

一个监室就是一个小社会,一个小社会当然会有自己的原生规则。对于这种情况,只能正视,不能回避。由于监室的初级规则更容易倾向于弱肉强食的丛林规则,有人倡导直接全面管理。但是所谓直接全面管理,不宜理解为包办一切,理解为引导监室规则作良性运行或许更为适宜。从实际情况来看,虽然《看守所条例实施办法》第 3 条规定,看守所干警配备:县(旗、市)一般不得少于十二人,月平均人犯数超过一百人的,一般按百分之十五配备;大中城市看守所,一般按月平均人犯数的百分之二十配备。各地可根据实际情况,逐步配齐。但是实际配备只有平均人犯数

---

① 王阳明:《传习录·答顾桥东书》。

的百分之八。① 在有的看守所，一个警察要管两个监室，每个监室都有二三十人，开餐、洗漱、上厕所、睡觉还有看电视、安排劳动、安排晚间值班等事务，都有警察直接管理实际上是不可能的，必须由羁押人承担部分监室事务管理职能。面对这样的现实，普遍做法是通过任命"拐棍"来实现以被羁押人管理被羁押人。这种任命制，容易使部分被羁押人狐假虎威，享有像魏忠贤一样的寄生特权。矫正之道，不在于闭着眼睛喊直接管理的口号，而在于承认被羁押人有参与监室事务管理的权利，实行民主集中制，形成领导核心，监督领导核心。室长产生途径，不再是任命，也不允许弱肉强食，而是通过每一个人监室成员直接秘密无记名投票产生候选人，管教干警对该候选人拥有否决权，否决理由必须是看守所为维护监管秩序而事先公布的理由，不能只是管教干警的个人好恶。对于室长还应允许每一个监室成员行使监督和投票罢免的权利。

（二）惩罚文明化

（1）戒具使用文明化。《看守所条例》第 20 条规定：看守所使用的械具为手铐、脚镣、警绳。警绳只能在追捕人犯或者对死刑犯执行死刑的时候使用。使用手铐、脚镣的时间，除死刑犯外，一般不得超过十五天。特殊情况下需要延长使用时间的，须经主管公安局、处长批准。人犯在戴手铐、脚镣期间，看守干警应当加强教育，在危险行为清除时，应当立即解除。手铐、脚镣的制式规格和使用程序必须严格遵守规定。

---

① 1988 年公安部、最高人民法院、最高人民检察院发出的《坚决取缔"牢头狱霸"维护看守所秩序的通知》中就强调："严禁使用人犯管理人犯，坚决取消在人犯中设立'组长'、'召集人'等变相使用人犯管理人犯的做法。对于干警纵容、支持、指使人犯折磨殴打其他人犯的，一定要严肃处理，直至依法追究刑事责任。"《看守所条例实施办法》第 19 条：严禁使用人犯管理其他人犯。不准让人犯自由出入监室、掌管钥匙、管理财物和劳动工具，不准用人犯当饮事员。

上述规定,需要予以补充:戒具使用,应当明确规定比例原则,在确有必要且不超出必要限度的区间决定具体种类,而且不得使用非法定的戒具。戒具使用,必须说明理由,允许被惩戒人进行申辩。

(2)惩罚程序诉讼化。对于看守所内发生的非法行为,看守所不直接予以处罚,而是像外面的警察一样,收集材料进行调查形成主张,而后以类似于公诉人的身份提交给决定机关,决定机关召集被羁押人进行听证后形成处理结论。通过这样的诉讼化处理,一方面迫使警察以摆事实讲道理的方式行动,另一方面给予被羁押人听审伸冤的机会,从而实现文明化的宗旨。

三、公众认可的看守所

无论正直并胜任的保护者,还是仁慈的管理者,都不能只是看守所自诩的,而应当是社会公众认可的。中国周代有"三刺"之制,国人、群吏与群臣"皆曰可",方为"可"。当代存在主义哲学认为,人没有直接认识自己的途径,他人是自己的镜子,自己的眼睛,通过他人才能认识自己。每一个正常的人,都具有从他人的角度对自己的行为采取某种态度的能力,为自己而自豪、而悔恨,等等,人们应当为相互理解而展开交往。但是,也应看到,中国大一统之后,相互理解与对话的格局被话语霸权侵蚀了,皇帝或者官僚,说一不二,口含天宪,言为万世师,行为万世法,老百姓位卑而言高,罪也。今天的看守所改革,不能搞孤家寡人,在看守所和社会公众之间,必须架设对话沟通的桥梁,获得公信力,而社会公众应当作广义的理解,包括被刑事拘留、逮捕人员及其亲友,检察院,独立巡视员以及任何关切的公民或者社会团体。我国为增强看守所的公信力,采取了诸多举措。

1. 检察监督

我国宪法规定人民检察院是国家的法律监督机关,《刑事诉讼法》规定人民检察院依法对刑事诉讼进行监督,《看守所条例》规定看守所的监管活动受人民检察院的法律监督。根据上述规定,人民检察院对看守所监管活动的监督是国家法律赋予人民检察院的重要职责。人民检察院通过对看守所的法律监督,纠正违法,维护被监管人的合法权益,维护监管秩序,保障刑事诉讼活动的顺利进行,保证国家法律、法规在看守工作中的正确实施。

检察机关对公安监管场所的法律监督不断深化和完善。2009 年 7 月,公安部对公安监管工作自觉接受检察机关法律监督进一步做出规定,看守所执法信息和监控设施要与驻所检察室联网,接受检察机关实时监督。同年 12 月,最高人民检察院、公安部已就此联合发文贯彻实施,并推出在押人员约见驻所检察官制度,凡在押人员提出约见驻所检察官的,看守所必须记录在案,并及时予以安排;同时,在每个监室设立检察信箱,方便在押人员投诉、举报和控告,驻所检察官定期开启;看守所对检察机关提出的检察建议,要及时整改并反馈结果。

2. 社会监督

英国的独立羁押巡视制度是由从当地社区选出的志愿者实施的,这些巡视员平均每星期都要探访当地十分繁忙的警察局,这种探访可以在一天中的任何时刻进行,法律要求警察对巡视员探访警局的临时羁押场所提供迅速的放行。羁押探访者可以与被羁押人自由交谈,询问其近况,确认其明确知悉在警察局羁押期间所享有的各种权利,特别是享有法律咨询以及通知外界其被羁押的权利。

中国人民大学陈卫东教授组织的课题组,五年前在辽源市看守所进行独立巡视员实验。如今,这一做法已经为我国公安监管部门接受,《国家人权行动计划(2012—2015)》予以采纳,大部分看守所也建立了看守所开放制度或者特邀监督员检查制度。

3. 被羁押人的监督

按照《国家人权行动计划(2009—2010)》,为保障被羁押者的权利中,应当在监室设置举报箱,方便被羁押者投诉。落实被羁押者约见驻监所检察官制度,被羁押者若认为自己遭受非法待遇,可约见驻监所检察官。

陈卫东教授在这方面进行了开拓性工作。2010 年 8 月中国人民大学诉讼制度与司法改革研究中心与芜湖市人民检察院、市公安局共同制定了《看守所在押人员投诉处理试点规则》(下称《规则》)。《规则》明确规定了投诉的接受和处理程序,根据被投诉对象的不同,分别规定了不同的投诉接受主体和处理主体:针对看守所执法人员的投诉,由看守所负责人亲自接受并处理,同时立即告知驻所检察官;针对办案机关工作人员的投诉,由管教民警接受,转交驻所检察官处理;针对其他在押人员的投诉,由管教民警接受并处理。陈卫东教授认为,此次在押人员投诉处理机制试点最大的亮点,是首次引入了国外"投诉处理委员会"的成功做法,由公安、法院、检察院联合组成投诉处理委员会,并吸纳社会公众参与。当投诉人或者被投诉人对于投诉处理决定不服时,可以向投诉委员会申请复核。投诉委员会复核时,可以采取听证、调查、阅卷等方式。①

尽管已经取得长足进步,但是看守所的公信力问题隐隐约约不能让人心安。为何不安?这似乎是由于建设路径选择不妥当引发的。以被刑事拘留逮捕人员与看守所的关系为例,如果说,传统路径是以看守所为主体、以被羁押人为客体,那么现在标榜的路径正好相反,是以被羁押人为主体、以看守所为客体。这种路径选择,秉持不是东风压倒西风,就是西风压倒东风的思路。从起源上来看,有的类似于,男皇帝三宫六院,武则天登基,针锋相对,则大养男宠。在这里,本来应该反对的是,多偶制度本身,至于是一夫多妻还是一妻多夫,无所不同。同样,对于看守所人权保障,我们应当提倡一种互为主体或者说主体间性的立场,应当反对的是以一方为主以对方为客的立场,而毋论其中何人为主

---

① 张伯晋:"安徽芜湖:试水'在押人员投诉处理机制'",载《检察日报》2011 年 8 月 1 日。

何人为客。从抽象结果上说,这样的改革,或者名至实归,西风压倒了东风。或者搞成夹生饭,表面上是西风压倒了东风,深层次还是东风压倒西风,表现出来是人权保障美轮美奂,其实装饰的人还是看守所,被羁押人沦为任其打扮的角色。从具体结果上说,前一种抽象是不会存在的,因为如果看守所完全沦为了一个服务机构,为被羁押人端茶递烟,效犬马之劳,那么早就没人干这个差事了——毕竟干警察不是服劳役!现实存在的唯一结果只能是双重结构,表面是人权保障为主看守所为客,深层结构是看守所为主被羁押人为客。这样的实际路径,具有形式主义的特点,是伪善的绣花枕头,掩盖了真实的问题。

古圣今贤,分别已经勾勒了父亲管理者的形象,在回应时代新声的过程中综合起来,所刻画的父亲形象,是正直、胜任而仁慈的看守所,这就是对于看守所的定位。

除了路径问题之外,也有操作细节的问题。以投诉处理机制为例。最高人民检察院监所检察厅厅长袁其国对试点中的问题提出完善建议。①《规则》中对接受投诉主体做出了分类,然而接受投诉不能只接受在押人员的投诉,实践中驻所检察官不管是对在押人员还是对看守所干警的投诉,都要受理,分工要明确。②投诉意见箱的设置对畅通投诉渠道非常重要,意见箱位置要合适,笔、纸都应配备。③驻所检察官巡视监室,还无法做到每天进行,有待加强。④投诉处理的期限,一个半月的总期限过长,需要进一步缩短。⑤针对非法取证的投诉,检察机关应根据所处诉讼不同阶段由不同部门处理。⑥在法律责任方面,《规则》应明确看守所与上级机关在责任承担方面的关系。⑦也是存在理论争议的一点,投诉处理委员会的权力性质,究竟是公权力还是私权利?是监督权还是监管权?有待于进一步研究、论证。我国宪法和法律规定检察机关行使法律监督权,投诉处理委员会的权力(利)与检察监督权之间又如何协调,都是试点背后需要解决的理论问题。

第三节　看守所的规则

一、出入所制度

（一）收　　押

1. 法律文书

按照《看守所条例》第 9 条和《看守所条例实施办法》第 4 条，看守所收押人犯，须凭送押机关持有的县级以上公安机关、国家安全机关签发的逮捕证、刑事拘留证或者县级以上公安机关、国家安全机关、监狱、劳动改造机关、人民法院、人民检察院追捕、押解人犯临时寄押的证明文书。对再审案件的在押被告人可凭人民法院《决定再审裁定书》（副本）或人民检察院的抗诉书及人民法院的押票收押。没有上述凭证，或者凭证的记载与实际情况不符的，不予收押。

2. 健康检查

按照《看守所条例》第 10 条和《看守所条例实施办法》第 5 条，看守所收押人犯，应当进行健康检查，有下列情形之一的，不予收押：①患有精神病或者急性传染病的；②患有其他严重疾病，在羁押中可能发生生命危险或者生活不能自理的，但是罪大恶极不羁押对社会有危险性的除外；③怀孕或者哺乳自己不满一周岁的婴儿的妇女。看守所对人犯收押前，应当由医生对人犯进行健康检查，填写《人犯健康检查表》，凡具有《看守所条例》第 10 条规定情形之一，不予收押，由送押机关依法作其他处置。对于收押后发现不应当收押的，提请办案机关依法变更强制措施；对可能患有精神病的人犯，由办案机关负责鉴定。

3. 收押后的处理

收押后应当作的四件事情。①人身检查。看守所收押人犯时，看守干警必须对其人身和携带的物品进行严格检查，严防不利于看守所安全的物品带入监室。收押人犯时应当进行讯问,填写《收押人犯登记表》。收押人犯必须由两名以上工作人员执行。对女性人犯的人身检查,由女工作人员进行。②告知权利义务。对被收押的人犯,应当告知他依法享有辩护、申诉、检举、控告等权利;人民检察院或者人民法院没有决定停止行使选举权利的,可以行使选举权。同时,还应当告知他在看守所羁押期间必须遵守的监规。③确定关押和管理方式。对于男性人犯与女性人犯、成年人犯与未成年人犯以及同案犯,应当分别关押。对初犯与累犯,有条件的也应当分别关押。需要单独关押的人犯,由办案机关提出,并报告主管领导机关批准后实行。④建立档案。人犯入所后应当拍摄半身免冠一寸照片,照片连同底片归入人犯档案。看守所人犯档案的内容应当包括:收押凭证、《收押人犯登记表》、照片及底片、《人犯健康检查表》、《财物保管登记表》、《换押证》、羁押期间的表现和疾病治疗情况记录、出所凭证等。看守所依照有关法律和规定保管人犯档案。查阅人犯档案须经看守所所长批准。

(二)换　　押

公安机关或者国家安全机关侦查终结、人民检察院决定受理的人犯,人民检察院审查或者侦查终结、人民法院决定受理的人犯递次移送交接,均应办理换押手续,书面通知看守所。办案机关需要将羁押人犯移送另一机关管辖时,应当填写《换押证》并加盖公章随案移送。接收机关在《换押证》上加盖公章,注明承接时间后,及时送交看守所。看守所凭该《换押证》办理被羁押人犯的换押手续,并立即开具回执退回移送机关。

(三)出　　所

看守所对于有下列情形之一①的人,在出所时应当发给释放证明书:①拘留后,办案机关发现不应当拘留或者人民检察院不

---

①"辽宁大连:创新管理模式,提升科学化管理水平,精心打造'阳光监所'",载《人民公安报》2011 年 4 月 23 日第七版。

批准逮捕,通知立即释放的;②逮捕后,办案机关发现不应当逮捕,通知释放的;③人民检察院做出不起诉、不起诉决定,办案机关通知释放的;④经人民法院审判后宣告无罪或者免于刑事处罚,通知释放的;⑤看守所监管的已决犯服刑期满的。对于判决已经发生法律效力应当移送劳动改造场所执行的、人民法院裁定暂予监外执行,或者执行缓刑的、判处管制的、转送外地审查的、临时寄押解走以及依照规定实行劳动教养等原因而出所的,要分别依照规定,办理出所手续,并应将人犯在羁押期间的表现形成书面材料随案移交。

看守所在被羁押人出所的时候,要进行出所登记,在《收押人犯登记表》里写明出所凭证、时间和所去地点。被羁押人出所时,当面点清发还代为保存的财物,由本人在《财物保管登记表》(存根)上签字捺印,并收回其存留的《财物保管登记表》。对出所的人,应当对其人身和携带的物品进行检查,防止给其他在押人犯带出信件和物品。

(四)在押期间的警戒与看管

1. 武警警戒

驻看守所的武装警察部队(以下简称"武警")根据看守工作的需要和武警《内卫勤务条例》部署警力。武警应当在监区大门、监房上的巡逻道、岗楼设置哨位。武装警戒的任务是防范和制止人犯自杀、脱逃、行凶、破坏、骚乱,镇压人犯暴动,防范和制止敌对分子、违法犯罪分子袭击看守所、劫持人犯及其他危害看守所安全的破坏活动。铁道、交通、林业、民航等系统设置的看守所,由看守干警担负对人犯的武装警戒和押解任务。

人犯因出庭受审、看病等情形出所时,值班看守干警应当填写《人犯临时出入单》,由押解干警交监区大门执勤武警查验放行。人犯返所时,押解干警将《人犯临时出入单》交执勤武警查验无误后准予入所。人犯入所关押后,押解干警应当将《人犯临时出入单》交值班看守干警保存。看守所对因公来所的人员,应当认真查验身份证件和有关来所事由的证明函件。讯问室设在监区里的,看守所应当发给办案人员出入证,供监区大门执勤武警查验。出入证在办案人员离所时收回。除看守干警、执勤武警、工勤、炊事人员和同级人民检察院驻所检察干部以及持有出入证的办案人员可以进入监区以外,其他人员未经看守所所长批准和未在本所干警带领下,一律不得进入监区。

2. 民警看管

看守所实行二十四小时值班制度。值班人员应当坚守岗位,随时巡视监房。看守所根据监所布局和实际情况确定值班区域。每个区域必须有两名以上干警值班。值班干警必须坚守岗位,加强巡查,不准擅离职守,不准睡觉,不准饮酒,不准从事其他有碍值班的一切活动。值班干警发现问题,要果断采取有效措施,及时处置,并按规定向上级报告。值班干警应当认真做好值班记录,交接班时,必须清点人犯人数,有需要注意的事项,要向接班干警交代清楚。干警进入监室,非特殊情况不得携带枪支。看守干警应当熟知所分管人犯的基本情况,包括姓名、年龄、性别、民族、相貌主要特征,家庭情况和住址,主要案情,逮捕拘留前的工作单位、职业,有无前科等。通过观察、交谈、向办案人员了解情况等方法,随时掌握人犯的思想动态。

3. 戒具和武器使用

对已被判处死刑、尚未执行的犯人,必须加戴械具。对有事实表明可能行凶、暴动、脱逃、自杀的人犯,经看守所所长批准,可以使用械具。在紧急情况下,可以先行使用,然后报告看守所所长。上述情形消除后,应当予以解除。使用戒具,应当遵守戒具法定原则和比例原则。戒具法定原则,是指要依照规定使用统一制式的手铐、脚镣和警绳,其他戒具一律禁止使用。戒具的制式标准由公安部另行制定。手铐的最大重量不得超过 0.5 公斤,脚镣的最大重量不得超过 5 公斤。比例原则,是指使用戒具要经看守所所长批准;在紧急情况下看守人员可以先行使用戒具,然后报告所长。给人犯戴戒具时应当松紧适度，既要保证安全，又要避免致伤、致残人犯。严格禁止给人犯戴双铐、背铐、双镣。戴手铐、脚镣的时间不得超过 15 天（已判处死刑的除外）。特殊情况下，经主管公安处、局长批准，戴戒具的时间可以适当延长。看守所干警要加强对戴戒具的人犯的教育，在其危险性消除时，应当立即解除戒具。人民检察院发现看守所对人犯使用戒具有违法现象，通知看守所予以纠正时，看守所应当及时纠正，并将纠正的情况通报人民检察院。

看守人员和武警遇有下列情形之一，采取其他措施不能制止时，可以按照有关规定开枪射击：①人犯越狱或者暴动的；②人犯脱逃不听制止，或者在追捕中抗拒逮捕的；③劫持人犯的；④人犯持有管制刀具或者其他危险物，正在行凶或者破坏的；⑤人犯暴力威胁看守人员、武警的生命安全的。需要开枪射击时，除遇到特别紧迫的情况外，应当先鸣枪警告，人犯有畏服表示，应当立即停止射击。开枪射击后，应当保护现场，并立即报告主管公安机关和人民检察院。

（五）风险评估

风险管理是指通过风险识别、风险估计、风险驾驭、风险监控等一系列活动来防范风险的管理工作。坚持全员安全风险评估，确保风险监测、控制全覆盖，凡看守所羁押的在押人员，必须开展风险评估、监测。严格首次安全风险评估，把牢入口关，实现初次风险要素采集最大化，每名在押人员入所二十四小时内，看守所必须通过查阅法律文书、向办案单位了解、询问在押人员等方式，系统、全面采集其风险要素，确定风险等级。全程跟踪动态评估，因时因事而变，准确掌握风险要素变化轨迹。在押人员风险要素均通过录入系统，实现分类统计、综合分析、系统管理。全员参与，分岗明责，严密程序，收押民警采集违法性质、入所前的表现等风险要素；监巡民警采集现实表现、身体健康状况类风险要素；医生采集入所前以及羁押期间的身体健康状况等风险要素，提出安全风险评估意见;管教民警采集思想动态、言行、诉讼进程、现实表现等风险要素。所领导审批确定在押人员风险等级并在公安监管信息系统中公布。

二、提讯和押解

(一)提 讯

公安机关、国家安全机关、人民检察院、人民法院提讯人犯时,必须持有加盖看守所公章的提讯证或者提票。提讯人员不得少于二人。看守干警凭提讯证或者提票提交人犯。看守所应当建立提讯登记制度。对每次提讯的单位、人员和被提讯人犯的姓名以及提讯的起止时间进行登记。超期羁押的,看守所有权拒绝提讯。

按照刑事诉讼法和《看守所条例实施办法》,讯问应当应当在看守所讯问室进行。提讯人员讯问人犯完毕,应当立即将人犯交给值班看守人员收押,并收回提讯证或者提票。

因侦查工作需要,提人犯出所辨认罪犯、罪证或者起赃的,必须持有县级以上公安机关、国家安全机关或者人民检察院领导的批示,凭加盖看守所公章的提讯证或者提票,由两名以上办案人员提解。

(二)押 解

押解人员在押解人犯途中,必须严密看管,防止发生意外。对被押解的人犯,可以使用械具。押解女性人犯,应当有女工作人员负责途中的生活管理。对于转送外地或者出所就医的人犯以及捕获的看守所逃犯,必须实行武装押解。押解任务由看守干警带领武警执行。押解工作应当根据被押解的人数保证安全的需要,配备足够的押解力量。押解途中,必须提高警惕,严加看管,防止发生脱逃、行凶、自杀等意外情况。需要中途寄宿的,凭县级以上公安机关证明文书,由当地看守所协助羁押,不准被押解人犯住旅店。如果距离看守所太远,应当商请当地公安派出所、乡（镇）人民政府或者民兵组织协助并安排适当住处，确保安全。

三、生活待遇

（一）伙食待遇

财政部和公安部于 2009 年 6 月联合下发了《关于进一步加强看守所经费保障工作的通知》，要求各省级财政部门会同同级公安机关重新核定看守所在押人员伙食金额标准，规定由财政负担在押人员的伙食费、医药费、衣被费，对看守所公务费等其他费用也提出了足额列入预算予以保障的要求。截至目前，全国有 28 个省市重新核定了伙食标准，例如北京市每人每月 135 元，陕西省每人每月的伙食标准分为 150 元、160 元、170 元三个档次，根据不同地区的不同情况分别掌握。伙食标准的增加，有效地杜绝了"自费加餐"的现象，同时也减少了部分监管民警和看守所工作人员违法违纪行为的发生。

（二）居住管理

《看守所条例》第 20 条规定：监室应当通风、采光，能够防潮、防暑、防寒。看守所对监房应当经常检查，及时维修，防止火灾和其他自然灾害。被羁押人犯的居住面积，应当不影响其日常生活。《看守所条例实施办法》第 27 条规定："人犯居住的监室面积平均每人不得少于二平方米。"

但大多数看守所都是 20 世纪 90 年代甚至更早前所兴建的，当时的设计关押容量与现在在押人员的容量已明显不相符，如南方某看守所设计关押容量为 800 人，但事实上却关押了近二千人，十五平方米的囚室关押着三十多个囚犯，高峰时更多。按铺位算，平均每人还不到 0.5 个平方米，而且厕所并没有与饮食起居室分开，所谓的放风场变成了晾衣场和洗浴场，环境极其恶劣，致使在押人员的身体健康得不到有效的保障。为改善公安监管场所的生活卫生条件,2009 年国家发改委投资 10.5 亿元,地方配套 16.6 亿元,517 个监管场所得到新建、改建和扩建。为落实《国家人权行动计划(2009—2010)》,使监管场所建设与国家经济建设发展水平相适应,公安部、住建部已启动《看守所建筑设计规划规范》《看守所建设标准》的修订工作,公安部监管局日前发出通知,新建看守所监室内全面推行床位制。

(三)医疗卫生

《看守所条例》第 26 条规定:看守所应当配备必要的医疗器械和常用药品。人犯患病,应当给予及时治疗;需要到医院治疗的,当地医院应当负责治疗;病情严重的可以依法取保候审。

《看守所条例实施办法》第 31 条规定:对患病的人犯要及时治疗。人犯服药,看守干警要在场监视。发现人犯患有传染病要立即隔离治疗。病情严重的,可以住院治疗;如办案机关决定变更强制措施时,依照规定办理。人犯患病出现死亡危险时,要边积极抢救边告知办案机关。人犯需要住院治疗的,须经看守所所长批准,并派看守干警值班看管,严防发生人犯脱逃、自杀等意外情况。不准使用人犯或者雇人看护住院的病犯。

2009 年 12 月,公安部、卫生部联合下发《关于切实加强和改进公安监管场所医疗卫生工作的通知》,要求各级公安机关、卫生部门按照"正确诊断病情、快速处置危重病人、有效防止重大疫情发生"的要求,解决医疗机构和医务人员的执业资格问题,健全医疗制度,不断提高预防、发现和处置疾病能力,积极推进公安监管场所医疗机构建设,并积极探索公安监管场所医疗工作社会化模式,切实解决长期以来公安监管场所医疗卫生保障困难问题。

公安部、卫生部联合下发《关于切实加强和改进公安监管场所医疗卫生工作的通知》,要求各级公安机关、卫生部门积极推进公安监管场所医疗机构建设,改善医疗条件,切实保障公安监管场所安全稳定。

通知要求,公安监管场所医疗机构中除配备具有执业资格的医师外,还应配备一定比例的注册护士,有条件的还应配备执业药师。各公安监管场所要建立医疗工作规范流程,建立被监管人员医疗档案,建立日常巡诊、重大病患会诊制度;将日常巡诊、急危病处置等各项医疗卫生工作分解落实到人;要建立日常医务活动登记、流转交接、告知制度;落实医务人员继续教育制度。

通知强调,对未配备医师的公安监管场所,由医院(诊所)承担公安监管场所日常医疗卫生工作;对已取得医疗机构资质、但医务人员力量不足的可采取医院(诊所)派医师指导或聘请地方医疗机构退休医师参与公安监管场所医务工作;要通过建立"所院协作"机制,积极探索公安监管场所医疗工作社会化模式。

按照《看守所医疗机构设置基本标准》,看守所应当根据实际工作需要,设立与监所规模相适宜、与实际工作需要相匹配的医疗机构,并在当地卫生行政管理部门登记。看守所医疗机构分为卫生所和门诊部两种,按照以下标准设置:①关押容量不满500人的看守所设置"卫生所";②关押容量500人以上不满1 000人的看守所设置"卫生所"或者"门诊部";③关押容量1 000人以上的看守所设置"门诊部"。有条件的地方,可以设立医院。医院的设置按照《医疗机构管理条例》执行。看守所应当根据有关法律法规及标准,结合监所规模及勤务工作模式需要,按照应当保证医务人员每天二十四小时在所值班的规定确定医务人员配置:①关押容量不满300人的看守所配置至少医师2名、注册护士1名。②关押容量300人以上不满500人的看守所配置至少医师3名、注册护士2名。③关押容量500人以上不满1 000人的看守所配置至少医师4名、注册护士3名,医技人员酌情配置。④关押容量1 000人以上的看守所配置至少医师6名、注册护士5名、医技人员1名。1 000人以上每增加300名被监管人员,至少增配2名医务人员。看守所医务人员配置应当以内科或者全科类临床专业为主,医务人员除具备合法的执业资格、资质外,还需具有相应的临床诊疗经验及对危急症患者进行院前急救处理的能力,并应当纳入卫生专业技术人员继续医学教育管理体系。看守所应当按照保证必需、满足一般、突出特色的原则,配齐监所医疗卫生工作必备的基础设备和紧急抢救处置器材。配备医疗器材设备的品种和数量,应当与监管场所规模及实际工作需要匹配。看守所应当在政府质量技术监督部门的指导下,对医疗设备、器材进行定期检测、保养,保证设备仪器的准确性。

(四)心理咨询

心理咨询师们本着"只问心情、不问案情"的原则,为在押人员提供心理咨询、帮助和矫治。在押人员随着羁押时间、诉讼阶段、诉讼结果的变化,很容易产生孤独、烦躁甚至绝望等不良情绪,进而可能引发过激行为。因此,建立心理干预机制,化解被监管人员心理问题,则显得愈发重要。

(五)财物保管

看守所对人犯带入所内以及后来寄送的财物,需要代为保管的,应当当面点清,详细登记。填写《财物保管登记表》时,应当把财物的名称、数量、质量、规格、特征和牌号写清楚,并由人犯签名捺印。登记表一式三份,一份存根,一份交人犯收执,一份连同财物一起保存。人犯在羁押期间确实需要使用其被保管的财物的,应当经过看守所所长批准。人犯领取财物时,应当出具字据。对人犯的财物要指定专人妥为保管,存放专用库房。除不可抗力外,代管的财物如有损坏、丢失,应当照价赔偿。不易保存的物品,应当交由人犯家属领回或者由办案机关酌情处置。对脱逃人犯的财物,应当暂时保管。一年后人犯未捕获归案的,上缴财政部门处理。对死亡人犯或者已执行死刑的罪犯的财物,应当按规定通知其家属领取,路远无法领取的也可代为寄去。如无家属,或者在一年内无法通知和寄送以及通知后逾期一年不来领取的,上缴财政部门处理。上缴财物的收据,要归入人犯档案保存备查。

四、教育与深挖犯罪

(一)思想教育

看守所应当建立教育人犯的制度,做好人犯的教育转化工作,把教育感化深挖犯罪作为重要工作,坚持公安监管教育感化挽救基本方针,全面推进扎实细致的人性化管理,以高质量公安监管工作更好地服务公安中心工作。

对人犯的教育,应当因人施教,以理服人,体现政策。对女性人犯的谈话教育,由女干警或者两名以上干警进行。看守所应当根据人犯的实际情况,有计划、有目的、有针对性地重点开展法制教育、道德教育和遵守监规的教育,促使人犯遵守监规,如实讲清问题,积极检举揭发监内外的违法犯罪活动。对人犯教育,可以采取集体训话、个别谈话、配合办案机关召开从宽从严处理犯罪分子的大会、动员人犯亲友规劝、选择人犯或者被释放的人员现身说法等形式进行。看守所应当组织人犯收听广播,收看电视,阅读书报,进行时事、政策、法制教育,活跃生活。为了促进人犯的思想改造,增强人犯体质,在保证安全和不影响侦查、起诉、审判的前提下,看守所可以在所内组织人犯进行适当的劳动。组织人犯劳动,必须量力而行,患病的人犯、死刑犯不得参加。严禁私自使用人犯为任何单位和个人干活。

今后,应当充分发挥综合治理平台作用,主动与检察、法院、司法、妇联等部门联系,发挥综合治理工作优势。要进一步丰富教育感化内容、手段和载体,坚持多措并举、综合施策,最大限度地调动管教资源,从法制教育、心理疏导、人性化管理、文化建设方面进行教育感化。要进一步探索公安监管教育感化深挖犯罪工作规律,建立起教育感化深挖犯罪工作长效机制。①

---

① 石杨、罗君临:"全国公安监管部门教育感化深挖犯罪现场会要求:以高质量监管工作服务公安中心工作",载《人民公安报》2012年6月20日第1版。

(二)劳动管理

1. 宗旨

看守所组织在押人员劳动,目的是促使在押人员养成劳动习惯、学习劳动技能、增强身体素质。看守所组织在押人员劳动,应当保证安全,不影响刑事诉讼活动,不损害在押人员身心健康。看守所组织在押人员劳动,必须符合国家有关法律、法规和政策规定。

2. 参加劳动的人员具有劳动能力的留所服刑罪犯应当参加看守所组织的劳动;犯罪嫌疑人、被告人在自愿基础上,可以参加劳动。患病、年老体弱、身体残疾的在押人员不宜参加劳动。有迹象表明可能实施行凶、脱逃、自杀或者其他严重影响监管秩序行为的在押人员,不得参加劳动。重要案犯和一审被判处死刑的在押人员自愿参加劳动的,看守所应当依据实际情况慎重决定和安排。看守所组织未成年、女性在押人员劳动,应当充分照顾其心理和生理特点。

3. 劳动项目、规模和场所

看守所应当根据看守警戒警力、劳动场所、劳动设备等实际情况确定劳动项目和规模,量力而行。看守所应当积极创造条件,组织在押人员参加各类职业技术教育培训,获得相应的技术等级证书。看守所选择的劳动项目,应当便于操作,保证看守所安全和在押人员身心健康。严禁从事易燃、易爆、剧毒等危险物品的生产或者其他危险性劳动,严禁加工、生产国家明令禁止的产品,严禁从事运输业,严禁将生产的食品、饮料对外销售。严禁利用在押人员为个人劳动。看守所拟定的劳动项目需经本级公安机关审查批准,并报上一级公安机关监管业务指导部门备案。犯罪嫌疑人、被告人以及女性在押人员劳动必须在监室内进行。留所服刑罪犯可以在监室内或者看守所内专门设立的劳动场点进行劳动。看守所设置的劳动场所应当符合国家有关生产安全、劳保和环保标准。

4. 组织管理

看守所应当建立严格的在押人员劳动管理制度,配备必要的安全设施,防止发生火灾、工伤等事故。在押人员劳动应当由民警具体管理。劳动过程中,民警要加强监管,防止发生安全问题。女性在押人员劳动时,应当由女性民警带领和监管。对女性在押人员的人身检查由女性民警进行。留所服刑罪犯出监室劳动时,必须统一穿着有明显标识的服装。留所服刑罪犯不得在监室外过夜。参加劳动的留所服刑罪犯出入监室时,负责管理的民警必须清点人数,仔细检查,防止违禁危险物品和与劳动无关的物品带出带入监室和劳动场所。守所应当对外来原材料及其运输人员、工具严格检查,防止违禁危险物品进入看守所。严禁在押人员外出采购和推销产品。看守所应当指定专门民警对劳动工具、原料、产品等进行管理,建立严格的领发、存放、清点检查制度。劳动结束时,民警要彻底清理劳动场所,不得将劳动工具、原料、产品等留在监室内。看守所应当严格遵照国家有关规定,合理安排劳动时间和劳动强度。严禁对在押人员下达劳动指标或任务。

5. 劳动收入的管理和使用

看守所应当对劳动收入和支出建立专门账目,严格遵守财务制度,专款专用。看守所劳动收入使用范围如下:①改善在押人员伙食,奖励劳动表现突出的在押人员;②购置在押人员劳动设备、工具、劳保用品等;③其他必要开支。严禁侵占、挪用看守所劳动收入。

(三)深挖犯罪

五、监管秩序和奖惩

(一)打击牢头狱霸

"牢头狱霸"是指在监管场所内拉帮结伙、称王称霸、恃强凌弱、寻衅滋事,侵犯他人合法权益的被监管人员。2009 年 2 月 12 日,24 岁的云南玉溪男子李荞明在晋宁县看守所在押期间死亡。

2月27日,云南省检方宣布,李荞明是被同监室在押人员殴打致死的。"躲猫猫"事件带来的震荡,引发了全国公安监管工作的变革。2009年4月15日,公安部召开全国公安监管工作会议。此后,公安部监所管理局迅速出台了《看守所防范和打击"牢头狱霸"十项规定》,《看守所防范和打击"牢头狱霸"十条规定》明确规定,实行管教民警包监室管理制度,在押人员的一切活动由管教民警组织实施,严禁使用在押人员管理在押人员。加强对监室的巡视监控,严密掌握在押人员动态,发现"牢头狱霸"行为及时处置。实行收押告知制度,收押新入所人员,应当告知其人身安全受法律保护,不准欺压他人,也不被他人欺压。实行新收押人员过渡管理制度,过渡管理期间应指导新入所人员熟悉看守所相关规定和在押人员行为规范,告知监室内常见问题的处理办法,并进行反"牢头狱霸"教育。实行在押人员受虐报警制度,在监室内安装报警装置,确保在押人员受虐时能够及时报警,民警应当及时制止侵害行为。

实行在押人员财物管理制度,对在押人员的现金严格实行记账式管理,严禁使用代金券,在押人员消费必须由本人签字,防止财物被他人侵占。实行在押人员体表定期检查制度,至少每周组织一次对在押人员体表进行检查,新收押人员入所七日内应当每日进行体表检查。发现身体有伤的,要认真调查受伤原因。实行在押人员出所谈话和跟踪观察回访制度,对交付执行以及释放的在押人员应当例行谈话,并定期到监狱回访,深入了解看守所有无"牢头狱霸"行为。实行惩治"牢头狱霸"制度,发现在押人员有"牢头狱霸"行为的,立即实施严管;情节严重的,依照有关规定加戴械具或者实施禁闭;造成严重后果、构成犯罪的,依法追究刑事责任。实行责任追究制度,发生"牢头狱霸"打死或者重伤其他在押人员的,依照有关规定,严格追究责任民警、看守所领导和公安机关领导责任。

有的看守所还规定,监室有牢头狱霸行为的,该号房一律实行严管,即实施强化学习训练,限制室外活动时间,限制通信和家属会见,停止一切娱乐活动,停止节日伙食调剂,禁止个人购买食品等严管措施。与此同时,对遵纪守法的在押人员及时予以表扬。此外,对监室有打架行为而同监其他在押人员未拉架的也实行严管。

（二）奖　　惩

《看守所条例实施办法》第46条规定:人犯在羁押期间有下列表现之一的,看守所应当书面报请办案机关依法从宽处理:①检举揭发监内外犯罪分子,经查证属实的;②劝阻人犯行凶、逃跑和其他违法犯罪活动的;③有其他有利于国家和人民的行为的。人犯在羁押期间有下列行为之一的,应当根据不同情节分别给予警告、训诫、责令具结悔过或者禁闭的处罚;构成犯罪的,依法追究刑事责任:①违犯监规纪律、经教育不改正的;②散布腐化堕落思想,妨碍他人悔改的;③不服监管,经查确属无理取闹的;④故意损坏公物的;⑤欺侮、凌辱其他人犯,侵犯他人人身权利的;⑥拉帮结伙打架斗殴,经常扰乱管理秩序的;⑦传授犯罪方法或者教唆他人进行违法犯罪的;⑧逃跑或者组织逃跑的;⑨有其他违法犯罪行为的。对人犯的警告、训诫和责令具结悔过,由看守干警决定并报告看守所所长后执行。给予禁闭处分的,由看守干警提出,看守所所长决定。人犯在羁押期间重新犯罪,应当追究刑事责任的,看守所应当将情况及时通知办案机关,并配合办案机关调查取证的,依法处理。对禁闭的人犯,应当关在专设监房反省。禁闭期限一般为一至十天,最长不得超过十五天。

六、看守所监督

（一）公安机关内部监督

1. 加大监督力度

各级公安机关警务督察部门按照《公安机关督察条例》对公安监管执法活动进行督察2009年以来,看守所执法活动被作为重点,加大了监督力度,并组成若干个工作组深入监管场所现场督察。2009 年 5 月,公安部下发文件规定,警务督察人员凭相关证件可以直接进入看守所督察,从而实现了即时现场督察,有利于发现问题当场纠正。2012 年,公安部督察委员会制定了对公安监管专项督察工作方案,采取集中督察、专项督察、网上督察等多种形式,逐地逐所开展督察,确保不走过场,全面推动公安监管工作发展进步。

2. 纪委监察部门严格公安监管场所违法违纪行为的预防和查处

对一经发现的少数公安机关和监管领导干部、民警确实存在的失职渎职违法违纪行为,在查清事实、分清责任的基础上,根据具体情节及后果严肃予以纪律直至法律责任的追究,绝不搞下不为例,使公安监管场所民警违法违纪行为大为减少。

3. 公安监管业务指导部门强化执法管理督查

全国各级公安监管部门在各级党委领导下充分发挥专业职能作用,借助全国对看守所安全工作实行综合治理的工作优势,以公安监管场所等级化考核管理制度为抓手,全力推进全国公安监管工作会议和《公安部关于进一步加强和改进公安监管工作的意见》的贯彻落实,切实加强对执法管理全方位指导和检查、督查,树先进典型,促后进整改,重视对突出个案处理的指导、带动作用,及时对普遍性问题制定管理意见予以规范,对少数落后公安监管场所实行挂牌督办责令限期整改。

(二)社会监督

2009 年 6 月和 2012 年 1 月,公安部监管局确定两批共 150个看守所对社会开放,今年又先后下发通知,按照成熟一个推出一个的原则,就全国全面推开看守所、拘留所、收容教育所、强制隔离戒毒所对社会开放工作做出部署,要求公安监管场所在保障刑事诉讼和行政执法顺利进行、保障被监管人员合法权益的基础上,除法律要求保密的以外,公开执行的法律、法规、规章,公开被监管人员合法权益的保障,公开依法文明管理和教育转化工作;公开接待、收押、提讯、会见、医务、食堂等设施场所,公开执法监督等情况,以公开促公正,以公开促规范,以公开树形象,将最真实的公安监管工作展现给社会公众,接受社会和人民群众的监督。公安监管场所通过向社会开放的过程,成为联系服务群众、规范文明执法、保障维护人权、促进社会和谐的过程。各地人大代表、政协委员、执法监督员、特邀监督员和企事业单位群众代表要走进公安监管场所,了解真实情况,消除了以往的不了解、不理解甚至误解,他们普遍为我国社会主义法治的进步和被监管人员的人权得到有效保障感到欣慰,对公安监管工作表示理解和支持。

提升监所安全管理工作整体水平;坚决杜绝被监管人员非正常死亡、最大限度地减少被监管人员因病死亡事件的发生。

(三)检察监督

推出在押人员约见驻所检察官制度,凡是在押人员提出约见驻所检察官的,看守所必须记录在案,并及时予以安排;在每个监室设立检察信箱,方便在押人员投诉、举报和控告,驻所检察官定期开启。看守所可以与派驻检察室实行监管信息联网,重大监管情况应及时向检察机关备案。派驻检察人员可以随时查阅看守所监管工作资料,不受干涉地随时同在押人员通信、谈话。犯罪嫌疑人提出在看守所内受刑讯逼供或者体罚虐待的,检察机关可以向看守所调取讯问同步录音录像或者电子监控录像进行审查,看守所应当提供。对于羁押期限届满而办案部门未改变强制措施的,检察机关应当监督看守所依法释放犯罪嫌疑人。对于看守所监管工作中存在的违法问题,要根据不同情况分别采取不同的监督措施。对于轻微违法问题,应及时提出口头纠正意见,并督促纠正;对于严重违法问题,经本院检察长批准后向看守所发出《纠正违法通知书》,并抄报其主管机关;对于发生在看守所的民警职务犯罪案件,根据案件管辖分工的有关规定,依法立案查处。

实践中还在推进这方面的工作,前述陈卫东教授芜湖市看守所投诉机制试点,即为实例。最高人民检察院监所检察厅厅长袁其国对试点中的问题提出完善建议。①《规则》中对接受投诉主体做出了分类,然而接受投诉不能只接受在押人员的投诉,实践中驻所检察官不管是对在押人员还是对看守所干警的投诉,都要受理,分工要明确。②投诉意见箱的设置对畅通投诉渠道非常重要,意见箱位置要合适,笔、纸都应配备。③驻所检察官巡视监室,还无法做到每天进行,有待加强。④投诉处理的期限,一个半月的总期限过长,需要进一步缩短。⑤针对非法取证的投诉,检察机关应根据所处诉讼不同阶段由不同部门处理。⑥在法律责任方面,《规则》应明确看守所与上级机关在责任承担方面的关系。⑦也是存在理论争议的一点,投诉处理委员会的权力性质,究竟是公权力还是私权利? 是监督权还是监管权? 有待于进一步研究、论证。我国宪法和法律规定检察机关行使法律监督权,投诉处理委员会的权力(利)与检察监督权之间又如何协调,都是试点背后需要解决的理论问题。

七、与外界联络制度

(一)近亲属联络

1. 通信与会见

人犯与其居住在境内的近亲属通信,须经办案机关同意,要求会见的须经县级以上公安机关或者国家安全机关的主管局、处长批准。人犯与其居住在香港、澳门、台湾的近亲属以及外国近亲属会见、通信或者外国籍人犯与其近亲属、监护人及其所属国驻华使、领馆人员会见,与外国通信,均须经省、自治区、直辖市公安厅、局或者国家安全厅、局批准。会见人犯,每月不许超过一次,每次不得超过半小时,每次会见的近亲属不得超过三人。会见时,应当有办案人员和看守干警在场监视。对外国籍人犯,少数民族人犯和聋哑人犯,还必须由办案机关聘请翻译人员在场。会见中,严禁谈论案情,不准使用暗语交谈,不准私下传递物品。违反规定不听制止的,应即责令停止会见。看守所对人犯发收的信件,未受办案机关委托检查的,一律交办案机关处理。

2. 离所探亲

经办案机关同意和县级以上公安机关主管局、处长批准,人犯可以临时离所探视病危的配偶、父母或者子女。案情重大和当日无法返所的人犯不准探视。探视的应当由两名以上办案人员押解和监视,并不得在所外过夜。

3. 寄送资料

人犯近亲属送给或者寄给人犯的日用品和学习书刊,经检查,看守所同意收留的要详细登记,办好手续后交给人犯;现金由看守所代为保管,人犯有正当用途时可以支付;对于不许收留的物品,当场或登记后予以退回。

4. 视频会见和电话联系

这是近年来看守所自行探索的产物,尚未普遍化,规则化。

(二)辩护人会见

受人犯委托的辩护人或者由人民法院指定辩护人,可以与人犯会见、通信。律师会见被羁押的人犯,须持有律师事务所(或法律顾问处)的工作证和有固定格式的专用介绍信;其他辩护人请求会见被羁押的人犯需持有人民法院专用介绍信。律师和经人民法院许可的其他辩护人,必须在看守所里会见人犯。看守所应当给予方便,并进行戒护,保证安全。会见结束后,应当将人犯交由值班看守干警收监。

八、看守所人员死亡调查制度

(一)概　述

在押人员死亡分为正常死亡和非正常死亡。正常死亡是指因人体衰老或者疾病等原因导致的自然死亡。非正常死亡是指自杀死亡,或者由于自然灾害、意外事故、他杀、体罚虐待、击毙等外部原因作用于人体造成的死亡。《看守所条例》第 27 条规定:人犯在羁押期间死亡的,应当立即报告人民检察院和办案机关,由法医或者医生做出死亡原因的鉴定,并通知死者家属。《实施办法》第 33 条规定:人犯死亡,应当由法医或者医生做出医疗鉴定。对于非正常死亡的,还应经过当地人民检察院检验,并通报办案机关。《国家人权行动计划(2011—2015)》承诺建立被羁押人死亡条查制度和检察制度。为切实防止和减少在押人员死亡事件的发生,公安部监管局对在押人员死亡事件实行逐一审查制度,凡发现公安监管民警及领导负有责任的,坚决依纪依法予以严肃追究,尽最大努力杜绝非正常死亡,减少因病死亡。

(二)调查程序

1. 死亡通知

死亡报告、通知在押人员死亡后,看守所应当立即通知死亡在押人员的近亲属,报告所属公安机关和人民检察院,通报办案机关或者原审人民法院。死亡的在押人员无近亲属或者无法通知其近亲属的,看守所应当通知死亡在押人员户籍所在地或者居住地的村(居)民委员会或者公安派出所。在押人员死亡后,公安机关、人民检察院应当按照有关规定分别层报公安部、最高人民检察院。

2. 死亡调查、检察

在押人员死亡后,对初步认定为正常死亡的,公安机关应当立即开展以下调查工作:①封存、查看在押人员死亡前十五日内原始监控录像,对死亡现场进行保护、勘验并拍照、录像;②必要时,分散或者异地分散关押同监室在押人员并进行询问;③对收押、巡视、监控、管教等岗位可能了解死亡在押人员相关情况的民警以及医生等进行询问调查;④封存、查阅收押登记、入所健康和体表检查登记、管教民警谈话教育记录、禁闭或者械具使用审批表、就医记录等可能与死亡有关的台账、记录等;⑤登记、封存死亡在押人员的遗物;⑥查验尸表,对尸体进行拍照并录像;⑦组织进行死亡原因鉴定。

　　公安机关调查工作结束后,应当作出调查结论,报告同级人民检察院,并通知死亡在押人员的近亲属。人民检察院应当对公安机关的调查结论进行审查,并将审查结果通知公安机关。人民检察院接到看守所在押人员死亡报告后,应当立即派员赶赴现场,开展相关工作。具有下列情形之一的,由人民检察院进行调查:①在押人员非正常死亡的;③死亡在押人员的近亲属对公安机关的调查结论有疑义,向人民检察院提出,人民检察院审查后认为需要调查的;③人民检察院对公安机关的调查结论有异议的;④其他需要由人民检察院调查的。人民检察院在调查期间,公安机关应当积极配合,并提供便利条件。人民检察院调查结束后,应当将调查结论书面通知公安机关和死亡在押人员的近亲属。

　　公安机关或者人民检察院组织进行尸检的,应当通知死亡在押人员的近亲属到场,并让其在《解剖尸体通知书》上签名或者盖章。对死亡在押人员无近亲属或者无法通知其近亲属,以及死亡在押人员的近亲属无正当理由拒不到场或者拒绝签名或者盖章的,不影响尸检,但是公安机关或者人民检察院应当在《解剖尸体通知书》上注明,并对尸体解剖过程进行全程录像,并邀请与案件无关的人员或者死者近亲属聘请的律师到场见证。公安机关、人民检察院委托其他具有司法鉴定资质的机构进行尸检的,应当征求死亡在押人员的近亲属的意见;死亡在押人员的近亲属提出另行委托具有司法鉴定资质的机构进行尸检的,公安机关、人民检察院应当允许。公安机关或者死亡在押人员的近亲属对人民检察院做出的调查结论有异议、疑义的,可以在接到通知后三日内书面要求做出调查结论的人民检察院进行复议。公安机关或者死亡在押人员的近亲属对人民检察院的复议结论有异议、疑义的,可以向上一级人民检察院提请复核。人民检察院应当及时将复议、复核结论通知公安机关和死亡在押人员的近亲属。鉴定费用由组织鉴定的公安机关或者人民检察院承担。死亡在押人员的近亲属要求重新鉴定且重新鉴定意见与原鉴定意见一致的,重新鉴定费用由死亡在押人员的近亲属承担。在押人员死亡原因确定后,由公安机关出具《死亡证明》。

3. 尸体、遗物处理

人民检察院、死亡在押人员的近亲属对公安机关的调查结论无异议、疑义的,公安机关应当及时火化。公安机关、死亡在押人员的近亲属对人民检察院调查结论或者复议、复核结论无异议、疑义的,公安机关应当及时火化尸体。对经上一级人民检察院复核后,死亡在押人员的近亲属仍不同意火化尸体的,公安机关可以按照规定火化尸体。除法律、法规另有特别规定外,在押人员尸体交由就近的殡仪馆火化处理。公安机关负责办理在押人员尸体火化的相关手续。殡仪馆应当凭公安机关出具的《死亡证明》和《火化通知书》火化尸体,并将《死亡证明》和《火化通知书》存档。尸体火化自死亡原因确定之日起十五日内进行。死亡在押人员的近亲属要求延期火化的,应当向公安机关提出申请。公安机关根据实际情况决定是否延期。尸体延长保存期限不得超过十日。尸体火化前,公安机关应当将火化时间、地点通知死亡在押人员的近亲属,并允许死亡在押人员的近亲属探视。死亡在押人员的近亲属拒绝到场的,不影响尸体火化。尸体火化时,公安机关应当到场监督,并固定相关证据。尸体火化后,骨灰由死亡在押人员的近亲属在骨灰领取文书上签字后领回。对尸体火化时死亡在押人员的近亲属不在场的,公安机关应当通知其领回骨灰;逾期六个月不领回的,由公安机关按照规定处理。死亡在押人员的近亲属无法参与在押人员死亡处理活动的,可以书面委托律师或者其他公民代为参与。死亡在押人员尸体接运、存放、火化和骨灰寄存等殡葬费用由公安机关支付,与殡仪馆直接结算。死亡在押人员系少数民族的,尸体处理应当尊重其民族习惯,按照有关规定妥善处置。死亡在押人员系港澳台居民、外国籍及无国籍人的，尸体处理按照国家有关法律、法规的规定执行。死亡在押人员的遗物由其近亲属领回或者由看守所寄回。死亡在押人员的近亲属接通知后十二个月内不领取或者无法投寄的，按照规定处理。公安机关应当将死亡在押人员尸体和遗物处理情况记录在案，并通报同级人民检察院。

4. 法律责任

在调查处理在押人员死亡工作中，人民警察、检察人员以及从事医疗、鉴定等相关工作人员应当严格依照法律和规定履行职责。对有玩忽职守、滥用职权、徇私舞弊等违法违纪行为的，依法依纪给予处分；构成犯罪的，依法追究刑事责任。看守所及其工作人员在行使职权时，违法使用武器、警械，殴打、虐待在押人员，或者唆使、放纵他人以殴打、虐待等行为造成在押人员死亡的，依法依纪给予处分；构成犯罪的，依法追究刑事责任，并由公安机关按照《中华人民共和国国家赔偿法》的规定予以赔偿。对不属于赔偿范围但死亡在押人员家庭确实困难、符合相关救助条件的，死亡在押人员的近亲属可以按照规定向民政部门申请救助。死亡在押人员的近亲属及相关人员因在押人员死亡无理纠缠、聚众闹事，影响看守所正常工作秩序和社会稳定的，公安机关应当依法予以处置；构成犯罪的，依法追究刑事责任。

公共服务与个人权利:寻求中国社会秩序, 发展和言论自由之平衡

Yik Chan Chin 著　王振炎译①

一、摘　　要

本文试探讨的内容是,相对于对道德与人文问题的关注以促进公民素质的提高,中国公共广播服务(PSB)政策发展的动力更多是务实性的,旨在维护社会稳定和加强社会凝聚力。真正的PSB政策在大多数情况下应该聚焦于狭义上的"基本文化权利",即能够接触到广播媒体,以及聚焦于无论是城市或者农村,社会大众都可以平等地接触广播网络。PSB政策的其他价值,包括高质量的编辑、独立性和公正性,仍然是比较边缘化的。长期以来,对权威政治模式,社会秩序的优先考虑以及对集团权利高于个人政治和公民权利等观念的遵循限制了该政策的范围。对公众物质利益认同的缺失削弱了任何在 PSB 上有意义的政治性建设。长远意义上的 PSB 政策应该依靠于将关于个人权利和平等的话语合法化,重新树立广播媒体在服务公众和公益时的独立地位以及规范国家在尊重个人作为具有平等且不可剥夺的权利的公民时所应履行的义务。

二、引　　言

近期来,中国政府"公共文化服务"政策的提出使得关于广播

---

①Dr Yik Chan Chin:诺丁汉高级研究中心成员;王振炎:湖南大学法学院硕士研究生。

媒体在中国公共服务中的地位的讨论重新成为关注点。富有争议和模糊性的公共服务概念以及公共广播服务标准模式的缺乏,导致在目前中国社会政治环境下,PSB 政策的目标和原则的确定出现了一系列困境。就这些问题的回答对于 PSB 政策的探讨至关重要,它有助于我们理解 PSB 在中国所应扮演的角色,以及其对中国民众和限制国家权力所具有的意义。

本文试从现实和历史两个层面对这些问题展开讨论。首先,文章将中国 PSB 的规范性概念与典型的自由民主主义进行对比,剖析它们的异同。同时,本文将探讨 PSB 的何种价值和功能将在中国权力阶层的决策中被重视或忽视。既然社会结构取决于对规范和价值具有不同偏好的主流言论的特点,那么规范的概念化是必不可少的(Hall,1993;Tracey,1998;Sparks,1998)。这种将规范性概念与作为参照基准的自由民主制所作的对比,由已获得广泛共识的关于自由主义基本原则的政治理论所调整。

接下来,历史层面的探讨将会从对中国 PSB 政策的起源与发展的分析中展开,同时也引出一些基础性的问题:为何中国的 PSB 会发展成现在的形式? 以及这种形式在它进行公共服务的过程中与规范性标准的匹配性如何? 历史层面的论述也会在充分理解中国公共政策制定过程的自我强化和发展特征的前提下中肯地进行相应探讨(Chin,2011)。

三、对公共服务的呼唤

在中国,全国性公共广播服务[①]最初的建立来自于政府的授权。2006 年 9 月,国务院颁布《国家"十一五"时期文化发展规划纲要》。这份重要文件将"公共文化服务"(CPS)作为未来五年发展计划中文化建设方面的重中之重——这也是中国政府首次明确提出此种概念。公共广播服务(PSB)也成为了 CPS 计划的一部分。

---

①译者注,公共广播包括广播、电视以及其他电子媒体。

虽然在中国,关于 PSB 的学术文献可以追溯到 1980 年
(Guo,1998;Hu,1980;Hu et al.,2008;Xia,1988;Zhang,
1992;Zhao,1998),直到 2007 年官方公布 CPS 政策(Hu,Wang
et al.,2008),相关研究成果才真正涌现出来。这些文献大致可
以分为两大类:①对国外 PSB 发展进行回顾,以及②试图对"公共
利益"和"公共服务"进行定义,并创立中国社会和中国政治语境
下的 PSB 概念。鉴于中国的 PSB 还处于婴儿期,后者至关重要。

自 20 世纪 20 年代 PSB 首次在英国出现以来,至今仍无人能
提出一个完整的相关概念,能适用的统一模式更是少之又少
(Humphreys,1994;Tunstall,2010)。一般来说,在西欧自由民
主制的社会语境下 PSB 被赋予三种主要的标准功能:政治意义
上,它通过对新闻时事独立、公正地报道而服务于民主政治的需
要。文化意义上,它制定并保持高质量的制作标准,同时向民族
性文化资源做出贡献,制定基本的准入规则。社会学意义上,它
促进包容性,加强社会的不同团体的联系(Curran and Seaton,
2003:402;Broadcasting Research Unit in Debrett,2009;Harri-
son and Woods,2001)。

在实质上衡量 PSB 的规范标准在于它与公共利益(PI)的关
系,而所谓的公共利益是一种预设性的高于特定个体的社会公共
福利,或者说共同利益(Feintuch and Varney,2008;van Culen-
burg and McQuail,2003)。PI 的内容仍然备受争议,经常需要对
其重新做出解释,因为在民主和发达国家中,那些有争论的价值
与议题密不可分(Dahlgren,2000;Freeman,2007;Hargrave
and Shaw,2009;McQuail,1992)。需解释的 PI 的内容包括:怀
疑它是否存在;在特定环境下它是否等同于国家利益;在何种环
境下能被视为公益(Hargrave and Shaw,2009:44)。近期在中
国,关于 PI 的实质争论得尤其激烈。

四、公共利益的界定:原则,内容和程序

欧洲的法律与媒体研究理论倾向于将自由民主制理论语境

下的公民权定义为探索此类社会中公共利益的规范性原则的基本依据。如 Marshall 所说:"被赋予公民权是人被视为社会的正式成员的象徵,所有享有此身份的成员的权利义务都平等的受到尊重"(2009 [1952]:150)。公民权与人权交织在一起,长久以来为人们所享有,而这种享有又是根源于个人自由主义。公民权中所谓"公民"包含了"通往个人自由所必需的权利",公民权的政治含义意味着"有权参与政治实践",公民权的社会含义意味着"有权分享社会福利和安定;有权继承相应社会财富;有权依现行标准过一种文明的生活"(2009[1952]:148)。公民权的文化意义意味着能够使个人"参与文化生活,分享科学进程所产生的利益"。寻求公民个人权利和个人利益和诸如政治参与,包容不同意见,公平正义等社会责任和公民道德之间的平衡,对于公民权来说同样不可或缺,因为它对于维护民主政治的健康与稳定有着重要意义(Born and Prosser, 2001; Kymlicka and Norman, 1994: 3353)。公民权是探索 PI 原则的关键,首先,它代表着公共利益和共同的身份,以及平等的个人权利义务;其次,它可以整合公共领域,其正式的法律地位也可以为究竟何种权利义务可以被国家承认从而成为政治存在的争论提供出发点(Born and Prosser, 2001; Dahlgren, 2000; Feintuch and Varney, 2008:108; Morgan and Yeung, 2007; Murdock, 2000; Ranson and Stewart, 1989)。

无论方式如何,在中国关于 PI 的学术争论在原则或精神上几乎都没有达成共识。在概念问题上,Xiao (2009)总结出了十种不同的观点,并总结说其中没有一个要比其他更好或更有说服力。Xiao以及其他关注本课题的专家建议,设计一个合理的程序将所有相关群体和不同意见集中起来确定 PI 的具体内容,如听证程序,而不是试图总结出一个完美的先验定义。后者对实践性的问题几乎不能产生作用。无论是中国还是欧洲的专家都建议通过对话和审议来解决这个问题(Morgan and Young, 2007:36-37)。

然而在中国,公民权并没有作为将 PI 概念化的基础而存在,究其原因,是因为其在中国政治环境下仍具有争议性。首先,中国的官方和学界都倾向于是用诸如"人民"或"个人",而不是"公民"。在中国,"人民"是一个具有政治限定性和排他性的范畴,其成员并不是固定的而是根据政治家的解释不断变化(Kean,2001),而"公民"则不同,它是一个先于实体法的将所有中国人一视同仁的法律概念(Article 33,Chinese Constitution,1982)。宪法同样明确规定"中华人民共和国的一切权力属于人民"(Article 2,Chinese Constitution,1982)。1982 年宪法修订委员会的副主席彭真,在他向全国人民代表大会的报告中强调"无限制的绝对自由和权利在这世上绝不存在……只有当大多数人民的民主权利和根本利益得到确保和发展时公民个人得分权利和自由才能得到充分的确认和保障"(Peng,1982)。即使是自由主义者也承认没有绝对的个人权利和自由,我们需要对其加以限制以防止对他人造成损害和保护公共利益;然而它的原则在于确保所有公民的平等与意思自治,而且"公共利益"是为全民所享有的普遍价值,而不仅仅是一部分人(Swift,2004)。

历史上,因为与全民动员、阶级斗争和集体主义的社会主义目标相冲突,独立的公民权概念在中国一直未被接受(Kean,2001:3)。中国 1982 年宪法第 51 条明确规定"中华人民共和国公民在行使自由和权利的时候,不得损害国家的、社会的、集体的利益和其他公民的合法的自由和权利",最好的情况,此条款将公民的个人自由、意思自治和权利从属于多数人的暴政;而最坏的情况,则从属于垄断了多数人利益解释权的党国制独裁。这种集体主义偏见的以其中一个后果是官方将"公民"这个词汇限定在为适应市场经济需要而提高人们的"公民道德"的活动中(Nathan,1989)。近年来,与上层要去政治改革以及下层政治参与的呼声重新响起一道,公民权概念正持续受到中国学界和公众的关注(Yang,2008)。

中国宪法的确有提到"公共利益",这个词汇也经常出现在法律条款中,甚至在全国人大制订的每部法律都有体现,全国人大常务委员会也经常使用这个词,但它仍没有明确定义(Han,2005)。同样的,也没有明确的司法解释来定义"公共利益"这个词。这种模糊的定义也给予了权威机构任意解释"公共利益"的权力,而这种解释又时常会侵犯和剥夺个头的权利(Ren and Ji,2005)。并不令人惊讶的是,在中国几乎没有关于广播与公共利益之间关系的课题研究。

现如今,在公共论坛有三种公共利益的总结方式。采取一党执政模式,居于领导地位的中国共产党,既然有权对国家利益,社会利益和人民的利益做出定义,因此党和政府的决策也必然符合公共利益。彭真在上文提过的向全国人大的报告中称"既然我们是社会主义国家,国家和社会利益必然是符合公民的'个人利益'的"(Peng,1982)。这种表述将个人、公众和国家利益贯穿于一套完备的理论中。然而,这种论点被欧洲和中国的实践经验证明是站不住脚的,它也被许多中国国内的学者质疑(He,2007;Xiao,2009;Xiong & Zhu,2005)。2004年,中国共产党代表中国最广大人民的根本利益被写入宪法修正案的序文中,这也是宪法吸收三个代表重要思想的结果。

既然公共利益的定义被国家界定,中国的文化部门也被赋予如下职责:"发展国民道德、智力、科学和文化水平";以及"建立一个富强、民主、和谐的社会主义国家";目标在于"传达公共需要和中国社会主义体制的优势"(zhongbanfa,2007,No. 21)。在中国,一些知识分子认为国家在保护公共利益免受利益集团侵害方面扮演者重要角色。依照他们的观点,美国的商业广播模式的最大缺点就在其去政治化、公关公司和它们不道德的手段,向广告商献媚以及与利益集团的密切关系是其堕落的根源(Li,2008;Wang,2008)。总之,无论是西欧的公共广播还是美国的商业广播似乎充斥着经过美化的"自由"价值,在公共服务的名义下,它们事实上却被与日俱增的寻利和寻租行为所催动(Xu，2008)。学者们认为，中国人需要一个平等对待所有社会成员的政府(Pan，2008)。

　　事实上，自 1954 年以来所有的中国宪法都强调国家在确认和保护公共利益方面的角色(Han，2005)。这种倡议与民主社会的一般期望几乎没有差别，那就是国家要代表其公民追求公共利益，提供必要的监管框架和物质资源使其成员能追求更好的生活，也为公共利益提供保障(Buckler，2010；Gearty，2007；Swift，2004)。不同的是，党在历史上一向将社会主义意识形态放在第一位考虑，超越宪法，并将其在社会生活各个领域予以正当化。

　　另外一些中国学者则考虑关于 PI 的更务实的问题：如何应用它，在怎样的背景下，以何种目的。从他们的角度出发，精确的定义的意义要远轻于探索它的具体含义的过程，它在公共政策中的代表性，以及确定何人应该参与公共利益政策的制定。学者们建议 PI 的构建只能通过公开监督下的公众理性探讨。这些学者承认政府在整合社会活动和公共意志方面的合法性，但是质疑政府在解释 PI 时的判断力。无论是政府还是媒体都不是公共利益的"拥有者"或"仲裁者"；但是公众会授予上述二者实现公共利益的权利(Luo and Liu，2006；Xia，2005)。公共利益的构建有赖于现代社会的构建：公民能够对影响他们利益的问题和事件进行讨论并付诸实践。

　　上述倡议难以获得支持，有人总结说，在中国界定公共利益的有效方法需要借助公开的听证程序，这一程序需要行政部门，司法部门和社会大众的参与(Xiao，2009)。

五、界定 PSB 的普遍功能：寻求言论自由，发展和社会稳定之间的平衡

　　在中国社会背景下，既然在如何界定公共利益方面没有达成

一致意见，同样的，在 PSB 的评价标准方面也难以存在共识（Hu et al.，2008）。中国学术界素来抵制照搬西方模式，认为中国虽然要学习西方，但更应该创造出适应中国社会条件，具有可操作性的模式（Shi and Zhou，2006：15）。中国学界重视 PSB 对于一个追求民主、透明、公平和保护少数人权利的社会的象征性意义（Yuan and Xian，2006）；重视 PSB 对于媒体商业化日益加剧时为保持媒体生态平衡而做出的贡献（Guo，2006；Zhang，2008）；重视 PSB 对于缓解社会矛盾，促进政府和公众对话和交换意见方面所起到的作用；重视 PSB 在发展民主、法制和市场经济时所扮演的角色（Yuan and Xian，2006）。有人甚至走的更远，提议说 PSB 应该独立于利益集团，为公众所享有，有着广泛的可参与性，维护社会公平和承担社会责任，同时有利于形成一个自由，公开和平等的氛围来促进社会大众的意识（Shi and Zhou，2006；Shi and Zhang，2007）。

　　齐勇锋，国务院国家发展与改革委员会（NDRC）的一名政策制定者，同意他的同行们关于 PSB 的社会和教育作用的观点，但在 PSB 的机构独立性和媒体在促进公民的民事和政治权利方面所扮演的角色方面有着不同的看法（Qi，2006）。根据齐勇锋的观点，媒体的责任、优先性和自由程度取决于当前社会的发展阶段。中国正处于社会变迁时期，需要对媒体采取更严格的监督，以预防可能导致经济或其他损失的社会混乱和动荡。媒体需要集中精力承担起它们的社会责任，即发展文化、科学和道德水平，创造出有利于公民参与社会管理的渠道，促进达成关于支持改革和制度创新的共识，缓解社会矛盾（2006：21）。齐勇锋的观点旨在将 PSB 的独立性和中立性边缘化，突出其社会凝聚力价值。

　　如齐勇锋这样来自高层的观点表明中国和西方关于国家权力和个人权利关系，以及界定 PSB 的政治自由的价值观的设想的深刻不同。自由民主制将媒体自由视为一种"工具性自由"，它可以代表社会大众提升言论自由的目的与价值（Barendt，2007：

422-4；Gibbons，1998)。虽然为了维护国家安全或社会秩序,民主国家将保留限制言论自由的权力,但不可以采取预先禁令的形式。言论自由在维护个人自由,探索真理,参与民主政治进程,监督公权力以及促进个人发展与自我实现方面有着至高无上的价值(Emerson，1977；Gibbons，1998；Greenawalt，1980；Perry，1984)。有三项原则可以用来证明,独立是寻求真理的前提:①拒绝接受权威的绝对正确性；②能够怀疑已经被普遍承认的事实和观点；③理性的探讨能产生更好的判断(Emerson，1977:740-1)。

相反,一向崇尚精英主义和家长式的中国理论界却认为,公共利益的内容最好由统治者和精英来界定,因为上述二者有着更优越的道德和知识。传统上,中国人也习惯服从于公权力,将之视为真理的代名词(Ci Jiwei,1994 in Kean，2001)。中国政府素来也重视符合统治阶级要求的道德建设(Nathan，2008；Peerenboom，2006:61；Shue，2004:31)。

自由主义先验地将国家视为中立裁判者,预设了一个个人高于国家的社会契约,认为个体有权选择由国家付诸实践的社会规范性议程,或者个体有权在不受国家干预的前提下追求个人发展。此外,"国家的正当权利源于公众的合意",需要对公众负责(Greenawalt，1980:674；Peerenboom，2006；Williams，1971)。因此当公众对所谓公共利益持有不同意见时,一项用于解决此类的程序机制(即选举)就产生了。中国政府合法性的来源并不具有程序性和契约性,而是来自它能够控制局面,维持秩序(Shue，2004)。自 1989 以来,在学术界占统治地位的观点就是,在社会转型时期,应当保证以中国共产党的意志为向导的中央集权的权威性,"以有效地实现现代化,分配公平,政治稳定和国家安全"(Chen，1997；Nathan,2008:33)。对于自由民主制在中国是否具有可行性的强烈质疑至今仍影响着政府决策(Chen，1997；Nathan，2008；SohuNews，2008)。

自由主义将言论自由视为一种道义论的内在价值,它能培养更具反思性和成熟性的个人。要实现自我发展，其思想首先必须是自由的，即使该思想若付诸实现的话可能对社会有损害（Barendt，2007；Greenawalt，1980；Perry，1984）。同样的，自由主义将民事和政治权利摆在第一位，而将经济、社会、文化和集体或群体权利置于其后（Freeman，2002）；同其他发展中国家一样，在中国则将集体权利视为社会发展的主导。执政党将生存权视为其他权利泉源的首要权利（Li and Wei，2011；Peerenboom，2006；Potter，2003）。由国务院出版的 2009 年《中国人权状况白皮书》中强调，"在尊重人权的普遍性原则的同时，中国政府以中国的实际情况为基础，首要发展人民的生存和发展权利"（IOS，2009）。

　　根据自由主义的观点，媒体为个人和群体的信息和意见交流提供最重要的制度渠道；起到监督政府行为的第四等级（新闻界的别称）的功效。既然"任何对媒体沟通作用的限制都普遍地被视为干涉言论（自由）"，那么媒体必须独立于政府（Gibbson，1996:21）。在具有精英主义这些传统、以维护社会稳定和谐为治理目标、重视发展权的当代中国背景下，主流观点鼓吹一种权威制和家长制的传媒（模式），职责在于形成一种支持执政党决策的实践性和合法性的公众意见，"提高国民素质"，推动国家的社会、经济体制改革进程。为达成此目的，强制信息管治以及非对称信息传播等手段经常性的被使用（Zhang，2009）。

　　齐勇锋的观点同意反映出执政党在对待言论自由和社会秩序方面前后矛盾的态度。强制信息管制已经成为增强社会凝聚力的一种障碍（Zhang，2009），"长期的社会结构稳定"有赖于将不同社会利益有效地融合进共产党领导下的政治体制中去（Weng Jiemin et al.，1996 in Chen，1997:606）。言论自由能够起到"形成社会发展与稳定之间平衡的社会管理机制"的功能，允许在非暴力的前提下进行必要的改革，有利于社会稳定（Emerson，1977:742-3）。如果没有任何机会来维护自己的利益，人们就会起来反抗现存体制。"因此,言论自由,虽然可能产生分歧,但是有利于社会稳定"(Greenawalt,1980:673)。这样就不难理解为何齐勇锋会在支持对媒体进行严格监管以预防社会动荡的同时又强调媒体应当承担社会责任,缓解社会矛盾,以及在"公开有序"的前提下为公民参与国家事务提供渠道。

齐勇锋同时强调了自 20 世纪 80 年代以来中国发展方针的最主要特点,即特别注重经济增长和效率。在中国,经济发展目标不需要服从于人的全面发展目标,为了促进经济发展和吸引外国投资的需要而对个人的民事和政治权利进行抑制被认为是合理的。相反,人的全面发展目标则旨在提高个人的教育、医疗、就业以及经济和政治自由水平(Hamm,2001)。言论自由是实现上述权利的基础性权利,同时,信息的自由传播是实现政府与社会有效互动的关键。二者与人的全面发展密不可分(Callamard,2006;O'Flaherty,2009;Zhang,2009)。

这种为了社会秩序和经济发展而抑制个人权利的模式究竟使谁得益? 这样的状况公平吗? 如果不是,那质疑它将是合理的(Freeman,2002:62)。在中国,媒体的角色必须符合执政党的要求:①也是重要的一点,必须服务于共产党的利益,维护其合法性和统治地位;②必须为由执政党定义的所谓"集体或国家利益"服务;③必须为市场服务以维护经济活力;④在不损害高层利益的情况下允许其服务于增强个人言论自由和促进政治参与。然而,为了达成前两项目标,促进公众和执政者的交流和对话时必不可少。以齐勇锋为例,中共宣传部的官员并不忽视公共意见在政策转变中的重要性;公共意见也确实对政策议程和成功实施有影响(参考 Chin,2011)。在高压信息管制政策被证实不能解决民族冲突或缓和社会矛盾的前提下,媒体正日益被视为一种社会调节机制。一定程度上的信息和意见的自由流通有助于增强社会凝聚力,促进政策的顺利实施。

在中国,言论自由并不被作为一项可以促进具有自由思想的人类的自主性和成熟性的基础权利而受到重视。权威主义往往意味着对以统治和被统治为特点的等级关系的偏好，制约权力就需要以一种超越"法令"的心态来确证自己的规则，跳出既有范围，总结和运用一种独立的标准。个人自治地位的上升与（权威）服从地位的下降符合上述目标（Lane，1972：72-73）。公众意见与流通的信息必须保证其中批评执政党的内容不会对党的统治造成显著破坏。历史上，在中国民主与言论自由并没有因为其固有的价值而受到重视，而是作为实现国家现代化的一种方法，甚至以个人自治和民主的权利的牺牲为代价（Lee，2005）。

中国政府已经显露出一些放松对公民自由加以约束的意向（ChinaDaily，2011；Huan & Chen，2008；Tsang，2009；Yang，2008）。在 2004 年的宪法修正案中，添加了一条"我国尊重和保护人权"。这条规定也是保护人权成为现任政府的义务（Li and Wei，2011：18）。2007 年，中国政府将国家发展方针由单一的经济增长修正为构建和谐社会，以及"高效、人本、全面、合作和可持续的科学发展"（CCP，2007）。2009 年，政府颁布《国家人权行动计划》，"协调经济、社会、文化以及公民和政治权利发展，均衡个人权利和集体权利的发展"（IOS，2009；Li and Wei，2011：18；CCPLRO，2008）。该计划承诺按照如下目标发展公民政治权利：①纳入政府常规事务；②有序参与所有层次和领域的政治事务；③能够被表达（通过发展传媒和出版行业以及保护记者权利）；④政治监督（通过改善约束和监管机制）（IOS，2009）。但是，该计划能在何种程度上得到实现，以及有什么样的机构具体负责，至今仍不清楚。

从国际层面上来说，根据国务院在 2001 年签署的《国际经济、社会和文化权利保护协定》（ICESCR），中国政府有保护和实现前者的法律义务。2005 的联合国经济、社会和文化权利大会（CESCR）公布了对中国 ICESCR 协定实施状况的观察报告（E/C.12/1/Add.107，13 May 2005），强调了对中国贫富差距、城乡差距以及对基本生活标准方面的担忧。该报告敦促中国政府放宽信息自由流通,以便使所有的中国民众都能参与文化生活,享受科学发展的便利。

在最近十年里,对 CPS(公共文化服务)以及 PSB(公共广播服务)政策的呼唤已经嵌入了中国社会,政治和法律发展之中。上述领域能检验这些政策以及它们的历史渊源,探讨究竟在多大程度上 PSB 政策能响应广泛的关于上文所述的公权力,发展和私权之间关系的讨论。

六、公共服务政策:平等,全面覆盖以及文化权利保护

PSB 的发展与全国性的文化公共服务系统的构建紧密相连。公共文化服务的概念第一次出现在 2005 年中国共产党向国务院提交的建议书里(CCP, 2005),而正式被官方承认则是在 2006 年国务院公布的《第十一五计划文化发展大纲》里(State Council and CCP, 2006)。

CPS 旨在丰富人民的精神和文化生活,以及构建和谐社会。为了缓解地区之间、城乡之间的社会经济发展差距,以及缓解社会福利系统的危机、填补法律的空白、缓和道德与信任危机、治理腐败,和谐社会志在促进"以人为本的全面发展","社会公平","改革成果为全民享有","健全民主与法制","为了维护社会团结正确地出力发展与稳定的关系"(CCP, 2005; zhongfa, 2006)。因此,全国性 CPS 建构受到社会平等政策目标的引导——通过公共基金扶持实现全民覆盖和平等参与,以及保护基本文化权利和满足人民大众,尤其是低收入人群和其他弱势群体的需要(Wen, 2007; zhongfa, 2006;zhongbanfa, 2007)。中国政府将文化权利定义为受科学文化权利教育的权利,以及享受文化生活,参与文化活动,实现文化创造的权利(CCP, 2008:172)。"基本"文化权利是一种能够接触电视、广播、书籍和新闻的权利(State Council and CCP, 2006)。将文化资源优先分配给少数群体和农村地区的措施以及加强"生产和提供公共文化产品"的方针被引入。CPS

由政府筹划并予以资金扶持，并通过如图书馆、博物馆、电视和广播电台等公共文化机构施行。

CPS 政策并未表明政府有准备成立"公共服务"广播电台的迹象。新媒体仍然被视为意识形态的重要战场，它们归执政党所有以及对于执政党的义务将持续存在。电视剧、娱乐和体育内容的单位生产和发表，以及新媒体的广告、出版、印刷、网络转播和销售部门全部被排除于 CPS 之外，（上述内容）被定义为"文化产业"，它们可以允许混合所有制的存在以提高竞争力和效率（CCP and State Council，2005；State Council and CCP，2006）。政府出资或通过基金扶持来制作高质量、低廉的文化公共服务产品，以满足人们的需求。在新媒体受政治约束，以及公共服务系统的文化产品比较分散的前提下，中国的广播媒体提供的公共服务的核心究竟是什么？这是一个值得广泛讨论的问题。

政府的政策性文件将 PSB 主要视为"全民覆盖"和"平等参与"。国务院下属的国家广电总局分管并起草广播政策和规章，根据该局发展与研究部副主任杨品昉的说法，PSB 将注重城乡发展差距，首先要做到的是实现农村地区广播的普遍覆盖，以及加强城市地区的广播服务质量。广播服务基本上被分为两大块：基础的和非基础的，并区分城市和农村来分别运行。全国范围的广播是一种基本的公共服务，它是由政府建立并对所有国民免费的基础设施。有线电视是非基础公共服务，只在城市和部分农村地区能够收看到。卫星广播室首先是的公共服务，只要有电力的农村地区就能免费享受服务（Yang，2009a，2009b）。

以全民覆盖和平等参与为目标，政府的相关支出主要集中在"乡村连接计划"（CVP）。在 1998—2009 年，中央和地方政府总共在 CVP 项目上投入了 100 亿元，使大约 1 亿农村居民有机会享受广播服务；然而，直至 2009 年仍然有 11.61％的农村居民（约4 千万）还不能享受到此类服务（Yang，2009a：127）。先不管这种基础建设的成功和存在的困难，资金问题和腐败问题已经削弱了

CVP 的效力。

电视被视为 PSB 的核心,它并不做基础或非基础的区分,资金来源完全是靠广告收入。事实上,在中国没有纯粹依靠公共资金扶持的电视广播公司(表 1)。在省级层面,政府补贴站到广播公司收入的 10%,在市级和乡级占到 11%,国家级则占到 22.3%(Yang,2009b:129)。

表 1　2009 年度中国广播收入(十亿元,%)

	收　入	总收入百分比
总收入	185.3	100
政府资金	24.5	13.23
广　告	78.2	42.19
网络服务	41.9	22.61
其他	40.7	21.97

来源:发展与研究中心,广电总局,2010。

现今,广播公司非盈利项目的资金来源于其商业收入的内部交叉补贴。这意味这两个缺陷:①公共服务责任可能有难以实现的危险,因为其投入取决于广播公司决策者的态度;②平等参与可能有难以实现的危险,因为不同广播公司的经济实力和投入能力有差异(Yang,2009a;Zhang,2008b:127)。根据 2008 年的数据,娱乐内容占了省级广播电视网的大多数,而针对农村、少儿、少数民族和妇女的节目只占很小的百分比。杨品明总结说:"虽然在中国广播媒体被定义属于公共服务,但从内容上来看它们的公共服务特征并不明显"(2009a:128)。因此在 2008 年,广电总局特别强调要建立一个 PSB 监管框架,用来规范和指导其目标,服务标准,基础设施和渠道(Gangbanfabanzi,2008,No. 63)。

公共服务节目的资金来源同样充满争议。广播电台认为资金应该来源于政府,尽管它们通过垄断当地市场以获取可观的利润;它们也抱怨说执政党已经要求中央和省级电视广播网进行宣

传和内容编排,过低的利润空间很难再激励它们进行额外的公共
服务(Zhang, 2008b)。国家的决策者回应说政府和广播电台都
应该出资。动用国家资金来雇佣或补贴民营公司进行制作公共
服务内容的提议并不是一个正确的选择:如果真实施起来对管理
者、广播电台和制作方都是一个不小的挑战,因为上述三者都明
显地缺乏透明度和责任感。2009 年,广电总局副局长张海涛指
出,中国的财政部门正在研究一种"文化公共服务系统金融保护
机制",这种解决方案既符合中国实际情况,又具有全面性和可持
续性。

七、公共服务的历程:商业化和社会主义精神文明

虽然直到 2005 年才在国有媒体上出现"公共服务"、"公共广
播"这些词汇,但是早年的中国广播历史的确自发地创立了当代
文化公共服务的基础。中国共产党政府赋予了媒体社会性、政治
性和教育性宣传功能,其中以教育电视台、中国国家电视台
CCTV 的科学与教育频道为代表。

从国家出资到依靠广告收入的转变始于 1979 年,并在 1992
年以后成为普遍现象。这种转变也导致其内容的商业化和社会
教育价值的明显下降。另一个后果则是农村广播电视系统的边
缘化(Zhou, 2006)。作为应对,在成功实施了三个经济社会领域
的五年计划后,执政党启动了一个大规模精神文明建设项目
(1991—2005),旨在提高国民素质(CCP, 1996)。农村地区的文
明化是几个重要政策目标之一(CCP, 1998);2002 年,国务院的
相关政策反复强调要打击"贫困的文化生活,广泛的腐朽思想"和
"色情、赌博和毒品",以及破坏当地农村政府权威的非法迷信活
动。基层建设对于政策宣传和弘扬政府具有广泛民众基础和公
共美德来说日益重要(Guofaban [2002] No.7)。具体措施包括
增加落后地区的投资,加强基础设施建设,扩大国家和省级媒体
的覆盖范围,以及征募文化产业部门将其商业利润再投资到国家
意识形态项目和其他文化活动中去(CCP, 1996; Guofa, 1991,

No.31)。政府同时宣布将加大对国家和地方文化部门的财政支持,给予文化产业更多的经济和税收优惠,鼓励社会进行投资(Guofa,1996,No.37;Caiyuzhi,1996,No.469;Zhu,2001)。

2005 年以前,精神文明建设计划的重点在于扩宽广播电视媒体的覆盖范围特别是农村地区的覆盖范围(Zhou,2006:46)。有两个计划被提了出来:1998 年实施的 CVP 计划,以农村地区为目标;2000 年实施的西藏—新疆计划(TXP),以对于少数民族地区的高度关注为目标。这两个计划都注重基础性设施的构建和维护,以及注重当今国家、省级和地区频道的传输(Zhou,2006:47)。2006 年以后,基础设施建设和扩大弄些地区的覆盖范围逐渐不再成为精神文明建设的重点,代之以反商业化,强调"公共服务"要实现城乡平等,以及保护"基本"权利。尽管有上述变化,在很大程度上这仍然是自二十年以前就开始的举措的持续。

然而,从精神文明建设到公共服务再概念化,都反映出官方意识形态对媒体和个人角色的认识都有一个相对大的改变。

尽管执政党仍然垄断着话语权,但媒体已不再仅仅被视为政府的工具,它还可以有助于"公益"。中国人民不再仅仅被视为消极的受众,而是被视为拥有受到国际法保护的权利的公民。这种转变也许意味着执政者和普通个人新型关系的开始,即公民权的扩张和公权力的缩小。

八、结　　语

本文旨在界定中国 PSB 政策的目标和原则,其对中国人文化、社会和政治生活的意义,以及其对约束和控制政府权力的意义。

从规范的角度来说,西方自由民主制下支撑 PSB 的基本原则必是有助于"公共利益",如发展政治、民事、社会和文化方面的公民权利。在中国,公共利益的内容可以由政府随意解读,虽然这通常会遭到反对阵营的学者质疑,其内容还易于被商业化的政府媒体狭隘化。无法形成共识削弱了任何在 PSB 上有意义的政治性建设，要求确认究竟何为公共利益的呼声与日俱增，因此。中国学术界也呼吁，通过公平和正当的程序来审议公共利益的内容。

根据执政党的说法，政府、社会和个人的利益是一致的，于是他们优先宣扬属于他们的公共利益观，即重视物质财富、国力实力和社会和谐的价值；重视宣传党的道德，知识和科学标准；以及推广狭义的基本文化权利。个人政治和民事权利，比如言论自由和政治参与权，并不被认为属于公共利益的一部分。在中国，宪法又将个人自由从属于集体和国家利益，且在实践中政府把生存和发展等集体性权利置于文化和政治权利之上，这种公共利益的去政治化会更加加剧。

然而，中国的发展策略从经济增长向着以人为本的理念转变，由于需要兑现其对国际人权条约的承诺，政府也有承认某些民事自由的意愿，这些都有可能促进私人权利保护的进步，尽管经济、社会和文化权利仍然是优先考虑的。在保持旧秩序和发展公权力和公民个人之间新型社会关系这样变动的环境下，有关文化权利和公共服务的讲述首次出现在官方的政策性文件中。因此在中国，发展理论和公共利益将成为 PSB 及其未来功能的一部分。

事实上 PSB 政策的发展动力是且仍是狭义的基本文化权利以及对城乡人群能够平等地享受广播电视网络服务的强调。PSB的其他价值，比如高质量的制作、可普遍获得内容、独立和公正性，即便没有被完全忽略，也是比较边缘化的。哪怕政府想兑现对民众的部分权利予以实现的承诺，市场需求、腐败、地区间基础设施的差异、资金和消费能力等一系列问题也对其造成了很大的挑战。从社会主义精神文明建设到"文化公共服务"，PSB 政策在概念上的转变也许是为了更宏观的目标；但始终有一个疑问，为什么政策的内容和范围在二十年以后依然保持不变？我们必须提出这样一个问题，中国政府究竟愿意在多大程度上满足民众对公共广播电视服务的需求。

中国文化公共服务(包括 PSB)发展之路令人回忆起最早的 PSB 的历史,即英国广播公司(BBC),它建立于 20 世纪 20 年代,当时英国社会正处于分裂期。历史通常会有惊人的相似但同时又存在差异。英国最早的文化公共服务概念的出现是基于一种道德目的和社会责任,是为了满足工人阶级在教育和文化方面的需求,同时也是务实的工具性的政治目的,即"教化民众",作为"缓和分裂的社会各阶级之间的紧张和敌对情绪的方法",以及"在既有社会政治秩序下联合工人阶级,防止底层发生暴动的方法"(Scannell,2000:55-56)。BBC 作为公共服务部分,其理念包括服务于公共利益,社会团结和增进民族自豪感。作为独立于政府的公共论坛,BBC 经历了缓慢的发展,以及为争取完全的民众代表制和广播行业的有限竞争而历经了长期的斗争(Scannell,2000)。公共利益概念的政治含义对上述过程至关重要。在中国,正如因缺少高质量公共服务制作的投资所昭示的那样,在中国类似的情形也在上演,原因在于该计划的动力更多是出于维护社会稳定和团结的宣传目的,而非为了公民自身道德发展。事实上,对个人自我发展和意思自治的忽视,以及为了建立政府权威性而继续为政治或知识精英服务的情形将会造成严重的问题,使得在中国实现 PSB 的民主、文化和社会价值的可能性变得微乎其微。

当然,如果中国的公共服务计划和政策想要有长期影响,就必须将个人权利和个人平等的论述合法化,以及承认广播电视媒体在服务大众和公共利益方面的作用,还有承认政府在认同个人作为具有平等和不可剥夺的权利的公民时应当承担的保护义务。和中国所有的公共政策决策一样,PSB 和相关政府政策的发展将是一个长期的、递增的过程。虽然在中国,PSB 的前景并不明朗,但至少"个人权利"和"人人平等"已经有了崛起的迹象。

参考书目

Barendt, E. (2007) Freedom of Speech. Oxford University Press：Oxford.

Born, G. , A. Prosser (2001) Culture and Consumerism：Citizenship, public service broadcasting and the BBC's Fair Trading Obligations. Modern Law Review, 64(5)：657-687.

Buckler, S. (2010) Normative Theory. In D. Marsh and G. Stoker (eds.) Theory and Methods in Political Science, 3rd edition. Hampshire：Palgrave Macmillan：156-180.

Callamard, A. (2006) Development, poverty and freedom of expression. Paper presented at the UNESCO Conference on Freedom of the Media and Development, May 3rd, 2006, Colombo, Sri Lanka.

CCP (Chinese Communist Party Theoretical Bureau) (2008) Facing Topical Theories. Xuexi Publication House & People's Publication House：Beijing.

CCP (2011) Wang Huning. Available at：HYPERLINK "http：//cpc. people. com. cn/GB/64192/106129/index. html".

CCPLRO (Literature Research Office of CCP Central Committee) (2008) Summary of Important Speeches on Scientific Development View. CCP Central Committee Literature Publication House：Beijing.

Chen, L, Wang, C (2006) Television media and public space, Shandong Audio-video Arts, 1：8-11.

Chin, Y. C. (2011) Policy process, policy learning, and the role of the provincial media in China, Media, Culture & Society, 33(2)：193-210.

Council of Europe, Public Service Broadcasting：Report of the Committee on Culture,Science, and Education, Doc. 10029 (2004). Quoted in Bernie Grummell, "The Educational Character of Public Service Broadcasting：From Cultural Enrichment to Knowledge Society," European Journal of Communication, 24. 3 (2009)：267-285 (269).

Curran, J. , J. Seaton (2003) Power without Responsibility. Routledge：London .

Dahlgren, P. (2000) Media, citizenship and civic culture. In Curran J. and M. Gurevitch (eds.) Mass Media and Society. 3rd edition. London: Arnold, 310-328.

Debrett, M. (2009) 'Riding the wave: public service television in the multi-platformera'. Media, Culture & Society, 31(5): 807-827.

Emerson, T. (1970) The System of Freedom of Expression. Random House: New York.

Emerson, T. (1977) 'Colonial Intentions and Current Realities of the First.

Amendment'. University Of Pennsylvania Law Review, 125:737-760.

Esary, A. (2006) Speak No Evil: Mass Media Control in Contemporary China,

Freedom at Issue (A Freedom House Special Report): 1-12.

Feintuch M. and Varney, M. (2006), Media Regulation, Public Interest, and the Law. 2nd edition. Edinburgh University Press: Edinburgh.

Feng Chen (1997) Order and Stability in Social Transition: Neoconservative Political Thought in Post-1989 China, China Quarterly, 35 (7): 635-651.

Freedman, D (2008) The Politics of Media Policy, Polity: Cambridge.

Galligan, D. (2008) The law in modern society. Oxford: OUP.

Gibbons, T. (1998) Regulating the Media. London: Sweet & Maxwell.

Greenawalt, K. (1980) 'Speech and Crime', American Bar Foundation Research Journal, 5 (4):645-785.

Guo, Z. (1998) 'Historical legacy and contemporary explanation of European public service broadcasting'. Guojixinwenjie (Journal of International Communication) 1:49-54.

Hamm, B. (2001) 'A human rights approach to development'. Human Rights Quarterly, 23(4):1005-31.

Han, D. (2005) 'An analysis of public interest in the constitutions'. Faxueluntan (Legal Forum) , 20(1):5-9.

Harrison, J. and L. M. Woods (2001) 'Defining European public service broadcasting'. European Journal of Communication, 16:477-504.

He, X. (2007) 'The Public Interest and State Interest in Public Administration', Journal of Chongqing University of Science and Technology (Social Sciences Edition) No. 3:18-19.

Hill, M. (1997) The Policy Process in the modern state. Prentice Hall: Harlow, UK. Hu, Y. (1980) 'A look at American broadcasting'. Xiandaichuanbo (Modern Communication), 4:93-97.

Hu, Z, J. Wang, X. Zhang et al. (2008) 'Analysis of 2008's hot topics in television studies'. Dangdaidianying (Contemporary Cinema), 40-48.

IOS (the Information Office of the State Council) National Human Rights Action Plan of China (2009-2010). Available at: HYPERLINK "http://news. xinhuanet. com/english/2009-04/13/content_11177126. htm".

http://news. xinhuanet. com/english/2009-04/13/content_11177126. htm, accessed 17 Feb, 2011.

Kymlicka, W. , W. Norman (1994) 'Return of the citizen: a survey of recent work on citizenship theory'. Ethics, 104:352-381. Lane, (1972).

Lee, C. C. (2005) The conception of Chinese journalists: ideological convergence and contestation. In de Burgh, H. (ed.) Making Journalists. London: Routledge,107-126.

Li, S. , Wei, L. (2011) 'Return to human orientation: route for China to secure human rights in the 21st Century'. Human Rights, 10 (1):17-20.

Li, X. (2008) The paradox of Western press freedom. In Li Bin and Li Man, Expanded Reader of the Marxist Conception of the Media. Beijing: Tsinghua University Press:7-10.

Lu, Y. , Liu, J. (2006) 'The public interest principle in media communication'.

Xinwenyuchuanboyanjiu [Journalism & Communication] 4:14-16.

Mao, S. (2009) Transformation and restructuring of China's cultural policy since reform. In Li Jingyuan and Chen Wei (eds.) Report on the Development of China's Public Cultural Service. Beijing: Social Sciences Documents Publishers:42-53.

Marshall, T. H. (2009) Citizenship and social class. In Manza, J. and M. Sauder (eds.) Inequality and Society. WW Norton and Co: New York, 148-154.

McQuail, D. (1992) Media performance: mass communication and the public interest. London: Sage.

Morgan, B. , K. Yeung (2007) An Introduction to Law and Regulation. Cambridge:Cambridge University Press.

Murdock, G. (2000) Money talks: broadcasting finance and public culture. In Busombe, E. (ed.) British television: a reader, 118-141.

Nash, K. (2009) 'Between citizenship and human rights'. Sociology, 43(6):1067-1083.

Nathan, A. (2008) China's political trajectory: what are the Chinese saying? In Cheng Li (ed.) China's Changing Political Landscape. Washington, USA: Brookings Institution Press;25-43.

NDRC (2011) Main Functions of the NDRC. Available at: HYPERLINK http://en. ndrc. gov. cn/mfndrc/default. htm http://en. ndrc. gov. cn/mfndrc/default. htm, accessed 18 Feb 2011.

Pan, W. (2008) Superstition in democracy and direction of China's political reform. In Li Bin and Li Man (eds.) Expanded Reader of the Marxist Conception of the Media. Beijing: Tsinghua University Press,158:168.

Peng, Z. (1982) Report on the Draft of the Revised Constitution of the People's Republic of China. Report presented at the 5th meeting of the 5th National People's Congress in Beijing, 1982, 26 November.

Peerenboom, R. (2006) A government of laws. In Zhao, S. (ed.) Debating Political Reform in China: Rule of Law vs. Democratization. Armonk: New York.

Perry, M. (1984) 'Freedom of expression: an essay on theory and doctrine'. Northwestern University Law Review. 78(5):1137-1211.

Potter, B. (2003) The Chinese Legal System: Globalization and Local Legal Culture. RoutledgeCurzon: London.

Qi, Y. (2006) 'Media's public nature and social responsibilities in a transitional society'. Zhongguoguangbodianshixuekan [China Radio & TV

Academic Journal], 2006,4:20-21.

　　Shi, C. , L. Zhuo (2006) 'The public cultural service demand of public service television'. Zhongguoguangbodianshixuekan [China Radio & TV Academic Journal], 12:14-15.

　　Shi, C. , J. Zhang (2007) Public Service Broadcaster. Wuhan, China: Wuhan University Press.

　　SohuNews (2008) 'Wang Huning: from young scholar to top think-tanker'. Available at: HYPERLINK "http://news. sohu. com/20081024/ n260235669. shtml"http://news. sohu. com/20081024/n260235669. shtml , accessed 9 Feb, 2011.

　　Swift, A. (2004) Political Philosophy. Cambridge: Polity.

　　Tsang, S. (2009) 'Consultative Leninism: China's new political framework', Journal of Contemporary China, 18 (62): 874.

　　Tracey, M. (1998) The Decline and Fall of Public Service Broadcasting. OUP:Oxford.

　　Xia, B (1998) 'The dilemma of American public service broadcasting'. Zhongguodianshi [Chinese Television], 5:157-159.

　　Xia, Q. (2005) 'Public interest and broadcasting regulation in the US'. Xinwenyuchuanboyanjiu [Journalism & Communication], 1:54-61.

　　Xiao, S. (2009) 'Chinese academics' major opinions and comments on public interest', Journal of Yunnan University, Law Edition, 122, 16: 30-36.

　　Xiong, Q. , Z. Zhu (2005) 'The State Interest and Public Interests', Contemporary University Education, 2:1-4.

　　Xu, F. (2008) 2008 Chinese television research report. Available at: HYPERLINK http://academic. mediachina. net/article. php? id = 6060 http://academic. mediachina. net/article. php? id=6060.

　　Yang, C (2008) 'The three stages of Chinese broadcasting public service system construction'. XiandaiChuanbou (Modern Communication), 1: 123-124.

　　Yang, G. (2008) Political Participation. In Yu Keping (ed.) China's Political Reform Towards Good Governance, 1978-2008. Beijing: Social Sciences Academic Press, 55-82. [in Chinese].

Yang, M. (2009a) The practice and developing model of China's broadcasting public service. In Li, J and Chen, W (eds), Report on China's Cultural Public Service Development. Beijing: Social Sciences Documents Publishers, 123-134.

Yang, M. (2009b) The basic features and major tasks of the rural public service broadcasting construction. Available at: http://www. sarftrc. cn/templates/T ＿ content/index. aspx? nodeid ＝ 61&-page ＝ ContentPage&-contentid＝173.

Yuan, Q. , Xian, L. (2006) 'Public service television is inevitable'. Xiandaichuanbou,5:121-123.

Zhang, G. (2008) 'The basic substance of public service broadcasting'. Xiandaichuanbao, 1:119-121.

Zhang, H. (2009) 'Study and practice scientific development model and propel the technical and industrial development of the broadcasting system'. Speech delivered at National Broadcasting Technical Conference. Broadcasting Decision Making, 3:10-20.

Zhang, Y. (1992) 'Comments on the significant changes of Western European broadcasting'. Zhongguoguangbodianshixuekan (China Radio &- Television Academic Journal), 2:104-108.

Zhao, Y. (1998) 'Public interest, democracy, and marketization of American and European broadcasting'. Xinwenyuchuanboyanjiu (Journalism and Communication), 2:25-44.

Zhou, R. (2006) 'Broadcasting ChuChuTong construction: history, present and future'. Xiandaichuanbou, 5:45-49.

政策与法规

CCP（1996）Resolution on Several Important Questions Concerning Strengthening Socialist Spiritual Civilization Construction.

CCP（1998）The Central Committee's Resolution on Several Important Questions Concerning Agriculture and Rural Work.

CCP and State Council（2005）Several Views Concerning Deepening Cultural System Reform.

Caishuizi（1994）No. 89 Regulation on Continuity of Financial Incentive policy for Propaganda and Cultural Institutions, Administrative Regulation, Ministry of Finance and State Administration of Taxation.

Cayuzhi（1996）No. 469 Notice on Budget Management of Taxation on Cultural Institution Construction Fees. Normative document, Ministry of Finance.

Ganbangfabanzi（2008）No. 63 Notice on 2008 Broadcasting Reform. Normative document, General Office, SARFT, April.

Guofa（1991）No. 31 Ministry of Culture Report on Views Concerning Several Cultural Institution Economic Policies. Normative document, State Council.

Guofa（1996）No. 37 Several Rules on Improving Economic Policy in Culture. State Council.

Guobanfa（2007）No. 7 Notice Concerning Strengthening Grassroots Public Cultural Implementation and Construction, State Council. State Council and CCP（2006）Outline of Cultural Development Plan during the Eleventh Five Year Plan.

Zhongbanfa（2007）No. 21, Several Views Concerning Public Cultural Service System Construction. Normative document, State Council and CCP.

Zhongfa（2006）No. 19, Resolutions Concerning Several Important Issues on Construction of Socialist Harmonious Society. Normative document, Central Committee of CCP.

Zhu，RongJi（2001）Report on the Outline of 10th Five-year Plan on National Economic and Social Development. Presented at the fourth meeting of the 9th.

National People's Congress，Beijing.

论死刑的存废

陈海峰①

1 引　言

死刑制度由来已久,要追溯其制度性起源几乎是不可能的,但是废除死刑的观点的提出却是近两三百年的事,随着文艺复兴运动和思想启蒙运动的兴起,自由、平等、博爱、天赋人权等思想得到广泛传播,日益深入人心,意大利学者贝卡里亚正是在这样的背景下,把死刑推上了理性的祭坛,振臂一呼,成为史上主张废除死刑第一人。贝卡里亚的言论引发了后来长达两百多年的死刑存废之争。

人生命的价值具有至高无上性,这是一个具有普遍性和必然性的真理知识的判断。沿着生命权至上这一理路,哲学史上主要可以分为两方观点:一方主张生命权绝对不可被侵犯(绝对论者);另一方对生命权的不可侵犯性做出了附条件、相对的解释,即人人因剥夺他人的生命权而丧失自己的生命权,易言之,杀人者死(相对论者)。本文是围绕着这两方观点进行辩证讨论的。笔者遵循古典自然法学派关于国家权力正当性论证的基本逻辑假设,认为人们曾处于"自然状态"之中;本文中的"法律"一词指代人们为脱离"自然状态"而签订的"社会契约"。笔者认为死刑应该仅仅适用于针对人类生命权的故意犯罪,如故意杀人罪和反人类罪等,文中所表述的"杀人"是指故意杀人,本文对死刑存废

---

①陈海峰,湖南大学法学院 2011 级硕士研究生。

的讨论仅限于上述罪行。

笔者认为,死刑存废这个问题从逻辑推理过程来看,至少可以分为两个层次,即:杀人者是否当死和死刑是否应当被执行。笔者认为要得出这两个问题的答案所要依据的前提和逻辑起点都是不同的,因此应该分开讨论,进而可能得出不同的甚至是看似矛盾的结论。据笔者所知,研究这一问题的学者们往往没有注意或者刻意回避了这一点,而将二者的关系简单地定义为正向联系关系。比如贝卡里亚等人基于死刑是残忍的、极不人道的等等原因认为死刑当废,继而得出杀人者不应该被处死的结论;反之,洛克和康德等人认为剥夺他人生命者的生命应该被剥夺,所以杀人者当死,继而认为死刑的存在是合理的。对此笔者在本文中试图尝试着按照自己的思辨逻辑展开,对死刑存废这个问题发表自己的认识。

2 生命的代价

基于对生命权至上性的共同认识,绝对论者和相对论者对于杀人者是否当死这个问题有着两种不同的解答。绝对论者认为基于生命绝对不可被侵犯这一戒律,任何个人或者国家都无权剥夺杀人犯的生命;笔者将其概括为所有行为止于生命权。这里就存在着一个问题,即当一个穷凶极恶的歹徒持刀向你冲来想夺取你生命的时候,你是否要遵守那条戒律?事实上是无论你怎么做都会违反它,因为这种情况下你选择不侵犯歹徒的生命意味着你要放弃自己的生命,你要保全自己的生命不受侵犯就意味着你要剥夺歹徒的生命。这是自相矛盾的。

相对论者也推崇生命不可被剥夺,但是有例外,即人人都享有生命权,但是人人都会因其剥夺他人的生命权而丧失其自身的生命权。洛克认为:"在自然状态中,人人都有处决一个杀人犯的权力,以杀一儆百来制止他人犯同样的无法补偿的损害行为,同时也是为了保障人们不受罪犯的侵犯,这个罪犯既已绝灭理性——上帝赐给人类的共同准则——以他对另一个人所施加的不义暴力和残杀而向全人类宣战,因而可以当作狮子或老虎加以毁灭,当作全人类不能与之共处和不能有安全保障的一种野兽加以毁灭"①。卢梭认为罪犯得以处死的理由是个人为了避免被杀害,而同意自己破坏契约时要付出生命代价。破坏法律就不是公民,而是敌人,所以可以处死。用他自己的话来说就是:"正是为了不至于成为凶手的牺牲品,所以人们才同意,假如自己做了凶手的话,自己也得死"②。笔者将其概括为所有权利止于生命权。

2.1 社会契约中的生命权

笔者认为,要弄清楚"剥夺他人生命者生命是否应该被剥夺"这个问题,就必须把它放在自然状态的语境下进行研究。首先要明白人们为什么要缔结社会契约。霍布斯认为,在自然状态下,人人生而自由平等,人人都拥有生存权,包括获得维持生命所需的东西如食物和其他必要物品的权利,也包括保障自己安全的自卫权和惩罚权,但是正是由于人性的平等,使人们产生了"达到目的的希望的平等","因此,任何两个人如果想取得同一东西而又不能同时享用时,彼此就会成为仇敌"③。由于缺少一个共同的强力使人们慑服,人性中的恶使自然状态成为一种一切人反对一切人的战争状态。人与人的关系成了狼与狼的关系,人的生活"孤独、贫困、卑污而短寿"④。与霍布斯不同,洛克构建的自然状态是和谐的,人人都可以自由地决定自己的行为,支配自己的人身和财产,而无需听命于任何人,他们行动唯一所要依据的只是理性,理性教导人们自我保存,同时又要维护全人类。但是在这样的自

---

① [英]洛克:《政府论(下篇)》,商务印书馆 1997 年版,第 9 页。
② [法]卢梭:《社会契约论.卢梭文集.2》,红旗出版社 1997 年版,第64 页。
③ [英]霍布斯:《利维坦》,黎思复、黎廷弼译,商务印书馆 1985 年版,第93 页。
④ [英]霍布斯:《利维坦》,黎思复、黎廷弼译,商务印书馆 1985 年版,第95 页。

然状态由于缺乏众所周知的统一的法律和公正的裁判者以及裁判的执行者。人们的权利很不稳定,不断受到他人的威胁。总之,由于人性中固有的恶,在缺乏一个公共强力的情况下,人们普遍受到了他人的威胁(同时他们也有普遍威胁他人的冲动),从而权利不能得到保障,最终"离群索居的人们被连续的战争状态弄得筋疲力尽,也无力享受那种由于朝不保夕而变得空有其名的自由"①,为了保障自己的正当权利,而"觉得最好大家成立契约:既不要得不正义之惠,也不要吃不正义之亏。打这时候起,他们中间才开始订法律立契约"②,所以法律是人们基于理性指引,在经验教训基础上经过利弊权衡后做出的决定,是人们主动要求的结果。这也就是康德所谓的法律是"先验的必然"。

那么社会契约中的内容应该有哪些呢?是否包括对于个人生命处分的规定呢?答案应该是肯定的。因为如前文所述,人们正是为了避免自己的正当权利受到他人的侵害,为了给他人的自由划定界限,从而也愿意让渡出自己的一部分权利。大家共同认可的一个契约精神就是人们行使自由的范围以不侵害他人的自由为界限。无疑,生命权是人享有所有权利中最重要的权利,一切其他的权利皆依附于生命权,易言之,为了保护以生命权为首的权利,人们才要求订立社会契约,所以社会契约首要任务是保护人们的生命权。

对于社会契约中涉及生命权的具体规定,绝对论者和相对论者有不同的观点。绝对论者认为应当是"生命权绝对不可被侵犯",相对论者则主张"杀人者死"。法律的出现是人类在理性的指引下发展到一定阶段的必然结果,法律被作为社会中的人们多

---

① [意]贝卡里亚:《论犯罪与刑罚》,黄风译,北京大学出版社2008年版,第9页。

② [古希腊]柏拉图:《理想国》,郭斌和、张竹朋译,商务印书馆2010年版,第46页。

次博弈的主要依据,而在一个有效的博弈关系中,首先要求每个博弈者都是理智的,其次还要克服博弈中的信息不对称,要使博弈双方都知道彼此的对手是理智的,这样才会建立互信机制,使双方都能按照其理性考量后的行为模式相处。所以社会契约的首要任务就是要消除人们在自然状态下彼此的不信任(这正是他们要建立一个作为第三方的强力的原因),就是要建立互信,就是要每个博弈者的对方知道博弈者自己是一个理智的博弈者(即是自制的,能为自己后果承担责任的)。

2.2　人性与法律

在明白法律应该为何物之前,应该弄清楚人性。人具有人之为人的相对价值,时刻需要恪守着"人道",因为人性是天赋的、先验的。那么人之为人,其最大的特点就是具有理性:所有为人类所珍视的进步都是依赖理性取得的;同时,所有为后人所不耻的罪恶也是凭借着理性犯下的。理性只是一种人类所特有的思维能力,从来不等于必然的正确。人从来不能做到全知全能,理性从来都不是至足的。因此,理性作为指引人类前行的光,不断地修正着作为社会博弈者的人们的行为,但是任何一个人性中都不仅仅只是理性,人性中有自爱自私的本能,因为此,人性中有了固有的恶。柏拉图认为,人性中都分为三个部分,即理性、激情和欲望,而不同的人性中这三个部分所占的比例也是不同的,有的人性中的理性占主导,有的人性中是激情和欲望占主导,根据三部分所占据的比例不同可以分为统治者、护国者和一般的劳动者,而这三阶层的人数是由上往下递增的,即这个社会中大部分的人是被欲望和激情所控制的,对于他们来说最大的美德应该是节制,这也是一个社会存续下去的必要条件。人们需要通过节制来保障他人的权利而最终使自己的权利也得到保障。法律就是要遵循着人性,从而给社会设定一套"自然的"制度。所以人们从自爱的角度出发,通过尊重他人的权利,最后回归到保障自己权利上来。

法律是每个人都应该遵循的行为规则,人们要想在彼此博弈的关系中建立一种互信,就是力图要使得他人相信自己的行为是受节制的,自己的理性会综合考量各种因素后再选择自己的行为,进而控制自己的欲望和激情,不去侵犯他人的权利(因为那样会导致自己的权利也处于一种不确定的状态)。节制包括自制和他制,而法律是一种他制力量,是作为对于自制力不足的人的节制力的一种补充。这就要求人们表态自己会遵守社会契约,尊重被契约所保护的彼此的正当权利。而这种表态的形式应该是一种如果违背则带有不利后果的否定之否定的形式。

文化是一种"半超验"的东西,因为当我们在研究、讨论、解释所有既存或新出现的命题时都是以既有的文化为前提和背景的;但是它又无时无刻地不出现在我们的现实生活中,被人们讨论、继承和更新。基于此,我们或许可以从历史反推历史,从历史的发展中还原历史。让我们来看在历史上曾经存在过很长一段时间的神判,古人十分信仰和敬畏神,认为神是全知全能,公平正义的,一些疑难案件就采用神判裁决。而神判结果无疑在当时是让人信服的,人们认为神判得出的结果是正义的。神判制度之所以使人信服,其内在的逻辑是这样的:神是全知的,任何罪恶在神面前将无处遁形,而欺骗神的后果是严重的(神判的种类有火审、水审等后果非常严重的方式),如果当事人(人们认为他也是认为神是全知的)敢于接受神判,就意味着他敢于承担所有恐怖的后果,而当事人正是通过否定了这些恐怖的后果(欺骗神的后果)发生的可能性来证明自己没有欺骗神,即他是无辜的一方。易言之,神判的逻辑就是当事人通过否定之否定的形式来肯定自己的主张。

由于人性中固有的恶,作为一种他制力存在的法律,用否定之否定的方式表达的语言命题语义更加强烈,这也是作为一种具有强制力的具体规则的必然要求。所以对于生命权神圣不可侵犯性的表述,"杀人者死"比"生命绝对不可侵犯"更加正义,作为法律制度中的话语更加科学。首先,这两种表述都强调了生命权的不可侵犯性,前者是通过对侵犯他人生命的行为的否定来实现的,后者是通过正面的强调。但是,后者虽然规定了生命的不可侵犯性,却没有规定惩罚措施,就是说,后者的逻辑终点止于此,即生命绝对不可被剥夺,如果有人侵犯了这一戒律,那么杀人者还可以援引此条来保护自己的生命不被剥夺。而前者不但通过否定之否定的形式来强调了生命的不可侵犯性,而且还规定了惩罚措施,使之更有威慑性和可操作性。贝卡里亚说:"促使我们追求安乐的力量类似重心力,它仅仅受限于它所遇到的阻力……它是人不可分割的感觉"①,我们制定法律的目的就是要设置一个外在的强力,以弥补人们自制的不足。因为如果每个人都是理智的、自制的,那么就根本无需制定法律了,而我们设定法律的目的就是要以他制弥补自制不足,威慑潜在的犯罪者。某种意义上讲,每个人都是潜在地犯罪者,因为人性的自爱自私,人性中的欲望的存在,"没有一个人为了公共利益将自己的那份自由毫无代价地捐赠出来,这只是浪漫的空想。只要可能,我们当中的每一个人都希望约束别人的公约,不要约束我们自己,都希望成为世界上一切组合的中心"②。所以,法律需要具有强制性,尤其是刑法。"杀人者死"的表述通过否定之否定的形式,也保证了逻辑的严密性和一贯性,它以生命价值高于一切为逻辑起点,设定其为普世原则,认为人人都是对生命极大尊重的(包括自己的和他人的),如果一个人对生命极大的敬畏,珍爱自己的生命同时也绝不侵害他人的生命,这就证明了事实上也就尊重了他自己的生命,如果一个人侵害了他人具有最高价值的生命权,那么他事实上也

---

①[意]贝卡里亚:《论犯罪与刑罚》,黄风译,北京大学出版社2008年版,第76页。

②[意]贝卡里亚:《论犯罪与刑罚》,黄风译,北京大学出版社2008年版,第9页。

就否定了生命不可被剥夺这一戒律,那么剥夺他的生命并不违反他的自由意志。如康德所指出的那样:"'如果我们杀人,我们将受刑'这句话的没有别的含义,它只是说:'我们自己和所有其他公民同样遵守法律'"①。相反,如果订约者只愿意写"生命绝对不可侵犯",那么我们也可以这样理解,根据此戒律,人们并没有把对他人侵害自己生命的惩罚权让渡出去,如前文所述,这就有悖于立法的目的。如前所述,"生命绝对不可侵犯"的规定,对于不去犯罪的自制的人来说是没有区别的,因为那样的规定不会引起他们去犯罪,但是对于杀人犯来说却是有利的,所以,表达了生命圣神不可侵犯的一条规则的两种表述,显然效果是不一样的,否定之否定的"杀人者死"更有利于保护自制的人,而正面肯定表述的"生命绝对不可侵犯"却有利于杀人犯。而且我们可以理解为人们实际上要求博弈的对方绝对不能侵犯自己的生命,但是任何一个有意犯罪的人来说都可以用小于自己生命的代价去侵害他人的生命,这是任何一个理智的博弈者都不愿意发生的结果。这也有悖公平正义,不利于对生命的尊重。笔者在此处重复强调,只是为了论证笔者的观点即:对于侵害生命这一结果的否定是对生命价值的最大肯定。

2.3 杀人者死

我们认为人们同意"杀人者死",这并不意味着人们让渡出了生命权,而使其交由他人支配。事实上,人们的生命仍然牢牢地掌握在自己的手中,"杀人者死"这样的规定,对于每一个自制的人是没有危害的,因为那条戒律是被动的、消极的,只有被触犯的时候才会发动,任何人不得依据其他理由来剥夺我们的生命,否则,他们将会付出甚至是生命的代价。人是自由且理性的,康德

---

① [德]康德:《法的形而上学原理》,沈叔平译,商务印书馆 1991 年版,第169 页。

认为人们的道德"乃是纯粹实践理性自身的自律"①,普芬道夫认为人应该遵循的所谓自然法原则就是指社会化,人心中的理性能使人超越本能的束缚。人类的理性必然要求人们社会化,这就要求人们遵守作为纯粹实践理性的基本法则:"要这样行动,使得你的意志的准则任何时候都能被同时看作一个普遍立法的原则"②,即要求人们在交往中要普遍地采取他人的态度。并且要求"你的行动,要把你自己人身中的人性,和其他人身中的人性,在任何时候都同样看作是目的,永远不能只看作是手段"③,人们依据自己的纯粹理性"为自己立法",根据自己的自由意志来选择和决定自己的行为。我们认为,如果说一名具有理智和责任能力的自由主体做出了故意杀人选择,而这是在他根据自己的理性考量后,在意识到道德法则的情况下有意识地采取了违背道德法则的行为的话,那么对他采取一种他可预见到的不利后果其实是对杀人犯作为主体的人格的尊重。而杀人犯不仅违反了法律,更是对自己作为理性存在的自由意志的践踏。而法律作为一种外在的他制力量,其合法性和权威性却是来源于每个作为自由存在的人内心对理性的践行。所以从根本上说,杀人犯对自己的行为已没有任何辩护的理由,因为这是他作为理性的人经过自由抉择后做出的选择。即使可能的确存在着一些社会原因。

综上所述,笔者认为杀人者当死,国家基于人们让渡的惩罚权,为了保护人们的生命安全而应当对杀人犯处以死刑。那么执行死刑是否可行呢?笔者的观点是:杀人者当死,国家应该对杀人犯处以死刑,但是,由于生命的神圣不可侵犯性和人类理性的

①[德]康德:《实践理性批判》,关文运译,商务印书馆1960年版,第131页。
②杨祖陶、邓晓芒编译:《康德三大批判精粹》,人民出版社2001年版,第303页。
③[德]康德:《道德形而上学原理》,苗力田译,上海人民出版社1986年版,第81页。

易错性这两点原因,使得国家执行死刑不能。为了使笔者的观点更加明晰,就要我们先来对其他关于死刑存废的观点进行下梳理和讨论。

3　理性的易错性

自贝卡里亚以降,主张废除死刑的观点是众说纷纭,贝卡里亚作为首倡废除死刑者,他的废除死刑的观点是有启发意义的,笔者试图从贝卡里亚的废除死刑的原因切入,并对其他废除死刑的一些观点进行思考,最后提出自己的看法。

3.1　贝卡里亚废除死刑的理由

贝卡里亚的第一个理由就是"刑罚承诺论",他说:"人们可以凭借怎样的权利来杀死自己的同类呢?这当然不是造就君权和法律的那种权利。君权和法律,它们仅仅是一份份少量私人自由的总和,它们代表的是作为个人利益结合体的普遍意志。然而,有谁愿意把对自己的生死予夺大权奉予别人操使呢?每个人在对自己做出最小牺牲时,怎么会把冠于一切财富之首的生命也搭进去呢?"①他认为人们在订立社会契约的时候不会将自己的生死大权让渡出去,所以国家所凭借的权力中没有包含处置人们生命的权力。笔者对这一观点表示质疑,笔者认为他颠倒了逻辑。按照他的说法,人们貌似是被动地不情愿地让渡权利给国家,所以在此基础上,人们尽量做出最小的牺牲,让渡了最小的自由。但是如前所述,无论是在霍布斯还是洛克构建的自然状态下,人们都因为没有一个公共的强力而导致人们的自然权利很不稳定,人们为了使得自己的应然的权利变成实然的权利而联合起来并制定法律,所以法律是人性的必然产物,是人们基于理性的指引和约束,为了克服在完全自由的状态下人性中的恶,即不断受到他人的侵扰(当然他们也有侵害他人的冲动甚至行动)而主动要求

---

①[意]贝卡里亚:《论犯罪与刑罚》,黄风译,北京大学出版社2008年版,第52页。

制定的。为了保护权利之首的生命权,必然要求人们把生命权的问题包含在社会契约中,笔者在前文还已经论证了用否定之否定的表达方式即规定"杀人者死"是一种更正义的表达方式。根据"被制定和被接受的诺言必须要遵守"原则①,杀人者应当被剥夺生命。况且,严格地来讲,规定"杀人者死"其实并不意味着人们把自己的生命权让渡了出去,人们让渡出去的只是惩罚权。

贝卡里亚还主张用终身监禁来替代死刑。他的这个观点是以功利主义为理论根据的,他认为:"刑罚的目的仅仅在于阻止罪犯再重新侵害公民,并规诫他人不要重蹈覆辙"②,他认为对于罪犯来说,终身监禁相对于死刑更具有威慑力,能给罪犯造成更大的痛苦,而且对于民众更有警示意义。他说:"如果把罪犯变成劳役犯,那么,这种丧失自由的鉴戒则是长久的和痛苦的","同人们总感到扑朔迷离的死亡观念相比,它更具有力量""我们认为:如果把苦役的受苦时间加在一起,甚至是有过之而不及"③,而死刑的执行或许会引起人们的怜悯之心,进而减弱了死刑的警示意义。首先,笔者认为贝卡里亚认为终生监禁比死刑更具有威慑力的结论也是没有依据的,因为我们认为人类最大的恐惧在于未知。而死亡是人生最终的哲学问题,没有人知道死后会发生什么,正出于对死亡的未知,才使得人人都想逃避死亡。而且这是一条显而易见的真理,其深浅程度不超出任何中等智力水平的认识范围,你可以在贩夫走卒间得到印证。其次,即便那么按照贝卡里亚的逻辑,他主张废死刑,而以终身监禁替代实际上并不是从尊重杀人犯的生命权、人权等角度出发,而是认为生命短暂的

①[德]康德:《法的形而上学原理》,沈叔平译,商务印书馆1991年版,第21页。
②[意]贝卡里亚:《论犯罪与刑罚》,黄风译,北京大学出版社2008年版,第49页。
③[意]贝卡里亚:《论犯罪与刑罚》,黄风译,北京大学出版社2008年版,第54—56页。

一瞬间的消逝远不及那漫长的苦难所带来的痛苦,如果按照这种逻辑推下去,无疑会得出这样一个结论,即若按照贝卡里亚标准的罪刑等价来分的话,终身监禁应该是在死刑之上的一种刑罚,因而适用于杀人犯。而这显然是没有把人当作目的来看待,而是把罪犯当成了实现功利目的的工具。

3.1.1 对于贝卡里亚死刑废除论的正确解读

其实,对于贝卡里亚废除死刑的观点所做出的历史贡献,笔者认为除了其首倡意义之外,主要体现在他以废除死刑为武器而像政治权力进行的批判。我们应该把贝卡里亚在《论犯罪与刑罚》一书中的第十六章"关于死刑"和其他四十一章联系起来,我们发现对政治权力的批判是贝卡里亚在《论犯罪与刑罚》一书中的主要线索。比如他在书中对于统治者对法律的随意解释,用财产刑对公民财产的随意侵犯,滥用逮捕和刑讯逼供对公民人身权利的随意侵犯等政治权力滥用现象做出了批判。因此,任何不是建立在对其文本精确的考察之上而仅片面地对其结论进行驳斥是没有意义的。

3.2 其他废除死刑的观点

有学者认为死刑没有尊重人的人格尊严,只有废除死刑才能彻底地表现出对于人生命的信仰。如邱兴隆教授在《死刑哲学(二)》开篇的死刑断想中这样写道:"我们不应忘记,当我们判定一名罪犯该死时,我们所判定的也许就是人该死。相应地,我们更不能忘记,在我们拯救一名'该死的罪犯'的同时,我们也许就是在拯救人类自身。"对于其中的"当我们判定一名罪犯该死时,我们判定的也许就是人该死"这句话,笔者是有不同意见的,从逻辑上来讲,我们否定一类物的整体必然导致否定它所有的部分,但是反之,我们否定该类物的其中一部分时,并不能推断出我们否定了其全部。正如前文所述,我们认为"杀人者死"这一观点其实也是从生命至上性这一前提出发的。

还有人认为由于死刑制造了痛苦,是不人道的,所以主张废除。我们当然也极力反对那种极端残忍的死刑方式,比如车裂、凌迟之类。但是随着人类文明的发展,那种野蛮的死刑方式早已被废止,目前执行死刑的方式主要是枪决,电椅,注射等,随着社会的进步,以后处死的方式也许会更加人道化,但是如果我们在此前提下仍然吹毛求疵,一味强调死刑的"不人道",那么这将陷入误区,因为人性中固有的恶必然要求刑罚的存在,而恶害性是刑罚的本质属性,只有此才能有效地制止犯罪,而且刑罚的恶害性不能小于罪犯的犯罪所得才有效果,刑罚发展史证明了这一点,曾经出现过的矫正刑阶段,由于刑罚的恶害性降低,导致犯罪率上升,社会不安定因素增加。如果一味地去刑罚的恶害性,苛求人道,那么剥夺人身自由的自由刑人道么?能使你一无所有的财产刑人道么?这些是否都要废止呢?这样是否意味着我们要回到无政府的自然状态中去呢?笔者认为我们当然要讲究人道,保障人权,但是这些应该在一定的前提下讨论,如在死刑执行方式中我们尽量用减轻犯人痛苦的方式结束他们的生命,在犯人服刑期间除了自由之外的所有基本人权都应该得到保障。所以笔者认为在讨论任何人类社会中的制度的时候,都要时刻铭记人性本恶这一前提。否则我们的研究和讨论必然会偏离理性的指引。

支持废除死刑的学者们还有一个看似强有力的观点,就是罪行等价原则,主张讲究罪刑均衡而排斥死刑。罪行等价原则是指要根据罪行的大小来决定刑罚的轻重,轻罪轻刑,重罪重刑,罪刑相称,罚当其罪。在罪刑等价主义者看来,刑罚是对犯罪的一种回报。我们应该把犯罪行为从轻到重列一张表,同时把刑罚也从轻到重列一张表,并使之一一对应。贝卡里亚提出了罪刑阶梯论,他认为刑罚是为犯罪者开出的一份"价目表",他指出我们可以找到"一个由一系列越轨行为构成的阶梯,它的最高一级就是那些直接毁灭社会的行为,最低一级就是对于作为社会成员的个人所可能犯下的、最轻微的非正义行为。在这两极之间,包括所有侵害公共利益的,我们称之为犯罪的行为,这些行为都沿着这

无形的阶梯，从高到低顺序排列"①，与犯罪的阶梯相对应，贝卡里
亚指出："那么也需要有一个相应的、由最强到最弱的刑罚阶梯。
有了这种精确的、普遍的犯罪与刑罚的阶梯，我们就有了一把衡
量自由和暴政程度的潜在的共同标尺，它显示着各个国家的人道
程度和败坏程度"②。所以，根据价目表，你所犯的罪行越重，你要
付出的代价越昂贵。一般主张废除死刑者认为，首先，死刑存在
着不可分性；一个人最多只能被执行死刑一次，他不能被判半次
死刑或者两次以上死刑，而他犯的罪行的严重程度可能不同，比
如杀一个人和杀十个人，杀人的手段方式也可能有不同。而自由
刑具有可分性，可以判低至 6 个月，高至无期徒刑，可以根据罪状
不同而给它们定不同的价格。其次，罪行等价是指评价对等，而
非要求刑罚的结果要与犯罪行为造成的后果二者之间具体性状
的等同，即不要求"以牙还牙，以眼还眼"，易言之，只是要求采取
的刑罚在评价体系中顺序的位置与该罪行在罪行中顺序的位置
对等即可。因此他们主张在现在社会里，自由刑已经替代了肉刑
作为对故意伤害罪的处罚，那么对于剥夺他人生命者也无须采取
死刑作为其惩罚手段。即如果废除了死刑，那么在刑罚体系中最
重的刑罚就变成了无期徒刑，那么对于杀人犯的处罚就应该是无
期徒刑。

　　笔者必须对此提出不同的观点，首先，对于他们认为的死刑
具有不可分性而自由刑具有可分性这个观点，笔者认为，自由刑
固然可以从 6 个月到无期，但是对于处置杀人这种犯罪来说，它
也是不可分的，因为杀一个人应该被处以终身监禁，而杀十个人
也是被处以终身监禁。其次，对于他们基于肉刑的废除而类推主

---

　　①［意］贝卡里亚：《论犯罪与刑罚》，黄风译，北京大学出版社 2008 年版，
第 76 页。
　　②［意］贝卡里亚：《论犯罪与刑罚》，黄风译，北京大学出版社 2008 年版，
第 76—77 页。

张废除死刑的观点,笔者认为可以用足球比赛的规则来进行比喻,我们知道,在比赛中,球员如果一般犯规,裁判可以予以警告,如果严重些,裁判会出示黄牌,除非球员的犯规行为很严重而直接被处以红牌罚下场的处罚外,我们假设红牌是死刑,黄牌是其他的刑罚,球赛就是社会生活,在生活中,我们有社会契约,有活动规则,我们可以把处以红牌的行为之归结为故意侵害他们人生命那一类行为,除此之外,其他的行为由高到低排列,对应的是黄牌或者警告等其他处罚。这样我们就可以看到,如果你杀人了,那么你必然会被红牌罚下场,因为你破坏了这个游戏规则的底线,因此你不再具有成员的资格,而且在剩下的这场比赛中,你都不会再有机会上场,即你应该被处以死刑,剥夺只有一次的生命。如果你犯了其他罪,则你最多被处以黄牌,处以黄牌的球员是还可以在球场上踢球的,刑满之后,他受到限制的权利就恢复正常,不受限制,应该和自由人享有一样的权利。笔者认为这是基于生命的至上性而决定的,生命神圣不可侵犯应该被视为是社会契约的最高条款,除非违犯了这一戒律,否则公民作为社会成员的资格就没有被完全、永远的否定,而公民的成员资格的背后就是其加入契约的合同目的之所在——生命权在这个社会中被一切成员所尊重,神圣不可侵犯。

笔者固然认同罪刑等价原则,认为这是作为刑罚历史发展过程中人类理性回归的结果,刑罚的威慑力不在于过度的严苛,而是在于罪刑等价的基础上刑罚对各种罪行的差别评价,要对不同种类的罪行处以严厉程度不同的刑罚以凸显每种刑罚相应地保护的各种法益的不同的价值位阶。所以笔者认为对于单纯的经济犯罪应该处以单纯的经济型,刑罚随着犯罪行为侵犯的法益的加重而加重,直至对于故意杀人等剥夺他人生命的罪行处以死刑。刑罚的结果就是要是剥夺罪犯通过犯罪行为所得到的利益,刑罚加诸罪犯的害恶要大于或至少等于犯罪得到的利益,那样才能够有效地制止犯罪。事实上罪刑等价说的鼻祖康德和黑格尔就是持保留死刑的观点,因为他们认为生命是无价的,任何自由刑和财产刑都不能折算的。笔者以为目前人均寿命的增长速度远不及不同类型的犯罪增长的速度,导致有限的自由刑幅度下(最多八十年)要给各种形形色色的犯罪"标价",容易导致恶害性不同的犯罪被处以同类刑罚,这样无疑在一定程度上损害了刑罚的公正性。

主张废除死刑的其他观点还有"死刑过剩",认为没有证据证明死刑的威慑效果比其他刑罚的好,同时一些废除死刑的西方国家废除死刑后犯罪率并没有明显上升,正如美国学者赛林所讲:"迄今为止,没有可靠的经验证据证明死刑的作用大于终身监禁。"但是笔者认为,首先,这些统计结果尚有争议,甚至存在完全相反的结论。① 其次,即便在废除死刑后犯罪率果真没有明显上升,但是这并不意味着废除死刑后犯罪率会下降,其实所谓的"死刑过剩"也可以这也解读"迄今为止,没有可靠的经验证据证明终身监禁的作用大于死刑"。

还有人认为死刑的存在会对刑罚会产生消极效果,即罪犯在行凶后为了逃避惩罚而杀人灭口,甚至会有"杀一个垫背,杀两个赚了"等变态想法,针对这个观点,笔者认为,首先,我们应该严格地限制死刑,即把死刑只应用于故意杀人等剥夺他人生命的恶害性极大的犯罪行为。这样就避免了出现"法令滋彰,盗贼多有"的情况。假设,秦朝法律没有规定迟到就处以极刑,而只是规定杀人者死,那么陈胜吴广就没必要揭竿而起了,同时,因为法律的差别规定,凸显了对生命的保护,迟到和造反的法律后果是截然不同的,他们如果作为一个理智的人,会选择结果对自己最有利的

---

① 美国学者恩利克以大量统计分析的方法得出"在美国每执行一起死刑,遏制了7—8起杀人案"的结论。另一位美国学者扬克运用同样的方法得出"每执行一起死刑可遏制156起杀人案"的结论。当然,也有相反的结论,如每执行一起死刑,导致杀人案增加1至2起。参见邱兴隆:《死刑专号》,中国检察出版社2001年版,第9页。

行为的话,就断然不会造反了。其次,对于某些变态来讲,他们违犯法律并造成极端的后果是法律所不能避免的,如某些人在盗窃中行凶杀人,他们逃避的不是死刑的后果却也会行凶。因为法律中的制度设计考虑的是一般理性的绝大多数人在做理智的选择权衡时会考虑的成本收益,而极个别的缺乏理智者只能作为特例因其缺乏普遍性而不应该被吸收进制度设计中去。

还有人认为国家处死罪犯其实是以暴易暴,法律规定不能杀人,自己却在杀人,这是在用错误在惩罚错误,其本质还是错误的。笔者认为:这是国家在行使公民让渡的惩罚权,洛克对惩罚权的定义就是"谁使人流血的人亦先使他流血"①。而恶害性对于刑罚之必要笔者已经在前文详细论述过。否则按此推论,法律规定不可妨碍自由,却以自由刑处置违法者;规定不可侵犯财物,却以罚金处置违法者,如此所有刑罚皆应废除,人们将回归到自然状态。

综上可得,以上各种废除死刑的观点所缺乏的恰恰是康德所要求的具有普遍必然性的知识论证,经不起逻辑的推敲。其实我们很清楚地知道,死刑最大的功效是特殊预防,社会成员为了避免自己的生命被杀人犯威胁而把杀人犯作为一块坏死的烂肉从社会系统中剔除出去,而如果用终身监禁来替代死刑,无疑会加重社会的成本,社会要提供监狱,食物,看守人员等等成本,而且还有隐藏的越狱风险。

3.3 执行死刑不能

综上所述,我们可以得出国家应该具有执行死刑之权,但是笔者认为国家却因不具有执行死刑的能力而不能执行死刑,因此而多出的对死刑犯处以终身监禁的成本是人类社会为生命所承担的必要代价。因此,笔者是坚定地支持废除死刑的。笔者认为

①[英]洛克:《政府论》(下篇),叶启芳、瞿菊农译,商务印书馆1964年版,第7页。

杀人者固然该死,死刑应该由国家基于公民让渡的惩罚权而执行,但是一个全知全能的强力是不存在的,国家不是上帝,不是万能的,死刑最终会落实到人去执行,一个死刑案件要经过调查,逮捕,取证,审判,执行等等环节,而任意一个环节都有可能出错的,由于人性中的不足,官员会贪腐,职员会渎职,侦查人员会刑讯逼供等等都会导致错案的发生,而一旦出错,其结果无疑是不可挽回的。笔者认为,基于生命的神圣性,死刑只能由上帝来执行,从这种意义上讲,人类因为理性的易错性是无权处分人的生命的,这个权力只应该归上帝行使。因为错案的存在,也就是说每个人都存在着被冤枉而最终失去生命的可能。即便在我们审判的 10 万个死刑案件中,只有 10 起是错案,也许这从统计学上来看那只是个很小的数字,从概率上来讲那也是很小的盖然性事件。但是如果还原为事实就是 10 条无辜的生命。如果我们是真正地认识到了生命的神圣性的话,我们就会觉得,哪怕这个社会出钱养活 99 990 个杀人犯,那也是值得的,因为只要哪怕执行了一次由于人类的理性不足而导致的死刑错案,那也是对生命权的最彻底的蔑视,那也是对全人类的犯罪,再次强调,因为那种错误会可能降临在任何一个人身上。

4 结 语

综上所述,唯一基于惩罚权而享有死刑执行权的国家是无执行死刑的行为能力的或者至少可以说其执行死刑的行为能力是被限制的。所以,关于死刑执行,国家是有权力而无能力,国家是应执行死刑而不能!

同时,死刑的废除对于保护公民的权利也很重要,因为人性的不足,国家的权力存在着本能的扩张倾向,无论是在贝卡里亚写《论犯罪与刑罚》的 18 世纪还是当下,都存在着公权力滥用的现象,国家把所谓的公共利益置于公民权利之上,公权力肆意扩张,甚至可以随意剥夺公民的生命权,刑罚发展所经历的威胁刑阶段就是那样的一段历史,国家以刑法为武器,统治、掠夺、残害公民。死刑变成了"一场国家同一个公民的战争"。所以,基于对于人性中恶的防范,我们应该彻底在制度的设计中规避这个制度性风险,即废止死刑。

最后,笔者认为基于对真理的敬畏而废除死刑与基督教教义中生命神圣的精神是一致的。我们应该怀着对真理的敬畏而信仰上帝,我们可以把基督教中的上帝理解为永恒的真理,把他视作真理的化身,他全知全能。基督教对于我们最大的意义在于提醒人们在上帝(真理)面前的无知、叛逆以及原罪,在一个疯狂的社会中,往往是没有信仰,人人极度狂妄无知的,有多少罪恶假借自由之名进行呢? 在法国大革命时期,人们认为自己的理性是无限的,他们推到了上帝神像,树立起了自由之神,但是随之而来的是无数人被送上了断头台,人们生活在恐怖中。我们对上帝的信仰要我们时刻保持自省,在理性面前持谦卑态度。而废除死刑正是对人类理性的信仰,对人类生命的敬畏!

因为生命价值的至高无上性,因为人性的不足,所以我们要订立社会契约保护生命不受侵犯,作为他制力量的存在的法律必然具有恶害性,对于生命价值最大的肯定是通过对侵犯他人生命的后果的否定来实现的,所以国家有权执行死刑。正是因为生命的神圣性,任何对生命犯下的错误都是对这个神圣戒律的背叛,由于人理性的易错性,使得国家不具有执行死刑的能力。笔者认为这个结论是有意义的。

浅谈美国医药化对于女性生育自治的影响

曹薇薇①

一、摘　　要

保障生育自由对于女性的福祉有至关重要的作用，不仅仅因为妊娠这一艰难的生理过程发生在女性体内，更因为在分娩后女性通常承担养育孩子的主要责任。因此从生育自治从质的层面来说，无疑对于女性是极端宝贵的；从功能主义的层面来说，对于整个人类的发展也是宝贵的。根据美国哲学家劳拉·帕迪所总结，对于女性生育自治产生负面影响两个最重要因素为贫困和一些尝试诋毁生育自治的错误信条和信仰。② 然而，近几十年来，另一社会现象成为抑制女性生育自治的另一大因素，即在寻求分析，解释和解决社会问题时过分依赖医学知识和技术，也就是本文将讨论的"医学化"。尽管生育自治重大意义，但是其在许多社会，即使是生活和医疗水平都处于世界领先水平的美国，都没有被充分地重视。本文从道德和功能主义两方面讨论了女性生育自治的重要性，并尝试分析在美国，医疗团体和机构的政策对于女性生育观点形成的影响。同时，本文将对美国一部分州立医院关于人工减少妇女妊娠胚胎个数政策规定进行分析，以此来探讨当美国的医药化如何限制女性的生育自治。

---

① 曹薇薇：湖南大学法学院教师，法学博士。
② Purdy，L，'Women's reproductive autonomy'，J. Med Ethics，2006：287-291。Wells College，哲学教授，主要研究领域是适用伦理和女性主义，倡导学生应该用批判主义态度分析伦理以及政治问题。

二、女性生育自治的意义和面临的新旧危机

当代美国最著名的生物法和伦理学家之一约翰·罗伯森曾提过一个经典的观点,即没有什么比尊重女性生育自由更能提升女性健康和福利。① 当然,这个论点的成立首先建立在假设了满足实现自治的先决条件的基础之上,比如有令人满意的医疗卫生、良好的教育和各种能够维持自我在社会生存的手段。生育自治的具体含义有很多,如果充分讨论开来,可以轻易地写成一本厚厚的书。在本文中,笔者仅仅采用其最狭义的含义——可以决定是否和怎么孕育后代的权利。有一点需要注意的是,虽然此文的生育自治与罗伯森的生殖自由概念有许多相似之处,但两者却不完全相同。探讨女性的生育自治的重要性当然不能离开生育自治这个更广泛的概念,因为后者对于女性的福利也是具有重大意义的。如帕迪所说,将女性自治置于更广泛的自由框架之内的需求将引导我们去批判的思考当前对于生育自治的理解。从帕迪的观点看来,生育自治和生殖自由又是一个依附生存的关系。

近几十年来,欧美医学领域新的生育科技,比如人工授精,试管婴儿,不断给人类带来新的惊喜和希望,但与此同时,新的问题也相应而生:是否这些新兴辅助繁殖科技总是从正面影响女性生育自治? 人类生殖逐步医学化是否能真正推进女性生育权利保障的进程? 这是两个需要我们深入思考的问题,由于时间和篇幅的限制,本文虽然会对这两个问题进行一定的分析。

帕迪提到过,虽然确保女性能够拥有实现生育自治的先决条件所需要的资源仅仅是人类总资源的很小一部分,但是这种自治却在许多社会不被优先考量,甚至被一些信条信仰所排斥;贫瘠和反生育自治的信仰系统能够一起互作用限制女性进行基本日常选择的能力;生育自治不仅仅被一些错误的信条信仰所排斥,

---

① Robertson J. Children of Choice: freedom and the new reproductive technologies. Princeton: Princeton University Press, 1994.

其实现也被种族歧视和资本主义无休止的贪婪本性所侵蚀。① 那些排斥女性生育自治的信条信仰的存在不单单是个别的现象。在西方社会,最有影响力的莫过于《圣经》以及相应的文献,例如将女性的起源描述为亚当的肋骨,从而将其贬低为男性的从属。另一个有巨大影响的反女性生育自治哲学观点为亚里士多德关于理性的看法,比如将合法化个人目的和反集体功能视为缺乏理性的自然因素。②这种哲学观点趋向于将各个女性自治的生育选择看作是不理智和需要控制的因素,从而将其贬低为会影响集体的利益和整个社会的发展。然而,近几十年来,另一社会现象和错误的信条成为抑制女性生育自治的另一大因素:在寻求分析,解释和解决社会问题时过分依赖医学知识和技术,即本文将讨论的"医学化"。

如摘要所提到的,保障女性生育自治具有重大的实质和功能层面上意义。这点在 1994 年开罗的人口会议上已经被国际所认可,这次会议强调了如果不能为女性提供满足生育自治所需要的先决要件,例如保障人身安全和保证少孩或者无孩的女性仍然能够有充足的社会价值,那么满足整个人类基本需求就只能是空话。这次会议也提出了如果健康,教育和女性赋权方面增加资源投入,就会对减少人口总出生率有关键作用。③ 全球资源的有限要求我们实现可持续发展,放慢人口增长速度无疑是一个重要的步骤。同时,放慢人口的增长也能够间接将女性从生育领域解放出来,从而去处理人类面临的许多重要社会和政治问题。虽然理论上这些问题已经被重视,但是在现实生活中,保障女性福利,特别是生育自治,往往成为空话。

---

① Purdy, L, 2006.

② Roberts, D. Killing the blank body: race, reproduction, and the meaning of liberty. New York: Pantheon, 1997.

③ United Nations International Conference on Population and Development. Cairo, Egypt, Sept 5-13, 1994.

　　罗布森在其书生殖自由和新兴繁殖科技中提到,在过去的二十年里美国右化的大趋势严重腐蚀了近年在促进女性生育自治方面所做的努力。在美国,右翼党人采用了传统基督教的观点去试图影响各个医疗机构关于为女性提供生殖健康服务的政策,例如堕胎手术和长效避孕措施等。① 反生育自治的观点不仅仅存在于传统的基督教信仰中,在穆斯林的一些教义中也有所体现。仅仅基督教和伊斯兰教在每个国家由于其历史和当地文化的不同而有所不同,它们都趋向于质疑尊重女性生育自治的必要性。例如,伊斯兰教中对于选择不生育的女性采取了一种轻蔑,甚至是仇视的态度。本文不企图去更新那些倡导女性自治的观点,但尝试从那个伦理道德和政治必要性来分析这种自治的重要性,并且深入地探讨尊重自治所需的条件。

三、北美关于尊重女性生育自治的理论基础和现实状况

　　西方关于自由模式的理论上是支持女性生育自治的。美国著名的法理学家罗纳德·德沃金曾论证过,即使传统的基督教义认为胎儿生命具有价值,这并不能成为反对女性作为已经存在的社会人类,进行堕胎选择权利的立法依据。② 但这种传统的自由主义却被北美一些女性主义学者所批判,例如马瑞莲·弗莱德曼认为传统自由主义理论中关于女性生育自治的部分过于肤浅,因为其不能保证在生育自治和其他利益相违背的情况下,前者仍不会被忽视。③ 再如,尽管约翰·罗布森所提倡的生殖自由在北美学术圈被认为是比传统自由主义理论更为激进的理论,但在一些女性生育自由和其他利益,例如社会的发展,相矛盾的关键时刻,

---

①Robertson,J,1994.

②Dworkin,R (1993) Life's Dominion New York:Alfred Knopf.

③Friedman,M (2003) Autonomy,Gender,Politics Oxford:OUP.

他却声称女性的利益应该屈居下位。

帕迪声称,尽管当前,在美国和加拿大,法律体系,包括立法和司法判决,和日常的医患关系已经接受了大量的大众和学术审查。但是,相对较少的关注被直接给予医疗机构政策制定这一对女性观点形成和改变产生重要作用的角色。① 在美国和加拿大,大型医学团体和各个医院的决策常对女性生育自治有相当大的影响。即使美国和加拿大的《堕胎法》在罗伊诉韦德案(1973)后基本确定下来,但对于各州关于堕胎的法案修改依然深受这些医疗机构自定政策的影响。

罗伊诉韦德案为美国判例法上具有巨大影响的案件之一,其确定了在妊娠的前三个月,堕胎的决定可以由怀孕妇女与其医生商量后做出。尽管这一政策里隐藏的医生家长制度被许多学者所批判,但这一政策在一定程度上保证了堕胎手术可以按需提供。因此,各个州法律不同程度地放开了对堕胎手术的限制。但是,在罗伊诉维德案件中,最高院的判决也为各个州间接制定限制堕胎政策大开后门,比如在某些州,需要术前咨询,二十四小时等待期等等;在妊娠的靠后期,各个州可以以女性的健康状况或者胎儿生命权为由来规制堕胎。② 由于各个州关于堕胎立法有一定的自治权,美国许多州立医院都出行了关于在妊娠到一定周数后禁止提供堕胎手术的政策。有些医院甚至在在妊娠某个阶段后完全地禁止申请堕胎手术;一些医院内部培训项目也将堕胎从妇产科项目中删除掉了。因此,现在美国许多州医院完全不提供堕胎手术;与此同时,反堕胎激进分子针对堕胎诊所的暴力行为

①Purdy，L，2006.

②Sawicki J. Disciplining mothers：feminists and the new reproductive technologies. Disciplining Foucault：feminism，power，and the body. New York：Routledge，1991：67-94.

也使得愿意提供堕胎手术的医疗从业者人数变少。[①] 同样的,在加拿大,尽管堕胎已经被"去犯罪化"了十五年左右,医学团体和各个医院也利用各个地区的立法自由和规制真空状态来限制女性堕胎。这些现象都可以归因为北美社会的医药化,这一概念将在下一节中继续讨论。

四、医药化和关于人工降低妊娠胚胎个数的规定

"医药化"(medicalisation)首先由西方社会学家在 20 世纪末提出。简而言之,医药化可以概括为在当前文化趋向于将非医学的社会问题用医学知识和技术来进行分析和解答。医药科学在20 世纪中开始逐步进入社会科学领域,具体表现为用医学术语定于社会问题,用医学知识回答社会问题以及使用医学技术去回答和解决社会问题。[②] 社会问题医学化成为让女性不能为自己生育自治发声的一个重要原因;与此同时,这种医学化也变成了女性主义批判当前医疗保健的一块奠基石。医学化通常趋向于将政治,个人和社会的问题降低为医学问题,因此科学工作者用所掌握的医学知识任意解释和解决这些问题的权力。[③] 因此,在很大程度上,医学化起迫使女性从医生,而非自己的角度来看待自己的身体和做相应的生育选择。

在北美社会中,女性在生育医疗领域丧失自治权的问题存在已有半个世纪之久,甚至逐步在严重化。因此让社会重新认可女性生育自治权重要性是一个相当难的过程。[④] 例如,在美国,尽管

①Riessman CK. Women and medicalisation: a new perspective. Soc Policy 1983: 83-121.

②Conrad, P Medicalization and Social Control 1992(18) Annual Review of Sociology 209-231.

③Sawicki J. Disciplining mothers: feminists and the new reproductive technologies. Disciplining Foucault: feminism, power, and the body. New York: Routledge, 1991: 67-94.

④Purdy, L, 2006.

自从罗伊诉维德案件依赖,女性在早期妊娠期间的堕胎自主权已被宪法所认可,但法律却不能有效地保证各个医疗机构都能为女性提供堕胎手术。自20世纪50年代,各种生殖科技在西方发达国家迅猛发展。但是,科技的发展并没有想人们所想当然地增加女性生育自由。相反,北美地区的一些医疗机构却利用州立法的自治性来制定相关政策限制女性自主选择的权利。

美国自20世纪70年代以来,多胞胎妊娠个案大增。其原因归结于辅助繁殖技术中的卵巢刺激术广泛使用。① 一旦接受卵巢刺激术受孕成功的女性,妊娠一般会有两个甚至两个以上的胚胎。如果妊娠多胞胎的妇女成功产下胎儿,便也就是我们日常所说的多胞胎,例如三胞胎,四胞胎,甚至八胞胎。当然,女性的子宫最好是只为一个胚胎提供生长环境,因此孕育越多胎儿就意味着对母体和所怀的孩子都会越有风险。比如,一胎所怀的孩子越多,母亲健康越危险,其中一个胎儿甚至所有胎儿都越容易患上严重的疾病。最近美国的科学研究表明最安全和质量高的孕育胚胎个数应该是一胎一个;同时,孕育双胞胎比单胞胎的风险高出一点,而孕育三胞胎又比双胞胎更加危险。如果妊娠个数达到四个或者四个以上,风险将成倍增加。② 一个有效地降低多胞胎妊娠风险的方法是在怀孕早期采用人工干预手段去除一个或者一个以上发育质量相对较差的胚胎。这个治疗方法本身也会对孕妇和其他胎儿造成一定风险的,因此其较为常见采用于妊娠四胞胎或以上的情况,因为在这些情况下,孕妇健康所受到的风险和胎儿致残的风险是远远大于人工减低妊娠胚胎个数手术所带来的风险的。运用此项手术在妊娠双胞胎和三胞胎妊娠中的优

---

①Warnock,M,'Do Human Cells Have Rights?'1987;(1)Bioethics 1-6.

②Sawicki,J,1991.

势就远不如其在四胞胎或者以上的妊娠中的效果。①

当然，四胞胎或多于四胞胎在多胎妊娠中并不常见，较为普遍的仍然是双胞胎和三胞胎。如笔者刚才提到的，孕育后者的风险又比前者更大。因此美国许多州医疗机构根据医学风险数据对比，制定了一项政策，即根据需要提供用人工干预的方式将妊娠的三个胚胎降低为两个，但是拒绝提供两个降为单个的手术。需要思考的问题是，是否医疗机构拥有简单的根据差距不大的医学数据来决定否决女性拒绝孕育双胞胎的生育自治权的权力？

回答这个问题之前，需要想一想将三胞胎妊娠人为降为双胞胎和将双胞胎降为单胎在伦理道德上有什么不同。美国，甚至整个西方法域，有关人类生育法律法规的制定常常与基督教传统教义紧密相连，例如《堕胎法》。在基督教文化，一旦受孕即代表有了灵魂，所以胚胎和一出世的婴孩在道德地位上是没有区别的，因为直至 20 世纪六七十年代，在孕妇的生命安全不因为妊娠而受到严重的威胁情况下，擅自堕胎常常是被以谋杀罪论处。从道德层面上来说，将三胞胎妊娠将为双胞胎妊娠和将双胞胎降为单胎本质上是相同的。三降二和二降一在动机，方法和行为结果上都是相同的，即采用人工干预的方式，为给其他胚胎营造更好的发育环境和为给孕妇健康带来更好的保障，人为地造成孕妇体内某一个胚胎失去出生的权利。因此，美国这些医院的政策允许三降二而禁止二降二逻辑层面上来说也是自相矛盾的。如帕迪所论，美国这个自相矛盾的政策非常好地体现了当前社会的医学化已经逐步侵蚀关于女性生育选择的规章制定。② 这一政策的制定也展现了医药化赋予了美国医疗机构过量的权力，其决策机制可

①ESHRE Task Force on Ethics and Law. Ethical issues related to multiple pregnancies in medically assisted procreatior. Human Report 2003;18, 197-1979.

②Purdy, L, Medicalisation, medical necessity, and feminist medicine. Bioethics, 2001(15) 163-183.

以擅自脱离道德根基和哲学根本。

五、被遗忘的生育自治

允许"三降二",禁止"二降一"的政策不仅仅在道德和逻辑上找不到一个合理的理由,更为严重的是这个政策在很大程度上侵害了女性的生育自治,从而将怀孕妇女由拥有自主权的主体贬低为需要服从单一的医学命令的客体。当然,此文并不是要说服读者相信相关医疗数据和医学知识无足轻重。但是,对于双胞胎和三胞胎妊娠成功率和致残率的医疗统计数据和医学工作者的建议仅仅只能成为女性做出最终决定的参考意见。如本文前半段所论,妊娠发生在女性体内;妊娠后养育孩子的责任常常更多的落在母亲身上;而母亲也是孕育多胞胎风险的直接承担人,因此其不单单应该拥有可以选择"三降二"的权利,也应该具有能做出"二降一"决定的权利。

如贝克维特所论,怀孕和生育绝不仅仅,也不主要是医学事务(medical matters),而是意味着创造一个人类和组建一个家庭(shaping a life and creating a family)。因此,在决定是否采用人工干预手段将多胞胎妊娠改为双胞胎或者单胎妊娠时,即将出生的孩子和准父母的家庭环境(特别是准妈妈),心理质素、意愿和财政状况等非医学因素都应该作为考量依据。[1] 人们常常会对三胞胎的父母们即将到来的财政和繁忙的家政压力产生同情和理解,然后双胞胎的父母们所面临的压力却在很大程度上被我们忽视。即使在美国社会,人们趋向于认为即将迎来一个孩子和即将迎来两个孩子的个人压力和家庭财政负担的差距微不足道。但是,事实可能与人们所想当然的差距甚远。对于准妈妈来说,尤其对那些家庭条件不是特别理想的妇女,同时养育一个婴孩的负担和责任远远小于同时养育两个;即使对于家庭条件相对好的妇

---

[1] Berkowitz RL, et at. The current status of multifetal pregnancy reduction. Am J Obstet Gyncol 1996(174) 1265-1272.

女来说,差距也是显而易见的,比如,当前美国劳务市场大部分待遇好的工作都倾向于招收没有或只有较少养育孩子责任的女性。[①]

因此,仅仅以医学数据和知识作为制定提供相应生育服务政策的参考依据本身不但不能达到其所宣称的促进母亲健康和家庭幸福的目的,还会因为忽略了女性的生育自治而造成对女性和其家庭福利的侵害。尽管在美国社会,医疗科技的发达被广泛认为是增加人类生育选择的一个重要因素,但是实际生活中,因为种种诸如此类的受医学化影响的法规和政策,女性的生育自治反而被进一步地限制。如罗布森所说,尊重女性生育自治绝非只是一句响亮的口号,而需要实实在在地去除掉那些限制女性进行选择的医学化的条款。[②]

---

①Purdy, L, 1996.
②Robertson, J, 1994.

20世纪90年代交通基础设施的私有化和规制：取得的成功以及在未来需要修补的漏洞

Antonio Estache[①] 著　陈海峰译

1　引　言

　　20世纪90年代见证了交通政策自由化的热潮，正如戈麦斯-伊瓦涅斯和迈耶(1993)在对20世纪80年代的观察中已经注意到的那样，[②]这进一步加强了私营商和投资者在全球交通基础设施投资领域的回归。随着市场经济的发展，这个过程始于美国。在20世纪80年代，里根总统和布什总统持续推进开始于20世纪70年代末由民主党政府发起的放松规制运动（1978年开始放松航空业规制，1980年开始放松铁路和货车运输规制），英国紧随其

---

　　①Antonio Estache：世界银行专家。作者感谢 J. Campos，J. Carbajo，G. de Rus，N. De Castro，J. A. Gomez-Ibanez，K. Gwilliam，M. Juhel，J. J. Laffont，G. Nombela，O. Betancour，John Strong，L. Thompson 和 L Trujillo，他们在本文涉及的很多问题上向作者提出了许多宝贵的建议且/或与作者进行了讨论。当然本文所得出的所有发现、解释和结论都完全由作者个人负责。它们不一定代表了世界银行及其执行董事和董事们所代表的国家的观点。

　　②许多随意的观察者不知道这实际上是私营部门在那些创建了第一批的铁路公司和公共汽车公司，甚至是一些主要的机场、港口和道路的私有垄断部门被国有化五十年后尤其是在发展中国家中的回归。大多数西方国家的国有化进程始于两次世界大战之间，20世纪30年代的经济大萧条的结果之一就是政府对市场的干预和掌控能力大大加强，很多欧洲国家出现了社会主义政府。而在发展中国家，国有化进程往往发生地较晚一些，它是发展中国家用作摆脱自身的殖民地身份，实现国家独立的一个举措。

后,同时还有拉美以及东亚各国也纷纷效仿。在这些国家中,人们关于政府角色的观念的改变以及对由公共垄断者提供的服务质量的不满共同刺激了私人交通运营商的回归。然而,对于很多发展中国家来说交通基础设施私有化的主要推动力通常是某种类型的财政危机。削减公共支出的需要迫使务实的政府在巨大的基础设施投资要求前——在可预见的未来这笔支出平均会占到发展中国家每年 GDP 的 4%—6%——向私营部门寻求帮助,以把有限的公共资源用于填补财政赤字,提高公共服务质量以及投入到一般而言都存在资金不足问题的领域如教育和医疗。

私营部门在交通基础设施领域投资增长的必要性并不意味着公共部门的完全退出,它将要继续在许多融资风险大,投资回报率低,难以吸引私人投资者的项目上进行投资。而且它还必须要为该行业制定政策和策略。主要的改变是它不再是之前自我约束的公共服务的提供者,而是一个独立的对于大量的私人运营商的活动进行规制的监管者。这种新的角色定位很重要,因为不是每种运输活动都是竞争性的。事实上,运输重组往往会在地方上形成运输基础设施的寡头垄断。此外,即便存在着竞争,即市场准入是可行的、可取的,也需要对安全或者服务质量进行公共监管以确保运营商不会通过这些质量变量来削减投入。20 世纪90 年代的国际经验表明虽然从公有制到私有化的转变大体而言较为顺利,但是公共部门从自我监管的经营者向作为私人垄断和其他"市场的失败"的独立监督者的角色转换要比预期的更具挑战。这一改变了的政府角色在很多国家仍然需要重大调整,以确保私人投资可以持续地获得预期的效益和投资回报。

本文盘点了政府在这方面取得的主要成就同时也强调了政府在这个部门中承担新角色时可能会面临的主要挑战。本文的结构如下:

第 2 部分对于导致私人在 20 世纪 90 年代期间大量参与到运输部门的主要事务进行了略述;第 3 部分讨论了 1998—1999 年

的经济危机对于私人未来在新兴经济体内投资运输业的影响;第
4 部分提供了关于由跨区域重组导致的一些私人参与的形式的一
些证据;第 5 部分介绍了在运输业中引入竞争的方式;第 6 部分
讨论了政府的新角色以及政府所面临的主要挑战,这些挑战必须
尽快得到解决以确保通过额外的私人参与所获得的增益不仅仅
是额外的投资,而是所有的使用者都能分享到的长期效益;第 7
部分对全文做了总结。

2　交通基础设施中私人参与的全球趋势

关于过去十五年放松规制浪潮成果的一个有用的、即便是不
甚完美的指标是由私人部门承建的新的交通基础设施项目的数
量。① 在 1985—1998 年 10 月期间,全世界估计有 1 004 个新交通
运输项目,总价值超过 5 800 亿美元的公共工程进行了规划和/或
融资。这当中,大约有 50% 是收费公路,25% 是铁路项目,其余的都
是机场和港口项目。一个有趣的细节是,这些项目中有不到 25%
的工程在 1998 年底正在兴建,这表明放松规制虽然可以激发热情,
却不保障都是私人部门的投资。我们在对发达国家和发展中国家
之间的差异进行一个更详细的考察后可以得出一些有用的见解。

2.1　发达国家

表 2 显示了在过去十五年里出现的新规划的私有项目中,发
达国家只占 25%。而就价值而言,发达国家的项目所涉及的金额
巨大,占世界全部规划项目总值的 40%。这表明发达国家的项目
的平均规模远远大于发展中国家的项目规模。发展中国家仅用
了 60% 的资金建设了全世界 75% 的规划项目。

---

① 显然这作为指标不甚完美,因为交通运输建设的发展和资本市场,尤
其是地方市场的发展具有很大的关联。现在还不清楚私有化和放松规制在
刺激投资方面各自起到多大的作用。此外,严格的跨部门数据比较必须十
分谨慎,因为显而易见,一些部门例如道路部门的项目计数往往大大高于其
他部门例如铁路部门的项目计数。

表 2　发达国家的规划项目(1985—1998 年 10 月)

	收费公路		铁路项目		机场		海港		总计	
	数量	美元(百万)	数量	美元(百万)	数量	美元(百万)	数量	美元(百万)	数量	美元(百万)
北美	37	11 783	15	30 791	27	4 821	3	1 315	82	48 710
美国	27	8 839	13	23 091	24	3 071	3	1 315	67	35 316
加拿大	10	2 744	2	7 700	3	1 750	0	0	15	12 194
西欧	69	8 922	65	74 878	13	13 406	3	111	150	97 317
比利时	1	430	0	0	0	0	0	0	1	430
丹麦	1	1 890	2	805	0	0	0	0	3	2 695
芬兰	1	255	0	0	0	0	0	0	1	255
法国	4	8 121	3	2 430	0	0	0	0	7	10 551
德国	5	5 888	3	5 597	2	4 707	0	0	10	16 192
希腊	5	7 254	2	715	3	3 328	0	0	10	11 297
冰岛	1	70	0	0	0	0	0	0	1	70
爱尔兰	2	52	1	70	1	170	0	0	4	292
意大利	0	0	3	18 000	0	0	0	0	3	18 000
荷兰	0	0	0	0	1	1 600	0	0	1	1 600
葡萄牙	9	5 303	3	3 129	1	2 000	0	0	13	10 432
西班牙	17	7 778	3	5 151	0	0	2	64	22	13 010
瑞典	0	0	1	590	0	0	0	0	1	590
瑞士	0	0	1	12 500	0	0	0	0	1	12 500
英国	23	21 881	43	25 891	5	1 601	1	47	69	49 419
亚洲	15	20 001	16	3 648	14	33 079	2	42	47	56 770
澳大利亚	14	5 601	15	3 494	11	4 463	2	42	42	13 600

续表 2

	收费公路		铁路项目		机场		海港		总计	
	数量	美元(百万)	数量	美元(百万)	数量	美元(百万)	数量	美元(百万)	数量	美元(百万)
日本	1	14 400	0	0	2	28 400	0	0	3	42 800
新西兰	0	0	1	154	1	216	0	0	2	370
总计	121	90 506	96	110 218	54	51106	8	1468	279	163 609

资料来源：Public Work Financing（1998），"1998 International Major Projects Survey"，October，PWF International.

　　表 2 也显示了美国的一些创举，英国是美国最积极的追随者，我们可以在英国找到很多类似的做法，同时也可以在澳大利亚国家层面以及州层面发现很多放松规制的举措，这些改革激发了私人极大的积极性。在欧洲，绝大多数的盎格鲁-撒克逊，北欧和南欧国家的放松规制运动在铁路和公路领域催生了很多新的私人项目。在欧共体推动该部门自由化的刺激下，其余的欧洲大陆国家正准备追随。[①]从各子部门的角度来看，显然收费公路和铁路项目吸引了最多的关注，而在发达国家，老旧的港口似乎并不需要很多新的投资。在澳大利亚、英国和美国，投资则主要集中在机场项目。

2.2　发展中国家

　　表 3 总结了世界银行建立的一个关于发展中国家的数据库。它所含的内容不同于其他公共工程数据库，它把重点放在了实际

----

　　①欧共体在运输服务领域的自由化努力开始于 1986 年的建设一个商品和服务自由流通的"内部"空间的决定。进程虽然缓慢，但是至 1998 年，航空运输和道路货物运输都已经实现完全自由化。在铁路方面，尽管随着对基础设施和其他事项进行会计分离的要求的提出，相关的讨论已经早在 1991 年就开始了，但是只取得了很少的进展，自那时起，绝大部分的进展都是关于准入规则的。另外一个主要的成就就是统一了各国很多的技术规范。

交易而不是规划项目上。它涵盖了 1990—1997 年所有在发展中国家中签订的资产剥离、特许权/专营权以及经营和维护合同,公共工程数据库中包含的绝大多数项目都是在那段时间里发生在发展中国家和转型经济体中的。① 表 3 中列出的数值显示了私人部门通过签订合同承诺支付的实际投资。在这十年里,私人运营商已经承诺向短期至中期的交通基础设施项目投资约 650 亿美元——约占发展中国家 GDP 总量的 1%。②

表 3　发展中国家和转型国家中的资产剥离、特许权与经营和维护合同以及投资承诺的数量(1990—1997 年)

	非洲	东亚	东欧	拉美	中东	南亚	总计
机场							
交易次数	3	5	5	11	0	1	25
价值(百万美元)	58.8	2 597.4	694.1	388.3	0	125	3 863.6
港口							
交易次数	3	36	3	36	5	7	90
价值(百万美元)	0	5 086.2	0	1 704.9	370.5	833.1	7 994.7
铁路							
交易次数	3	7	1	26	0	0	37
价值(百万美元)	0	7 483.3	0	6 208.1	0	0	13 691.4
公路							
交易次数	5	102	2	93	0	6	208

---

　　①亚洲金融危机使得世界范围内的基础设施领域中的新项目和交易活动在 1998 年处于低谷。

　　②从这些数据上看,这里需要提醒读者的是,发展中国家 1997 年的国民生产总值约为 6 万亿美元,而全球国民生产总值大约是 30 万亿美元。这表明尽管私人融资在交通运输部门建设的相关方面起着很大的作用,但是在基础设施的整体投资需求中,仍将只占较小的一部分。

续表 3

	非洲	东亚	东欧	拉美	中东	南亚	总计
公路							
价值(百万美元)	426	18 567	1 086	18 794.8	0	63.5	38 937.3
总计							
交易次数	14	150	11	166	5	14	360
价值(百万美元)	484.8	33 733.9	1 780.1	27 096.1	370.5	1 021.6	64 487

资料来源：The World Bank (1999)，Private Sector Participation in Infrastructure Database。

　　表 3 反映了在互信互利的基础上,在交通运输领域的一些工程中,私人部门的参与可以扮演十分重要的角色。由于在这些领域和活动中对私人资本的需求强劲,因此商业风险是可控的,私人参与对于它们来说尤其重要。交通改革的项目和新投资的数量很好地阐明了私人参与的兴起,这和宏观经济调控一起在1990—1997 年被带到了拉丁美洲和东亚。① 事实上,这两个地区吸引了近 90% 的交易量和大约 94% 的投资承诺。这两个地区在1980 年代受益于其对于资本的巨大需求,许多投资者认为他们在当地找到了投资的天堂,这些地区显然已经学会了如何处理他们的宏观经济问题,并且从最高信用等级所允许的借贷数额以及世界资本流动过剩中受益。

　　与在发达国家中的情况一样,投资主要集中在铁路和公路部门,因为公共铁路服务在所有的国家中都同样欠缺。如何削减铁路和公路运输成本是一个难题,那需要大量的投资来恢复并改善整体的经营水平。这变得越来越明显,即无论是高效的物流还是多式联运的机会对于提升政府竞争力来说都是必要的。这意味着要改善铁路服务而不是依赖卡车来进行长途货运。同样,大城

———————

① 由于 1998 年的宏观经济问题,项目流枯竭。

市里和市际间的交通拥堵现象变得越来越普遍。发展中国家与发达国家之间主要的区别在于在过去的一年里,新兴国家的港口行业也发展很快——再次展示了解决高物流成本问题的需求。

这些改变中最显著的成果就是私人部门将在交通运输服务中扮演很重要的角色。全世界有超过 30％的铁路服务(总公里数和每公里乘客数量)是由私人运营商提供的。① 在拉美和东亚的经合组织国家中,对于机场和港口的投资和经营也越来越多地落在了私人手中,美国除外。然而,在交通运输领域私人投资仍远不能被视为主力。即便是在公路部门,在低交通量道路的建设中仍然需要大量的公共投资,收费公路正变得越来越重要,占据了交通需求越来越大的份额,例如在阿根廷和巴西的一些地区。可以预见,在未来的一段时间里,政府仍然很难单凭财政支出来发展交通运输业以满足快速增长的对交通运输力的需求。在英国撒切尔政府引入私有化浪潮后,交通运输服务应该是姓公还是姓私问题就已经不再仅仅停留在讨论上了。现在对于很多国家来说,交通运输私有化是个避不开的问题了,因为政府再也无力作为成本高昂的交通运输基础设施的唯一经营者和投资者了。②

大多数政府在对早期的经验进行研究之后,近来都得出了相似的结论。大约有 73％的项目实际上发生在后半段时期(1995—1997 年)。事实上,约 45％的投资承诺是在 1996 年之后做出的,仅 1997 年一年就占了约 30％。这也说明了制定有关项目合同需要时间。也反映出政府和私人运营商必须要在很短的时间内快速学会如何在一个不确定的世界中进行合作。随着 1998 年金融危机的爆发,当周围的宏观经济环境不再十分有利时,私人部门

---

① 那个数据中有超过 65％都在拉美。

② 对于许多政府来说,尤其是对于那些发展中国家的政府来说,除了通过减少部门扩张所需的资金来实现长期的财政收益,往往还采取"私有化"这一即能产生税收,又能解决中短期财政困难的手段。

在停止合同谈判方面显示出了极大的灵活性。

3 1998—1999 金融危机后在运输领域私人参与的前景

单凭 1990—1997 年这段时期的经验,而不对新兴金融市场上最新的发展成果进行考虑,就要对未来的情况下结论是很困难的,因为这些情况在以上讨论的 1990—1997 年的数据中并无反映。① 这些新的情况可能会在未来的 2—3 年里改变交通运输项目的有效的私人融资前景。新兴市场中大额的资金外流意味着从 20 世纪 90 年代中期起行之有效地通过国际抵押和债券资本的手段来获得的资金规模将在一段时间内大幅缩减,而仅仅对一些最有信用的项目保留。这场危机同时将会影响到对于很多交通服务的需求。请记住,运输是一种"派生需求":如果增长放缓,运输部门也会受影响。而经验表明,私有化团队往往倾向于高估运输领域的需求,这个时候问题会变得更加严重,可能会比其他部门更加严重。这对未来又意味着什么呢?

这一领域的融资紧张所造成的最明显的影响就是风险等级的增加。在 1999 年,商业溢价(记住需求),规制(记住体制问题),政治(像往常一样,在不确定时期)以及货币风险都已经大大增加了。此外,增加的对于融资选择的限制使情况雪上加霜。首先,不仅仅绝大多数的发展中国家的债务融资成本大大提高,而且一些亚洲发达国家也经受了同样的遭遇。交通运输项目存在着巨大的商业风险,将面临着更高的利率,即因为政治、货币、规制和行业风险而导致了债券溢价。根据特定的项目,很多发展中国家承受了在伦敦银行间拆放款利率基础上再加 10% 的高利率。

---

① 也考虑到金融危机对实体经济所造成的影响给交通部门带来的特定后果。由于运输是一个派生需求,实体经济活动的衰退将会迅速地在交通水平和收益上反映出来。这些影响随着部门的不同而不同,特别是从中长期来看。收费公路和客运航空运输尤其遭受重创,这两个部门对于收入水平是极其敏感的。这进一步强调了政府在这些部门中投资的必要性。

这意味着只有最好的项目才具有市场。

此外,很多项目都要求较高水平的资产净值。例如巴西在 1998 年中的在建项目一般具有高达 70％的债务,30％的资产净值,现在至少是 50％的债务,50％的资产净值。同时,新兴市场基金和基础设施的发展资金的迅速外流,降低了它们的资产品质。结果,基础设施项目越来越多地把建筑公司视做出资的来源。问题是这些公司的动机就是想在建筑活动中赚够足够的利润来证明前期的出资是足额的。当项目有 70％的债务,要求 30％的出资可能是合理的,尤其是当建筑公司通常只会提交约 50％的出资。在要求高达 50％的出资后,建筑利润并不足以保证最低限度的回报。事实上,较高的利息意味着即使旧的资产结构组合能够保持,建筑公司股东现在也将需要一个更大的持续收益来使这些项目满足最低预期资本回报率。

其次,永久性债务工具的有效期对于很多借款人来说都可能会缩短。在没有国内长期资本市场的国家,很多运输特许权项目都是利用过渡融资直至工期结束的。关于那一点,特许经营者希望转变为永久性的金融结构。与最近长达十年的借款期相比,为确保稳定性,贷款人往往倾向于把还款期缩短为五年以内。这对于许多基础设施项目来说是一个很重要的问题。即便是在建筑业的黄金时期,很多项目也需要 3—5 年才能达到自给。

这些问题表明,政府除了做好规制者的新角色之外,还需要做好交通部门的联合融资工作。一个越来越明显的事实就是,政府将不得不更加紧密地与私营部门合作。政府从这次新的私有化浪潮之初就开始通过隐性或显性担保的方式参与其中,并往往以补贴的形式在风险变为现实以及需要额外的融资时对其进行买单。但是这个需求现在可能变得更加强烈了,政府必须考虑提供显性和透明的政府担保或者对于项目更多地参股。这正是巴西国家发展银行(BNDES)正在做的,它平均购买了巴西各私有化项目 21％的股权。

在拉美,这些活动可以导致风险溢价下跌 2—4 个百分点。虽然这会有助于项目的实施,但是它不会提供政府所需的股本回报。政府投资的真正价值在于它可以同时使更高份额的债务与较低要求的私人股本回报两者并存。这在现有的资本市场条件下似乎不大可能。相反,政府通过补贴来吸引私人资本。正如开始所说的,这是改革所追求的主要目标!

4 私人部门参与运输的常见方式

到目前为止引用的这些数据对运输领域的私有化经验做出了一个有点过于狭隘的评论。如前所示,私有化是一个相当宽泛的概念,包括了多种形式的私人参与。本节的主要目的就是对各种跨部门和地区的私人参与形式进行评论。私人可以通过四大类的合同安排参与到任何领域:[①]

(1)资产剥离:这实际上是把公共资产出售给私人。这可以采取多种形式——公开发行股票,或私下交易销售资产本身。

(2)开发项目(Greenfield projects):这包括委托给私人的全新的投资项目(建设—经营—转让是最常见的方式)。作为一种能减少或至少可以更好地配置新基础设施项目融资中的风险的方式的新项目融资技术的发展是新建项目如此成功的其中一个原因。这也是为什么对部门做分类交易的具体设计是如此的重要,有时候它必须要适应市场,从项目财务角度来管理风险。

(3)经营和维护(O&M)合同:这些是允许私人运营商经营(即运作和维护)服务但不包括投资义务的基础性合同。这些合同通常都是中短期的(2—5 年),且一般来说政府继续承担项目的所有风险。

[①]更多细节见 Shaw,N. L.,K. Gwilliam and L. Thompson (1996),Concessions in Transport,TWU Discussion Paper 27,The World Bank,或 Gwilliam,K. (1998),"Concession and Franchise Contract Design in Transport",mimeo,The World Bank Institute 以及世界银行运输部门网站。

(4)特许权(或专营权)合同:这些通常是 10—30 年的长期合同,它们把经营和维护合同中的责任都转移给了私人部门,并且含有一张关于投资和服务义务的详细列表。在这种情况下,政府通常把商业风险转移给私人运营商。对于很多政府来说,这种方式还有一个优点,即避免了公共资产所有权转移给了私人这一敏感的政治问题;公共资产只是被"租"出去了。

在发达国家,资产出售(在澳大利亚和北欧大陆国家最明显)和特许权/专营权(在英国,南欧和加拿大)已经成为运输行业中最主要的处理方式。作为布莱尔政府私人主动融资模式的结果,项目的建设—经营—转让模式(BOTs)可能会变的相对来说更加重要。① 在盎格鲁—撒克逊世界以及德国,表明当地政府也对这种基础设施融资的形式很感兴趣。英国和澳大利亚城市道路的市场化进程越来越快,英国称其为公私合作——本质上就是设计、建设、融资和经营各环节的交易。根据这些协议,私人承包商承担了很大一部分原本应该完全由政府承担的风险,因此私人承包商有很强的与当地纳税人进行有效互动的动机。

在发展中国家和转型国家中,特许权模式是运输领域最常见的私人参与方式。表 4 说明了发展中国家的这一一般情况。该表还显示了虽然拉美和东亚在促进特许权模式上是最活跃的,但是开发项目已经在过去的十五年左右在东亚取得了相当的成功。这种趋势已经受到了最近亚洲金融危机的重创,危机严重影响了发展中国家绝大多数项目的融资活动,使它们趋于停滞,导致资金流向发达国家。例如,加拿大最近叫停了一个收费道路设计,它是最具创意的设计之一,像澳大利亚和葡萄牙这样做出了会加

____

①私人主动融资模式开始于三种类型的合同:特许权,合资企业以及服务公共部门唯一买家(即使承包商有时被允许从资产中产生第三方收益)。最后一种形式是最创新的,因为它能使纳税人的钱发挥最大效益。有关详细信息,请参见 Wilson, T. (1999), "The Private Finance Initiative", Infrastructure Journal, Winter: pp. 35-43.

强私人参与的政治承诺的国家正在运输领域大力推进 BOTs 和
特许经营模式。

表 4　发展中国家和转型国家中运输领域的私人参与类型
(1990—1997 年每种合同类型的项目数量)

	非 洲	东 亚	东 欧	拉 美	中 东	南 亚	总 计
资产剥离	0	8	5	6	0	0	19
开发项目	1	49	1	8	2	6	67
经营和维护项目	10	10	1	12	2	0	35
特许权合同	3	83	4	140	1	8	239
总 计	14	150	11	166	5	14	360

资料来源:The World Bank (1999), Private Sector Participation in Infrastructure
Database。

　　在运输领域与私人部门合作方面,尽管有一些港口进行了私
有化,还有最近约旦亚喀巴铁路的特许经营,中东一直都是最没
有效率的(或可能是最没有兴趣的)。然后是南亚和非洲——包
括成功的阿比让至瓦加杜古间的跨国铁路特许经营。其中一部
分问题在于这些地区的大多数类型的风险水平都很高,不仅是政
治和规制方面的,也包括商业方面的。在这个地区的许多国家,
支付运输服务的能力十分有限,意味着例如多数的客运服务的收
费必然是很低的。这反过来意味着需要长期的承诺以收回投资。
但是在这两个地区似乎都有一股强大的寻求改变的愿望。我们
可以从最近科特迪瓦的项目中一窥未来可能的改变:被特许经营
的机场,一条由私人(建筑)公司承建的主要收费公路以及将被特
许经营的港口。① 我们至少还能从十几个非洲国家中举出这样的
例子,这说明市场似乎已经找到了减轻风险的方法,并可以相信

----

　　①"真正的股本"在道路项目中的下降,即日益强大的建筑公司的存在
被很多人视为活生生的事实,因为很少有纯粹的金融投资者愿意投资到具
有高风险的收费公路项目中去。

它能处理一直被认为高于世界其他地方的非洲国家的政治和规制风险。

表5显示了从部门角度来看,特许经营在除港口外的所有部门私有化中都是首选模式。在港口部门,经营和维护项目占据了最大的份额,合同中多数是开发项目。大部分其他数据有些令人惊讶。机场行业,尽管通常被视为一个相对低风险的具有良好的长期发展前景的行业,然而尚未兑现它的私人参与的承诺。更好的是,交通增长一直很强劲,且大多数专家都认为它在可预见的未来仍然会保持强劲的增长势头。一个解释可能是军方已经有了强大的话语权,以及对这个部门的财政削减——因此往往不愿意放弃这个利润。同时,港口部门在吸引私人投资方面的平淡表现反映出了工会在这个部门中的强大。巴西的工会力量历来都很强大,在运输部门,工会正和物流企业合作以谋求双赢的局面,力图创造出更多的工作机会来重新雇用从更传统的港口活动中被裁剪下来的剩余劳动力。

表5　发展中国家和转型国家中运输领域的私人参与的类型
(1990—1997年各种合同类型的项目数量)

	机场	港口	铁路	公路	总计
资产剥离	2	6	4	7	19
开发项目	5	32	6	24	67
经营和维护项目	3	21	4	7	35
特许权	15	31	23	170	239
总计	25	90	37	208	360

资料来源:The World Bank (1999), Private Sector Participation in Infrastructure Database。

总的来说,最近的一个发展是,由于机场部门的投资活动增加,运输领域中的资产剥离普遍增多。即便是在遭受金融危机重创的亚洲,机场项目的增长也相当明显。马来西亚、泰国、韩国,甚至是日本都有建设新机场的计划。很多发达国家的新机场交易一直采取资产剥离的方式而非特许经营模式,这种趋势将扩展到发展中国家。

这个部门中的一个互补的变化是加强了吸引私人对相对小的项目(货运设施,餐饮设施等)进行投资,来补充核心结构的公共融资。所有这些也使人们对小项目融资产生浓厚的兴趣。这种趋势的一个指标是很多投资银行正在重组他们的机场投资咨询单位来支持更多的除项目融资活动外的资产剥离。机场部门的另一个趋势是当前的运营商,例如荷兰的史基浦机场,法兰克福、罗马、多伦多和伦敦的机场运营商现在都参加了发展中国家的绝大多数的投标活动。大多数的美国和英国铁路或港口运营商也从关键的投标中产生。而我们很难在公路部门找到这样的一个例子,即当地的主要建筑公司没有参与项目建设。由于在很多国家,在公路项目被特许经营前,当地公共工程部门都会把它们承包给当地的公司建设,经营和维护,这表明了在公路行业中具有某种程度上的连续性。而另一方面,这也同样可能会导致政府和私人投资者之间的勾结。

5 竞争是如何进入到运输基础设施领域的

从历史上来看,出于对运输领域的公共利益的经济和政治上的考量(规模经济、外部性、国家安全),多数国家对运输领域实行了公有制经济。美国是唯一一个选择依赖在监管下的私人经营的国家。关于运输部门改革的潜在收益的学术辩论就是开始于美国,辩论最初是由关于是否需要向市场中引入更多竞争的讨论引起的。在美国,引入市场竞争是通过取消市场准入限制(例如准入许可)和经营权限制以及取消严格的价格和质量控制来完成的。部门自由化的理由看起来相当明显,不只是对于大多数的经济学家,而且对于普通人来讲也是清楚明了。这是因为在美国,由于更多的竞争,使人们对于运输服务质量的预期增加了——即更低的费用,少一些垄断,更好地树立起以顾客为本的服务理念,需求主导的投资策略。这些观念已经,也将继续通过改革政府广泛的媒体报道被广为人知。但是美国的经验可能只是个例外,由于私有化并非改革者必须处理的一个问题,所以美国经验不如最近的经验更具关联。的确,在世界的其他国家,刚开始的时候运输基础设施往往都是由强大的公共垄断来经营的。从这个意义上来讲,对于现在正在世界各地发生的事情来说,英国和智利的改革经验更具代表性。① 对于它们的追随者来说,英国和智利经验中最具相关性的内容就是这两种经验说明了一点,即对于那些其运输领域仍是标准的最初情况——强大的公共垄断因为财政配给的原因而不能进行投资——的国家来说,不进行一些类型的部门重组就没有自由化。这就是为什么对于任何旨在增加运输领域的竞争的改革家来说,应该考虑的第一个问题就是部门需要何种程度的重组以及/或者如何充分利用部门中合理程度的竞争所带来的机会。在实践中,重组通常意味着要对各子部门的活动进行某种程度的分类。这远不仅是一种为维持合理垄断的简单会计分离。它主要是把垄断实际分解为各项不同的业务。重组可以是横向的以便对不同公司提供的类似活动的有效性进行比较。这在铁路,港口和机场部门中很常见。拆分也可以是纵向的并决定一个公司可以在多大程度上参加不同的有纵向联系的生产阶段。对于减轻风险来说,纵向拆分往往是更方便的方式,因为一般对于潜在投资者来说,风险水平在不同的生产阶段是不同的。例如,投资航站楼的风险往往低于投资新跑道的风险。这两种投资对于私人投资者有着不同程度的吸引力,有一个清晰的互补度。②

当拆分导致出现多个同类业务的单位时(如在公交车服务

———————

① 此外,他们的私有化经验也表明了在运输部门中除了效率还有更多需要改革的内容。事实上,很多人都会同意英国和智利的改革同时也是一次关于政府在提供公共服务时的角色和能力方面的巨大改革。

② 另外,拆分有政治上的优点。它的确也可以作为摆脱既得利益者且为部门引入新的治理结构的方式,这为重组加强了纯粹的竞争和商业动机。

业),市场竞争就是一个自然的结果了,这最小化了政府的角色。①
但是当市场竞争受限时——即横向拆分的范围是受限的——在
实施拆分后市场结构中还存在着地方垄断时,市场竞争可以通过
竞标被设计成为实现很多——但是很少是全部——竞争中的收
益。对这些竞标的管理十分复杂且要求很高,而且竞标的结果要
求有一个强大的政府出面来确保竞标获胜者的承诺会被实现以
及市场竞争的收益是真实的而非潜在的。

5.1 拆分形式中的经验以充分利用竞争

因为经验的多样性表明我们可以用多种方式来切分运输部
门这块蛋糕,因此理解为何不同的政府要用不同的方式来拆分运
输部门是有益的。的确,国际经验表明通过拆分实现的竞争的类
型和程度不仅取决于经典的内部与外部效率间的平衡,②而且也
取决于被潜在的私人运营商感知的风险水平,因为,毕竟,这个游
戏的实质就是吸引私人投资者把钱投到政府无力再投资的部门
中去。③ 当规模经济相对于市场规模来说不是很强的话,拆分可
以降低被私人投资者感知的商业风险总水平。我们可以认为存
在于各类活动中的市场竞争可以有效地促进整体效率。拆分止
于那些在一个竞争环境下没有理由进行重复建设的活动层面,那
些活动中包括了例如铁道、公路等基础设施建设。此外,过度的
拆分是有害处的,就如它会减少在高风险的环境下通过活动进行
风险对冲的机会那样,或者会减少优化规模经济的机会。这就是
为什么在很多较小国家——有很多在非洲和中美洲——和拉美

---

① 政府必须关注的大部分活动包括了对于安全问题,环境问题以及掠
夺性行为的监管。

② 内部效率是指公司相关的投入选择,而外部效率是指它们的销售和
价格政策。

③ 所有项目经理评估资金成本,它反映了各类风险:商业风险(包括习
惯了以前在公共垄断下享受到的高补贴率的使用者不支付的风险),规制风
险(这发生在监管机构情绪波动时)以及政治风险(这发生在政府下台时)。

与东亚各国相比很少进行拆分。

我们可以很好地从各种行业经验中看出改革者们的创造力。[①] 在铁路行业,服务可以被纵向拆分,就像英国的做法一样,把铁道与铁道车辆分开。它也可以被横向拆分(区域线路),如美国、墨西哥和阿根廷的做法。这使得我们在投资者对提供相关服务的资格进行投标的时候,可以对市场竞争行为进行组织,同时也使得两个市场间可以进行竞争。除美国以外,其他各国都很重视对运输部门中各地区的运营商的效率进行比较,例如澳大利亚就已经在这方面做出了很大的努力。最后,为了使交叉补贴导致投资决策扭曲的风险最小化,一些国家也和巴西与阿根廷一样对铁路货运与铁路客运进行了拆分。

类似的策略也可以在公路部门观察到,那里的横向拆分也是建立在竞标制度之上的,它允许促进市场间的竞争以补充市场竞争的效果。这种对道路的横向拆分在拉美相当常见。在拉美以及亚洲,某种程度上也已经出现了纵向拆分,在一些大城市,城市的入境道路与市区内道路已经被分开竞标。运输部门中有越来越多的经营和管理合同被私人竞得,这作为一种减少道路维护成本的方式是不太为人所知的。即便这不会给公路带来投资,但是

---

① 详细信息请参见 Campos, J. and Cantos (1999), "Regulating Privatized Rail Transport", Policy Research Working Paper, No. 2064, The World Bank, Washington DC, Nombela, G. and L. Trujillo (1999), "Regulating Privatized Ports", World Bank Working Paper (forthcoming), Betancor, O. and R. Rendeiro (1999), "Regulating Privatized Airports", World Bank working paper, Thompson, L and K. -J. Budin (1998), "Railway Concessions: Progress to Date", Rail International, January/February: pp. 60-73, Thompson (199?), viewpoints for FPSI 以及 Juhel (1998), "Government Regulation of Port Activities: What Balance Between Public and Private Ports", mimeo, The World Bank; 关于英国经验, 见 Glaister, S. (1998), "Competition in Transport: the British Experience 1979-1997", mimeo, The World Bank Institute.

它避免了条件苛刻的对设备的投资并且使部门中存在一定程度上的竞争。这现在在拉美相当普遍并正在世界其他地区兴起。对行业内不同地区的竞争对手进行拆分,通过对不同地区的相同类型服务的表现进行比较,也会引入市场间的竞争。

至于港口部门,港口间的区际竞争(如巴西和智利)或港口内部各终端之间的竞争(如阿根廷,以及在较小程度上,巴西)使部门中不同层面的赢家随着时间的推移不断地被比较,使其一直保持着竞争压力。在一些国家,基础设施与港口服务间的纵向拆分一直被视为最理想的解决方案(如斯里兰卡和秘鲁)。

最后,至于机场部门,跨区域的横向拆分(如墨西哥)或一直采用对空中交通控制、终端设施、跑道以及乘客和商业服务的纵向拆分(如加拿大和哥伦比亚)。这表明机场部门不一定要被视作是一个单一的,巨大的垄断部门。这也说明了区际竞争是有效的,运营商都清楚地意识到来自其他地区运营商的潜在竞争。

5.2 政府如何显示除了竞争还有其他需要改革①

政府有多个议程:效率问题和财政问题(包括短期和长期的),每个方面的相对重要性都对重组类型的采用有很强的影响。② 阿根廷的经验是相当具有启迪性的,阿根廷运输部门的第一次全面改革是在 1990 年代。回头来看,运输部门的重大重组开始于 1991 年,最初是作为私有化浪潮和放松规制运动中的一部分,标志着发展中国家运输部门重组运动的开始。尤其是展示了它在为实现增加运输部门效率而引入竞争方面与同时解决政府改革的宏观经济目标方面两者间复杂的互动。这些宏观经济

---

①有关阿根廷的更长更详细的讨论,见 Crampes, C. and A. Estache (1998),"Regulatory Trade-offs in the Design of Concession Contracts", Utilities Policy, 7(1998):1-13.

②通常这会取决于由谁负责部门改革;如果是由财政部门负责重组,改革会关注财政问题;如果是由运输部门负责,改革将会注重生产(削减成本)或动态(增加投资)效率问题。

目标中最重要的是财政问题——包括压低对传统上由政府投资的部门的财政补贴。结果是效率提高了但是政府仍然需要往部门中投入大量的补贴(尽管相比改革之前少了很多)。在艰难的重新谈判之后,很多铁路和公路运营商们最终没有与人们当初设想的那样,而是签订了更长期限的合同来减少补贴需求。①

要理解政府所面临的困境就需要先理解政府是如何解决财政问题的。增加财政收益主要有三种方式:①销售或者出租资产;②向私人运营商转移经营和投资的融资成本(这有很多方式,这意味着负担从纳税人身上被转移到了服务消费者身上,这很重要,因为很多服务之前往往定价过低或者享受公共补贴);②③使私人运营商承担正常的收税义务,而不是正式地或非正式地豁免他们,正如之前经常发生在国企身上的那样。大多数有着严重财政紧缺问题的改革政府都倾向于采用第一种方法。③ 在一些情况下,政府已经意识到了私有化的财政利益,那些服务原来需要巨额的补贴,且价格较高,而私人运营商常常可以很快地削减这些成本。即便需要补贴,也只需要较低的财政成本。这是英国与阿根廷等国的很多铁路服务的情况。

私人投资者很可能受利益驱动而非出于维护消费者权益的目的进行经营。由于政府渴望从资产出售或出租中获得财政收益,因此可能最终会与私人投资者合流。这就自然地需要政府进

①很多需要满足马斯特里赫特财政目标的欧共体国家都处于一种相似的境况中。当他们终于考虑增加私人部门在他们急需的基础设施中的投资时,他们经历着很多与阿根廷在 20 世纪 90 年代初经历过的相同的困境:如何在实现运输部门自由化的同时也解决紧迫的财政紧缺问题呢?

②很显然,很多私有化努力形成的或有公共负债对于私有化财政支付来说是严重的威胁,它们在任何合理的评估中都不能被忽略,因为它们虽然不确定,却往往至少和原来的补贴一样高,这是政府努力避免的。

③此外,从政治上讲,因为人们视政府出售资产的行为是理所应当的,所以媒体和公众总是很难认为政府没有尽力去充分利用以前提供服务的资产的"出售"。

行取舍了。的确,政府转移给私人的权利中垄断的保留程度越高,私人运营商投资的意愿也越大。这意味着最初的通过完全自由化来实现效益增长的意愿可能会因为紧迫的财政需求大打折扣。这种现象在电信部门十分明显,那里暂时性的垄断十分普遍,私人垄断者用从他们的客户那里获取的租金确保了政府较高的财政回报率。在运输领域,租金通常没有那么高,因为存在于运输部门中的竞争对经营者保持着压力,因此减少了客户为以前的公共服务支付过高价格的意愿。但是对于一些竞争较少的机场和港口部门来说,这就成了个问题。

实际上,机场部门的最新经验指出了另外一条路,即通过重组来解决财政问题。在很多大中型国家,机场通常从交叉补贴中受益,它们通过国际交通或通过高需求的国内机场来融资。当谈及部门重组时,私有化团队通常建议保持交叉补贴且把机场打包而非以单个机场的方式出售或者出让专营权,以尽量减少政府在必要的机场投资中的损失,即便它是通过显性补贴的方式。这场辩论发生在拉美,从阿根廷到墨西哥。

某种程度上的竞争限制是相当常见的,政府有容忍垄断行为的动机,即便是暂时性的。实际上,政府可以利用有着强大、忠实的客户基础的铁路部门、港口或机场以实现较高的财政收益。这就是为什么接入定价是其中一个关键问题——而且是顾问的大业务——在这个部门中。除非接入价格规则在业务被转移给私人经营者之前就被确定了,否则可以清楚的是正在被制定的租金是对使用者不利的。这在美国一直是一个问题;这在英国也是个问题,而且它已经被证明也是绝大多数发展中国家和转型国家的问题。事实上,这个问题在发展中国家尤其严重,因为发展中国家将业务转让给私人运营商的需求往往更加迫切,所以他们只有很少的时间去处理复杂的接入价格的细节。

5.3　为了市场竞争的设计的政府目的的排序的影响

目标的多样性也解释了合同中标标准的多样性——无论它

们的类型——当政府组织市场竞争的时候需要遵守的。那些最关心使用者,并且想增加私有化过程带来的增益的透明度的政府,通常都将选择给予特许权的竞标者最低的税率。这对于收费公路或港口来说相当普遍。另一方面,出于政治考虑,政府会设定税率和投资义务并且与竞标人签订合同使其营业,但是往往约定一个最短的期限。墨西哥的一些收费公路就是这样子的。另一种向竞标者授予专营权的方式是要求在最短的时间内收回要求的投资,如智利收费公路的情况。当财政问题成了主导因素的时候,中标条件就应该更多考虑竞标者为获取提供服务的权利而向政府出价最高的意愿。就像阿根廷港口部门的做法那样。在某些情况下,当对服务的需求不是很强的时候(例如低交通量道路),获得最好的财政影响可能也意味着挑选那些要求最少补贴的竞标者,例如在秘鲁的公路部门。这表明国际经验并没有说明所有的中标标准总是一样的,即总是挑选竞标中的赢家,因为政府各个目标的权重会随着国家和部门的不同而不同。另外,随着时间的推移,政治关注的问题也会改变,由此导致各个目标的权重也会改变。

6 政府在被私有化后的运输部门中的新角色是什么样子的①

在某种程度上,"私有化"事务是比较简单的,就是吸引私人参与到部门的联合融资中来。这引出了很多改革团队必须要解决的问题:竞争的形式,政府目标的排序和拆分的类型。这也引发了如何选择私有化方式的问题,对于这类问题经济学家喜欢辩论,但是务实的改革者们有一个简单的答案:选择一条阻力最小

---

① 很明显,政府将继续发挥一个很重要的作用,因为只有足够大需求的部门才可能会吸引私人投资者的兴趣。有趣的是,我们注意到越来越多的领域如低交通量道路和农村道路也通过竞标的方式发包给私人公司。

的道路,尽量少犯错误并完成任务。这样做的主要问题是这会留给政府很多挑战,这些挑战事实上可能会成就或破坏未来的交易。实践中,这会影响资本成本,因为对这些挑战的解决方式会影响到未来项目的风险溢价。这就是为什么政府面临的最困难的挑战是准备履行私有化过程中做出的承诺。这意味着在私有化后,运输部门和官员必须要抵制住对他们曾经经营过的部门创建一个影子管理的诱惑。

6.1 定义经济规制的角色

一旦签订了合同,让私人部门承担起(联合)融资和提供服务的责任,政府就需要做到只有在为了确保竞争,以及涉及安全和环境问题时才能进行干预,而不是作为行业的经理人。如果政府不再有资格对部门实施经济和技术规制,那么它必须提高自己的决策能力,要模拟出如果部门中存在竞争的话,竞争会有什么影响以及各方会如何行为。经济规制的任务是明确的。只有在下列情况下需要政府干预:

(1)有从以前的监管制度中遗留下来的需要被解决的严重的法律障碍——这比通常预想的要更常见、更麻烦。[1]

(2)私有化后的服务属于自然垄断,它们有例如滥用定价权,滥用对瓶颈的控制权,伤害"受制"客户的风险以及其他与投资相关的问题——接入定价是相关问题之一。

(3)发生了掠夺性定价。

(4)缩减安全开支来降低成本。

---

①关于这个问题的相关性和重要性的详细讨论,见 Kennedy, D. (1997), "Regulating Access of the Railways Network", Utilities Policy, 6 (1): 57-65,Laffont, J. J. and J. Tirole (1998), "Network Competition: I Overview and Nondiscriminatory Pricing; II, Discriminatory Pricing", Rand Journal of Economics, 29: 1-56,Valletti, T. and A. Estache (1999), "The Theory of Access Pricing: an Overview for Infrastructure Regulators", World Bank Working Paper No. 2097 and CEPR Discussion Paper No. 2133.

如果存在着一个有效的竞争或反垄断机构,它就可以行使好前三项职责。① 如果没有,那么这些将都会被包括在经济规制部门的职权中。这不是这些规制者唯一的职责。另外,政府需要监控合同承诺的遵守和执行——私人运营商的投资、质量和服务义务。

6.2　挑选解决投资者风险担忧的监管制度

传统上,政府一直依赖于投资回报率规制。换句话说,就是政府通常向运营商保证他们会收回成本(往往在一个很慷慨的指导方针下)并能获得一定利润作为报酬——这被称为"成本加成"制度。由于这些制度不能给运营商一个强劲的动力去削减成本,因此它们被称为"低强度制度"。英国引入的价格上限规制改变了这一切,表明了监管制度是可以被设计成减少成本的。价格上限规制鼓励运营商在一定的期限内保持节约成本,避免过多地使用资本。在3—5年后,这些将必须与其他代理商共享(使用者,有时候是政府)。价格上限作为一种典型的激励性规制手段,可以鼓励运营商降低成本,因此被称为高强度制度。在很多国家,随着公私合营制度的建立,导致了某种程度上在私人部门经营阶段初期就马上进行租金分享。这些制度越来越普遍。表6展示了世界各地的国家和部门中的监管制度和产业结构的范例。

---

①一个由 Kahn, A. (1998), Letting Go: Deregulating the Process of Deregulation, The Institute of Public Utilities and Network Industries 提供的有用的提示是,政府和竞争机构必须抵制住"创造"人为竞争的诱惑,不能为了试图展示快速的利率下调而向新进入者提供隐性或显性补贴。详细内容请见第二章。

表 6　运输部门中监管制度的例子

高强度的	机场(英国,澳大利亚),公车(新加坡),铁路(英国,巴西)公路(澳大利亚),港口(阿根廷),其他(英国)
中强度的	机场(意大利,丹麦,奥地利),公车(英国伦敦,澳大利亚悉尼)铁路(澳大利亚),公路(意大利)
低强度的	公车(香港),铁路(阿根廷,美国,日本),隧道(香港)

资料来源:Alexander, I. , A. Estache and A. Oliveri (1999), "A Few Things Transport Regulators Need to Know About Risks", Working Paper Series, The World Bank。

　　规制制度的一个经常被人忽略的特点就是它也会推动行业内的风险分配。低强度制度也是低风险制度,因为无论需求是什么,成本回收几乎可以被保证。纯粹的高强度制度,从另一方面来看,把所有的风险都转移到了私人运营商身上。这影响了潜在投资者所要面临的风险总水平。在最初的风险就很高的情况下,这可以成就或毁掉一个交易。在实践中,当然事情往往不是那样一刀切的。成本加成制度下的规制者可以禁止他们认为是不必要的、过多的或是不恰当的费用。当然,问题是这会在某种程度上增加政府在决策中的专断。另一方面,如果过于简单化地在价格上限规制中进行成本控制,运营商会有强烈的动机去削减在产品和服务的质量或安全性上的支出。此外,就像英国的情况一样,在最初一段时间后,在多大程度上与使用者分享效率增益这个问题上可以产生严重的政治冲突。

　　表 7 展示了最近的一项关于制度选择对感知风险的影响的研究成果。这是在经过对世界各地的 48 个私人运输项目的"资产 β 值"的测算后得出的结论。表 7 首先表明平均而言,运输部门的风险水平是不高的。在示例分析中,公车部门往往是风险最大的,这主要是因为亚洲一系列的失败交易。该表还表明了一般而言,理论研究得出的结论是正确的:高强度制度有更高的风险。然而,对于一些行业来说,受多式联运竞争或其他因素的影响,会

导致两者关系的破坏。铁路部门就是一个很好的例子：规制和市场风险之间的关系适用于英国和日本，但是不适用于美国公司。然而，该汇总表采用的取平均值的方式在一定程度上掩盖了这个结果。

表 7　不同部门在不同规制制度下的资产 β 值的汇总

规 制 制 度	机场	公车	铁路	公路	其他	总计
价格上限	0.69	1.04	0.52	0.31	0.24	0.44
中强度制度	0.56			0.15		0.46
成本加成		0.52	0.35		0.80	0.40
总计	0.61	0.69	0.36	0.25	0.45	0.42
样本数量	(5)	(3)	(29)	(3)	(8)	(48)

资料来源：Alexander, I., A. Estache and A. Oliveri (1999), "A Few Things Transport Regulators Need to Know About Risks", Working Paper Series, The World Bank。

6.3　发展规制的制度能力

发展规制能力的需要使各国纷纷引入更加复杂的规制制度。实践中，规制能力的发展面临着两个主要风险。第一个风险是规制者被经营者控制，在出现经营者违反合同的情形时睁一只眼闭一只眼。第二个风险是规制者被使用者或者消费者控制，并强加给经营者一些没有被包括在合同中的要求。还有的风险就是政府不能兑现自己的合同承诺，这会增加征收活动的风险。有时候，补贴是承诺的一部分（通常是隐性的，因为风险的分配通常与规制制度的设计是密切相关的）。例如，当修订税率的时候，就需要对成本分配或资本的成本计算等问题做出决定。这些问题显然会影响到风险、利润以及租金在运营商、投资者、使用者和政府之间的分配。当然，这会增加利益冲突的发生。

经验表明政府实现自己的承诺是一项具有挑战性的任务。因为合同以及其他所有配套的规制法律工具往往是不完备的，政府必须要能够公平地解决合同中没有提供指导的问题和纠纷。

虽然没有人怀疑政府在大多数情况下是公平的,但是在部门重组的时候也对政府机构进行重组,以在制度上更好地保证这种公平的做法是有利的。最常见的一种做法就是设立一个不受政客、政府、运营商或服务使用者控制的独立的规制机构。很明显,该机构不仅要财政独立,而且也可以对自己的决定负责。①

这就是大多数国家仍然需要进一步改革的地方。一种最老的经验是通过运输委员会来对运输部门进行独立、综合的规制。它的主要特点是可以提供一个相对透明和可以问责的环境,所有利益相关方都有机会在各个层面表达他们的观点——在国会前,在行政部门前以及在法庭上。司法审查程序通常可以确保行政部门依法规制,使行政部门基于证据进行决策。该制度最主要的不足是它征收非常高的合规成本。要想在这个部门取得改变已经被证明是非常困难的,尤其是当现状中有巨大利益的时候。

可悲的是,国际经验中没有什么好的做法可供借鉴。尽管在英国的规制程序方面有很多值得学习的地方,但是在规制的制度设计方面的经验或许不堪借鉴。规制机构甚至比需要规制的部门更多。为了使规制机构之间可以更好地协调合作,很多机构实际上正在被合并。在大多数国家,解决规制失灵的方法一直是在交通部下创设更多的新单位来监督私人部门的特许经营或其他合同行为。这种做法的主要缺点就是当私人经营者与政府间出现意见不合的时候,利益冲突就会很快地出现。拉美的很多经验都表明这些监督单位在决策过程中缺乏透明度,这往往会造成与被规制者间的关系紧张,这样的报道经常见诸报端。如此一来,关于私有化进程的问题就成了政治争论的来源,这样的争论往往只是基于少数的事实和大量的谣言,就像阿根廷和墨西哥在收费

---

① 有关的详细信息,请参见 Broadley, J. and A. Estache (1998), "Transport Regulation, Institutions and Processes", mimeo, The World Bank.

公路部门中的经验一样。

　　为了减少这些规制问题被过度"政治化"的风险,受美国模式的启发,玻利维亚与秘鲁率先建立起一套新的交通规制制度。两国都有着更加独立于政策制定者的规制机构。规制机构规制的范围涵盖了所有领域,并且有他们自己的资金来源。他们同样依靠这笔资金把自己没有能力进行的技术活动分包出去。另外,秘鲁建立新规制制度的历程十分有趣。为了确保竞争机构和交通规制者之间的良好的协调,交通规制董事会的成员也是竞争委员会的成员。尽管新制度的发展前景很好,而且相比之前的安排也取得了明显的进步,但是要从这些模式现有的经验中得出结论还为时尚早。然而挑战仍然存在,而且依然是长期风险的最大来源。私有化结果不公平的最好指标就是一个无能的或被控制的规制者。在过去的经验中,当合同设计的不好并且出现冲突时,不公平的结果往往都是有利于投资者和运营者的,而不是使用者。

6.4　开发规制工具

　　这就引出了公平有效的规制所需要的制度建设的第二个方面。世界各地的第一波私有化浪潮的经验表明没有良好工具的好规制者也是一个冲突和不公的源泉。实际上,规制者的主要工具就是与私人运营商签订的合同。现在的问题是要决定给规制者多少自由裁量权。① 自由裁量权越大,合同必然规定的越不详细,因为规制者必然会对藉以做出规制决定的法律或命令做出解释。规制者的自由裁量权越小,合同必然被规定的越详细,这样就会增加合同在规制环境的设计中的相对重要性。因为我们不

---

　　①详细讨论请参阅 Gomez-Ibanez (1999),"Commitment and Flexibility: Strategies for Regulating Privatized Infrastructure",Discussion Paper, Harvard University,JFK School of Government,Taubman Center for State and Local Government,January.

能预见所有的事件——这意味着合同一定是不完备的——所以必然会留有一定的自由裁量权空间。这意味着政府必须要有很强的技术能力来做出正确、公平的决定。

通常的经验是,弱规制者往往被赋予了过多的对于没有规定在合同内的事项的自由裁量权却在决策时没有相应的指导。在发展中国家,由于弱规制者和劣质合同这两者因素的结合,已经导致了大量的合同正被重订。这些重订的输家通常都是纳税人,而由合同重订造成的损失往往都由政府买单,就像阿根廷的情况一样。

对于这种情况,各国越来越多地通过制定基于规则的合同的方式来解决问题,因为当存在很强的不确定性的时候,更容易通过它们进行规制。这样做面临的一个挑战就是要选择一种公平且需要最少信息量的规则。这是价格上限规制的其中一个优点。它除了能激励运营商减少成本外,还有一个巨大的优势就是它只需要很少的信息量,至少在刚引入它的时候是这样的。在五年之后,当价格上限需要被修订时,价格上限规制的信息负荷量就和投资回报率规制的差不多了。规则使仲裁变得方便,必要的时候可以使仲裁更有效。但是在这里再次强调,我们关注的是地方仲裁者的公正性。事实证明,在过去的两年里,大多数的基础设施合同都会确定一个国际仲裁机构作为冲突发生时的上诉机构。

然而这些合同在很多情况下是不够的。由于规定的不够详细,规制者需要在其他地区行使权力,且往往是跨国类型。美国各盟国私有化经验中的一个常见的失败就是没能足够好地评估需求。私人运营商藉以要求修订他们的合同的两个最常见的原因分别是成本冲击和发现需求完全与预期不符。这是因为在私有化之前提供这些服务的公有制企业并没有太多的动力去关心需求。

一个更具讽刺性的原因是,政府和运营商双方都怀有不当动机,共同促使了这种情况的发生。一方面,政府往往会把业务包装成比实际情况看上去要好,尽量隐瞒存在的问题以促成交易,因为一旦出现问题,就很有可能会留待下届政府来完成交易了。潜在的运营商实际上很想进入该行业,因为他们清楚自己一旦开始了运营,就可能会有很好的机会在和政府的重新谈判中占据更有利地位,达成更有利的条款。在那个时候,政府不经重新谈判就取消合同所造成的交易成本(包括政治成本)通常要远远高于现在接受一些条件,做出一些让步的代价。结果往往是政府会为了能快速解决冲突而放弃过多的权益。这就增加了私人运营商在下一轮私有化或重新谈判中提出各种要求的风险,而且很可能会增强他们寻求重新谈判的动机。然而这实际上会减少规制的风险溢价,因为运营商开始确信他们可以与政府做生意了,这还意味着使用者或纳税人将停止支付由于重新谈判而产生的账单。值得注意的是,简单地采取强硬的态度并不能解决问题,因为那样往往会导致企业停业以及使用者不能享受到他们想要的服务的结果。此外,它增加了规制的风险溢价,正如我们在阿根廷水务部门最近的冲突中见到的那样。

最后,让我们通过对近年来铁路部门私有化的主要经验进行一个快速的回顾总结,对一些剩下的常见问题做下简单的说明。铁路私有化的经验表明的其中一个问题是接入定价问题,这个问题只有少数规制者能处理好,且不能简单地被合同涵盖。这是阿根廷、巴西以及墨西哥所面临的关键问题之一。同样,在很多国家,安全性是一个合同不能解决好的问题——这是微观管理风险的结果。一个最为重要的问题是,很多机构的职责不清。这可能是另一个制度问题的症状。除了有很多负责交通经济规制的机构外,通常还有很多其他执行一些非经济规制的机构。环境规制就是典型的一种,但还有很多地方土地使用规则会与合同义务发生冲突。关键是,似乎很少有国家能够使用多个机构来进行有效规制以促进竞争。多部门规制非但不能协调合作,而且在出现问题后相互指责。最终,只有很少国家摆脱了一些类型的勾结问题,或是实际的,或是潜在的,或是建筑公司和政府间的,或是对于交通基础设施项目感兴趣的财团的各成员之间的。

7　结　　语

很明显,私人投资将不可能是每个部门的主要资金来源。例如公路部门,就可能会继续需要大量的公共资金。然而即便是在公路部门,各国也纷纷通过创新的方式来吸引私人投资以满足维护和投资需求,例如通过影子收费来增加部门运营的成本效益。[①]事实上,20 世纪 90 年代的经验表明了运输部门的私人参与在投资有着很大需求的交通基础设施配套服务方面做得很好。[②] 各种跨部门和跨国家的重组模式和融资设计清楚地表明了各国的改革政府在发掘潜力上很有创造力。

很多人还会注意到这种公私合营模式的效率,随着竞争的引入,交通基础设施领域得到了相当显著的发展。这表明,从长期来看,我们很难对私人参与运输部门的前景持悲观态度,尤其是在机场和港口部门,那里的私人参与的潜力尤其是融资潜能尚未被开发。传统上,私人参与这些部门的经营就一直不容易,在未来也不会很容易。

如果政府能够改善他们的规制工具并解决存在于规制过程中的制度混乱问题,这是改革者一直不能摆脱的最大的漏洞! 那么运输部门就能更好地吸收进更具竞争性的私人资本。了解资本成本,懂得如何公平对待"受制"客户,以及知道如何对需求进行更好的回应,将会使政府在处理冲突时更具公信力。政府一直以来过多地把精力放在了如何达成交易上,而通常低估了他们作

---

① 虽然影子收费还没有说服这个部门的很多专家,但是这个想法持续刺激着人们去发明部门融资的新方法。

② 详细论述请参见 Winston, C. (1993), "Economic Deregulation: Days of Reckoning for Microeconomists", Journal of Economic Literature, 31: 1263-1289.

为规制者的新工作的困难程度。尽管他们正在加快角色转型,越来越基于合同进行规制,保证各方的合同承诺得到履行,但是他们却没有足够重视合同设计,在合同设计中预见冲突并为无法预见的情形提供解决方法。这增加了任意规制的风险。这反过来增加了规制和政治风险,因此提高了潜在投资者所需的投资回报率。这使新项目变得更加困难且/或更加昂贵并且进一步加深了1998—1999 年金融危机的影响。

　　我们可以在该行业潜在的进入者类型的自选择偏差中发现风险增加的结果。有两个主要的感兴趣群体分别是①行业中大型、强大的运营商——通常和当地的建筑公司合作——他们有自信可以在发生冲突的情况下应付规制者,或②需要拓展他们的利基市场的风险爱好者。无论何种情况下,纳税人和/或使用者都是那些导致合同重订的政府、规制或经营失败的最大受害者。这在基础设施项目中不是例外而是常态。

　　综上可得,人们之所以有可能享受不到私有化带来的增益,仅仅是因为政府忽略了自己的确保长期收益被公平分配的角色的重要性,这些长期收益都是通过早期独立、负责的与有效的竞争机构密切合作的规制机构的创设获得的。学习如何在保持一定距离的情况下公平有效地规制可能是政府在未来所面临的主要挑战。那些不愿意学习交易技巧的政府将在新世纪的私有化浪潮中被淘汰,他们不能使民众充分地从私人部门带来的额外投资中受益。

【区域治理与地方自治】

亚太经合组织粮食安全新泻宣言[①]

陈海峰 译

一、序　文

我们，亚太经合组织的部长们为粮食安全负责，于 2010 年 10 月 16—17 日在日本新泻第一次会面，会议由日本农林水产大臣鹿野道彦担任主席。

我们欢迎亚洲开发银行、联合国粮食和农业组织、联合国关于全球粮食危机问题的高级特遣队、国际农业发展基金、联合国贸易与发展会议、世界银行、世界粮食计划署、亚太经合组织工商咨询理事会的代表们与会。

全球粮食安全问题正站在一个十字路口，2007 年和 2008 年的粮食价格唤起了人们对于长期粮食安全脆弱性问题的关注。在 2009 年，人类历史上第一次，营养不良的人的数量超过 10 亿。[②] 尽管据估计在 2010 年将减少到 9 亿 2 500 万。展望未来，世界人口预计在 2050 年达到 91 亿，粮食产量将至少增加 70％的产量去养活他们，[③]另一方面，农业产量已经越来越被限制，因为谷物产量的增长不能像早些年一样那么快速增长了；长期的公共投资减少了；沙漠化、淡水资源的缺乏、耕地转化为非农业用地和气候变化的负面影响等问题的持续恶化将导致谷物在未来十年

[①]《亚太经合组织首次粮食安全部长会议日本新泻 2010 年 10 月 16 日至 17 日》。

[②]《联合国粮食和农业组织（2009）世界上粮食不安全的国家》。

[③]《联合国粮食和农业组织（2009）如何养活 2050 年的世界》。

的均价预计将保持在一个 2007—2008 年的巅峰状态时①的水平，这些现实强调了粮食和农产品交易的重要性。

二、粮食安全和亚太经合组织

粮食安全问题存在于当所有人，在所有时期，有物质上的和经济上途径达到有充足的、安全的和有营养的食物去满足他们食物上的需求和利于一个活力健康的生活②的食物偏好，这种普遍为人们所接受的关于粮食安全的定义由四要素组成：可得性、可达性，可利用性和稳定性。充足食物的可得性是一个被消费者们购买力限制的获得食物的途径的先决条件，与此同时，食物一定要是安全的、多样的、平衡的和有营养的，终年是可得的和可达的。粮食安全必须在各个层次得到实现：从个人到家庭，从国内，区域性的和全球的层面，提供粮食的农业能有助于其他正外部性，例如养护农地、培育水资源、保存景观、保护生物多样性。各国家在粮食安全上采取的措施将依据它经济发展的水平和它在粮食交易中的地位而不同，然而粮食安全是一个为所有亚太经合组织各经济体所共同关心的问题因为粮食是人类生存的绝对的必需品。

作为亚太地区优秀的经济合作论坛，亚太经合组织在提高区域和全球的粮食安全问题上扮演了一个重要的角色，同时亚太经合组织的成员在 1990—2006 年减少了区域内 24％的营养不良的人，还有更多的需要去做来解决定居于此区域内的占了世界营养不良的人的总数的四分之一的人③的问题。亚太经合组织各经济体在整个粮食供应链上出现的粮食安全危机面前显得很脆弱，在 2007—2008 年由于粮价飙升而出现的大量的抗议和骚乱就是很

①《经合组织—联合国粮食和农业组织（2010）经合组织—联合国粮食和农业组织 2010 年至 2019 年的农业展望》。

②《联合国粮食和农业组织（1996）世界粮食首脑会议行动计划》。

③《联合国粮食和农业组织（2009）世界上粮食不安全的国家》。

好的例证。亚太地区频繁地暴露在自然灾害例如地震、海啸、台风、洪水和干旱的侵袭之下,灾害会暂时使粮食供应中断,毁坏粮食生产基地,中断生计,迫使人们离开家园,减少粮食的获得,然而亚太经合组织的成员国的谷物产量占了世界总量的一半,其中包括了世界主要的农产品的出口国和进口国在内,故其在帮助改善区域和全球的粮食安全中占了重要的位置。贸易在粮食安全中起到了关键的作用,亚太经合组织作为首要的促进经济增长的论坛、合作、贸易和投资在为粮食安全所做的各项努力中起到了主要作用,在区域内改良的粮食安全会有助于亚太经合组织的人类安全目标和有助于贯彻亚太经合组织领导人会议的发展战略。

从最近的粮食价格上得到的教训对亚太经合组织在设法解决粮食安全的方式选择上提供了有价值的指导,在过去的数十年里,国际组织进行了很多的努力,着重强调了在需求方面的办法通过缓解贫困来改善获得粮食的途径,相反,在供给的领域的投资比如农业研究和发展、农业的扩展和基础设施是一直不够的,鉴于它之前的经济和科技的紧密合作的记录,亚太经合组织也为了扩张粮食的可得性通过集中提高农产品产量,使贸易和投资便利并扩展市场,同时减少贫困和确保脆弱的郊区和市区的人们获得粮食的途径的方案仍然很重要,这定向的解决问题的方式,将帮助确保亚太经合组织与其他关于粮食安全的国际间努力是互补而不是复制。在承揽这项工作后,亚太经合组织将同样有助于对其他组织和非成员经济体树立一个积极的例子,亚太经合组织经济体们的经验和专门的知识、技能对支持这天鹰座粮食安全倡议和罗马可持续全球粮食安全原则极具借鉴意义。我们承认由亚太经合组织经济体们做的类似的有助于区域和全球粮食安全的比如东盟 10+3 在粮食安全的合作,生物能源发展和全球农业粮食安全方案等等努力。

现在是时候采取切实的措施来满足未来了,为了应对这个挑战,我们同意亚太经合组织的经济体们集体地追求农业领域的可持续发展,方便投资和贸易,扩展市场等共同的目标,我们同时赞同一个亚太经合组织关于粮食安全的行动计划用来识别具体的亚太经合组织经济体们为加强区域粮食安全而履行的各种活动。我们邀请相关的亚太经合组织论坛与负有责任的经济体们以及亚太经合组织工商咨询理事会合作并帮助上述活动的执行。

三、共同的目标1:农业领域的可持续发展①

由切实可行的农村的共同体成员通过扩大粮食供应容量,为增加亚太区域里充足的、安全的和有营养的食物的可得性打下基础,这对于设法解决可能的由于未来的人口和收入的增长导致的粮食的供需不平衡将是必要的,这些集体的行动需要合作来补充以帮助适应、减轻气候变化的影响和提高农业领域的防灾准备以帮助这个区域实现对区域里的人民的一个稳定的粮食供应。

（一）扩大粮食供应容量

粮食供应容量能通过提高农业生产率来扩大,改进收割期后技术的使用方法,扩大耕种区域,修复被侵蚀的农业用地和草地,减少食物链的损失和未充分利用的资源的可持续的开发。90%的到2050年为止增长的全球谷物产量都需要从提高的生产率中获得。包括更高的收益和增加的播种密度,②提高生产效率对养活世界日益增长的人口是如此的必要,在研究和发展、延伸和基础设施建设的扩大的强调会有助于实现这目标,我们会寻求调动各种需要的资源来提高生产率,包括回顾、赞同和采用那些安全、有效和利于环境可持续发展的生物技术和其他新技术和创新,我们同样也同意亚太经合组织经济体们应该根据共同同意的条款,便利新的以及现存的技术的发展和传播,构建在这些领域里我们集体和个体的努力的基础上,我们同意需要在亚太地区增加农业的产量并提高和促进可用的各种粮食资源的利用。我们鼓励亚

①在这个声明中的术语,农业部门,包括作物,牲畜、林业、渔业等部门。
②《联合国粮食和农业组织(2009)如何养活2050年的世界》。

太经合组织经济体们通过分享最好的做法来合作,在从生产加工
到经销到消费这一价值链上的各个阶段减少粮食的损耗。我们
一致认为通过有效的海洋渔业的资源管理和水产业产量的可持
续发展,渔业资源将会继续是一个可靠的有前途的食物供应的
来源。

(二)提高在农业的防灾准备

亚太地区每年会经历超过 70% 的世界上的自然灾害,另外,
绝大多数的亚太经合组织经济体位于环太平洋地震带,那里分布
着世界上 75% 的火山和 90% 的地震源,①农业领域受这些自然灾
害影响很严重,对地区来说,出现的有害的物和疾病的传播同样
值得严重的关注,因此,提高在农业领域对紧急情况的准备应该
与最高优先权一致,我们愿意和亚太经合组织应急准备工作组紧
密合作,重点放在对气候变化和气候易变性上,以提高地区减轻
灾害损失,准备、回应影响农业领域的灾后恢复的能力。我们同
样赞同亚太经合组织的经济体们应该在动物间交叉感染的疾病
和植物害虫的防治和控制上合作,通过成员间的信息共享和能力
建设来鼓励综合风险控制计划的发展,同时,我们同意各种社会
保护措施的重要性,比如安全网和其他旨在保护在如自然灾害那
样的重击中极为脆弱的群体的政策。在这样的语境下,我们同意
考察关于建立通过协作的途径来解决紧急情况下粮食需求问题
的可行性问题。我们同时意识到东盟＋3 在建立东盟＋3 紧急稻
米储备使在紧急情况下能迅速保障粮食安全所做的努力。

(三)发展农村社区

农村地区展现了粮食安全的挑战和机遇,发展中经济体们的
75% 的贫困人民居住在农村地区,相反的,农业领域的经济增长,
也即农村居民的最主要的收入来源,在使这些最穷的人获益上的

---

①《亚太经济合作组织(2008)对在亚洲太平洋地区减少灾害风险,紧急
情况准备和响应的战略:2009 至 2015(2008/som3/tfep012)》。

效率至少是非农业领域的经济增长所能给他们带来的受益的两倍，①在一些发达的经济体，农业在促进就业和增加收入方面的作用越来越小，收入来源的多样化，包括以市场为导向的农业活动和与农田分离的各种收入，将会成为为改善粮食安全的焦点。为了实现这些目标，我们同意分享信息和最好的做法使在农村的发展和粮食安全之间达到协同。我们认识到鼓励食物消费的价值，包括这些可用的当地的、有助于多样化和平衡的饮食，并减少他们对确定的主食的依赖，我们同样赞同需要更多的整合和投资来帮助妇女、年轻的和贫穷的农民们来改善他们的能力来满足粮食需求，包括数量、质量和多样性——因而使利益通过家家户户和代代之间传播。另外，我们认识到为弱势群体提供安全网的各项社会保护举措，比如学校供膳和母婴营养方案的重要性。

（四）面对气候变化的挑战和管理自然资源

农业对自然资源比如土地和水有很强的依赖性，并且就土地、土壤、水、地形和生物多样性而言会产生积极的和消极的两方面的环境外部性。农业同时在气候变化前显得特别的脆弱，农业，作为全球温室气体的排放源，②加剧了这个挑战。同时，它也同样有助于一个通过土壤和森林接收碳的办法并改善自然资源管理的做法，在这样的语境下，我们同意合作通过新出现和现存的科技的发展和转移，交换信息，研究合作和能力建设，依照共同但是区分责任的原则和各自能力来帮助农业领域去适应和减轻气候变化带来的影响。

最后，我们注意到了把经济体们放在一起在一个自下而上、自愿的网络提高国际合作，在农业温室气体研究的合作和投资的重要性。一个建设性的这类合作的例子就是全球研究联盟，它使

①《世界银行（2007）世界发展报告2008：农业的发展》。
②《国际植物保护公约（2007）国际植物保护公约第四次评估报告：2007气候变化》。

经济体们共同去找出在种植出更多的粮食的同时又不增长温室气体的排放的方法。我们同样同意设法解决各种自然资源的挑战,例如,日益增长的水资源短缺,扩大的沙漠化,增长的农田转化,减少的生物多样性,退化的热带雨林和消耗的海洋渔业资源。我们承认由生物能源提供的各种机会,对在发展第二代生物能源领域里的合作有着共同的需要。

四、共同的目标 2:便利投资,贸易和市场

没有稳定的、有效的和公平的能传送给全人类粮食的分配系统,粮食安全是不能实现的。在这方面,亚太经合组织经济体们应该合作来便利改善农业贸易,保持可靠的市场,与关键的利益相关者合作,提高商业环境和确保区域粮食安全,促进负责的农业投资是这个目标的一个必不可少的元素。

（一）促进农业的投资

对农业充足的投资是长期的粮食安全的一个先决条件。然而,在农业领域的年资金积累率从 1975—1990 年的每年1.1％减少到 1991—2007 年的 0.5％。按实值计算,对农业的发展援助从 1980—2005 年下降了 58％,官方开发援助中农业部门的份额从 17％减少到了 4％,为了满足未来的预期的全球的粮食消费需求,这就需要在农业部门的投资大量增长,我们牢记这可怕的挑战在心,我们承诺促进旨在提高对农业的投资和探索农业资源的政策,来确保长期的粮食安全。我们承认私人投资在其中扮演的关键角色并鼓励公私合伙制。我们意识到外国对农业的直接投资作为提供更高的农业生产率和创造就业机会的一个途径来说对于接受国的价值。最后,注意到发展中国家对土地和其他自然资源的不断增长的商业压力,我们支持旨在创造一个接受国,当地社区和投资者三方共赢的局面的可靠的农业领域的投资。我们也支持通过相关的国际组织和各个利益团体的合作采取的持续的努力来发展可靠的农业投资的原则和最好的做法以帮助构建

协调的全球回应框架。

(二)便利粮食和农业产品的贸易

贸易在实现粮食安全中扮演了一个关键的作用,它确保人们有获得一个平衡的日常饮食所需的食物的确实的途径,同时贸易也为人们创造了能增加他们收入和获得食物的经济的途径的机会,最后,我们再次确认一个在世界贸易组织框架下的开放有序的能为农业贸易提供可预期性和稳定性的多边贸易系统的价值。我们同意维持全球性的开放市场带来的利益的需要,突出强调鼓励科学性标准,拒绝保护主义鼓励区域一体化市场的发展的关键重要性。我们重申我们对于一个雄心勃勃的,平衡的和果断的多哈发展议程的签订的承诺,符合它的要求,建立在已经取得的进展上,包括注重形式。我们再次确认对由亚太经合组织领导人在2008年首次制定并直到2011年前由亚太经合组织的商业部长推动的状态的承诺。由于一个不可预期的政策环境抑制了投资仅仅提供一个暂时的效率低的收益,常常忽略了那些低收入的消费者,世界贸易组织不符合的举措对农民造成了负面的刺激。承认经济体们的脆弱性,并特别地把粮食进口经济体和发展中经济体们覆盖在内,对于外部打击,我们意识到确保内部生产的适当混合,国际贸易、储备和对反映穷人发展水平安全网和资源禀赋的需求。建立在亚太经合组织推动自由和开放的贸易的成功努力上,我们支持合作通过采取相关措施包括无关税措施和无关税壁垒以便利粮食和农产品贸易。

(三)增强对农业市场的信心

2007—2008年粮食价格的骤然攀升引起了对农业市场的波动和不确定性的担心。尽管在国际市场上的价格波动的趋势是随各种商品而定,但是全球食品市场好像在可预见的未来里展现出周期性的波动。① 我们同意合作来解决农产品价格的波动和不

---

①《联合国粮食和农业组织(2009)如何养活2050年的世界》。

确定性并增强对国际农业市场的信心。具体来说,我们同意共同探索减少农业市场的不确定性的最好办法,包括通过经济体们在其他区域性的和国际性的论坛上获得经验的信息共享。

(四)改善农业综合企业环境

一个农业综合企业部门联系着农民和消费者,由于经济发展和粮食要通过越来越长的价值链来供应,它在粮食安全扮演着一个越来越关键的角色。政府必须这样做来改善投资环境以引导投资者的进入并解决微型,小型,中型农业企业发展的瓶颈。① 为了实现这些结果,我们同意合作通过提供公共产品比如基础设施,通过建立一个安全合法有监管的机制和通过确保获得金融服务的途径来改善投资环境,最后,我们表达我们对在食物和农业部门里微观金融的深入革新的共同愿望。我们同意促进提供充足的、安全的和有营养的食物的供应链的发展。我们也同意需要促进共同的标准、科学性制度的发展和利用和全面的平衡的知识产权系统的建立。

(五)改善食品安全做法

建设经济体们生产、取得、分发安全的食物的能力,并且发展合适的食品安全制度,是粮食安全的一个必不可少的元素。不安全食品对公共健康和经济的影响是十分重大的,因此增强食品科学家和监管者更好的合作,以及促进对科学和以风险为基础的粮食安全系统的利用将改善调整的结果。亚太经合组织粮食安全合作论坛和它的合作伙伴训练机构网络能被用来作为开发、设计和检测食品安全的培训模块和作为全球首创模式的递送和服务的方法的资源。在这种语境下,我们同意鼓励亚太经合组织经济体们在符合他们的要求和权限下通过相关的亚太经合组织的论坛在食品安全领域开展合作。

① 《世界银行(2007)世界发展报告 2008:农业的发展》。

五、和关键的利益相关者的合作

为了向我们粮食安全这一目标不断进展,和利益相关者之间富有意义的磋商是很必要的。健全的约定有助于加强关键的参与者的承诺和确保最好的想法被使用。利益相关者包括一个很宽的范围,包括非政府组织、基金会、大学、多边贸易机构和私人部门实体。我们注意到亚太经合组织工商咨询理事会在这些年来的投入的价值,包括它对亚太经合组织粮食安全系统概念的发展和提倡以及它在 2009 年的关于亚太经合组织粮食安全的战略框架的发表,和以一种更实质的方式指示高级官员会议使亚太经合组织工商咨询理事会融入到亚太经合组织保障粮食安全的各种努力中去。

(一)将来开展的工作

我们指示亚太经合组织高级官员会议对粮食安全行动计划的履行情况进行监管,每年把它履行的进展情况向亚太经合组织部长会议报告,并汇编一份关于行动计划履行完后取得的总体成就的评估报告。

责任保险合同纠纷立案审查中的两个问题

袁坦中[①]　谢　文[②]

车主（投保人）汪某某将投保了商业三责险的保险车辆出借给黄某某，借用人黄某某在使用中发生交通事故致使他人死亡。借用人在本次事故中单独负民事侵权赔偿责任，其对受害人赔偿了损失后后向保险人请求赔偿保险金，在此过程中发生纠纷。借用人打算提起诉讼，但是借用人不是保险合同签订人，而且车主和保险人在保险合同上约定了仲裁条款。在这种情况下，仲裁条款对于车辆借用人是否生效？车辆借用人是否具有原告资格？

一、保险合同中的仲裁条款对于车辆借用人是否生效

仲裁条款是否对车辆借用人生效，有肯定论者，也有否定论者。笔者是否定论者，认为仲裁条款对于车辆借用人不生效，理由如下。

1. 这种理解符合法律规定的文义

进行仲裁应当具备书面仲裁条款，仲裁条款其实就是仲裁协议。作为协议，仲裁条款具有一切协议共有的相对性，除非属于《最高人民法院关于适用〈中华人民共和国仲裁法〉若干问题的解释》第八条和第九条规定的例外情形，只能约束在仲裁协议上签字的当事人。按照这样的规定，尽管投保人（车主）和保险人之间订立了仲裁协议，但是车辆借用人和保险人之间并没有订立仲裁

---

①袁坦中，湖南大学法学院副教授，法学博士。

②谢文，单位是湖南省长沙市芙蓉区人民法院。

协议,如果不具备这两条规定的例外情形,那么仲裁协议就不能延及于没有在仲裁协议上签字的车辆借用人,易言之,对车辆借用人就不生效。

第八条的内容是:当事人订立仲裁协议后合并、分立或者死亡的,仲裁协议对于权力义务继受(承)人有效。这条规定在本案中显然不适用。

第九条的内容是:债权债务转让的,仲裁协议对受让人有效。这条规定初看适用于本案,因为车辆借用人取得的保险赔偿金请求权,好像是来源于车主(投保人)的转让。细想则似是而非。如果是转让,那么车主必须享有保险赔偿金请求权,因为无法想象他(她)能转让不存在的权利。如果车主享有保险赔偿金请求权,那么他(她)必须对于受害人承担侵权损害赔偿责任,否则,没有损害,何来索赔!然而在本案中,实际情况是,车主并不对受害人承担民事侵权赔偿责任,全部赔偿责任都由车辆借用人按照《调解书》单独承担。由此可见,借用人的保险赔偿金请求权不是来自于车主(投保人)的转让,它是一种和车主债权一样原始的债权。

综上所述,仲裁协议的效力不延及于车辆借用人,是符合法律规定的。

2. 这种理解也符合法律规定的精神

肯定论者认为解释法律不仅应当符合法律的文义,更应当符合法律的精神。从法律精神的层面讲,认可仲裁协议的效力延及于车辆借用人,符合保险人的合理期待,因为保险人在保险合同上写明仲裁条款,一般是希望任何人,只要是依据保险合同向其主张保险赔偿金请求权的,都应当受其约束;也符合"禁止反言"(英美法系)原则的要求,因为车辆借用人既然依据保险合同主张权利,那么同时也应当接受保险合同其他条款的约束,挑肥拣瘦,两盘三样,自己不喜欢就丢在旁边不理不睬,显然是违背上述原则要求的。

我们认为,肯定论者的以上观点,恰恰忽略了我国仲裁协议立法的基本精神,将仲裁协议与民事合同混淆为一回事了。仲裁协议虽然是一种协议,但它是解决争议的协议,不是合同法意义上的民事实体权利义务协议,因此区分于合同而具有自己精神。

仲裁协议的一个特质或者精神是独立性。保险合同是民事实体合同,而仲裁条款是有关民事争议解决方式的协议;他们虽然写在一张纸上,但不是同一合同的两个组成部分,而是两个不同的协议。对于两者之间的关系,肯定论者往往套用合同法,理解为主合同和从合同的关系,作为主合同的保险合同发生了变化,以合理期待或者禁止反言之类为桥梁,作为从合同的仲裁协议也应当随之变化。但是,《中华人民共和国仲裁法》第 19 条规定:"仲裁协议独立存在,合同的变更、解除、终止或者无效,不影响仲裁协议的效力"。也就是说,仲裁协议是独立存在的,和保险合同之间没有从属性的关系,桥归桥,路归路,考虑仲裁协议时,原则上不应当援引保险合同。本案中,尽管保险合同发生了某种变化,可这只是保险合同的变化,切不可据此认为,这种变化使仲裁协议也随之变化。因此,合理期待或者禁止反言在这里没有用武之地。

仲裁协议的另一个特质是明述性。《中华人民共和国仲裁法》第 18 条规定:仲裁协议对仲裁事项或者仲裁委员会没有约定或者约定不明确的,当事人可以补充协议;达不成补充协议的,仲裁协议无效。《中华人民共和国合同法》第 61 条规定:合同生效后,当事人就质量、价款或者报酬、履行地点等内容没有约定或者约定不明确的,可以协议补充;不能达成补充协议的,按照合同有关条款或者交易习惯确定。两相对比,仲裁协议具有明述性的特征或者说默示从无的特征,当事人必须以明确的方式表达意思,如果意思表达不明,应当通过补充协议予以澄清,不通过补充协议澄清的视为仲裁协议无效。而合同法上的合同,则承认默示的成分,当事人没有明确表述的内容,不能通过补充协议予以澄清的,合同并不因此而不成立,而是按照交易习惯或者一般原则等予以补充。由此可见,明述性(默示从无)是仲裁协议的特质和精神所在,除了法律明确规定的例外情形外,对于其不明确之处,不是应当根据一般原则加以补充,而是应当或者通过补充协议予以澄清或者作为仲裁协议无效处理。仲裁条款对没有在上面签字的人是否应当有效的问题,肯定论者面对没有补充协议的情形,试图通过合理期待或者禁止反言原则予以澄清,无异于南辕北辙。

那么仲裁协议为什么会具有明述性的特征呢?我们不妨把诉讼和仲裁在纠纷解决中的地位粗略分为两者模式。一种模式是仲裁和诉讼平等,另一种是诉讼优先。前一种模式中,诉讼和仲裁平起平坐,平分秋色,在界限模糊的管辖地带,谁也不优于谁,可以相互竞争,客观上需要用一般原则使之明确下来。在后一种模式中,诉讼优先,具有侵略性,凡是模糊的地方,不允许使用一般原则来判断孰是孰非,而是排他的纳入诉讼的领域之内。肯定论者所持的那些观点,大致来自英美法系,而英美法系对于前一种模式似乎天然有家园之感。可是,我国仲裁法的法律文化土壤,却是倾向于后一种模式的,在界限清晰的地方,固然是或诉或裁,但是在模糊之处,国家司法管辖优先而不是民间仲裁优先,这在有强职权主义传统的我国是天经地义的,大家都认可其正当性。这大概就是我国仲裁协议明述性特征的主要成因。如果这种理解是成立的,那么肯定论者犯了张冠李戴的错误,并不符合我国法律规定的仲裁协议精神。

需要指出的是,有的否定论者解释这个问题时,以利益衡量为基本理据("是否承认责任保险合同中仲裁条款对第三人的效力涉及不同利益和不同政策的权衡与选择,它既关系到第三人对仲裁的同意权,又关系到保险人对保险合同的正当预期;既关系到仲裁法中对仲裁扩大化的支持,又关系到保险法中对第三人利益的保护。因此,只有对所有因素加以平衡才能得出一个较为合

理的结果"①。我们认为,不管是通过一般原则进行解释还是通过
利益衡量进行解释,都违背了仲裁协议的明述性精神。

总而言之,仲裁条款对于没有在上面签字的车辆借用人是不
生效的,不论从法律的文义上来说还是从法律的精神上来说都是
如此,这就是我们的初步理解。

二、车辆借用人是否具有原告资格

本案的保险合同,投保人是车主,黄某某只是车辆借用人,他
是否具备原告资格?《商业三责险》第六条是这样写的:保险机动
车在被保险人或其允许的合法驾驶人使用中发生意外事故,致使
第三者遭受人身伤亡等,对被保险人依法应当支付的赔偿金额,
保险人依照保险合同的约定,给予赔偿。

保险人一般会认为,该条文意是说,保险人只赔被保险人,不
赔车辆借用人等合法驾驶人,因此黄某某没有资格向原告索赔。
与此相反,起诉人认为,这句话分为两个部分,前段的意思是,如
果被保险人或者其允许的合法驾驶人对第三人侵权而承担损害
赔偿责任,那么应当如何由保险人承担保险责任。前段引起了问
题,正常的人都会期待后段给出答案。这句话后段给出的答案
是,对于被保险人的侵权赔偿责任,保险人再保险责任范围内予
以赔偿。后段的答案和前段的问题之间明显不对称、不周延。前
段提出的问题,除了针对被保险人的,还有针对其允许的合法驾
驶人的。但是,后段给出的答案却只有针对被保险人的,没有针
对其允许的合法驾驶人的,隐含了合同漏洞,需要明确表述出来,
通过解释予以填补。填补内容适宜表述为:被保险人允许的合法
驾驶人,视为被保险人对待,有权要求保险人赔偿。

理由如下:最高人民法院公布的朱永琪诉天安保险股份有限

---

① 朱岿:"论责任保险合同中仲裁条款对第三人的效力",载《法学评论》
2009 年第 5 期。

公司苏州吴中区支公司、第三人吴建伟保险合同纠纷案①,其裁判要旨是:车辆所有人将投保商业三者险的车辆借给他人使用发生交通事故,借用人向第三者承担赔偿责任后,具有保险金请求权,保险公司应当向车辆借用人承担保险责任。支持该裁判要旨的基本理由之一是合理期待原则,也就是:通常投保人为车辆投保第三者责任险之目的系保险人承担交通事故中不特定第三者损失,而不管损失是由投保人抑或被保险人、车辆所有权人或其允许之合格驾驶员所致,这是社会的合理期待,应当受到保护。我们认为,这个理由是能够成立的,但是停留在原则的层次,需要予以具体化。投保人不但是为自己利益而投保,同时也是为自己允许合法驾驶人利益而投保,从合同法理的层面来看,其实就是说这种合同是为第三利益而订立的合同,具有利他合同的性质。因此,合理期待原则可以转化为利他合同的本然之理规则。对于利他合同,我国《合同法》没有明确规定,但是《中华人民共和国保险法》和《中华人民共和国信托法》都有规定。在保险合同和信托合同中,由于法律的特别规定或者合同的特别约定,第三人(包括被保险人、受益人以及信托受益人)突破合同相对性的限制,成为了合同当事人,享有相应的请求权。就本案而言,责任保险合同也具有利他合同的性质,因此车辆借用人黄某某可以成为享有赔偿保险金请求权的当事人,是具备原告资格的。

需要提及的是,有的论述运用了另外一个支持理由。这个理由是:车辆借用人具备原告资格符合类推解释的要求。因为保险法规定,保险标的转让的情况下,保险人对保险标的转让之后发生的事故原则上要承担保险责任,既然转让了都要对受让人承担

---

① "保险公司应对负赔偿责任的车辆借用人承担保险责任——朱永琪诉天安保险股份有限公司苏州吴中区支公司、第三人吴建伟保险合同纠纷案》"载《人民法院报》2008 年 7 月 1 日,案例编写人:江苏省苏州市吴中区人民法院 钱东辉 孙宝华。

责任,举重以明轻,那么对保险标的出借的情形,更应该承担保险责任。我们认为这个类比难以成立,因为如前所述,车辆借用人取得赔偿保险金请求权,不是基于继受,而是属于原始取得,而类推的观点似乎将其视为继受取得了。

总而言之,将合同漏洞加以填补之后,被保险人允许的合法驾驶人也应当作为被保险人对待,唯有符合社会的这种合理期待,才能发挥三责险的应有功能。因此,黄某某就借用车辆发生交通事故所承担的侵权赔偿责任,有权要求三责险的保险人予以赔偿,具备原告资格。

以上两个问题在责任保险合同纠纷的立案审查中具有普遍性,亟待回答,不过第一个的回答还无人问津,第二个虽有指导案例,但是仍然有一些疑惑挥之不去。有鉴于此,我们以案说法,略陈管见,希望求教于方家。

旨在改善印度道路安全的对于
驾驶许可制度和交通执法的建议

Ashish Vermal, Sushma Srinivas①,
S. Velumurugan and Neelima Chakrabarty② 著　陈海峰译

一、引　　言

　　任何运输系统的基本目标都是提供安全的流动性。更高的流动性可以减少旅行时间但是可能会减低安全性。因此,道路安全观念必须要引起人们足够的重视。此外,确保并维持较高水平的道路安全是实现可持续交通的一个重要元素。我们可以从表8和图1中世界卫生组织发布的统计数据看出,在全世界范围内,交通事故已经是导致人口死亡的主要原因之一。因此,道路交通伤害应该被视为一个全球性的流行疫病,亟需采取一个有效的对策来解决这个流行病。同时,根据世界卫生组织的道路安全报告,③印度交通事故死亡人数居世界第一。

---

①Ashish Vermal,Sushma Srinivas,作者单位为印度科学研究所土木工程系,基础设施,交通的可持续性和城市规划中心,位于印度班加罗尔。
②S. Velumurugan,Neelima Chakrabarty,作者单位为交通工程和安全部门道路研究中心,位于印度新德里马图拉路。
③世界卫生组织:《全球道路安全报告》,世界卫生组织,日内瓦,2009。

表 8 2004 年世界各年龄段人的主要死亡原因

	0—4 岁	5—15 岁	15—20 岁	30—44 岁	45—60 岁	70＋岁	合计
1	围产期原因	呼吸道感染	道路交通事故	艾滋病	缺血性心脏病	缺血性心脏病	缺血性心脏病
2	下呼吸道感染	道路交通事故	艾滋病	肺结核	脑血管疾病	脑血管疾病	脑血管疾病
3	痢疾	疟疾	肺结核	道路交通事故	艾滋病	慢性阻塞性肺病	下呼吸道感染
4	疟疾	溺亡	暴力伤害	缺血性心脏病	肺结核	下呼吸道疾病	围产期原因
5	麻疹	脑膜炎	自残	自残	慢性阻塞性肺病	气管,支气管,肺癌症	慢性阻塞性肺病
6	先天异常	痢疾	下呼吸道感染	暴力伤害	气管,支气管,肺癌症	糖尿病	痢疾
7	艾滋病	艾滋病	溺亡	下呼吸道感染	肝硬化	高血压性心脏病	艾滋病
8	百日咳	肺结核	火灾	脑血管疾病	道路交通事故	胃癌	肺结核
9	脑膜炎	蛋白质-能量营养不良	战争和冲突	肝硬化	下呼吸道感染	结肠和直肠癌症	气管,支气管,肺部癌症
10	破伤风	火灾	孕妇大出血	中毒	糖尿病	肾炎和肾变病	道路交通事故

	0—4 岁	5—15 岁	15—20 岁	30—44 岁	45—60 岁	70＋岁	合 计
11	蛋白质-能量营养不良	麻疹	缺血性心脏病	孕妇大出血	自残	老年痴呆症和其他痴呆症	糖尿病
12	梅毒	白血病	中毒	火灾	胃癌	肺结核	疟疾
13	溺亡	先天异常	流产	肾炎和肾变病	肝癌	肝癌	高血压性心脏病
14	道路交通事故	锥虫病	白血病	溺亡	乳腺癌	食道癌	自残
15	火灾	坠亡	脑血管疾病	乳腺癌	高血压性心脏病	肝硬化	胃癌
16	肺结核	癫痫	痢疾	战争和冲突	肾炎和肾变病	炎性心脏病	肝硬化
17	内分泌失调	利什曼病	坠亡	坠亡	食道癌	乳腺癌	肾炎和肾变病
18	上呼吸道感染	暴力伤害	脑膜炎	痢疾	结肠和直肠癌	前列腺癌	结肠和直肠癌
19	缺铁性贫血	战争和冲突	肾炎和肾变病	肝癌	中毒	坠亡	肝癌
20	癫痫	中毒	疟疾	气管,支气管,肺部癌症	嘴巴和口腔癌症	道路交通事故	暴力伤害

来源:世界卫生组织,《青年和道路安全》,世界卫生组织,日内瓦,2007。

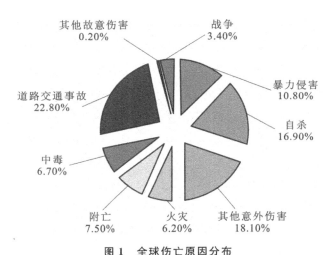

图 1　全球伤亡原因分布

来源:Peden, M. M. et al.,《道路交通事故预防世界报告》,
世界卫生组织,日内瓦,2004。

　　印度的道路交通主体事实上是极其多元的,它由行人、牛车、自行车、人力车、摩托车、汽车、公共汽车、卡车等组成。由于缺乏隔离,同样的道路空间既被机动车也被非机动车使用。这就对道路使用者①尤其是弱势的道路使用者例如行人,骑自行车者和骑摩托车者的安全造成了威胁。表 9 中给出了欧洲的道路交通事故中车辆事故的数量,从中我们可以清楚地看出受伤的男性明显多于女性。在车辆事故中,主要是二轮车的事故(17.8%)。行人,骑自行车者和骑摩托车者是印度最弱势的道路使用者。在 2004 年,每 10 000 辆车中,有 1.1 辆车发生事故,而在每 10 000 辆摩托车中,则有 2.9 辆车发生事故。

---

　　①莫汉·D:《前方的道路:印度的交通伤亡》,印度理工学院德里分校:《交通研究和伤亡预防计划》,2004。

表 9 欧洲 2006 年车辆类型交通事故中男女死亡人数

车辆类型	道路交通事故死亡人数			
	男性	女性	总计	占车辆总数百分比
卡车	20 958	2 910	23 868	22.6
政府	440	78	518	0.5
私人	20 518	2 832	23 350	22.1
公共汽车	10 170	2 455	12 625	11.9
政府	3 556	800	4 356	4.1
私人	6 614	1 655	8 269	7.8
厢式货车	4 592	1 047	5 639	5.3
政府	124	27	151	0.1
私人	4 468	1 020	5 488	5.2
吉普车	7 480	1 636	9 116	8.7
政府	209	56	265	0.3
私人	7 271	1 580	8 851	8.4
汽车	7 507	2 027	9 534	9.0
政府	144	36	180	0.2
私人	7 363	1 991	9 354	8.8
三轮车	4 757	1 128	5 885	5.6
两轮车	16 491	2 342	18 833	17.8
自行车	2 672	235	2 907	2.7
行人	7 403	1 503	8 906	8.4
其他	7 147	1 265	8 412	8.0
合计	89 177	16 548	105 725	100.0

来源：http://www.bangaloretrafficpolice.gov.in/traffic _ management _ centre.htm,检索日期:2010 年 3 月 19 日。

表 10 展示了道路交通死亡率是如何在一些国家(包括印度)随着时间(1975—1998)而改变的。表 11 展示了德国、瑞典、丹麦、英国以及印度的道路交通死亡事故的数量。我们从表 11 中可以看出,在 1980—2007 年,德国的道路死亡事故数量有了明显的下降而印度却显示了一个相反的趋势,道路死亡事故数量大幅度地增加了。同样,图 2 显示了世界卫生组织区域内的道路交通伤害死亡率(每 100 000 人)。根据世卫组织的数据,①大概 62％被报告的道路交通死亡事故都发生在下列这十个国家中——按照数量降序排列分别是印度、中国、美国、俄罗斯、巴西、伊朗、墨西哥、印度尼西亚、南非和埃及——以上各国人口占了世界总人口的 56％。总的来说,很明显,印度的道路安全情况是令人担忧的,因此,理解和研究各种有助于消减道路安全风险的因素并提出合适的建议以改善印度的交通现状是很有必要的。一般来说,道路使用者生命的脆弱性是多种因素造成的,例如车辆驾驶员犯下的错误,道路使用者所承受的撞击的动能性质和大小,个人对于撞击的耐受力以及应急服务的质量和可得性等。②

道路安全被认为是一个含有四个元素的函数,即影响暴露于风险中的因素,影响发生碰撞的因素,影响碰撞严重程度的因素以及影响事故后二次伤害的严重性的因素。③④ 这四个元素包括以下因素如司机的年龄、性别差异、酒精、毒品、与车辆相关的技术因素、环境因素、司机行为和心理变化的影响、错误的道路设计、道路布局、道路维护等等。

①世界卫生组织:《全球道路安全报告》,世界卫生组织,日内瓦,2009。

②Peden M M et al.:《道路交通事故预防世界报告》,世界卫生组织,日内瓦,2004。

③Peden M M et al.:《道路交通事故预防世界报告》,世界卫生组织,日内瓦,2004。

④Mohan D,Tiwari G,Khayeshi M and Nafukho F M:《道路交通事故预防:训练手册》,世界卫生组织,2006。

　　针对道路安全这个流行疫病的对策主要有三，即教育、工程学和执法。教育措施包括通过学校、交通公园、媒体和宣传规划、横幅和围板来传播道路安全意识；以及司机教育、培训和许可等等。工程学措施主要包括通过利用交通工程学、交通规划、道路几何设计等概念来改善道路安全。执法措施包括由交警人员加强执行交通法规，许可证的信用制度，对于安全/无事故驾驶的激励，使用相关技术如雷达枪，闭路电视（CCTV）智能交通系统（ITS）等等。除此之外，司机的各种身心因素也会对道路安全产生重要的影响。

　　印度政府近年来一直通过对所有新的和现有的高速公路进行强制性的道路安全审计（RSA）来强调各项工程措施，然而在印度，对于同样作为道路安全对策的教育和执法措施以及改善司机的身心特征方面的关注却依然远远不够。因此，本文只着重关注司机身心特征的改善以及教育和执法等方面。

二、影响道路安全的身心因素

　　支配道路使用者行为的人为因素主要涉及：视觉反馈、视觉功能、速度判断、速度适应、对相对速度的判断、对于间距的判断、超车、反应时间，等等。一些司机的个性因素很有可能会导致道路交通危险的发生。个性是指短时间内不会改变的稳定的性格特征。情绪压力可能会使司机的驾驶行为在短时间内或稍长一点的时间内偏离其长期的驾驶习惯。[①]

　　司机在开车时负有一项严肃的责任，它需要司机全神贯注。然而，很多时候都因为司机的分心导致了交通事故和伤亡。道路系统的安全水平取决于所有道路使用者，其中司机起着关键的作用，因为他们要在极短时间内扫掠、处理和运用适当的行为模式来应对突发的危险。由于逐渐升级的对于不安全驾驶环境的不

①Evans L：《交通安全和司机》，载《科学服务社会》，1991。

安,对于司机身心能力特征的测试和评估已经成为了道路安全不可分割的一部分。开车是一项需要司机身心持续进行复杂的协调的技巧,它包括很多任务活动,如高速操作重型机械,行驶在不断变化的地形上,计算速度和车距并对其他司机的行为以及障碍物做出反应。而在印度(或其他发展中国家)的道路上驾驶会使上述情形变得更加困难,在这些国家中,往往缺乏车道的划分且交通主体极其多元。司机控制其与驾驶有关的心理运动功能的能力各不相同,差别很大,且会随着他们每天压力和疲劳程度的不同而改变。因此司机需要某些基本的技能来有效地执行其驾驶任务。司机需要以下技能:

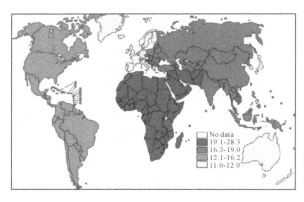

图 2　世界卫生组织区域道路交通死亡率(每 100 000 人),2002

来源:Peden,M. M. et al.,《道路交通事故预防世界报告》,世界卫生组织,日内瓦,2004。

表 10　1975 年至 1998 年道路交通事故死亡率变化

(每 10 000 人中死亡人数)

国家/地区	变化(%)
加拿大	-63.4
中国香港	-61.7
中国台湾	-32.0

国家/地区	变化（％）
瑞典	−58.3
以色列	−49.7
法国	−42.6
新西兰	−33.2
美国	−27.2
日本	−24.5
马来西亚	44.3
印度	79.3(a)
斯里兰卡	84.5
莱索托	192.8
哥伦比亚	237.1
中国	243.0
博茨瓦纳	383.8(b)

(a)是指 1980 年至 1998 年；(b)指的是 1976 年至 1998 年。来源：Peden, M. M. et al.，道路交通事故预防世界报告，世界卫生组织，日内瓦，2004。

（1）视觉技能（视力），例如看车辆前面和周围的道路、查看后视镜、观察周围身后，检查仪表，车速表等等。

（2）听觉技能（听力），比如刹车的振鸣声，车辆在紧急时刻的鸣笛声，汽车的声音，等等。

（3）生物机能（手眼协调的能力），例如转方向盘，打信号灯、头灯，按喇叭等等；踩油门、刹车、离合器等等。

（4）认知能力（思考），例如对路况的预见，动态路径规划，评估情况如其他车辆的运行、天气状况、准备避险等。

一项最近的在印度高哈蒂市完成的研究表明,①司机身体素质的缺陷例如视敏度、周边视觉、深度知觉、眩光消除、彩色视觉、对比敏感度、隐斜视等可能会造成道路安全危险。基于对搜集到的数据的分析,以下是他们报告中提到的重要发现:

(1)3％的司机没有通过隐斜视测试,这个测试是用于检查适当的眼部肌肉和双眼的协调性的,以确定司机可以正确识别前方物体的位置。如果一名司机在这个测试中表现为"不可接受的",那么表明这个司机可能不能正确地在路上识别在他或她面前比如车辆、行人等物体的位置。

(2)12％的司机在深度判断测试中的表现为"不可接受的",深度判断是一个非常重要的身体属性,司机凭借它来确保其在路上保持了一个安全的超车或停车距离。

(3)7％的司机没能通过眩光消除测试,这是一个对于夜晚安全驾驶重要的参数,尤其是在那种不分车道的道路上,这种车道主要存在于印度,那里会有大量的由对向行驶的车辆大灯中发出的眩光。

(4)5％的司机被检查出在驾驶时具有管状视力这个问题,这表明这样的司机可能无法识别侧障碍物且相应地及时对刺激做出反应。

(5)15％的司机被发现其中一只眼睛的视力是不可接受的,4％的司机两只眼睛都有这个问题。

(6)5％的司机有夜视症问题(被车大灯照亮的路况)。

(7)5％的司机在色觉检查中表现为"不可接受的"。

同样,一项在印度海德巴拉市完成的研究表明,大约 11％的摩托车司机是属于无证驾驶,这一比例在 16—25 岁这一年龄段之间更高。同时,0.5％的驾驶员被发现是在 15 岁之前拿到的驾

---

① Chauhan S:《通过改善司机教育和许可制度来影响交通问题参数》,B 科技论文,印度理工学院古瓦哈蒂分校,2009。

照。在所有被调查的持有驾照的人中,21.4%的人没有进行强制性的考试就得到了驾照。30%的司机会根据交通状况而任意地从任何一边超车,超过50%的司机会逆向行驶。所有被警察抓住的司机中,56%的司机缴纳罚款而26%的司机则通过贿赂警察来逃避惩罚。至于车辆状况,49%的车辆没有后视镜。

此外,研究表明,每个人在学习驾驶时都会经历三个不同的阶段,第一个阶段是直接反馈阶段,在这个阶段中,驾驶员通过尝试和犯错来学习基本的驾驶技术,第二个阶段是过渡和联系的阶段,在这个阶段中,驾驶员开始区分不同的与驾驶有关的技能和心理特征。在最后阶段,驾驶员可以完全自主地习惯地驾驶,会把驾驶目标牢记心中,仅仅做到遵循交通规制就可以了。然而,一旦树立起了信心,驾驶员们便沉迷于更多的冒险行为,甚至会通过违反交通规则来达到他们的目的。这个阶段被称为认知心理学中的自动性。一般来说,年轻的司机会更乐于体验速度的激情以及与同龄人竞逐所带来的快感。特别是年轻男性驾驶员往往高估了自己的能力,因此,容易违反交通规则并且制造交通危险。①②③ 综上可得,对司机心理运动能力的测评是道路安全的一个重要方面。对司机心理运动能力的测试的目的在于使他们意识到自身在驾驶中危险的习惯做法,并且给予他们必要的关于安全和小心驾驶的指导。然而,在许多情况下,交通心理测评专门需要大量的诊断。

---

①Finn P 和 Bragg B W E:《对由年轻和年长司机造成的事故风险的感知》,载《事故分析与预防》,1986,18,289-298。

②Matthews M L 和 Moran A R:《男性司机事故风险感知中的年龄差异:感知的驾驶能力的作用》,载《事故分析与预防》,1986,18,299-313。

③Gregersen N P:《年轻司机对于他们自身技能的高估——一次关于训练策略和技能之间关系的实验》,载《事故分析与预防》,1996,28,243-250。

表 11　1980—2007 年道路交通事故死亡人数

	德国	瑞典	英国	丹麦	印度
1980	15 050	848	6 240	690	24 000
1990	11 046	772	5 402	634	54 100
2000	7 503	592	3 580	498	78 911
2001	6 977	583	3 598	431	80 888
2002	6 842	560	3 581	463	84 674
2003	6 613	529	3 658	432	85 998
2004	5 842	480	3 368	369	92 618
2005	5 361	440	3 336	331	94 985
2006	5 094	445	3 298	251	105 725
2007	4 949	471	2 946	293	114 590

来源:世界卫生组织,《全球道路安全现状报告》,WHO,日内瓦,2009;OECD/EC-MT 交通研究中心,《年轻的司机:通往安全之路》,OECD 出版,2006;Hatakka,M. ,Keskinen,E. ,Gregersen,N. P. Glad,A. 和 Hernetkoski,K. ,《从车辆控制到自我控制:拓宽司机教育视角》,载《交通心理学与行为学》,2002,5(3),pp. 201-215。

三、司机教育:概述

除身心因素外,司机教育同样也是一个提高司机素质、增加司机责任的重要的工具。它有助于司机自觉地遵守交通规则。司机培训和司机教育二者并不是同一件事情;前者包含在后者之中,是后者的一部分。① 它能从根本上预防事故,减少风险,并且使新司机以正确的方法去使用车辆中配备的安全设备。②

---

①Christie R:《司机培训作为一项道路安全措施的有效性:一份国际文献综述》,载《道路安全研究,治安和教育》,2001。
②Nyberg A:《司机教育在减少涉及年轻司机的交通事故上的潜力》,林雪平大学,卫生和社会系,2007。

(一)司机教育的基石

构成司机教育的三大基石可以被认为是：司机教育的目标，司机教育的内容和方法，以及考试程序。所有这些因素共同决定了司机教育的有效性。[1] 三者紧密联系，不可分割。一个成功的司机教育需要有合格的教员以及具备能满足所有关于司机培训方面的必要知识、能力和教学技巧的审查员的参与。[2] 如果三者不和谐，则可能会对司机教育的内容造成负面的影响。[3] 梅西克[4]认为，无论是教员还是学员都应该给予所有组成司机教育体系的部分同等重要的对待。即便是那些不会被测试的训练内容，在训练中也应该被当作强制性内容对待。[5]

(二)司机教育的目标

驾驶证许可制度，包括司机培训的目标应该是为了培养出安全的，有环境意识的而不仅仅是技术过关的司机。[6] 除此之外，司机培训应该要让司机意识到自己的局限性，并提高司机的技能。司机教育应该以一个有效的方式去包括所有可能导致道路伤害的方面，同时突出车辆控制和交通规则的应用。在一份关于司机培训作为一项道路安全措施的有效性的国际文献综述中，[7]得出

---

①Jonsson et al:《课程，司机教育和驾驶测试》，于默尔大学，2003。

②Nyberg A:《司机教育在减少涉及年轻司机的交通事故上的潜力》，林雪平大学，卫生和社会系，2007。

③Messick S:《测试有效性：后果问题》，载《社会指标研究》，1998，45，35-44。

④Messick S:《测试有效性：后果问题》，载《社会指标研究》，1998，45，35-44。

⑤OECD/ECMT 交通研究中心:《年轻的司机：通往安全之路》，OECD出版，2006。

⑥OECD/ECMT 交通研究中心:《年轻的司机：通往安全之路》，OECD出版，2006。

⑦Christie R:《司机培训作为一项道路安全措施的有效性：一份国际文献综述》，载《道路安全研究，治安和教育》，2001。

了以下重要的结论,强调了实行司机培训和教育的需要。

研究证据表明传统性质的司机培训减少道路交通事故或降低存在于各个年龄段的司机和驾驶者之间的风险的能力很有限。

我们可以通过长期专注于认知能力和感知能力的训练,加上重点强调如态度和动机等因素对司机行为的影响来完善司机的培训。

司机,尤其是年轻司机的冒险行为,和他们掌握的技术和/或知识的多少没有多大的关系,更多是由于动机以及其他更深层的因素。

考虑到上述局限性,哈达卡等人[①]发展了司机教育目标(GDE)矩阵来概述司机教育和培训中应该包括的内容。表 5 显示了 GDE 矩阵。矩阵中包含了司机培训系统中应该包括的四个层次和三个主要训练维度。GDE 矩阵是基于态度和动机因素对于控制司机行为及其导致的交通事故风险具有更大影响这一理解上,并比较了在各种不同交通情况下的行驶和车辆控制能力后设计的。

以下是对各层次的简单描述:

第四层,生命目的和生存技能:这个层次是指在一个更广阔的视角下的个人动机、目的和趋向。这个层次是基于这样一个假设,即生活方式、群体规范、性别、社会背景、年龄及其他社会和个人的先决条件将会影响道路使用者的行为及其造成的交通事故。

第三层,驾驶的目的和情境:这是指驾驶背后的目的和驾驶情境,驾驶情境具体是指驾驶行为以及关于何故、何地、何时以及和谁一起等所有和出行目的相关的决定。

---

① Hatakka M,Keskinen E,Gregersen N P,Glad A 和 Hernetkoski K:《从车辆控制到自我控制:拓宽司机教育视角》,载《交通心理学与行为学》2002,5(3),201-215。

　　第二层，在各种交通情形下的驾驶：第二层所关注的是在具体交通环境下的驾驶控制。这个层次中还注重司机适应她或他随时会变化的驾驶行为和识别交通中潜在的风险并采取正确行为去避免它的能力。

　　第一层，车辆控制：这个层次侧重于司机的基本操纵技术。操纵车辆的能力（即驾驶，制动，换挡，等等）就属于这个层次。伤害预防系统如安全带、儿童约束装置和安全气囊等的正确使用也同样是这个层次的内容，因为它们都是车辆的子系统。

表 12　GDE 矩阵

层次	知识和技能	风险增加方面	自我评估
生命目的和生存技能	理解生活方式，年龄段，文化，社会环境等的重要性	理解感觉寻求，风险接受，团体规范，同伴压力等的重要性	理解自省，能力，安全驾驶的个人先天条件，冲动控制等等的重要性
驾驶目的和情境	理解出行方式选择，当时的情况，驾驶动机，路径规划等的重要性	理解酒精，疲劳，低摩擦，上下班高峰时交通，同龄人乘客等的重要性	理解个人意图，自律思维等的重要性
在各种交通情形下的驾驶	掌握交通规则，风险预测等。驾驶过程中的自动化因素。与其他司机的互动合作等	理解违反交通规则，跟车太近，低摩擦，有缺陷的道路使用者所带来的风险	驾驶技能的校准，完善个人驾驶风格
车辆控制	掌握车辆性能，保护系统，车辆控制等。理解物理定律的影响	理解不使用安全带，车辆故障，轮胎磨损等所造成的风险	车辆控制技能的校准

　　来源：Hatakka M，Keskinen E，Gregersen N P，Glad A 和 Hernetkoski K，《从车辆控制到自我控制：拓宽司机教育视角》，载《交通心理学与行为学》，2002,5(3):201-215。

这种层次分析法是将决策问题分解为不同的层次结构,无论较高层次上的成功或失败都会影响较低层次的需求,即便这个影响也可以是反向的,即较低层次的变化也会对较高层次有一定的影响。当这四个层次和知识和技能、风险增长因素以及自我评估这三个培训维度结合在一起后就成了 GDE 矩阵的核心。从而,GDE 矩阵的各单元就组成了一个概念框架以产生出安全、环保的司机。GDE 矩阵通过对培训过程的不同方面进行分类,为确保司机教育课程涵盖所有必要的目的提供了一个有用的工具。[①] 目前,挪威、芬兰和瑞典等国的司机教育就是建立在 GDE 矩阵的基础之上的。

(三)司机教育制度

欧洲国家:各国的司机教育制度可以基于教育目的实现的可能性分为三类。第一类含有很少或没有义务教育,如瑞典和英国。第二类既包含了义务教育又有私立教育,例如芬兰、冰岛和挪威。第三类由正式的司机教育组成,而私立教育是被禁止的。这是德国和丹麦的实践。

在瑞典和英国,政府对司机教育都只是进行最小限度的干预。因此,理论考试和操作考试是确保实现课程目的的唯一途径。瑞典对司机教育做出了很多努力,希望能尽可能多地整合课程的理论部分和实践部分。教育课程同时也更多地关注交通安全。由于这个课程不具有任何强制性,政策的成效很有限。

芬兰、冰岛和挪威三国的司机教育主要是强制性的。在那里,司机教育分为不同的阶段,因为培训可以在不同的阶段侧重于不同的知识和能力。在芬兰,教育第一阶段的强制性内容包括独立驾驶所必要的态度和能力。第二阶段强调进一步提高驾驶能力。着重培养学员的自我评估能力。在挪威,强制性教育包括

[①]OECD/ECMT 交通研究中心:《年轻的司机:通往安全之路》,OECD 出版,2006。

了三部分：在道路上行驶、在夜晚驾驶以及在光滑的路面驾驶。这些部分要求学员要进行 9.5 个课时的训练，学员必须要在一位合格教员的监督下完成训练。

在德国和丹麦，由于司机教育领域的私人教育是被禁止的，所以司机教育必须在驾校进行。在德国，教育被分为不同阶段。驾照申请者必须首先参加一个特别的急救课程。在顺利完成急救课程之后，他/她才被允许开始司机教育。教育被分为基础教育和特别教育。在基础的实践教育中，学员要获得必要的知识和能力，为特别教育做好准备。[①]

美国：在北美，那里的司机教育和驾驶许可之间存在一个很长的历史关联。在绝大多数州，对于新的驾照申请者来说，司机教育计划作为获得驾照的一部分是强制性的。这可以分为几种形式，例如所有的初学者不管年龄大小都必须要接受司机教育，或者 16 和 17 岁的初学者必须要在接受司机教育后才能获得驾照，那些 18 岁及以上的初学者就不需要这样做，等等。而在一些其他州，司机教育是基于学员自愿的，初学者往往只是为了准备道路考试而参加相关培训。这些类型的培训一般只是注重教授一些通过道路考试和获得驾照所需的技能和知识。

在 1994 年，美国国家公路交通安全管理局（NHTSA）[②]推荐了一种两阶段的司机教育计划，作为渐进式考牌制度的一部分。计划包括了两个阶段。第一阶段教授的是基础的车辆控制技术和道路规则，在第二阶段教授的是安全驾驶程序，包括感知技能和做决定技能。根据渐进式考牌制度的多阶段结构，阶段一发生在许可过程中的初学阶段，阶段二发生在许可过程中的中级阶段。迄今为止，密歇根是美国唯——个采用这种两阶段式的司机

---

①Jonsson et al：《课程》，选自《司机教育和驾驶测试》，于默尔大学，2003。
②国家公路交通安全管理局（NHTSA）关于"完善新手司机教育方案的研究议程"向国会提交的报告。华盛顿：美国交通部，1994。

教育计划的州。①

驾驶许可制度:尽管各国的驾驶许可制度不尽相同,但是它们总是建立在某个特定框架(包括:法律、法规、行政程序、培训和考试程序)之上的,即使各框架内的具体内容差异会很大;各国的特定框架声明了各自对申请者在本国获取机动车驾驶许可的各项要求。②

驾驶许可制度的分类:传统的驾驶许可制度只包括了一个阶段的理论和操作训练,最后以一次书面和驾驶考试结束。传统的驾驶许可制度通常被称为"单阶段许可制度"。这种制度在欧洲相当普遍,例如比利时、丹麦、法国、荷兰等国就采用了这种制度。在其他制度中,实习驾照制度和单阶段制度非常相似,但是申请者在成为一个完全司机之前必须要经历一段驾驶实习期。在实行单阶段制度中发放实习驾照的国家有德国、奥地利、挪威、瑞典等。还有一个常见的对于传统驾驶许可制度的变体是两阶段制度,在该制度下,申请者在通过第一阶段的笔试和操作考试后会获得一个临时驾照或实习驾照。这个临时驾照在一定的时期内有效,在那之后,如果实习驾驶员顺利完成了第二阶段的理论和实践训练(但是没有进一步的测试),才能获得一个正式的驾照。芬兰和卢森堡采用的就是这种制度。③④⑤

---

①Mayhew D R:《北美的司机教育和分级驾驶许可制度:过去,现在和将来》,载《J·安全研究》,2007,38(2),229-235。

②OECD/ECMT 交通研究中心:《年轻的司机:通往安全之路》,OECD出版,2006。

③Nyberg A:《司机教育在减少涉及年轻司机的交通事故上的潜力》,林雪平大学,卫生和社会系,2007。

④OECD/ECMT 交通研究中心:《年轻的司机:通往安全之路》,OECD出版,2006。

⑤Engstrom I,Gregersen N P.,Hernetkoski K,Keskinen E 和 Nyberg A:《年轻的新手司机,司机教育和培训:文献综述》,瑞典国家道路和交通运输研究中心,2003。

分级驾驶许可制度:这些制度一般包括了三个阶段如"初学者驾照"阶段,"限制性驾照"阶段和"正式驾照"阶段。这些阶段旨在确保司机将在尽可能安全的条件下获取经验。第一阶段是初学者阶段,在这个阶段,申请者需要通过驾驶考试。在此期间他们只能在监督下驾驶车辆。这种练习往往会有最低课时数要求,而且必须在经过一定的时间之后学员才能获得学车证,在某些情况下,这些许可还会受到一定的限制(比如学员不能携带其他乘客,或学员在开车时不准使用手机等)。下一个阶段是中级阶段或叫限制性驾照阶段,在这个阶段,申请者会得到一本限制性驾照,它在一个特定时期内有效,在此期间,申请者可以无需监督,单独驾驶。这个阶段涉及到不同的驾驶限制,如对于夜间驾驶、搭载乘客等事项的限制。如果司机遵守了各项限制,那么规定的时期一结束,他/她就可以获得正式驾照了,因此这是分级驾驶许可制度的最后一个阶段,这个阶段不需要进一步的考试。美国、加拿大、新西兰和澳大利亚等国的分级驾驶许可制度各有不同。不同国家的不同制度之间的不同之处在于对申请者开始学车的法定年龄、初学者阶段的时间长度、申请者在获取正式驾照前驾驶时的限制以及最低要求等事项的规定。①② 对于新西兰和北美的分级驾驶许可制度(GDL)计划的评估表明,实行这种制度后,新手司机的交通事故率得到了显著下降,分别减少了 7%—55% 以上不等。对于澳大利亚南部的 GDL 的初步评估表明该制度明显减少了 16—19 岁的年轻司机的伤亡事故。③

---

①Mayhew D R:《北美的司机教育和分级驾驶许可制度:过去,现在和将来》,载《J·安全研究》,2007,38(2),229-235。

②Morrisey M A:Grabowski D C, Dee T S 和 Campbell C:《分级驾驶许可制度的力量和青少年司机和乘客中的死亡人数》,载《事故分析与预防》,2006,38(1),135-141。

③Christie R:《司机培训作为一项道路安全措施的有效性:一份国际文献综述》,载《道路安全研究,治安和教育》,2001。

四、许可程序的要素的有效性

一个有效的驾驶许可制度可以有效地制止危险驾驶,并将有助于产生安全的司机。以下各小节将讨论一些在道路安全语境下的许可程序中的重要要素。

(一)单独驾驶的许可年龄

驾驶的最低年龄取决于当地的条件,城市化程度和道路安全措施。交通事故主要是由年轻司机造成的,[①]所以对于这个方面所作出的决定肯定会影响到发生交通事故的风险。图 3 展示了道路交通死亡人数在 25 岁以下年轻人之间的分布情况(按年龄和性别分组),我们可以从中看出死亡人数是随着年龄段的增加而增加的,同时与女性相比,男性的风险更大。我们可以从图 4 中进一步看到,在印度的 25 岁以下道路交通事故伤亡者中,摩托车驾驶员占了很大的比例。同时,研究表明,驾驶员在达到 18 岁之前发生交通事故的风险会随着其驾龄的增加而增加。在瑞典,[②]关于发放学车证的规定中已经将法定学车年龄降低到了 16 岁,同时又保留了持证单独驾驶需要年满 18 岁的规定,这样的制度设计使得持有学车证的驾驶员可以获得更多时间的驾驶练习,可以有效地增强道路安全。

(二)培训的内容和方法

GDE 矩阵列出了司机教育和许可制度所包括的必要内容。GDE 矩阵通过划分出各个层次,清楚地规定了司机的各项任务,

---

①D 和 ona R,Kumar G A 和 D 和 ona L:《印度二轮机动车司机的危险行为》,载《J. 安全研究》,2006,37(2),149-158。

②Gregersen N P, Berg H Y, Engstr m I, Nolén S, Nyberg A 和 Rimm P A:《瑞典 16 岁的见习司机年龄限制——一份安全效果评估》,载《事故分析与预防》,2000,32(1),25-35。

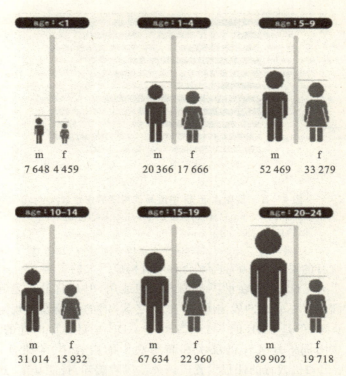

图3　道路交通死亡人数在25岁以下年轻人之间的分布情况
（按年龄和性别分组）

来源：世界卫生组织（2007）。

包括个人行为和心理活动，态度和能力。① 传统上，司机培训重点
强调的是 GDE 矩阵中底部的层次，但是哈达卡等人②提出有必要

---

① Hatakka M，Keskinen E，Gregersen N P Glad A 和 Hernetkoski K：
《从车辆控制到自我控制：拓宽司机教育视角》，载《交通心理学与行为学》，
2002，5（3），201-215。

② Hatakka M，Keskinen E，Gregersen N P，Glad A 和 Hernetkoski K：
《从车辆控制到自我控制：拓宽司机教育视角》，载《交通心理学与行为学》，
2002，5（3），201-215。

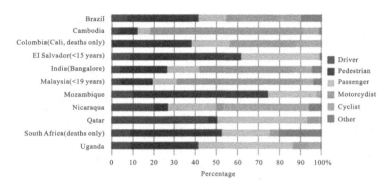

图 4　在一些国家近 25 中道路使用者的伤亡情况
来源:http://www. transport. sa. gov. au/licences_certification/
hazard_perception/tsa-safe-distance-1sec-2sec. asp.
检索日期:2010 年 3 月 19 日。

关注所有的层次,因为它们都会对司机构成巨大的影响。

尽管 GDE 矩阵在世界范围内得到适用,但是它最初是起源于欧洲的。在瑞典发展出 GDE 框架之前,旧的课程设置规定的非常详细,但是 GDE 的一个含义在于 GDE 是目标导向性的,而且它试图同等地关注低层次和高层次中的内容。[①] 在北美,梅休[②]指出司机教育的课程设置应该关注风险感知,技能缺陷,过度反应和反应迟钝,开车时发生的错误和不恰当的行为,以及自我意识和行驶情境等方面。这也显示了 GDE 框架的实用性。目前,GDE 是一个理论概念,但是它正迅速地在不同国家的司机教育课程中找到自己的位置。

在欧洲,理论培训中包括的各专题依次分别是:交通规则,对他人的行为,车辆技术,风险感知,环保驾驶以及急救培训。在考

---

①Stenlund T, Henriksson W, Sundström A 和 Wilberg M:《在司机培训和测试中起指导作用的 GDE 矩阵》,会议论文,雨美大学,2007。

②Mayhew D R:《北美的司机教育和分级驾驶许可制度:过去,现在和将来》,载《J·安全研究》,2007,38(2),229-235。

试之前的操作训练中强调的主要专题有车辆安全检查、开动、转方向、交通情况的掌握、倒车等。①

（三）正式的发证前培训

在正式的发证前培训中,学员要在一个教员的监督下进行训练。正式的发证前训练是指驾照申请者在一位合格的驾驶教员的监督下进行的训练,学员要同步接受教员发出的关于如何驾驶的指令,它是结构化训练过程的一部分。不同的评论和期刊已经研究过正式的发证前司机培训的有效性,发现这种训练作为一种安全措施不是一直有效的,因为相关证据之间有冲突。②③

最近 OECD④ 关于正式的发证前培训的内容的概述表明了当前司机培训系统主要关注的是底部层次例如车辆控制,却没有太多强调关于路线寻找和驾驶技能的自我评估等问题的培训。在司机教育中包括进更高层次上的内容可以使它成为一个更有效的道路安全对策。

（四）非正式的发证前培训（陪同驾驶）

非正式的发证前培训也被称为陪同驾驶,它允许初驾者在一位有经验的司机而不必是一位驾驶教练的陪同下驾驶以获取驾驶经验。瑞典、法国和挪威在司机教育中实行发证前培训,这可以使得各国驾照申请者在获得正式驾照的法定年龄不变的前提下提前开始驾驶训练,可以有更多的时间去获取更多的驾驶经

①Jonsson et al:《课程》,选自《司机教育和驾驶测试》,于默尔大学,2003。

②Christie R:《司机培训作为一项道路安全措施的有效性:一份国际文献综述》,载《道路安全研究,治安和教育》,2001。

③Engström I, Gregersen N P, Hernetkoski K, Keskinen E 和 Nyberg A:《年轻的新手司机,司机教育和培训:文献综述》,瑞典国家道路和交通运输研究中心,2003。

④OECD/ECMT 交通研究中心:《年轻的司机:通往安全之路》,OECD出版,2006。

验。训练应该要使学员在单独驾驶之前达到一个更高的驾驶
水平。①

(五)使用驾驶考试作为一个选择手段

大多数国家对于驾照申请人的考试都包括了两类:理论考试
和操作考试。考试是用来评估考生能力,看他们是否可以获得驾
驶许可的手段。同时驾驶考试也是一个重要的用来评估司机教
育的目的是否被实现的工具。驾驶许可考试应该要有良好的标
准体系。②

在英国和挪威,驾照考试中会使用标准化的测试路线来确保
测试中包含了某些特定的要素。在瑞典,操作考试被安排在真实
的交通环境中进行,考官要确保在考试路线中会包括所有相关的
交通情况。③ 任何关于驾照考试的改变都会和安全性和流动性方
面有关。此外,要坚决杜绝驾驶许可制度中的任何腐败,④⑤因为
在任何国家,驾驶许可权力都很容易被寻租。综上可得,不同国
家有着不同类型的驾驶许可制度,在下一部分我们将阐述印度实
行的驾驶许可制度。

五、印度目前的驾驶许可制度

在印度,发放驾照是属于各州的事务。在每个州,驾驶执照
由地区运输办公室(RTOs)签发。不幸的是,之前的司机教育对

---

① OECD/ECMT 交通研究中心:《年轻的司机:通往安全之路》,OECD
出版,2006。

② Henriksson W，Sundström A 和 Wilberg M:《瑞典的驾驶许可测试:
教育测量系的研究摘要》,瑞典雨美大学(EM),雨美:教育测量系,2004。

③ Jonsson et al:《课程》,选自《司机教育和驾驶测试》,于默尔大学,
2003。

④ D 和 ona R，Kumar G A 和 D 和 ona L:《印度二轮机动车司机的危险
行为》,载《J. 安全研究》,2006,37(2),149-158。

⑤ OECD/ECMT 交通研究中心:《年轻的司机:通往安全之路》,OECD
出版,2006。

于获得驾照来说不是一个强制性的要求。在印度，现在所有与司机教育和驾驶许可有关的事务都受 1988 年的《机动车法》和 1989 年《中央机动车条例》规制。下列是这些法规中的一些重要的缺陷。

根据 1988 年《机动车法》第 4 部分第(1)小节，年轻的驾驶员在满 16 岁后(只要获得父母或监护人同意)，可以在公共场所驾驶一辆发动机功率不超过 50cc 且无齿轮的摩托车。这样的规定增加了潜在的危险，因为年轻司机更加容易发生交通事故，而摩托司机又是弱势的道路使用者。

根据 1988 年《机动车法》第 8 部分第(3)小节，在印度，申请者分别凭借自行申报和注册医师出具的医学证明就可以获得非运输车辆和运输车辆的学员驾驶证。如果申请者没有如实申报，在患有某些不宜驾驶的生理缺陷的情况下依然开车上路的话，这无疑会阻碍其安全驾驶，给道路安全构成了严重的危险。这一危险在查汗最近的研究中显得更加清晰。[①]

根据 1988 年《机动车法》第 9 部分第(3)小节，申请人在申请驾驶机动车(不是运输车辆)许可时，如果他拥有任何一张由州政府认可的机构发放的驾驶证书的话，发牌部门可以根据该小节的规定免除对该申请人进行车辆驾驶能力的测试。这也会带来道路安全风险，因为申请者仅仅基于一张证书就被授予驾驶许可，申请者在此之前可能并没有进行足够的培训和教育，而对于道路安全来说，司机培训和教育恰恰是十分重要的。

1989 年《中央机动车条例》第 15 部分第(3)小节仅仅规定了驾驶操作考试的标准，操作考试只关注的是基础的车辆控制和操作能力。然而，即便是这些标准也很少被考试人员遵守。

1989 年《中央机动车条例》的第 31 部分详细阐述了供驾驶学

---

①Chauhan S：《通过改善司机教育和许可制度来影响交通问题参数》，B 科技论文，印度理工学院古瓦哈蒂分校，2009。

校使用的教学大纲,用来向学员传授在机动车驾驶中的理论指导。这只包含基础的驾驶,交通以及车辆维护方面的教育,这很少在印度的驾校中得到奉行。同样,也没有正式的出版物(基于规定的教学大纲)可用来传授司机教育。

最重要的是,印度现行的制度完全是基于传统的司机教育和考试,而它们正如克里斯蒂强调的那样在道路安全方面具有严重的局限性。[①]

六、印度交通法律的实施

在保障道路安全的三个主要方面中,法律的实施在提供一个有效、持续的道路安全对策上与其他两个方面具有同等重要的地位。然而在印度,现行的执法体系主要是以人力为基础的,即主要依靠的是交警人员再加上微不足道的技术使用。因此印度的交通执法效率低下,错误迭出,力道不足和腐败频发。以下是印度交通警察主要的职责:

(1)执行交通法规;

(2)在繁忙的十字路口指挥交通;

(3)在繁忙地段组织司机正确泊车;

(4)向道路使用者教育道路规则和安全驾驶;

(5)在公共汽车站监督乘客和公车司机,防止过度拥挤和碰撞;

(6)监控学校外面的交通;

(7)协助行人,尤其是儿童、老人和残疾人安全地使用道路;

(8)为更好的交通管理开展调查。

然而,由于以下因素,所有上述这些活动都没能被令人满意地执行。

相比于道路使用者,执行监管的交通警察人员人数过少。此

---

①Christie R:《司机培训作为一项道路安全措施的有效性:一份国际文献综述》,载《道路安全研究,治安和教育》,2001。

外,只有几乎可忽略不计的智能交通系统技术被用于交通监控和执法。

不知何故,腐败在制度的某些部分中根深蒂固,腐败影响了法律的公信力,导致公民不信任法律并最终不遵守交通规则。

具有高度影响力的公民和青年常常违反交通规则来展示他们的权力和自负。

很少对道路使用者进行道德伦理教育,使他们更加容易破坏交通规则。

重大的漏洞,例如没有强制要求妇女和锡克教徒在驾驶摩托车时戴头盔;虽然自行车和人力车也是道路上的危险因素之一,却没有规制它们的规则。

七、对于印度道路安全的建议

目前,印度实行的是一种有实习期的单阶段驾驶许可制度。本文中引证的各类国际经验值得印度学习借鉴,因此,为改善印度的道路安全状况,笔者提出了下列一些初步的建议。

1. 申请许可的法定年龄

已有的研究表明增长学车时间对于减少道路安全事故的发生是一个很好的对策,因为这可以为新手司机提供更多的时间来学习安全驾驶。在印度,摩托车造成的事故在道路交通事故中占据了最大的比例,但是摩托车(发动机功率小于 50cc,即助力车)的法定学习者年龄是 16 岁,且在 16 岁半的时候就可以获得一本正式驾照,即在申请者获得学车证后 180 天就可以得到正式驾驶证。考虑到摩托车是印度道路交通事故发生的主要原因,我们可以规定在印度独自驾驶摩托车的法定年龄为 18 岁。

2. 经验

驾驶培训应该要让司机学员获得足够的操作经验,这样可以使他们更好地应对其可能在获得驾照后第一年中遇到的各种风险。瑞典的一项研究表明接受了 118 小时监督驾驶的学员可以比那些只接受 41—47 小时的学员减少发生多达 35% 的交通事故。

3. 发证前培训

我们应该做出强制性规定,新手司机在单独驾驶前至少要有
50 个小时的发证前培训以保障其有足够的操作练习。这些政策
在印度实施起来可能不会很容易,因为在澳大利亚的维多利亚
州,120 个小时的发证前培训在政府宣布其作为一个长期计划的
7 年后才成为一个强制性规定,即便如此,印度也需要向这个方向
努力。

4. 驾驶证更新

在印度,驾驶证的更新周期为 40 年。根据一项在古瓦哈蒂
的研究表明,在和视力相关的道路安全身体测试中,中年组司机
结果最糟,然而按照 40 年的换证周期,一般来说,中年司机在获
得驾照后就不会被再次测试了。因此,驾照更新周期可以被修改
为 5—7 年。

5. 分类测试

在印度,驾驶测试程序对于所有的司机都是通用的。但是,
考虑到印度交通状况的多元性,可以根据车辆类型、司机年龄等
因素分类测试。

6. 国家许可制度

之前的研究已经表明了正式的培训少有成效,因此,应该要
考虑对现有的培训和考试制度进行改变。在任何的驾驶课程中,
都应该要注重三个元素(驾驶教育的目的,教育内容和方法以及
测试程序)之间的协调。另外,借鉴一些国际司机教育和驾驶许
可制度的趋势和内容也是很有意义的。这里总结了以下几点:

(1)对于司机各项生理特征进行评估的强制性测试,这对于
安全驾驶很重要;

(2)作为驾驶许可制度一部分的强制性的正式的司机教育
(可能基于 GDE);

(3)分级驾驶许可制度;

　　(4)许可前的强制性正式和非正式练习；

　　(5)在驾照考试中参加风险感知测试；

　　(6)限制性驾照逐渐得到推广；

　　(7)对驾驶许可制度中腐败的零容忍。

　　交通执法中智能交通系统的使用：在印度，车辆触发交通灯，监控摄像头，执法相机等技术的应用以及集中统一的交通管理中心的建立仍然要有很长的路要走，才能进一步确保人们遵守交通规则，提高道路安全。对新手司机增强监督，实行分级驾驶许可制度以及对所有司机有效的交通执法有可能会对道路安全做出更大更持久的贡献。印度也需要做类似的努力。

八、当前印度的发展

　　印度是一个多元化的国家，在这样一个民主国家中实施任何一种严厉的规则都是困难的。然而，在司机教育和交通执法领域，正在发生着旨在改善道路安全的积极的变化。尽管这些变化还没有持久有效地发挥效应，它们仍然是值得一提的。下一个部分我们要强调的是印度各城市在这方面的一些具有开创性的举措。

　　(一)班加罗尔的交通管理中心

　　班加罗尔市警方已经制定了"班加罗尔交通改善方案(B-TRAC)"。该方案的目标如下：

　　(1)减少班加罗尔市中心30%的交通拥挤和事故；

　　(2)大幅减少交通污染；

　　(3)使民众普遍遵守交通法规；

　　(4)建立一个有效的创伤治疗系统。

　　改进方案由各部分组成，其中包括：路标；引导标示(包括挂在高处和竖在路边的)监控摄像头；信号灯升级包括车辆触动交通灯。

　　交通管理中心(TMC)连结如车辆触动交通灯，监控摄像头，执法相机等安装在城市各个区域，作为改善方案的一部分的各个

要素。这使得决策者可以基于实时数据及时对事故做出识别和
反应。中心旨在缩短事故响应时间,降低事故发生率(主要是二
次事故)。发布出行信息,减少拥堵并加强安全。图 5 和图 6 展
示的就是班加罗尔交通管理中心运行的情况。

图 5　交通管理中心对道路的监控

来源:http://www. bangaloretrafficpolice. gov. in/
traffic_management_centre. htm,检索日期,2010 年 3 月 19 日。

图 6　监控摄像头

来源:http://www. bangaloretrafficpolice. gov. in
/traffic_management_centre. htm,检索日期,2010 年 3 月 19 日。

使用监控摄像头不仅可以排除执法中的一些人为影响而且可
以促进市民遵守交通法规。同样,减少人为干预也减少了城市腐
败。警方还引进了其他的执法手段例如使用"黑莓"来记录违法和
事故数据。这确保了适当、系统的交通执法,数据库创建以及分析。

(二)卡纳塔克邦的司机测试模拟器

卡纳塔克邦的所有地区运输办公室中都设有司机测试模拟
器来帮助评估四轮车辆司机的行为。模拟器可以检测出司机在

靠近限速带，人行道或应急车道的反应。这是机构用来对负责任的司机进行基本训练的一个理想系统。如果需要，多个模拟器之间还可以联网。

九、下一步工作的方向

本文对印度道路安全做出的建议都是初步的，此外，还需要在以下各个方面进一步细化和完善：

（1）量化改善身心特征对于道路安全和流动性的影响；

（2）发展印度司机教育和驾驶许可制度的完整框架；

（3）解决在实施框架中的实际问题（申请者语言和文化水平的不同等等）；

（4）最后，整合对 1988 年《机动车法》和 1989 年《中央机动车条例》的更改以实现效益；

（5）量化以智能交通系统为基础的交通执法对于印度道路安全和流动性的影响。

我们目前正按照上述方向开展进一步的工作，成果将会通过在相关出版物发表论文来和大家分享。

价值宽容主义仁学的开展
——杜钢建的人权思想

铃木敬夫[1]著　　李沁璜[2]译

一、序——问题之所在

和辻哲郎称孔子为人类的教师。的确,以《论语》为中心的中国传统思想给人类精神文明的形成以不可估量的影响,确实将其儒学思想称为人类的文化遗产也不为过。[3]　其中尤以在孔子否定"俑"(即替身与人型)的"仁"的观念中我们领会到了亚洲的人权思想的萌芽。孔子愤慨道:"始造俑者,其无后乎。"(《孟子》梁惠王章句上),控诉人格尊严的不可侵犯,批判那样的恶习。这是以古希腊奴隶制度的存在为前提,与为建立共和体制不断努力的亚里士多德相比全然不同的思考方法。[4]

---

①铃木敬夫:日本札幌学院大学教授,湖南大学法学院兼职教授。

②李沁璜:湖南大学法学院硕士研究生。

③和辻哲郎把"作为先秦文化结晶的孔子"列举为"人类的教师"的一员,承认"忠恕"中人伦道德绝对意义,且指出其中将"协道天嘉"的人作为中心的思想史上的革新。参见和辻哲郎:《孔子》,岩波书店1994年版;第131—133页。

④杜钢建:《中国古代儒家的人权思想》,选自郑杭生主编《人权新论》,中国青年出版社1993年版,第253页。孔子早在春秋时代就提出了人类的尊重,批判将人类作为奴隶来使用,尤其特别抨击了将不被视为人类而作为奴隶的俑作为陪葬品的恶习。杜钢建:《孔子亚里士多德法律思想比较研究》,选自乔伟、杨鹤皋主编:《孔子法律思想研究(论文集)》,山东人民出版社1996年版,第326页后。

　　在本文的主题——对传统儒学的评价中会反映亚洲历史的风土性、各个时代精神、各种多样性，因此也会因为论者立场的不同有不同的功过评价。只是从史实来看儒学思想中有未被后世正确传承甚至有意图地被歪曲的部分存在。例如在亚洲被称为抵抗权思想的源头的儒学"易姓革命"思想在日本被否定后又被接受，然后与高举"万世一系的皇统"、"忠君爱国"思想的国粹主义相结合，最终形成了殖民地支配与改进后的"霸王"姿态。① 在现代中国，秦始皇以来的"人治"和"历史的客观法则"至上的价值观下，"忠"、"义"的观念向为大家舍小家的革命性观念改变，这可以说是以皇帝支配的"大公无私"的观念为主干成立的超个人主义的阶级国家。这里所指的主干正是中国宪法"前文"中提到的现代化的"四原则"。②

　　众所周知，六·四天安门事件发生之后不久中国政府刊载了《中国的人权状况》（1991 年）一文。但是，其中除了"从属于国家的人权"观明确规定了以外没有指出其余普遍的人权思想。但在1996 年以后，通过修改《刑事诉讼法》与《刑法》倡导了罪刑法定与无罪推定的原则。此外，"收容审查"制度的废止、修改"反革命罪"为"危害国家安全罪"等都显示出中国人权状况的进步发展。加上社会主义市场经济体制的导入等经济开放政策使中国获得

---

　　①关于近代日本的"霸王"之道是蹂躏朝鲜民族人权的殖民地治安法制。参见铃木敬夫：《朝鲜殖民地统治法的研究——治安法下的皇民化教育》，北海道大学图书刊行会 1989 年。
　　②所谓的"四项基本原则"是指坚持社会主义道路，坚持人民民主专政，坚持中国共产党领导，坚持马克思列宁主义、毛泽东思想，《中国劳动改造条例》（1954 年）是这一原则适用的典型法制度。铃木敬夫编译：《中国的死刑制度和劳动改造》，成文堂 1994 年及拙稿《中国的死缓受刑者的主体性与尊严——兼谈团藤重光博士的废除死刑论》，载《札幌学院法学》第 11 卷第 2号，第 35 页，指出过这个问题。

了国际性的好评。尽管如此,从"劳动教养制度"等刑事司法实践①环节来看,个人的尊重和尊重人权的观念直到现在在"四个原则"之下都得不到推崇,特别是思想的解放和言论的自由迟迟得不到实现,至今还未实现精神的自由。在这里我们可以看到墨守"人权虚无主义"的残渣。②

在这样的背景下,作为政治体制改革派一员的杜钢建将儒学中"仁"的观念同拉德布鲁赫倡导的相对主义的"宽容"结合起来,提倡儒学宽容主义和新仁学人权论。杜钢建所主张的"人权法哲学"最先主张应该克服敌视天赋人权观的人权虚无主义。这个主张正是在"仁"的观念的基础上,将以前传统儒学融通现代思想得来的新生法学思想,据此克服视阶级价值为绝对的人权观,用以排除阶级独裁的。正因如此,可以说这个以仁学作为立足点的价值宽容主义与时下中国的"从属于社会主义法的人权观"是完全对立的。③

---

①对于"罪行轻微,不追究刑事责任的反革命分子、反社会主义的反动分子,受机关、团体、企业学校等单位的开除处分,无生活出路的",实施作为不受《刑法》和《刑事诉讼法》保护的行政强制措施的劳动矫正,严格限制被拘者的人身自由。铃木敬夫《作为不宽容的劳动矫正——杜钢建的中国劳动矫正制度废除论》,载《札幌学院法学》第 18 卷第 1 号,2001 年,详见第 1 页后)。

②杜钢建:《谈客服人权虚无主义》,载《法律学习与研究》,1992 年第 1 期,第 3—4 页。池田诚监修:《关于克服人权虚无主义》,载《立命馆法学》,1993 年第 2 号,第 130 页后。

③杜钢建(1956—)可以说是中国首位真正将拉德布鲁赫主著的《法哲学》(Rechtsphilosophie,1932)及《法哲学的相对主义》(Der Relativismus in der Rechtsphilosophie,1934)等提到的价值相对主义和宽容论的法精神在社会主义中国开展的学者。特别在杜钢建的论文《关于人权主义若干问题的思考》,载《兰州学刊》1992 年第 5 期,第 5 页后及《法哲学与人权法》,载《天津社会科学》1994 年第 5 期,第 61 页后等文章中他精致地展开了他的法哲学本质论。此外,包括上述论文、本稿中引用的他的主要 7 篇人权论收录于铃木敬夫编译的《中国人权论和相对主义》,成文堂 1997 年版,第 112 页后。

下文将会简单描绘一下杜钢建揭示的新仁学的法学方法论，即"论语"的四道（仁道、恕道、义道、政道）四主义（人权主义、宽容主义、抵抗主义、新宪政主义）①、推进国家权力人权化的尖锐的人权论及其"仁学思想"。

二、在宽容之上的"良心"与"学问之道"

杜钢建将"良心"作为自己"价值宽容主义"的核心，对普遍的宽容和人权的紧密联系尝试用仁学的思考方法进行思考，提出了现已成为他法哲学信条的拉德布鲁赫的"相对主义是普遍的宽容。但是对于不宽容者是不宽容的。"这一理论。②

既然相对主义确实属于理论性而非实践性，是在科学认识论上怎么也无法揣摩的最终立场，这就是说各个人主体的"良心的决断"应该在哪里寻求呢？在这里可以明确的是，对杜钢建来说，对于各种不同的价值观的认识论界限可以说是"对实践理性的强烈诉求"。据说那是促使对特定价值观的坚定信念的事物。在他主张的仁学宽容主义中，应该对怎样的价值观表现宽容与不宽容，这样的个人良心的实践通常作为寻求博爱和平等的人权主张。③

到底每个人所具备的良心的根源在哪里，另外为了作为每日紧张的决断中能够忍耐的部分，良心是怎样存在的呢。首先，必须明确知晓仁学上良心的意义。杜钢建提到"良心的自由"的本质，他进行了如下阐述。④

---

①特别关于《新宪政主义》考察的内容，参照铃木敬夫：《中国的宪政和人权——杜钢建的新仁学人权论素描》，载《札幌学院法学》第17卷第2号，2001年，第1页后。杜钢建的代表论文《论语四道与新仁学四主义》，同著《新仁学——儒学思想与人权宪政》，京狮企画2000年版，第2页后。此论文的拙译刊载于《中国的人权论和相对主义》，第215页后。

②杜钢建：《价值宽容主义与东亚社会经济改革和法文化发展》，第38页。

③杜钢建：《关于人权主义若干问题的思考》，第11页。

④杜钢建：《重构良心意识与保障良心自由——良心自由的新仁学的思考》，载《札幌学院法学》第13卷第2号（1997年）第274页后。

　　某个人对他人的价值观的宽容，或是不宽容，是那个人根据天赋的良心做出的。孟子在《性善说》中说道，人的良心正是作为人的天性存在的天赋的心性，是"善端"。①

　　在儒学上，最早使用"良心"这个词汇并展开的人是孟子。"虽存乎人者，岂无仁义之心哉？其所以放其良心者，亦犹斧斤之于木也，旦旦而伐之，可以为美乎？"（《孟子》告子章句上）如是说。孟子所谓的良心是指"仁义之心"。说起良心的时候，孟子常常结合"仁"、"义"二字进行论述。其最典型的例子是下面这句话。"仁，人心也，义，人路也。舍其路而弗由，放其心而不知求，哀哉！"（《孟子》告子章句上）

　　首先，孟子所谓的"仁义之心"和"仁"是什么呢？"仁"、"仁心"本来的意思是所谓"爱人"这一博爱精神。虽然在《论语》中可以看到许多关于"仁"的意思的表述，其中尤以"爱人"这一解释最为重要。在弟子樊迟问道"仁"的意思时，孔子明确地说道那就是"爱人"，即广义的"爱人"（《论语·颜渊》第十二）。此外，关于这个问题孔子也说道"返爱众而亲仁"。这也是说应该对众人有爱心的意思，并不将爱的人限于亲近的人，也将生存在同一个世界的人如"四海之内，皆兄弟也"（《论语·颜渊》第十一）般对待。然后，这里所指的"爱人"不单指博爱，也包含平等的观念，孟子在"仁者以其所爱及其所不爱"（《孟子》尽心章句下）中明确提到过。②

────────────

　　①良心由四端（仁端、义端、智端、礼端）构成。对人来说这四端叫做"不忍人之心"。这在儒学良心论中占据着中心位置。同《重构良心意识与保障良心自由》（上述），第31页。

　　②杜钢建：《仁必博爱与人权平等——人权普遍性的新仁学思考》（仁的博爱和人权平等——人权普遍性的新仁学思考），载《中国研究月刊》1997年4月号，第10页。关于"仁"中平等的意思，康有为也说的"及同类者，仁也。"（《康子内外篇》）《康有为全集》第一集（1987年，上海古籍出版社，第172页。另外，"据法听讼，无有所阿。"也盲尽了儒学上法的平等观念。同《中国古代儒家的人权思想》《人权新论》，第六章，第252页。

接下来是"义，人路也"中说到的"义"的意思。对儒学来说，"义"是指人心对天性的忠，可以说"义"确实是诚实地顺从"仁"而来的。"质直而好义"（《论语·颜渊》第十二），人的诚实被这样记述，是完全将"仁"贯注于心得来的。可以说至诚面对自己具备的良心，还能够至忠面对他人的人正是有仁心的人。另外，不可以违背自己的良心这一心的戒律是靠"勇"支撑起来的，有时通过"舍身取义"的行为显现。①

孟子将违背"仁""义"的行为形容为"此之谓失其本心"（《孟子》告子章句上）。这里说到的"放其本心""失其本心"，可以说是充满出现在"本心"中的腐败的现象的意思。还有，就如"其势则然也。人之可使为不善，其性亦犹是也。"（《孟子》告子章句上）说的一样，存在动摇的本心。说的是人除了本心还有其他的欲望、憎恨等，如果其他的心性不能守护本心，随着心的动摇背弃仁义，会难以找回原本的良心的意思。那么，有没有避免背弃仁义的方法呢？

孟子这样说道："学问之道无他，求其放心而已矣。"（《孟子》告子上）可以说这是在后天的环境下，人的良心为了不失去本心，或者为了探求本心，人们不停地践行"学问之道"，必须追求真理的明显表现。换言之，孟子的"学问之道"指的是"学以成人"这一道理。孔子用"学而不思则罔，思而不学则殆"（《论语·为政》第二）来表现。②

杜钢建的价值宽容主义中，各个人不可动摇的"良心决断"，即"仁义之道"的实践，是在"学问之道"的推崇中才得来的东西。

---

①正如"义见不为，无勇也。"（《论语·为政》第二）说的，"义"和"勇"集合起来构成了儒学抵抗主义的理论基础。同《论语四道与新仁学四主义》，第54页。

②儒学的"学问之道"告诉了我们无法明显区别所谓的理论理性和实践理性。这就是说，"学问之道"讲述了"学"和"思"的并行，如果不是这样，就会"不罔不殆。"（《论语·为政》第二）

人在相对的价值观的夹缝中，必须寻求普遍的宽容，不违背自己良心不断地向"学"与"思"努力。

三、孕育宽容的"德行之知"和"推己及人"

面对多样的价值观，人因为宽容被要求刻苦钻研"学问"。可以说孔子努力"学思""求知"的姿态很好地表现了重视知识的儒学特色。

杜钢建说："为了努力钻研学问，达到九知，首先应该忠诚于良心同人道。九知发自良心，由内至外渐渐知晓德行。德的知孕育了以良心为根基的宽恕的政治。"①孔子说过，"忠有九知"，如是给"德的知"下了定义。他说道："知忠必知中，知中必知恕，知恕必知外，知外必知德，知德必知政，知政必知官，知官必知事，知事必知患，知患必知备。"（《大戴礼记小辨》）

九知都与"学"和"思"不可分离。如果不学习就无法知晓事理，没有充满疑虑的心也无法知晓事理。此外，如果没有充满疑虑的心也无法对人尽心。之所以孕育宽容的"学"和"思"无法分离，是因为人心和良心中其间被人的心性所孕育的对德的求知心。孔子说过，"知外必知德""知德必知政"，这是告诉我们，通过"学""思"知道了德的话，相对多样的价值观、不同的政治见解、可以接受意见的仁政德治是可以实现的。关于相对于学思和求知的关系的"见闻的知"的"德性的知"的机能，杜钢建引用了张载的《正蒙》中的话，"世人之心。止于见闻之狭。圣人尽性。不以见闻梏其心。""见闻之知。乃物交而知。非德性所知。德性所知。不萌于见闻。"（《正蒙》大心篇七）②

----

① 杜钢建：《宽容的思想与思想的宽容——儒家思想与宽容主义》（宽容的思想和思想的宽容——儒学思想和宽容主义），选自胡旭晟主编：《湘江法律评论》第一卷，湖南人民出版社1996年版，第69页。此论文的拙译登载与于《中国的人权论和相对主义》（上述）237页后。

② 杜钢建：《宽容的思想与思想的宽容》（上述），第71页。

无论人们怎么向"学问之道"努力,那也只限于"见闻的知",真正的知德是无法达到的吧。这就是说,世人常常因为局限于自己见闻的事情,因为其见闻的狭隘不知不觉地陷入了不宽容的境地。为了脱离这种见闻的狭隘、不宽容应该怎样做呢?如果不接受见闻的话,应该怎样做人才能变得宽容呢?

其关键是获得"大心"。[①] 所谓大心指的是将天地为本,寄予天地之心的心。这个大心正是人求知的母怀、"德性之知"的本源。通过大心孕育的"德性之知"弥补"见闻的知",知晓人的"见闻的知"对天地的事物是如何的无知、不平等,这可以说是对"学问之道"更进一步的补充。通过"德性之知"认识到因为自己见闻狭隘产生的骄傲,因而接受广泛多样的价值观,这一结果正是仁学宽容的度量的广度与谦虚的表现。杜钢建的仁学考察这样的对"见闻的知"和"德性的知"明确地区分,出示了知识同真理的相对性,应该有助于对反驳价值绝对主义只将自己领会的知识当作真理的观点吧。[②]

那么,努力"知德"然后"学以成人"之道中有"恕道",据说这是仁道中掌握源流、追求宽容的人之道。儒学中孔子的言论中有描述过"恕"的观念,即"夫子之道,忠恕而已矣"(《论语·里仁》第四),这句话被认为言尽了所有的人之道。杜钢建说过,恕道思想的重要内容是"己所不欲,勿施于人。"(《论语·颜渊》第二)以及宽和与容忍。子贡在问孔子"有一言而可以终身行之者乎?"时,孔子明确地回答道:"其恕乎!己所不欲,勿施于人。"(《论语》卫

---

①对杜钢建来说,"大心"是宽容原理的重要范畴。关于这个不以天地为模范,拥护天地的宽容的心,荀子说道:"君子大心则天而道。"(《荀子》不苟篇第三),而《易经》则用"安土敦乎仁,故能爱。"来描述。参见高田真治、后藤基己译注:《易经·下》岩波书店1974年,第219页。

②孔子反对固执于自己的意见,主张"毋意、毋必、毋固、毋我"提倡人从不失"智端"的相对价值观中虚心学习的仁学。同《思想的宽容与宽容的思想》(上述),第67页。

灵公第十五)

现今,恕道的观念是通过对人心和人性的深度洞察产生的。人和自己的平等施与的心和性是天赋的本心和本性。这可以说是儒学上平等观念的开端。① 只是人都有趋利避害性。② 因此无论是谁,不仅对那些对自己有害的东西感到厌恶,也不愿意给别人这些东西。这一主观的对自他相互利害的一致衍生出了不可以对人施行对自己有害的行为,人也不会施行对自己有害的行为于他人,这样的普遍平等的准则。

这一恕道一方面从防止恶的产生这点出发,强调不可以对人施恶,而另一方面从容忍的角度强调宽和与容众。如果说到防止恶这一方面的话,"己所不欲,勿施于人。",通过其普遍的适用性成为了一般的道德准则。但是,这一道德准则原本主要是对支配权力的控诉,强调支配者不可以暴虐对待人民、施与被害。此外,从容忍的方面来看,宽、容、和等准则不光只有阻恶的机能,也向权力者要求了宽容。经记载,孔子说过,"居上不宽,为礼不敬,临丧不哀,吾何以观之哉"(《论语·八佾》第三)。支配者们如果大多数居上且对民众不施与宽容和仁和的话,他主张应该质问支配者的不宽容,要求其仁政宽和。这种阻恶容忍的两面的结合是恕道的基本内容。③

但是,仅仅主张"己所不欲,勿施于人",诉诸阻恶和容忍的话,"恕道"的更积极的思想是无法得以实践的。这就是说,应该知道"恕"的观念中对人容忍的侧面中有考虑人的推虑这一侧面的存在。也就是说"推己及人",即通过顾虑自己的事情向考虑别

---

① 儒学上的"恕"指的是"我不欲人之加诸我也,吾亦欲无加人。"(《论语·公治长》第五)这样的平等。那是将尊重平等作为自己的义务,据守宽容的原点的东西。同《宽容的思想与思想的宽容》(上述),第 74 页。

② 杜钢建:《中国古代儒家的人权思想》(上述),第 251 页。

③ 恕道主要是问责权力者的压政的观念。同《论语四道与新仁学四主义》(上述),第 52—53 页。

人的事情推及的深化。

那正如孔子所说的,"己欲立而立人,己欲达而达人"(《论语·雍也》第六)的观点一样。如果自己享有富足的心性和人性的话,必须容许别人也享有富足的心性和人性。自己获得了自由的话,必须保障人的自由;自己的人权得到维护的话,也必须保护别人的人权。在那之中,"己立立人,己达达人。",即欲立己要让别人立,欲达己要让别人达,这样的"推"的观念是必要的,可以说"推"是恕道的较为积极的观点。"己欲立而立人"和"己欲达而达人"的思想都表现了"推"的思索方法。① 人为了真正作为人站起来,为了达到作为人的目的,自己推究道理、推重真理的行为是为了追求恕道中包含的人格尊严的精神的最好的诠释。

各个相对的认识中最终无法探究的究极的宽容到底如何知道呢? 为此,人们努力"己所不欲,勿施于人。",通过"德性之知"弥补"见闻之知",并且需要配合推己及人的恕道的实践。

四、不宽容和"攻乎异端"

表述宽泛的"宽容"这一观念的基础词汇中有"和"一词。在《论语》中"和"与仁、恕等理论范畴一样,是集中表现宽容精神的词汇。

孔子说过,"君子和而不同,小人同而不和。君子和而不流,强哉矫"(《论语·子路篇》第十二)。说的是,正是因为"和而不同"才得以和而没有寡无。本来人们的价值观就各不相同。这就是说,"和"的前提是"有异有分"。可以说由有不同思想的人构成的社会中,虽然要求"和"但绝不可以求"同"。②

---

① 推己及人的推理方法是立足于人都是平等拥有"良心的自由"的这一认识上的。同《宽容的思想与思想的宽容》(上述),第76页。

② 社会秩序的安定应该在"和"的基础上实行,绝不是通过强制"同"来实现的。正如"盖均无贫,和无寡,安无倾。"(《论语·季氏》第十六)。杜钢建:《论语四道与新仁学四主义》(上述),第153页。

　　杜钢建谈到了良心的觉醒,关于仁学上人的成长过程指的是从自然人向规制人、规制人向仁人迈进的道路,他做了如下论述。

　　自然人在生后作为后天社会的共同体的一员,接受着各种各样的社会规定成长。存在于自然人和仁人之间的是规制人。规制人指的是在法律共同体中受其法律规制的人。法律的规制中有合乎人道的,也有恶法。他说,规制人肩负着聆听自己的良心,努力反抗不平等的规制,排除恶法和同化,开拓向仁人迈进的道路的责任。①

　　个人为了国家目的必须"灭私奉公",就像在人民民主独裁的阶级社会,在那种称赞自我牺牲是革命的超个人主义的社会中,②规制人通过守护其天赋的本心,向"学问之道"努力,磨砺自己的良心,然后怀着那强韧的良心对不平等的规制进行改革,追求构筑尊重个人的"存分求和"的社会,即尊重"共和"的"大同世界"。③

　　就算人们通过"学思"和"求知"获知了道理,那不过只是真理的一个侧面而已。人无法达到"全道"和"全思"的境界。因此,人容易将自己的价值观看得绝对化,如果他人反对自己的价值观提出异议的话,就会将反对者作为"异端"进行欺凌,或者否认其存在,或者说若是寻求向自己立场的同化那样的话,是应该避忌的不宽容。

　　我们必须问到底相对主义上的"异端"是什么,又怎样应对"异端"。孔子说道,"攻乎异端,斯害也已"(《论语·为政》第二)。这里说到的"攻"和"已"应该怎样理解呢?"攻"指的是"攻击","已"说的是"制止",如果将"攻击异端"解释为压制表达不同意见

　　①杜钢建:《重构良心意识与保障良心自由——良心自由的新仁学思考》(上述),第31页后。
　　②铃木敬夫:《价值相对主义在中国的开展——兼谈杜钢建教授价值宽容主义》,载《札幌学院法学》第12卷第1号(1995年),参照第142页后。
　　③大同世界是不同思想在和平中共存的社会。杜钢建:《宽容的思想与思想的宽容》(上述),第69页。

的自由的话,当然不可以让那样的"攻击"存在。但是,如果"攻击异端"是以保护学问的自由为前提,以相互批判为宗旨的话,这种相互"攻击"当然对相对主义来说是不可或缺的。另外,如果异端者之间进行相互批判,表明异端者的主张,使价值观得以向一方偏颇且通过这种偏向使弊害被制止的话,这就是通往"和而不同"的立场吧。①

杜钢建说道,对于异端进行学问批判的前提是首先必须对异端进行研究,深刻理解异端,弄清异端的论点、论据以及其历史的变迁。那个人想要说什么,和自己的见解有哪些不同之处,同那个人知晓思想的自由是对异端进行批判的前提。如果连异端的存在都不承认,甚至对不同思想的研究和知晓其立场的学问的自由都不容许的话,到底孔子说的"攻乎异端"能否得以实现呢?②

孔子说过,"不知言,无以知人也"(《论语·饶日》第二十)。承认异端的存在,是思想的自由、学问的自由、表现的自由的保障。③ "不知言,无以知人也。"的确是个人尊重的原点。

大体上,规制社会的各种主张都是各种"分殊"的见解。因此,如果将主张与自己的见解、国家的立场不同的人当作"异端"者规制的话,那是错误的。仁学上宽容的主张正是寻求解放规制、广开言论,以"分殊共和"为志向的立场。④

五、结语——对不宽容的抵抗

接受"分"宽恕"异"、推己及人的儒学宽容主义也有其限度。无法做到忍耐对超越那个限度的不宽容的行为的宽容。孔子说

---

①杜钢建:《宽容的思想与思想的宽容》(上述),第 77 页后。

②杜钢建:《宽容的思想与思想的宽容》(上述),第 78 页。

③杜钢建:《首要人权与言论自由》,《法学》1993 年第 1 期,第 8 页。

④对杜钢建来说,"分殊共和"的理论在"有理必有分,无分则无理。"这句话中很好地表现了出来。这就是说,对不同的事物持有不同的认识是必然的事情。即使道理只有一个,由于立场的不同,得出的结论也会不一样。同《宽容的思想与思想的宽容》(上述),参照第 67 页。

过,"是可忍也,孰不可忍也。"(《论语·八佾》第三)对于儒学的宽容来说,无法忍受的不宽容正是欺凌博爱和平等的行为。

杜钢建通过传统儒学的"天统论"推导"仁法",以那种自然法的观念为基础,对与"仁法"相悖的不宽容的行为进行了如下说明。正所谓"天法即仁法,天意即本来的仁。""'仁'是检测所有法的妥当性和正当性的基准。"以"仁"作为理念,仁法就是要实现天意天志的博爱和平等。其还作为孕育"君权民政""仁政爱民"思想的仁法规范存在,具体表现为"对天法来说,从天子到士大夫、农民都必须受天的约束,支配者和被支配者在天下都一律平等。"在"天法"推导出的"天赏天罚"的思想的基础上,如果为政者忘却了自己的"分",强加不平等于民的话,那无疑是暴君与压政,是必然受到天罚的制裁的。①

在这里,所说的"使之主事,而事治,百姓安之,是民受之也"(《孟子》万章章句上)是"君权民授"的具体例子。如果为政者违反了民众授权于他的宗旨,做出"殃民"、"罔民"、"虐民"等行为,成为"民贼"、"暴君"、"一夫"、"独夫"的话,民众为了守护自己的权利起义,得以对那些不平等进行反抗,也必须反抗。自古以来,对于不宽容的暴君,民众都会遵循仁义的到的秩序,借其力进行抵抗。②

孔子说:"呜呼!上失之,下杀之,其可乎?不教其民而听其狱,杀不辜也。三军大败,不可斩也;狱犴不治,不可刑也。罪不在民故也。嫚令谨诛,贼也;今生也有时,敛也无时,暴也;不教而责成功,虐也。"(《荀子》宥座篇第二十八)这是叫做"罪不在民",在暴政的压迫下,不听从君主进行反抗的抵抗的主张。对于这个

①杜钢建:《仁必博爱与人权平等——人权普遍性的新仁学思考》(上述),第12页后。但是《天统论》容易被权力者所利用,"上从下"的道理并不像说的那样,反而有沦陷为专制支配的道具的史实存在。

②杜钢建将抵抗暴君的行为称作一种秩序行为的"反向秩序",与礼和法的"正向秩序"相对置。同《双向法治秩序与基本权利体系——儒家秩序观的新仁学思考》(《法商研究》,1995年第5期,第29页)。

抵抗思想,孟子这样说道,"不教民而用之,谓之殃民。殃民者,不容于绕舜之世。"(《孟子》梁惠王章句下)更有记载"夫民今而后得反之也"(《孟子》梁惠王章句下)。

　　对比孔子和孟子的话,如果说孔子主张反抗暴政的无罪论的话,孟子则提出了可以对暴政进行反抗的权利论。孟子提到的"得"表现了人们对暴政得以反抗,很好地表达了那是契合天法和仁法的人民的权利的,这一孟子的主张。孔子的无罪的主张、孟子的权利的主张无疑都是天赋人权的呼吁。① 这里说到的天赋的人权并不是指人权是上天直接赋予的东西的意思。仁学上的天赋人权的观念必须理解为人权是天赋的天性中存在的源泉的意思。因为上天创造了人性,而人性则孕育了人权。②

　　关于《中国人权状况》后的现状,中国政府将签订了《公民权利和政治权利国际公约》等两部国际条约,意为人权虚无主义向人权主义的转化。这部关于人权的"国际条约的签订不仅是对旧的国家哲学的挑战,也无疑是对旧的国家实践的挑战。"以上是杜钢建的最新论文——《依人权准则治国与新国家哲学——国际人权公约与中国宪法修改》(1999 年)中的一节。③

---

　　①杜钢建:《中国古代儒家的人权思想》(上述),第 259 页后,参照《儒家的抵抗权思想》。儒学抵抗思想是以至"杀身成仁"的强烈的思想。同《论语四道与新仁学的四主义》(上述),第 54 页。只是杜钢建认为"抵抗"的观念中有暴力的和非暴力的行为,遂从和平主义和非暴力主义的立场开展《抵制论》。同《关于人权主义若干问题的思考》(上述),第 12 页。另同《非暴力反抗与良心拒绝》(《兰州学刊》,1993 年第 2 期,第 21 页后)。
　　②杜钢建说,天赋予的人性产生的人权人是如何享有的呢? 那个权利的行使确实只能委任给自己。因此法律无法对其侵害及剥夺。同《尽性顺欲与礼节权度——关于儒学天理人欲观之新仁学思考》,载《中国研究月刊》1996 年 10 月号,第 46 页。
　　③杜钢建:《依人权准则治国与新国家哲学——国际人权公约与中国宪法修改》,载《百年》1999 年 2 号,第 44 页后。这个立场从宪政面考察的论文参照铃木敬夫《中国的宪政和人权——杜钢建的新仁学人权论素描》,载《札幌学院法学》第 17 卷第 2 号,2001 年,第 1 页后。

　　面临国际人权条约挑战的中国的"旧国家哲学及其实践"是怎样的呢?这在中国宪法"前文"的"四原则"的揭示和适用中很好地表现了出来。如果翻阅以前的刑事司法判例等旧国家哲学及其实践,其思想的自由、学问的自由、表现的自由、良心的自由等都明显还未达到国际的水准。杜钢建在将仁法作为原理的儒学《宪礼学》中揭示了"人本国末"、"人权高于国权"、"人道高于国法"的思想。① 仁法虽然认可对所有的"分"都应该"存异求和"的博爱和平等的理念,还是可以看出在"四原则"之下,只呼吁重视人民民主独裁的"阶级"爱,其他身份的人没有被爱的不平等。② 因为"阶级"爱的偏向避忌了"和而不同"的观念,揭示了阶级斗争,挑起了仁学"博爱"的斗争,可以说其有敌视超阶级的人权思想的不宽容的意思。

　　现在1999年,中国还未批准《公民权利和政治权利国际公约》。为了批准这一国际人权条约,在宪法中反映其精神,首先要将中国旧的国家哲学思想解放,取而代之"从仁爱寻求平等权,提高仁爱和平等的权利意识,通过仁爱平等权的原则以实现民主政治作为指导原则。"这样体制上的转换是必要的。③ 这个体制的转换的实现与真实、良心的选择和其实践息息相关。Jos'e Llompart博士在主著的《人类的尊严和国家的权力》中告诉我们,"良心最大的戒律是不可以做违背自己良心的事情。……无论怎样武装国家的权力,都是无法强迫人们的良心的。也就是说,在良

---

　　①杜钢建:《尽性顺欲与礼节权度——关于儒学天理人欲观之新仁学思考》(上述),第45页。

　　②对特定人和身份的偏爱的思想产生了阶级主义、种族主义、爱国主义等,违背了人类平等的精神。同《仁必博爱与人权平等——人权普遍性与人权平等》(上述),第10页。

　　③杜钢建:《新儒家在中国大陆的发展前景——关于内圣外王的新仁学思考》,载《当代学术信息》1995年第3期,第14页。体制转换的关键是良心,那是儒学的内圣思想的集中表现,从内圣到外王的出发点。

心面前国家权力是无力的。"①

　　立足于对"仁"的强大信念,杜钢建倡导着宽容主义。在人权主义的根基中有叫做真理给予了人类自由的这一学思求知的仁学。自古以来,儒学就倡导人的自我实现和自我解放。可以说,人类的解放就是心的自由,换言之就是用自由的"仁义之心"去达成。孔子说过,"随心所欲不逾矩。"(《论语·为政》第二)这是高度的主体意识和行为形态统一的境界。通过各个主体充分发挥其自觉意识,寻求主观和客观的统一、个体和全体的统一。② 这个"随心所欲"的主张才是尊重良心自由的仁学理念,其中也可以领会到"不逾矩"这一遵从仁法的良心的实践。

　　①Jos'e Llompart 博士说"面对国家权力,留给人类最后的东西"——真正的抵抗权,是对于权力的个人良心的问题。Jos'e Llompart:《人类的尊严和国家权力》,成文堂 1990 年版,第 317 页后、第 139 页。
　　②杜钢建:《中国古代儒家的人权思想》(上述),第 252 页。

论斯宾诺莎自然法思想的现代价值

郭　哲① 　石小川②

一、斯宾诺莎自然法思想的哲学基础

(一)"真观念"是认识的起点

文艺复兴后,天主教的"上帝"作为人类知识起源的说法受到了极大动摇。"阿奎那给事物的经验秩序赋予了一种形而上学的确定性和一个神圣的根源,这种神学自然法理论有助于人们摆脱对宇宙的恐惧,同时又使得他们臣服于未知世界秩序的威力。阿奎那的神学自然法理论精确地表达了具有魔力的神秘世界,为人们提供了一种存在的确定性,但是当人类从中世纪走出来的时候,法理学也消解了上帝之爱和上帝权威之间的联系,它把爱留给了上帝,把权力世俗化。"③这种转变有两条途径:一条是由培根开创的经验主义,由霍布斯继承;另一条是笛卡尔开创的理性主义,由斯宾诺莎继承。政教渐渐开始分离。

1. 笛卡尔的认识论

在笛卡尔看来,包括上帝在内的一切事物都是值得怀疑的。笛卡尔说:"我想我所看见的一切事物都是假的;我相信我的欺诈的记忆所提供给我的那些东西,没有一件是真的;我想我没有感

①郭哲,湖南大学法学院副教授,硕士生导师,法学博士。主要从事法学理论、法哲学研究。

②石小川,湖南大学法学硕士,现任职于湖南湘西州检察院。

③[英]韦恩·莫里森.法理学——从古希腊到后现代[M].李桂林、李清伟、侯建等,译.武汉:武汉大学出版社,2003:75.

觉;我相信物体、形状、运动和位置不过是我心灵的虚构。那么,还有什么可以认为是真的呢? 也许只是这样,世界上没有什么是确实的。"①但是,有一件事是确实的,那就是我在怀疑,对此是不能怀疑的。笛卡尔认为他找到了真理的标准——"我思故我在"。

2. 斯宾诺莎的认识论

(1)斯宾诺莎认为笛卡尔的方法存在缺陷。第一,笛卡尔将"我思"作为整个理论体系的出发点,而"我思"本身就是对所有值得怀疑的事物进行怀疑以后得出的结论,它本身并不清楚,我们需要一个清楚明白的可以直接证明的起点,而笛卡尔却将经过了一系列怀疑之后才得出的所谓的"我思"作为出发点,这本身值得怀疑。第二,将"我思"作为整个哲学的出发点,会导致逻辑上的无限递推。因为笛卡尔在说"我思",(我知道我在怀疑)"故我在"(所以我存在)。他首先预设了一个主体——"我",这个主体"我""知道我在怀疑",那么这个主体从哪里来呢? 按照笛卡尔的说法,是从"我知道我知道我在怀疑"中来的,这必然又预设了一个"我知道我知道我知道我在怀疑",如此递推,就永无止境。

(2)斯宾诺莎看到,如果要证明一个方法是正确的,首先需要证明用以证明这个方法的方法是正确的,如此循环,就是无限递推。于是他首先回答了如何获得方法论的方法的问题。他把方法论比作原始的工具,他制造其他工具,而不被其他工具制造。他说:"知性凭借天赋的力量,自己制造理性的工具,再凭借这种工具以获得新的力量来从事别的新的理智的作品。"②斯宾诺莎认为方法论就是反思,它不能在研究内容之外获得,而只能在对研究内容的反思中获得。他认为方法是反思的知识或观念的观念。但是"观念的观念"也还是没有摆脱无限循环的怪圈,为了打

①[美]梯利.西方哲学史[M].葛力,译.北京:商务印书馆,1995:183.
②[荷]斯宾诺莎.知性改进论[M].贺麟,译.北京:商务印书馆,2007:31.

破这种循环,斯宾诺莎引入"真观念"的概念。"真观念"是天赋的,它是正确思想的出发点,是方法论的前提。斯宾诺莎说:"真观念必定符合它的对象"①意指头脑中的主观观念要与现实中的客观对象相一致,不一致的就不是"真观念",而是虚假观念。此外,斯宾诺莎还强调"真观念"之间还存在原因和结果因果次序。斯宾诺莎说:"如果有确定原因,则必定有结果相随,反之,如果无确定原因,则绝无结果相随,而且认识结果有赖于认识原因,并且也包含了认识原因。"②这即是在说,任何"真观念"的对象都必然存在一个原因,这个原因也是一个"真观念"。斯宾诺莎的认识论有两个明显进步,一是摆脱了笛卡尔的无限递推。斯宾诺莎将笛卡尔的无限递推转化为客观世界存在的普遍联系。斯宾诺莎认为要知道一件事物,不用知道我知道,更不用知道我知道我知道它,他认为认识世界应该从客观世界的普遍联系入手。二是这种认识论就实现了主客观的统一。"真观念"是人的主观思维,而"真观念"的对象是与思维相对应的客观存在,并且两者是合一的。因此,只要从主观上把握住了"真观念"之间的逻辑联系,就能把握住客观世界的因果联系,就能形成对世界的正确认识。这样斯宾诺莎就找到了一个可靠的认识论前提。

(3)斯宾诺莎还认为,找到了认识论的起点是不够的,知识的正确性还取决于论证的过程的严密性。斯宾诺莎在哲学史上是唯理论者,唯理论者在认识论上的根本信念,就是对未知对象的一切可靠的和坚实的知识只有从已经确知的东西中推理取得,求知的过程是从最简单最基本的原理进行推导的演绎过程。斯宾诺莎认为由前提、命题、证明、推论、附释组成的几何学论证方式具有极佳的确定性。斯宾诺莎不仅认为在数学、物理学领域可以采取这种论证方法,在法哲学领域也可以采取这种方法。斯宾诺

---

① [荷]斯宾诺莎.伦理学[M].贺麟,译.北京:北京大学出版社,2005:4.
② [荷]斯宾诺莎.伦理学[M].贺麟,译.北京:北京大学出版社,2005:5.

莎说:"我将要考察人类的行为和欲望,如我考察线、面和体积一样。"①

在斯宾诺莎看来,正确的前提加上几何学的论证方式就可以得到关于整个世界的知识,这就是其自然法思想的认识论基础。

(二)上帝就是自然

从其认识论出发,斯宾诺莎找到了本体论的第一个真观念"上帝"。斯宾诺莎的"上帝"有三重含义:一是宗教意义上的上帝;二是形而上学意义上的实体;三是自然科学意义上的自然。神、实体以及自然是三位一体的,实体等同于上帝,上帝就是自然。斯宾诺莎的"神或上帝"不同于基督教教义中的那个超自然的人格化的"神或上帝",而是内在于整个自然的。

1. 上帝

斯宾诺莎所说的上帝是什么? 他通过给上帝下定义和论述上帝所具有的属性及其特性来表述。

斯宾诺莎说:"……自然,我们理解为这样的一种存在:通过其自身,而不需要任何在它之外的东西,我们就可以清楚而明确的理解它,这也就是上帝。"②斯宾诺莎在其著作《上帝、人及其幸福简论》、《神学政治论》和《伦理学》中,多次使用过"上帝或自然"这一词。斯宾诺莎所说的上帝或自然,从自然就是上帝的一面理解,将自然规律理解为上帝,是一种泛神论,以此出发,可以激起人们的宗教情感;从上帝就是自然的一面而言,是指万事万物赖以产生的自然的力量不是别的,就是自然的普遍规律和法则,所以上帝就是自然,世界就是物质世界。

2. 自然

(1)斯宾诺莎的自然有两层含义:一为"产生自然的自然",二

---

①[荷]斯宾诺莎. 伦理学[M]. 贺麟,译. 北京:商务印书馆,1958:90.

②[荷]斯宾诺莎. 简论神、人及其心灵健康[M]. 顾寿观,译. 北京:商务印书馆,1993:27.

是"被自然产生的自然"。这里,物质中的基本元素大致相当于产生"自然的自然",由具体某几种元素组成的物质比如水大致相当于"被自然产生的自然"。

(2)斯宾诺莎还特别强调自然之间的因果关系。斯宾诺莎指出:"因为自然中的所有的物体都被其他物体所围绕,他们被规定以一定的方式存在和运动,而在他们的全部总和中,也就是在整个宇宙中,却保持同一种运动和精致的比例。因此,我们可以推知,每一个物体,就它们以某种限定的方式存在而言,必定被认为是整个宇宙中的一部分,与宇宙的整体一致,并且与其他部分相联系。"①

(3)斯宾诺莎的这种本体论是一种彻底的机械唯物主义。在斯宾诺莎的自然中,没有任何偶然性,事物之间的只存在单向的必然的因果联系和因果序列,斯宾诺莎相信整个自然架构运行着一种铁一般冷的绝对必然的永恒秩序,他说:"如果人们清楚了解自然的整个秩序,他们就会发现万物就像数学论证那样都是必然的"②,他将这种永恒的秩序理解为上帝的绝对本性、绝对必然性。他说:"万物都预先为神所决定,但并不是为神的自由意志或绝对任性所决定,而是为神的绝对本性或无限力量所决定。"③自然界任何事物或事件的发生都有其必然性,它们都是普遍秩序的必然结果,也就是自然规律的表现。

(4)斯宾诺莎认为,人作为这个自然界的一份子,也要遵循自然的必然性——自然规律。人的生老病死、喜怒哀乐都是自然规律的表现,人保存自我,也是自然规律的表现。人类的最大的权利和职责就是遵循大自然的永恒法则去保存自我,这种权利就是天赋的人权。这就是斯宾诺莎自然法思想的起点。

---

① [荷]斯宾诺莎. 伦理学[M]. 贺麟,译. 北京:北京大学出版社,2005:90.
② [荷]斯宾诺莎. 伦理学[M]. 贺麟,译. 北京:北京大学出版社,2005:3.
③ [荷]斯宾诺莎. 伦理学[M]. 贺麟,译. 北京:北京大学出版社,2005:3.

二、斯宾诺莎自然法思想的核心内容

古典自然法学家侧重于自然权利的论述,而在斯宾诺莎的整个自然法思想中,自由是核心的自然权利,它衍生出信仰自由和言论自由。斯宾诺莎的自由观包含了两层意思:一是自由是人保持其自身存在的欲望和能力;二是自由就是用理性克制感性,以获得真正的善。因此,斯宾诺莎的自由观和伦理观是一致的,其自然法学说的目的在于探讨怎样才能实现人的自由。这使得斯宾诺莎在古典自然法学家中的地位显得十分特殊。

(一)自由是人保持其自身存在的欲望和能力

斯宾诺莎认为每一事物都有保持自身存在的自然权利,这是天赋的人权。这种自然权利就是自然的必然性。所谓"自然的必然性",斯宾诺莎举例说明,"鱼,是天造地设地在水中游泳,大鱼吞小鱼;因此之故,鱼在水中快乐,大鱼有最大的天赋之权吞小鱼。自然之权是与自然之力一样广大的。"①换句话说,斯宾诺莎认为,客观上能力有多大,权利就有多大,斯宾诺莎认为,自然的必然性是一种客观上的能力或者力量。"力量越强,则越自由。"②因为人与自然的关系,是特殊性与普遍性的关系,所以人是自然的一部分,又因为自然具有必然性,所以人也具有必然性——人性。斯宾诺莎说:"我们于此不承认人类与个别的天然之物有任何差异……说到人,就其生活在自然的统治下而论,只是依照他的欲望的规律而行……"③由此可知,斯宾诺莎认为人性是由欲望和力量决定的。而所谓人的自由就是在自然状态下,人的保持自身存在的能力和欲望。

---

①[荷]斯宾诺莎.伦理学[M].贺麟,译.北京:北京大学出版社,2005:3.
②[荷]斯宾诺莎.神学政治论[M].温锡增,译.北京:商务印书馆,1963:212.
③[荷]斯宾诺莎.伦理学[M].贺麟,译.北京:北京大学出版社,2005:221.

（二）自由就是用理性克制感性，以获得真正的善

斯宾诺莎认为，人要获得真正的自由还必须摆脱自身各种情感的限制。斯宾诺莎对各种情感进行了细致的分类。在《伦理学》中，斯宾诺莎描述了爱、敬爱、信心、仁慈等由快乐派生出来的情感，又定义了恨、厌恶、失望、愤怒等由痛苦派生出的情感。这些情感多是被动的，斯宾诺莎认为被情感控制的人是不自由的，所以人需要用理性来摆脱情感的奴役，这样才能实现真正的自由。斯宾诺莎认为认识自然的必然性是最好的一种办法。这种方法和庄子的观点相通，《庄子·大宗师》云："泉涸，鱼相与处于陆，相濡以沫，相呴以湿，不如相忘于江湖。"泉水干涸后，两条鱼未及时离开，终受困于陆地的小洼，为了生存，两条小鱼彼此用嘴里的湿气来喂对方。这样的情景也许令人感动，但是，这样的生存环境并不是正常的，甚至是无奈的。对于鱼而言，最理想的情况是，海水终于漫上来，两条鱼也终于要回到属于它们自己的天地，这是由自然的必然性决定的，最后，他们，相忘于江湖。在自己最适宜的地方，快乐的生活，忘记对方，也会忘记那段相濡以沫的生活。斯宾诺莎认为，如果人能完全理解了这种必然性，就不再会痛苦，这才是真正的自由。斯宾诺莎在《伦理学》第五部分命题六中指出："只要心灵理解一切事物都是必然的，那么它控制情感的力量便愈大，而感受情感的痛苦便愈小。"①

三、斯宾诺莎自然法思想的现代价值

（一）斯宾诺莎自然法思想所传达的理性主义是中国现代法治文明的认识论基础

1. 斯宾诺莎的理性主义是有前提的，中国古人的认识论是无前提的

斯宾诺莎认为认识的起点就是真观念。从真观念出发，他陆

---

① [荷]斯宾诺莎.知性改进论[M].贺麟，译.北京：商务印书馆，2007：9.

续推导出上帝是自然，自然是有其必然性的，进而论证到人也有其必然性，这种必然性在于人都有保存自我的欲望和能力，斯宾诺莎将这种欲望和能力视为自由，但是斯宾诺莎并不认为这是真正的自由，真正的自由在于用理性来摆脱欲望的束缚，以达到真正的善，信仰自由和言论自由都是自由的具体化。这就是说，"一有了真观念，一有了清楚明晰的观念，象几何学上的公理那样的观念，我们就开始有了方法，知识的积累、知识的推论与演绎，以至成为体系，达到智慧的顶点，都是从真观念开始的。"①

然而，中国古人的认识论则是没有论证前提的。没有前提的认识论也能认识世界吗？也许可以，"任何一种哲学立场都宣称自己找到了某种真理性的认识，其实，却只是某种偏见，因为它等于给人们观察世界固定了一个窗口，一种独断的视角，它的结果可能使我们更远离事情本身，排斥了事情其他的可能性。"②笛卡尔说"我思故我在"，斯宾诺莎说"真观念"是人类知识的起源，也许这只是某种偏见，也许他们都只看到了事物的某些方面，也许认识世界根本就不需要前提呢，也许没有前提就意味着可能有任何前提呢？孔子说："子绝四：勿意、勿必、勿固、勿我。"(《论语·子罕》)孔子的话让我们不必固执于某一个前提，孔子从来没有根据某一个前提来建立类似斯宾诺莎这样的庞大哲学体系。他只关心身边的事，他的话总是简单实用，朴实平常，孔子说："有朋自远方来，不亦说乎。"(《论语·学而》)孔子说："温故而知新，可以为师矣。"(《论语·为政》)简直就是在跟人拉家常。孔子不关心如何认识自然，孔子说："子不语怪力乱神。"(《论语·述而》)"孔子的中庸，并非位置上的不偏不倚，位居中央，而是孔子说的无可无不可，中不是不偏，而是允许一切偏且不固执于某一个偏。"③

①[荷]斯宾诺莎.知性改进论[M].贺麟，译.北京：商务印书馆，2007：9.
②尚杰.远与近：侈移中国精神风俗[J].中国哲学.北京：2007(1)：26.
③尚杰.远与近：侈移中国精神风俗[J].中国哲学.北京：2007(1)：26.

道家也主张一种从无到有的认识论,所谓"道生一,一生二,二生三,三生无穷。"①(《道德经》第四十二章)是指零维产生一维,一维产生二维,二维产生三维,万事万物都是在三维空间中产生、变化和消亡的。《道德经》第一章指出:"道可道,非常道。名可名,非常名。无名,天地之始;有名,万物之母。故常无欲,以观其妙。"笔者的理解是,普遍性的规律是可以抽象出来的,但是这种规律不是永恒的,这种普遍性的规律可以用语言概括命名,但是这种概括命名不是对其永恒的概括,天地在开始的时候本来没有名字的,名字只是给万物的一个代号。因此去观察领悟"道"的奥妙,就不要有偏见,不要先入为主,不要固执于一个前提,这样才能从无中看有。

2. 斯宾诺莎的认识论是纵向的,中国古人的认识论是横向的

斯宾诺莎的理性主义重逻辑推理,对事物的研究是从抽象到具体的。霍布斯的经验主义重试验例证,他的认识论与斯宾诺莎正好相反,是自下而上的,对事物的研究是从具体到抽象的,两者都是纵向的认识论。

然而,中国古人的认识论则是横向的。它对事物的理解是从具体到具体的。首先,它将具体事物之间的相似性抽象出来,形成了八卦这种系统化的易学符号体系;其次,通过这种符号体系,将原本属于某一事物的属性引申、渗透到另一事物中,符号体系从中起到桥梁作用;再次,它用一种二维的图像来解释三维世界的自然和社会现象,形成一对多的映射关系。每一个八卦符号对应一组相互联系的概念。八卦符号的区别取决于"‐,‐,—"的不同排列。如"离"(☲)卦,离为火,可表物;离为明亮、美丽,表德行;离为南方,表方位;离为中年妇女,表人;离为晴天、热天、酷暑,表天象;离为三、表数字。物象、人象、德行、天象、数字是怎么联系

---

① [德]马克斯·韦伯.新教伦理与资本主义精神[M].郑志勇,译.南昌:江西人民出版社,2010:96.

起来的呢？首先,离是火,而火是热的,由此可以联想到晴天、热天,南方比较热,由此联想到南方,联想到中年妇女的火气通常比较大,中国人讲究事不过三,过三就是过火了。这样,"离"作为一个桥梁,就将不同体系的事物横向的联系起来了。这种联系就是"易",易,是互换、互易、互渗的意思,你中有我,我中有你。

　　这种横向的认识论遵循交换律,也就是"易"的规律,带有巫术性质,它始于神话时代,一直影响到现在。孔子在《系辞下传》中说:"古者包羲氏之王天下也,仰则观象于天,俯则观法于地,观鸟兽之文与地之宜,近取诸身,远取诸物,于是始作八卦,以通神明之德,以类万物之情。"在神话时代,伏羲氏观察天地、虫鱼、鸟兽和人类自身的产生、变化、消亡的规律,发现远处的物和近处的身存在一种同质互感的结构,他将这种同质互感的相似性抽象出来,创造了八卦这种符号体系,以期待能通过天人感应得到上天的启示,在这种体系中,相似的东西会对相似的东西产生作用,一物是另一物的模板。易的法则很多,常见的有类比,引申和联想等等,在先秦时期,用类比方法说明问题是诸子百家最常用的手法。大一统后,汉代儒家强化了这种认识论在古代中国的统治地位,并用其来解释儒家的合法性。董仲舒在《春秋繁露·为人者天》中提到了"天人合一",一方面,上天是有情感的;另一方面,就上天对于人事的影响而言,人事要与天时相对应。刑罚要在肃杀的秋冬执行,而不在万物滋长的春天执行。这种认识论通过"天人感应",将远处的天象拉近到近处的刑罚,让这两类不相关的事扯上关系,让远处的天象为模本,让近处的刑罚符合这个母本,使得刑罚从与天象的相似性中获得一种合法性。因为刑罚和天象之间并没有任何必然的因果联系,所以它也带有巫术性质。在中国古代,这种认识论导致类比推理在法制中的广泛应用。如唐律中曾规定了这样一个司法原则,叫作入罪举轻以明重,出罪举重以明轻。入罪时,如无法律明确规定,如果存在一个最为近似的轻者处罚了,重者更要处罚。在此,轻者为模本,反之亦然。在中国引入西方法治理念后,类比推理很大程度上被限制的,但在民法领域依然很有市场,如在《合同法》第一百二十四条规定:"本法分则或者其他法律没有明文规定的合同,可以参照本法分则或者其他法律最相类似的规定。"

3. 中国的法治文明应当以理性主义的为认识论基础

欧洲的非理性主义源远流长,在古希腊时期,就存在巫术性质的酒神崇拜,与希腊的理性精神是二元对立的。然而宗教改革后,尤其是在加尔文之后,欧洲的巫术被彻底否定了合法性,韦伯说:"排除上帝的魔力的做法,在宗教发展的过程中具有伟大的意义,它使宗教发展拥有了一个逻辑性的结局。"①斯宾诺莎在这点上走的更远,他认为迷信无非起源于人心的软弱,他说:"迷信是由恐惧而生,由恐惧维系和助长。"②欧洲的去"巫"过程是十分血腥的,这场从 1480 年延续到 1780 年的去"巫"浪潮,席卷欧洲三百年。理性宗教对巫师,尤其是女巫的迫害达到了登峰造极的地步,良家妇女一旦被诬为"女巫",立刻被斩首示众,然后焚烧尸体,刀下冤魂数不胜数。讽刺的是,正是通过残酷的去巫过程,净化了理性主义,以斯宾诺莎、霍布斯等人为代表的自然法学家将理性推进到了一个前所未有的高度。他们提出了一系列合乎资产阶级要求的政法理论,这些经典理论曾是资产阶级革命的思想武器,向斯图亚特王朝、波旁王朝、哈布斯堡王朝、霍亨索伦王朝、罗曼诺夫王朝等欧洲反动势力发出挑战,而革命胜利后,它已凝固成西方宪政的理论基石进而形成了欧洲的法治文明。自 19 世纪以来二百多年,在以自然法为价值取向的宪政制度的导引下,西方经济、社会的发展取得了辉煌的成就。

---

① [荷]斯宾诺莎. 神学政治论 [M]. 温锡增,译. 北京:商务印书馆,1963:10.
② [德]马克斯·韦伯. 儒教与道教 [M]. 悦文,译. 西安:陕西师范大学出版社,2010:277-278.

　　相反,中国封建法制社会是建立在横向的认识论基础上的,有很强的巫术性质。孔子认为"近取诸身,远取诸物"是认识论的方法。孔子关心身边"近"的东西,对那些看不见摸不着的东西不关心,当子路问他死后的世界是什么样子,孔子说:"未知生,焉知死?"对于鬼神,他是"敬而远之"的。"对于那些未知的东西或是无法直接观察到的东西,中国人都怀有一种超出正常范围的恐惧。他们会怀疑、排斥,甚至完全不去接近,而且这种态度很难消除。对于那些掌握起来有一定距离或是没有直接需要的知识,他们或是拒绝,或是根本没有兴趣。但是,与此形成强烈反差的是,对于那些虚幻的巫术,他们却会轻易的相信。"①鸦片战争后,清王朝终于认识到自己的落后,自19世纪中后期,中国逐渐开始引进西方的器物。甲午战争后,清王朝意识到自己的落后不仅是器物上的,而且是制度上的,然而历史没有给中国革新制度的机会,辛亥革命的一声枪响,清王朝立刻灰飞烟灭了,接着就是几十年的战乱,浑浑噩噩熬到现在,我们发现其实很多东西仍在原地踏步。具体就法律思维为例,法治需要一种纵向的逻辑推理,首先找到事实,其次找到法律,最后用逻辑推导出结果。这种思维只为经过法学教育的人掌握,就社会中的大多数而言,仍然习惯一种横向的类比,相似的东西对相似的东西产生作用,其本质是一种巫术性质的表现。比如相近的行为,陕西的药家鑫为什么是死刑,而云南的李昌奎为什么只是死缓,中国人习惯以药家鑫案为模本,对李昌奎案进行横向的类比。民众的情绪一旦被调动起来,形成舆论压力,正常的司法就会受到干预。这种横向的类比是中国人根深蒂固的思维方式。从远处的模本中获得一种处理近处事物的合法性,这样的认识论带有"巫"的特征。

　　在器物、制度、文化的移植中,器物的移植速度最快,制度次

①[德]马克斯·韦伯.儒教与道教[M].悦文,译.西安:陕西师范大学出版社,2010:201.

之,文化又次之。法治文化作为文化移植的核心,潜移默化更需要时间。回顾中国的过往,事实上,中国法治的发展也一直受西方古典自然法的影响,而且,在未来的几十年,要在中国这块土壤上搞法治现代化建设,仍需大力弘扬古典自然法学的理性主义认识论,要去掉中国人思维方式中的那种横向联系,去掉思维方式中的"巫"性。因此,对外,要加强社会主义法治宣传,营造全社会的法治氛围;对内,要加强司法人员的教育培训,强化法律思维,同时还要完善法律制度,减少类比方法在立法、执法、司法中的应用。

(二)斯宾诺莎自然法思想的伦理取向是中国法治建设的本体论基础

1. 斯宾诺莎认为,存在两个法域,而在中华民族的世界观中,只有一个法领域

斯宾诺莎认为,存在一个应然的自然法和一个实然的制定法的领域,自然法是"真观念",制定法是"真观念"的对象,两者是两位一体的,制定法的正当性取决于是否符合自然法,"制定法和自然法之间始终存在一种紧张关系"①,制定法要努力向自然法看齐。自然法的要义在于,无论何时,无论对何人,法律都必须是良法、善法,而善法是要符合理性的,是要保证公民的自由。相反,在中华民族的世界观中,没有那种超越制定法的自然法。只有一个制定法,制定法要合"礼",要具有合"礼"性。"礼之所去,刑之所取,失礼则入刑,相为表里"(《后汉书·陈宠传》)。礼法合一,互为表里,一方面,失礼则入刑,违反"礼"的规则就要受到刑罚处罚;另一方面,入刑则失礼,对受过刑罚处罚的人就不必以礼相待。《水浒传》中的宋江被刺了字,处处受人歧视。这样的法制没有给人改过自新的机会,因为它忽略了人在犯错之后那种微妙的

---

①[德]马克斯·韦伯.儒教与道教[M].悦文,译.西安:陕西师范大学出版社,2010:201.

心理,它堵住了人自我救赎的向善之路。

2. 斯宾诺莎的自然法以自由为核心,而中国古代法制社会以秩序为核心

斯宾诺莎认为,真正的自由就是追求善,他说:"心灵的最高努力和心灵的最高德性,都在于依据理性来理解事物。"①在斯宾诺莎的自然法理念中,法有实在法与自然法之分,并且自然法在效力上优越于实在法;不符合自然法的实在法不是真正的法律——"恶法非法",对此,人民没有服从的义务。斯宾诺莎说:"政治的目的绝不是把人从有理性的动物变成畜生或者傀儡,而是使人有保障的发展他们的心身,无拘束地运用他们的理智;既不表示憎恨、愤怒或欺骗,也不用嫉妒、不公正的眼加以监视。实在来说,政治的真正目的是自由。"②法律虽然是可以承载多种价值的规范综合体,然而其最基本的价值则是"自由",因此法律必须体现自由,保障自由。只有这样,"一个人遵守他的统治者的法律而行,他就绝不会违反他的理智。"③可以说,没有自由,法律就仅仅是一种限制性规则,而无法达到国家、法律与个人之间的统一,而无法真正体现它提升人的价值,维护人的尊严的价值取向。

与此不同,中国古代法制社会追求的是秩序的稳定。

(1)要保持家族秩序的稳定。这种秩序是一种横向的不平等秩序。南北朝时期形成的准五服制度,根据血缘亲属关系远近规定五种丧服的服制。按亲者服重,依次递减,"五服制"作为定罪量刑的原则,服制愈近,即血缘关系越亲,以尊犯卑者,处刑愈轻;相反,处刑愈重。服制愈远,即血缘关系疏远者,以尊犯卑,处刑

---

①[荷]斯宾诺莎.伦理学[M].贺麟,译.北京:北京大学出版社,2005:223.

②[荷]斯宾诺莎.神学政治论[M].温锡增,译.北京:商务印书馆,1963:272.

③[荷]斯宾诺莎.神学政治论[M].温锡增,译.北京:商务印书馆,1963:273.

相对加重;以卑犯尊,相对减轻。因此,在我国封建社会,人与人的关系是不平等的,是有差等的,每个人的社会关系就好像"将一块石子丢在水面上所发生的一圈圈推出去的波纹,每个人都是他的社会影响推出去的圈子的中心。以自己为中心,像石头一般投入水中,和别人的联系成的社会关系,"不是墨子或者西方那样,大家应当在一个平面上,而是好像水波一样,一圈圈推出去,越推越远,越推越薄,这是中国社会最基本的特征。"①所以,在儒家看来,平等是不合法的,不平等才是合法的。

(2)要保持官僚秩序的稳定,这种秩序是一种纵向的不平等秩序。这种秩序的始作俑者正是孔子。孔子主张一种读书做官论。孔子说:"弟子入则孝,出则弟(悌),谨而信,泛爱众而亲仁。行有余力,则以学文。"(《学而》1.6)。孔子又说:"仕而优则学,学而优则仕。"(《子张》19.13)。孔子的意思很清楚,德行好了,有余力,要学文。学问好了,有余力,要当官归根结底是要当官。于是就有了古代的科举,这逐渐形成了中国封建社会的官本位。中国古代法制社会为了维护这种制度,还孕育了八议制度和官当制度。"八议"包括议亲、议故、议贤、议能、议功、议贵、议勤、议宾。中国封建刑律规定的对八种人犯罪必须交由皇帝裁决或依法减轻处罚的特权制度。然而在封建官僚中,能够享受到八议待遇的毕竟是少数。为了使更多的官僚享有法律特权,《晋律》在沿用"八议"制度的同时规定,有官职的人犯罪,可以"除名"或"免官"的处分折抵三年有期徒刑。"官当"成为正式制度始于北朝的《北魏律》和南朝的《陈律》。这一制度的形成,表明封建中央集权体制下的官僚特权制度的形成。

这样,推己及人的家本位构成了中国封建法制社会的"一横",自上而下的官本位构成了中国封建法制社会的"一纵"。这一横一纵构成了中国社会极其复杂的关系网络,这个网络通过

①费孝通.乡土中国[M].上海:上海人民出版社:2006:76.

"礼"来调节。法制的目的在于维系这个关系网络的稳定。虽然在现代法治中国,五服制度、八议制度、官当制度表面上已经不存在了,但它却转入地下继续以潜规则的形式影响法治建设的方方面面,在这样的条件下,在司法实践中,拉关系走后门的现象屡见不鲜,其后果是是非善恶不能取决于是非善恶本身,而取决于关系。因此,"就中国而言,所有个人的自由范畴都不曾得到自然法的认可。实际上,在中国的语言里,自由完全是个陌生的词汇。"①法制的目的,是在这个复杂的关系网络中留下一个拉近关系的空间,这其实是一种变向的人治。

归根结底,中国的法治建设是文化建设,法治文化不仅在于依"法"而治,而且同时要求为治之"法"为良法。前者是法治的形式要件,而后者构成法治的实质要件。历史经验告诉我们,形式意义上的法治在历史上并不少见,但因其为治之"法"缺乏实质的价值合理性,而不成其为真正的法治。

斯宾诺莎的自然法告诉我们,要实现建设社会主义法治文明,首先要有理性主义的思维方式。诚然,中国传统的认识论有它的独到之处,它灵活不死板,它不会导致西方人那种天堂与人间之间的紧张关系,但在法治领域,灵活性只是例外,不变性才是原则,法治应该是具有严肃认真精确的特征;同时,斯宾诺莎主张一种带有伦理性的自由作为法治建设的价值取向。诚然,秩序虽然也是法的价值,但秩序本身又必须以合乎人性,符合常理作为目标。也就是说,如果秩序以牺牲人们的自由、平等为代价,那么这种秩序就不是可行的秩序,应当革除。

斯宾诺莎的伦理自由是当下中国最需要的,因为,"在中国人的实际生活中,真正的同情心是非常缺乏的。这种缺乏甚至体现

①费孝通.乡土中国[M].上海:上海人民出版社:2006:76.

在与自己最亲近关系的人群之间。"①"麻木不仁"几乎成为当下中华民族的民族素质的同义语,虽然他的自然法思想"可能还不足构成宗教信仰,但是在这痛苦的世界上,倒是促使人神志清醒的一个助力,是救治完全绝望下的麻木不仁的解毒剂"②。

①[德]马克斯·韦伯.儒教与道教[M].悦文,译.西安:陕西师范大学出版社,2010:278.

②[英]罗素.西方哲学史[M].何兆武,李约瑟,马元德,译.北京:商务印书馆,2003:267.

论案例教学法在经济法本科教学中的缺失及完善

张　靖①

内容摘要：在经济法本科教学当中，案例教学法不仅有利于学生积极性的提高和法律技能的培养，教师综合教学能力和素质的提升，而且有利于整个教学过程的互动和教学相长。但案例教学法在实践中运用也存在不少问题，包括选取案例上存在误区、参与主体缺乏平等性以及运用模式的单一化等等。针对这些问题，结合经济法具体的教学实践，提出完善案例教学法运用的若干对策，以期更好地适应我国法学人才培养的需要。

一、案例教学法的概述

案例教学（case teaching）又称为案例研究（case study），是1870年由美国哈佛大学法学院院长克里斯托夫·朗戴尔在对教学方法进行大胆的根本性的改革的基础上创立的，后又被哈佛商学院所采纳。② 该种方法将普通法看作是法律原则和规则的渊源，把案例看成是一种可以从中阐明法律原则的经过推理归纳的原始经验材料，认为研究法律要寻根溯源，而法律的源头就是已经判决生效的判例汇编。而这种方法的发展和运用与美国法律

①基金项目：湖南省教育厅普通高等学校教学改革研究项目（批准号：2009321）；湖南省教育科学规划课题（XJK08BGD039）阶段性成果。张靖，经济法博士，湖南大学法学院副教授，硕士研究生导师。主要从事经济法研究。

②Martha Rice Martini, Marx Not Madison: The Crisis of American Legal Education 58(1997).

制度的传统是密不可分的。美国长期以来盛行以判例法为主的普通法传统,其判例法由法院解释其判决(主要是上诉法院的判决)的意见组成,汇编的判决在官方判决录或在全国汇编系统上发表,相比大陆法系的法律规则更为具体化和系统化,加之美国的法官拥有制定法律和解释法律的权力,因此,案例教学法源于美国也逐渐发展成为美国法学院最为典型的教学方法之一。①

案例教学法是以案例作为教学平台,通过案例将所描述的法律事件情景带入课堂,让学生处于当事人的情景,引导学生运用已经掌握的理论知识,去分析、思考和讨论案例中的问题,追寻解决实际问题的最佳方案,从而培养学生推理和解决问题能力的一种教学方法。案例教学法吸取苏格拉底诘问式教学法②的特征,如叙述事实,由老师向学生提问等,着重对法院的判决意见进行分析和研究。这种方式能够积极地引导主动的学生参与,让学生成为教学活动的主体,也更容易形成学生自主学习、合作学习、研究性学习和探索性学习的开放型学习氛围。

二、案例教学法在经济法本科教学中的功能地位

法学的本科教学方法是"在教学活动中教师如何对学生施加影响,怎样把科学文化知识传授给学生并培养学生分析能力、发展智力,形成一定道德品质和素养的具体的手段。"③它是传播文化知识,实现教学目的的途径和手段,法学本科教学方法的优劣直接影响到法学本科教育的质量。在经济法的本科教学中,经济

---

①关于案例教学法的起源的详细分析参见 William P. LaPiana, Logic and Experience, The Origin of Modern American Legal Education(Oxford, 1994).

②美国法学院教授法律原则和分析技能的首要方法就是苏格拉底诘问式教学法和案例式教学法。学生阅读案例教科书中上诉法院的判决并回答教授提出的关于案件中的裁决和法学原理的问题。这种提问与回答的方式被统称为"苏格拉底对话"。

③王威廉:《高等教育学》,福建教育出版社 2001 年版,第 21 页。

法案例教学法的应用也越来越多,而全面准确地认识案例教学法的功能地位则是充分发挥其作用的前提。具体而言,在经济法本科教学当中,案例教学法主要具有以下几个方面的功能。

1. 有利于学生积极性的提高和法律技能的培养

对学生而言,传统的讲授法虽然简便易行,但讲授材料抽象、笼统,不易理解,且方法单一,缺乏趣味性。而在案例教学法中运用的生动鲜活的案例往往和社会当下热点紧密相连,这与教材上抽象的概念、僵化的体例相比较,更具有吸引力,也更能激发学生高昂的学习兴趣;另一方面,传统的讲授法多具有单向性和学习方式的被动性,这只会培养学生的认同思维,但扼杀了学生的思维和创造力,从而阻碍学生法律实务能力的养成。[1] 相反,在案例教学中,通过教师引导,学生多种形式的讨论、交流和辩论,使学生不仅对其中包含的法律关系和法律原理有更为深刻的理解,而且,有助于提高学生的思维能力、分析判断能力和运用所学法律知识处理复杂问题的能力。

2. 有利于教师综合教学能力和素质的提升

对教师而言,教师需要采用多种经济法案例传授经济法知识,分析现实生活中的经济法现象,积极引导学生思考、发言和讨论,这会促使教师不断地备课,去除往年陈腐的案例,而不断准备新鲜的、与社会热点相联系的案例,从而在客观上保持其教案永远是不断更新的[2]。此外,教师在案例教学中所扮演的角色也要求教师具有高超的课堂驾驭能力,如在讨论过程中,教师应认真听取学生的发言,控制引导讨论范围不偏离主题;同时不断诱导学生形成自己对问题的看法和观点,从而给学生创造广阔的思维

---

① 余树毅:《教育与案例教学法》,载《经济与法》2005 年第 4 期,第 90—92 页。

② Edwin Patterson, "The Case Method in American Legal Education: Its Origins and Objectives", 4J. Legal Educ. 19-20(1951).

空间,而对一些性格内向的学生,教师则应该帮助他们克服心理障碍,鼓励他们大胆参与讨论等等。可见,这种能力的具备和提升需要教师不断地主动地提高自己的教学理论水平和教学实践能力,以充分实现案例教学法在教学中的作用。

3. 有利于整个教学过程的互动和教学相长

对教学而言,案例教学并不是单纯的一、两次课的讨论案例,而其重视的是整个查找资料、分析资料、讨论交流、课堂辩论和系统总结的连续的全过程。在上述所有环节中,教师和学生都是积极的参与者和行动者。可见,案例教学实现了教与学由单向传输变成双向和多向交流,极大地提高了学生的学习效率,而学生与老师在一问一答,质疑与释疑的过程中良性互动,达到教学相长。此外,即便是课堂上某个案件讨论的结束也不意味着教学活动的结束,教师可将案例教学法的成果进一步延伸,充分考虑其对学生撰写相关论文、建立更偏重于实践能力的考试制度以及参加模拟法庭、法律实习等实践性活动所具有的作用,以实现其效益最大化。

三、案例教学法在实践中运用存在的问题

1. 选取案例上存在误区

案例教学法中所选取的案例与一般教学中所谓的举例子是存在区别的。一般而言,法学教学中教师举例子的作用在于引出一个教学内容,或者说明一个概念或抽象理论,或者直接活跃课堂气氛。而案例教学法则是以案例为教学平台,学生为主体,教师为组织者,学生在教师的引导下围绕案例所展现的法律问题进行讨论、辩论。因此,其教学效果很大程度上取决于本科教学中案例的选取是否恰当。然而法学本科教学中能否选择到一个好的案例辅助教学并非易事。以经济法本科教学实践为例,传统讲授法的特点在于:教师是整个教学活动的中心,学生顺着教师的思维去获得新知识和新观点。很多教师深受这种传统教学法的影响,即便是采用新兴的案例教学法,仍然是热衷于挑选案情错

综，当事人法律关系复杂，处理起来带有很大疑难性的所谓"经典"案例，从而使其能够更好地控制课堂教学的秩序以及树立自己的学术权威性，但这部分冗长的案例常常让人觉得刁钻晦涩，远离日常经验，这极易挫伤学生学习的积极性和热情，更别提能够启发学生冷静深入地思考、交流和展开辩论了。即便在学生的一片茫然与不知所措中，教师能够口若悬河、有条不紊地解答有关该案例的所有疑难问题，却也不过是提高教师法律思维水平和口头表达能力。在教学中注入这样的案例，不过以"案例教学"作为幌子，其教学的实质仍然是教授单向性地讲授抽象教条，强行灌输法学原理和学术观点。可见，选择这样的案例服务的最终对象是教师而非学生，其结果不难想象：学生没有受到法律思维和想象力的启发，学习仍处于被动性，其运用法律解决实际问题的能力也没有得到锻炼。当然，案情简单也并非就是我们选择案例追求的标准，因为案例教学法的核心在于对案例的讨论交流和辩论分析，如果案情过于简单，一目了然，也就缺乏争辩和深入剖析的基础了。

　　2. 参与主体缺乏平等和相互尊重

　　案例教学法的初衷是更好地激发学生的潜力，拓展其法律思维能力与空间，锻炼其法学实践能力，然而在我国的法学教学实践中，可能长期受到传统的讲授法中"教师主导型"的影响，即便是在学生参与讨论的案例教学模式中，教师仍无法摆脱"专断"的特性，继而造成案例教学的滥用。具体而言，在经济法的课堂教学中，虽然有案例的辅助，但教师始终掌握对话的控制权，他总是处于一副"高高在上，指点迷津"的姿态，也即教师与学生之间缺乏必需的平等与对等性。这种地位的不平等往往会导致教师根据案例提出的法律问题时缺乏学生足够的响应，其结果就形成这样一种氛围——在这种氛围中，始终没有一句鼓励的话语，充满紧张和敌对，学生怯于表达观点，即便有观点的发表又会使之难堪或招致不适当的惩罚，从而极大地伤害学生的自我意识或自尊心,而到课堂教学的结束也始终没有形成一种清晰的思考问题、解决问题的法律思维和意识。可见,参与主体之间地位的不平等以及缺乏相互尊重性使得学生始终处于一种压抑、混沌的状态,缺乏主动性思考,只是在等待教师的最终答案。

3. 运用模式单一化

囿于案例教学的时间有限,一般每个案例至多讲授两至三节课,且穿插的知识点又较多,大部分教师都是采取固定模式的案例教学法。一般来说,案例教学主要是包括呈现案例、组织学生课堂讨论和教师总结三个阶段。以经济法本科教学实践为例,第一阶段,教师事先将案例呈现给学生,而学生利用课余时间收集和查阅相关资料为课堂讨论准备,当然事实上,不少教师是在正式上课时才将案例呈现给学生,这样做无疑会耗费大量时间,但我们也发现,如果教师事先将案例交给学生,也会有相当部分的学生未曾完整地看过或就此收集资料,结果是教师在课堂上仍要做重复工作——将案例呈现出来。第二阶段,学生直接根据教师提出的问题进行案情分析和批判性的讨论,一般是以自愿形式进行,也有部分以教师点名的方式进行,当然如果教师在课前曾就讨论学生进行分组,则讨论时由每个小组选出代表进行发言。第三阶段,在课堂讨论后,教师对整个案例的讨论情况给予总结和评价,并告知案件的裁决结果等正确答案。这种模式虽然具有一定的条理性,但程序过于固定化,长久下来会影响到案例教学的实际效果。我们也发现,很多学生认为这种单一模式的案例教学法和一般的课堂讨论教学相类似,无非就是准备时间长,案例更加复杂,占用的教学时间也更长,因而学生学习的积极性和热情也大大下降;还有学生认为事先准备好发言来阐述观点,不过是将已经背好的台词在案例教学中重现,而且学生很容易运用网络资源找到有关案例法律问题的正确答案,因此在课堂讨论中再没有讨论的价值。由此可见,单一化案例教学的运用模式不仅会挫伤学生的积极性,而且也会影响到案例教学的实际教学效果。

四、案例教学法具体运用的完善建议

1. 精选极具启发性的案例

一般认为,在法学本科教学的实践中,一个合适的案例应当同时具有针对性、启发性、代表性和新颖性等特征。笔者也赞同上述观点,不过相较而言,案例的启发性应当在精选经济法案例的标准中处于核心的位置,这主要是根源于案例教学法的实质:启发学生合乎逻辑地应用自己的思维分析法律事实,然后在课堂上进行推理并得出结论,而非被动接受他人的思想或理论。不难想象,没有启发作用的案例根本无法得到学生的共鸣,而案例教学中的课堂讨论也失去了支撑的基础。所谓案例的启发性,主要是强调该案例能提供学生思考和解答问题的空间和路径,虽然案例本身可能具有一定的疑难性,但绝不至于超出学生所学法律知识的范畴。下文我们以"消费者权益保护法律制度"中"消费者界定"①和"惩罚性赔偿"②的讲授为例来阐述启发性案例在教学中的运用。首先,教师对我国现行的消费者权益保护法关于消费者的定义进行了阐释,然后选取了两个案情相似但法院判决结果却大相径庭的"知假买假"案,案件的原告当事人均为"知假买假"的代表人物王海,他几乎在同一时间段购买了不同商家的假冒商品,与商家协商未果均向不同管辖地的人民法院诉讼,但一个法

---

①根据我国《消费者权益保护法》第 2 条的规定,传统理论认为:消费者是为生活消费需要购买、使用商品或者接受服务的自然人。但王海"知假买假"现象的出现,引发了理论与实务界的争议:若不为生活消费而是为其他目的购买、使用商品或接受服务的人属不属于消费者的范畴,即是否要考虑消费者交易的动机和目的。

②我国《消费者权益保护法》第 49 条规定,经营者提供商品或者服务有欺诈行为的,应当按照消费者的要求增加赔偿其受到的损失,增加赔偿的金额为消费者购买商品的价格或者接受服务的费用的一倍。这也是我国第一个适用惩罚性赔偿的立法例。设定这一规则的目的,一是惩罚性地制止损害消费者的欺诈行为人,特别是制造、销售假货的经营者;二是鼓励消费者同欺诈行为和假货做斗争。

院认定王海是消费者,支持他要求商家惩罚性双倍赔偿的诉讼要求,另一个法院则认定王海并非真正意义上的消费者,而是按照合同法的规定判决商家退货返还商品货款。从上文描述可见,围绕"消费者界定"和"惩罚性赔偿"主题的案例虽然有两个,但案情相对简单易懂,且极具有代表性。而之后教师会提出由案例引申的法律问题:"知假买假者"是否为消费者权益保护法所界定的消费者? 其明知商品虚假仍然购买的行为能否获得双倍赔偿? 在接下来的课堂讨论和争辩过程中,教师会逐步启发学生从以下几个方面来思考并寻求答案:①"生活消费"的目的是否是消费者的必要条件? 如果是,那司法实践中又如何判定消费的目的和动机? 如果不是,那又根据什么标准来认定"真正意义的消费者"? ②惩罚性赔偿条款的构成要件究竟是什么? "欺诈"是否要求当事人"陷于错误认识"? 《消费者权益保护法》中的"欺诈"是否等同于《民法通则》中的"欺诈"? 司法实践中又如何判断诸如王海的"知假买假"者的主观上是否陷于错误认识?"等等。事实上,要解决这一系列问题,不单单是从法律条文的字面意思去判断,而更重要的是从我国《消费者权益保护法》的立法的目的、立法精神、立法解释等深层次去探讨"消费者的界定"和"惩罚性赔偿"这样的法律条款。当学生能够逐步将上述问题一一厘清时,答案就呼之欲出了。

2. 加强教师与学生在案例交流中的平等与相互尊重性

美国在《2006 法学院学生课堂参与性调查报告》的研究结果显示:"根据学生的自我评估,师生之间的互动关系对学生分析能力的影响要更甚于对学习时间、课堂活动和努力程度的影响。"①而师生关系的互动更多地发生在课堂交流中,尤其在案例教学法的实施过程中更为明显,在这其中,师生双方地位的平等与相互

---

① Law School Survey of Student Engagement, Engaging Legal Education: Moving Beyond the Status Quo 13(2006) hereinafter 2006 LSSSE.

尊重尤为重要。因此,在经济法的本科教学实践中,我们应当积极营造一种积极的、平等的、相互尊重的教学环境。曾有学者指出:"对于简单而又有效的学习,一个基本特征就是使学习者感受到他是一个值得尊重的独立个体。"①虽然对于许多人来说,很难去具体描述什么是尊重和关心,但他们能感受到什么时候尊重和关心是存在的,什么时候是不存在的。毋庸置疑,只有在一个相互平等和相互尊重的教学环境中,教师和学生都参与对话、讨论共同解决问题才能达到预期的教学效果。具体而言,在案例教学法的实施过程中,教师应该充分肯定和认可学生在讨论中已经取得的成果,尤其是在讨论中涌现出的新思想、新观点和带有启发性的意见,另一方面,这也是相对重要的,不要在对话中故意让学生丢脸或者尴尬;对于紧张的学生要极力安抚,如果学生没有准备好就转向另一个学生;也不要使用令学生感到被动、无力和无知的连续发问,对于学生不正确的观点或思路应委婉地指出而非尖锐的批评。要知道,教师和学生对话和讨论的目的是更好地鼓励学生大胆思考、相互交流和阐明道理,而非暴露学生缺乏理解等不足。

相反,如果只是一味地对学生发表观点表示轻蔑、不满、损贬,这只会使得学生怯于参与讨论,或者即使参与也不敢充分发表自己的观点。当然,相互尊重也不是意味着教师和学生的观点不能交锋,或者不要竞争、不要批评。为了提高和进步,教师和学生也应该积极地运用批判性思维,随时准备挑战,或者应对他人的挑战。总之,教师应在案例讨论的过程中保持一种有利于学生的平等的、友好的气氛,尽量避免损害发表观点的学生的自尊心,也只有在这种情况下,学生才会积极参与,也才能有助于形成健

---

① Stephen D. Brookfield, Adult Learners: Motives for Learning and Implication for Practice, in Teaching and Learning in the College Classroom 137, 143(Kenneth A. Feldman & Michael B. Paulsen eds. , 1993).

康和谐的课堂气氛并实现案例教学法的实施效果。

3. 灵活变通地运用案例教学方式

在教学方法论方面,唐纳德·布莱认为一个优秀的教师总会千方百计地根据教学内容的需要寻求不同的教学方法,而这样做的原因是丰富多样的教学方法不仅能够促使学生深入思考,保证他们集中精力,培养学生的学习积极性,为学生提供反馈的机会以及很好地协调学生在课堂学习中的无序性,等等。[①] 而在案例教学中也应遵循同样的道理:单一的案例教学模式只会让学生厌倦以至处于茫然的学习状态,而在教学实践中,我们应灵活变通地运用案例教学方式以保持法学教学的新鲜感和多样性。

比如我们可以尝试将上文中提到的第一阶段改变为让学生自己"陈述案件",这也是让学生进行一种"事实与规则相适应"(FARF)[②]的分析。这种练习将使教师和学生了解到被叫到的学生是否足够细心地阅读了案例从而得以指出并叙述案件事实、相关法律和核心裁决。如果案件相对复杂,要确定关键事实,法律和法院的核心裁决可能需要整理次要的事实、法律和结论,但不难发现,如果学生做了准备并保持冷静,他就会发现他很容易正确作答。另外,在第二阶段进行课堂讨论的过程中,教师也可以突破案例本身的局限,采用封闭性的假设将当前案件与之前学习过的案例中的事实和法律相联系,从而启发学生作答。当然,这要求学生做更多的工作:例如学生需要回忆并参考更多的资料,以及重复适用以前案例的演绎推理过程,并将这一过程适用于一组新的事实等等。如果学生能够很快记起或迅速找到之前的案

---

① Bligh, supra note, at 252-257.

② FARF 的第一步就是从上诉意见中提炼出:(1)案件事实;(2)所适用的法律规则。规则解析为定义部分(描述规则适用的情况)和结果部分(规定规则适用后的结果)。FARF 包含在案件事实和规则定义部分之间建立对应关系以明确规则的结果部分所规定的结果。这是一个演绎的过程:规则是如果 X 发生,则结果为 Y。

例并将其融会贯通,那么他们很快就会得到正确答案。这样做会使得学生能够将之前的学过的知识点串联起来,举一反三,而非机械僵化地了解单个案例的判决结果。此外,在第三阶段的总结和评议过程中,教师可运用开放性假设说明法律分析的复杂性和不确定性,从而更好地拓展学生的法律思维空间和路径。例如,在这里,教师可以选择探讨的领域包括:①通过案例中的文本注释引导学生对于法典术语含义的讨论,这种法典术语包含了规则或者阐明其含义之前意见的术语;②通过案例的规则选择引导学生讨论法院裁决案件所适用的规则是否正确或者是否是该种情况下唯一的规则;③通过案例的事实发展引导学生注意案卷中被多数意见所忽视的事实,或是这些意见对事实的解读方式,或是在审前或审判过程中如何发展出这种事实;④通过案例的叙述发展引导学生讨论规则所遵循的或是法院对规则的解释所遵循的文化及叙述模式等等。① 综上,针对不同的经济法教学内容和不同的案例,教师可以侧重对于以上所述的某个领域进行探讨,从而较为全面地培养学生的法律技能。

四、结　语

保罗·布莱斯特(Paul Brest)曾解释:"(案例教学法)这种积极学习的教学法以及与之配套的发现争点的考试风格是教导分析技巧和对于简单回答保持怀疑的极好方法,而这些是任何法律职业的要求。"②这深刻地阐释了案例教学法对于法学教育的有效性。而在经济法本科教学实践中,我们所要做的就是不断发现该种教学法在实际运用中存在的问题和缺失,适当地使用并逐步完善,从而尽最大可能地发挥该种教学法的教学效果,通过师生的

---

①[美]罗伊·斯塔基等:《完善法学教育——发展方向与实现途径》,许身健等,译,知识产权出版社2010年版,第204—205页。

②Paul Brest, The Responsibility of Law Schools: Educating Lawyers as Counselors and Problem Solvers, 58 Law & Cont. Probs. 5, 7(1995).

良性互动让学生的思维更加敏锐,使得他们学会自己思考,自我表达并对法律规则有更深层次的理解,从而最终培养出适应社会发展需要的,具备独立思考的创新精神、独特缜密的法律思维和法律研究能力的法律人才。

十年之后的宪法史

Luigi Lacchè 著　　任永伟译

　　十年光景是漫长还是短暂,往往取决于观察的角度。事实上,定期举行的十周年庆祝是一件很重要的事情:它标志着一种"持久"的性能、一种连续的承诺、一种对价值的关注。不管怎样,这些光环仅仅标志着对某个时期的界定,并不能准确的证明一项计划是否优秀。需要更长的时间来理解宪法的历史趋势对其专家的推动。

　　这一切源于 2001 年 Macerata(马切拉塔)公共机构里的一位历史学家 Roberto Martucci 的敏锐洞察力。法律史学家 LiugiLarcchè 随即也拥护这一理念。在 2003 年,不幸过早逝世的立宪主义者 Giuseppe Floridia 开始指导 Giornale。政治史学家认为,在 2006 年 Luca Scuccimarra 从最初它的最积极的拥护者之一,成为它的一名领导者。职业的专业化已经表明一些"多元"思潮总是引导我们一起冒险。然而可以肯定的是发起者们不再孤军奋战了。难以想象在 Macerata 城外一所致力于研究人文科学和社会科学的古老大学的期刊或者一个外部的纯粹的手工方案在当时也能指导 Giornale 在结构上的选择,或者最初仍然是由外来的在国际上享有盛誉的学者和博士生来回应我们的要求。

　　期刊在 2001 年尚未发行,像雅典娜一样,缺乏宙斯般广泛的权威。相反,20 世纪 80 年代初在 Roberto Martucci 的呼吁下创立的"Laboratorio di storiacostituzionaleAntoine Barnave"(关于宪法历史的 Antoine Barnave 讨论会)使计划得以延续并进一步发展。除了不断拓展所关注的宪法史的多种发展道路这一领域外,讨论会在几年之内就收集了上千册或新或旧的关于法国宪法史的书籍,尤其是有关大革命时期的。多年以来,研究中心组织了多场报告会、研讨会和教学课,使得以宪法的历史和理论为研究方向的博士教育迸发出勃勃生机,并吸引了全世界的学者。因而,这一时期成为长远战略中的重要篇章,也成为更好地协调并偃之适应整体的积极性和能动性的必要载体。从此以后,包括兼职专栏在内,Giornale 约稿近两百篇,其中一些由于其创新性和在排版和印刷方式上所采用的迷人风格而被很多人所熟悉。从那时起,准确说是十年之后并且在期刊以稳定的频率第十九次发行时,更多佳作问世了。2010 年在改变期刊风格的同时,希望能于设一个全新的系列。宪法史杂志在增加意大利初期的宪法史之后成为一个国际性话题。我们没有这样做是因为受到某种看似很“流行的”斜体风格的刺激,更是因为到目前为止,科学研究的全球化已经成为真实可靠的事实,必须以此为起点。但是从 2001 年开始,多语言制度常常成为 Giornale 的特色。我们将继续通过这种方式来进行交流,这会使我们争取到更广阔、更坚定的国际读者,从而使包括宪法领域在内的意大利历史学更广为人知,这显然是很重要的。的确,所描述的这种方式从未被期刊的发展趋势所抛弃。多年以来,我们的日常工作在科学重要性上的真正保证人—国际科学委员会,加入了越来越多各式背景的学者,他们在研究领域都是真正出类拔萃的人才,并且他们认为 Giornale 通过某种方式提供了一种宝贵的理念上的贡献。

自 2001 年以来,所创立的宗旨从未变过。我们需要一种“渠道”、一个“论坛”来讨论和比较。尽管自身存在种种局限,期刊仍然尝试着去这样做。过去是并且现在也是最“自然”的历史领域深度解读被我们称为宪法的这一充满非凡复杂性的稀有事物。目前我们所使用的多联画屏的图案是在 2001 年首次发行的。其中的每个元素“esiste in pienaautonomia,[ma] è solo dallaconnessionedellesingolepartichescaturisce la polifoniadell'insieme"（都是完全独立的存在，[但是]如同泉水会有多种发音一样，它仅仅是来自单独部分的联合）。几年之后，这方面又一次被坚决地取消了："Una forma storiograficainevitabilmentepolifonica, dunque, chiamata a valorizzare la pluralità e la complessitàdeicontesti di esperienza di volta in voltaindagati, piùche a tracciarelinemonodirezionali di evoluzionestorica. Ad uscirne in qualchemodorinvigoritoè, perciò, un modello di storiacostituzionaleprogrammaticamente di confine, pensato e praticatosenzatenerecontodeitradizionalisteccatidisciplinary-ilmodellocheneisoui quasi diecianni di attivatàilGiornale ha concretamentesperimentatoattraversoilsistematicocoinvolgimento di decine di studiosi di diversaformazione e specializzazione"（历史学出现多种形式是难以避免的，因而时常要充分体验调研背景的多重性和复杂性，而不是仅仅追溯历史发展的单向路线。宪法史的模式是按照一种在思考和实践时不考虑传统领域限制的程序性分界线，它的出现通过某种方式得到了巩固。这种模式在它运行的将近十年里，Giornale 已经通过组织几十个不用背景和专业的学者进行了具体的实验）（17/I，2007）。

2001 年第二次发行时表明这种道路 Giornale 已经坚持了很多年，也表明了包括所有荣耀和苦难在内的欧洲宪政秩序的历史与结构之间的关系。原则、价值、个性、形式、争论和冲突在我们眼前穿过。我们不得不通过条约和协定来遵守欧洲各国混合而成的结果。毫无疑问，为了使每个成员的言论经受得住考验，欧洲成为一个特殊的、复杂的区域。"L'Europa in divenire, una e diversa, èanche la paradossaleconstruzione, lungo un percorsoche non sembramaipoteravere fine, di un orizzontedestinatoadallontanarsiproprionelmomento in cui apparepiù"（另一个不同之处是，当似乎更接近终点时距离却注定要进一步扩大，沿着这条看似没有尽头的道路,形成了欧洲另一个矛盾的结构)(Traunità e diversità,5/Ⅰ,2003;L'Europa e le tradizioni costituzionali,9/Ⅰ,2005)。

多年以来,Giornale 致力于发行整刊或专栏来强化主题:如,宪法审判的起源(4/Ⅱ,2002),意大利宪法法院五十周年纪念(11/Ⅰ,2006),意大利宪法的历史价值和文明价值(16/Ⅱ2008),国家议会条例的历史(15/Ⅰ,2008)或者积极主义国家在宪法理论上的核心思想(7/Ⅰ,2004)。

如同这丰富多彩又充满争议的"多元"立宪主义研讨会一样,它因为一些最初的使命而密切关注了法国从革命运动到当今社会这一漫长时期里的宪法历史:从"议会偏离正途"的讨论(8/Ⅰ,2004)到《代议制政府宪法》(12/Ⅱ,2006)里用词的深化,可以看出对政治性宪法不稳定性的质疑。然而它没有遗漏其他一些应当符合的优秀传统,英国 Dicey 宪法(17/Ⅰ,2009)或介于历史与历史学之间的"亚特兰蒂斯研讨会"(17/Ⅰ,2009)则是另外两个榜样。在已经发表了的数十篇文章中也表明了其他一些道路;通过这些可能会起草一个实际的 cartography(地图?)并进一步重建行动路线。

在 2007 年发行的第十四期中,我们扪心自问"ripensarevecchitemi con nuoveidee"(如何用新思维再一次说服这些旧思想)来唤醒激活新思维的必要性,使我们能够在宪法的历史和比较中摒弃习性、成见和谣言的,除了克服别无他法。针对这个问题 Giornale 尝试过去启发那些在历史学层面明显边缘化或根本不文雅的思想。让我们思考一下,公众舆论这一"因素"是如何在类似的宪法制度下起到基础性作用(6/Ⅱ,2003),或者是关于伊斯兰教与宪法、法律相结合的思想发展(10/Ⅱ,2005),或者仍是关于"公民政治"作为宪法难以合法化的一种夸张、离题的处理(18/Ⅱ,2009)。

去年在 Macerata,我们组织了一次有 Maurizio Fioravanti、

Michel Troper、PierangeloSchiera、Massimo Luciani 参与的关于
宪法史的圆桌会议。他们的论文(很不幸,除了 Lucaini 的一篇以
外)和其他一些我们所邀请的学者的论文都已在这个期刊上发
表。在 2001 年的第一期中,我们没有想到"enunciaretroppoim-
pegnativi'programmi'ointavolarepregiudiziali e paralizzantidis-
cussion sui canonimetodologicidella'storiacostituzionale'"(去向
国家提交计划或者对有关宪法历史的方法论标准进行初步的、麻
木的讨论)。在那一期中,我们要记住 Giornale 是如何产生的,
" per favorireildialogotraglistudiosi, ma come èauspicabile,
senzachel'intersezionesitraduca in unainappaganteconfusion-
metodologica"(是为了支持学者们发表一些可行的观点,而不是
成为由令人不满的方法论混合而成的集合)。方法论问题重要性
的认识和难以接受的宪法史理论上的性质对我们来说是一种温
和的警告,却从不是一种困扰。或许,我们不像自己在早期所坚
持的道路上的同伴之一 Paolo Colombo 那样,在接受了只有一部
分具有学术特征的 actionfiniumregundorum 后那么有把握。
Maurizio Fioravanti 在他的论文中所使用的领土与旅行者的比喻
对于我们来说更加可信。研究领域应是开放而不是封闭的,也不
需要去应对来自包容或排斥的压力。宪法史学家像旅行者一样,
来自一个奇特又遥远的国度并为使在他们的学科领域有所建树
而不断努力,只是该领域似乎还没有提供可以俯览全局的渠道。
"Ebbene, l'insieme di questipercorsiè la storiacostituzionale.
Puódarsicosìche in un volume esplicitamentededicatoallasto-
riacostituzionale di un certopaese non vi sianeanche un grammo
di storiacostituzionale, perchéquelvolume èstato in
realtàtuttoscrittodall'interno di un modellodisciplinarmentedato,
edèquindi un volume di storiapolitica, o istituzionale, o legislati-
va, o sociale, ma non costituzionale. E puódarsiinveceche in un-
amonografia di dirittopubblico, o di dirittoprivato, o magarinel-

lastoria di un certoterritorio，vi sia in sensopeinoedautenticostoriacostituzionale，proprio per iltentativo di andare al di là per iltramitedellastoria，per guardare un oggetto—siaesso un institutogiuridico，o appunto un territorio— da tuttiilati，e non solo da quelloche la propriaidentitàdisciplinare ci avrebbespinto a considerare in modounilaterale"(所有这些走过的道路都是宪法史。这样，就可能出现一个期刊表明了要专注于某一国家的宪法史，而这个国家的宪法史不是只有一丁点，因此实际上期刊全部要按照学科特定的模式进行编写，因而会有关于政治、体制、立法或社会史的期刊，却没有涉及宪法史的。相反，在一个关于公法、私法或某一领土历史的专题论文中会出现广义上的宪法史，准确地说，这是由于试图借助历史从而有所超越，或者是作为一个裁判机构来检验一门学科，或者从各个角度来说明它的确是其领土，不仅如此，我们的学科特性也促使我们用一种单边方式来进行思考)(Fioravanti)。

　　不是一段历史而是很多历史，不是仅有一种道路，也不是满足于领域的妥善保护，而是其他领域的研究。正如 Pierangelo Schiers 所言，一旦再一次重温他那非凡的智力冒险，眼虽向前看，但人已落后，"Mipiacerebbedunqueripetere—tornando al miopunto di partenza— che solo unastoriacheunisca la considerazione di unacostituzioneformale（allafrancess）con ilcamminodellasocietà（all'inglese）puóesserestoriacostituzionale. Potreiancheaggiungereche，appunto，l'amministrazioneèsemprestata，neisecoli，ilpassaggio obbligato per avvicnare le forme di dominioaibisognideisoggetti(e al loroc000000nnso)"(因此，追溯到一开始的观点，我要再一次说明，只有一段历史兼具对正式宪法的考量(如同法国所经历过的)通过社会化道路(如同英国所经历过的)才能成为宪法史。我还要补充一下，实际上行政机构在几百年间总是有义务去认可一些为了满足学科需求(并经他们同意)而制定的管理形

式）。当然，我们在 2001 年看到的这种做法并不意味着对阅读和语言表达水平的困惑（如同 Michel Troper 所警告的）。我们更加确信宪法史是一个享有特权的领域，能使我们体会到国家模式的优越性。"如同在 19 世纪出现'Verfassungsgeschichte'这个单词一样，欧洲的宪法史也将采纳目前关于'IusPunlicunEuropaeum'的讨论中的一些重要建议。道路将如何发展还不能确定。但是我们可以肯定的说，国家宪法史时代已经结束"（Stolleis）。我们在这个期刊中所发表的研究道路（从西班牙到英国，从比利时到德国（Varela Suanzes-Carpegna；Wijffels））作为一个相当必要的开端，可以视为一个杰出的榜样。

在生命的某个时段，我们被迫停下来去思考一些事情。这不仅仅是在庆祝它的诞生，如果今天我们掉头往回走，就有机会再一次踏上一条重新确认一个共同承诺的道路，就像旅行者在寻找新的陆地一样。我们不能确定近代立宪史是否是一段"仍然需要书写的"历史（H. Dippel）。然而，如果 Giornale 是我们的瞭望台，通过它我们就能知道我们所拥有的哪些是胜过我们所没有的。这就明确了还有多少工作仍然要做、还需要多少新的观点、还需要多少总是警惕着的自我批评（B. Clavero, Constitutiòneuropea e historiaconstitucional：el rapto de los poderes，in《Historia-constitucional》，Revistaelectronica，http://www. historiaconsti-tucional. com, 6, 2005）。《是偶然事件还是宏伟计划？》，最近一位权威的宪政史学家在论证两种解释宪政史的方式时这样问自己（R. C. vanCaenegem, Constitutional History：Chance or Grand Design？, in《European Constitutional Law Review》, 5, 2009, pp. 447-463）。仅就 Giornale di storiacostituzionale 的短暂道路所涉及的而言，我们可能会这样回答：《是偶然事件也是宏伟计划》！

在西班牙对宗教食物多样性的保护

Stella Coglievina

一、多元文化社会下的饮食和宗教

对于某些文明和民族来说,饮食习惯是一种强烈的个性元素的表现,并且在文化多元的社会,如同保持服饰(学生认为应该是习俗 customs 而文中却是服饰 costumes)和保持与原籍国的联系一样,在接触外来移民时具有特殊的意义。

自从一些宗教制定了在某些情况下非常详细的有关饮食、食物准备的方式、进餐时间等合法性的规定之后,饮食传统也与宗教向度产生了联系。随着"民族食品"的生产链和商贸渠道的启动,不同的饮食习俗(原文中还是 costumes)的传播已经产生了一系列的法律问题。例如,使某人的行为适应宗教关于食品的规定的可能性是与宗教信仰自由的权利联系在一起的。这一权利的保护不仅需要国家尊重个人在相关食物上的选择,也要求国家通过制定一些详细的宗教程序来进行积极的干预,例如在公共餐厅提供一些特殊的食物,或授权某些教派进行祭祀仪式。

根据对文化和宗教多样性的关注程度,不同的法律制度以不同的方式应对这一问题。同时,这些回应的不同取决于如何行使宗教信仰自由,而且国家和教派之间的关系也受到约束。在国家和教派之间达成的协议中,它们不仅惩戒所谓的"res mixtae",并且也代表着一种有效的方式来考虑包括食物在内的教派的特殊需求,并且规制着有关宗教信仰自由中特殊方面的行使。

二、在西班牙寺院法框架内的宗教信仰自由与饮食需求

在对宗教饮食需求问题进行立法的国家之中,西班牙的情况特别让人感兴趣。例如,在国家与教派达成的协议中关于这一问题的规定与单边国内法是一致的。此外,西班牙是少数几个已经在涉及伊斯兰团体的利益上制定了详细规定的欧洲国家之一,这些规定已经在国内确立了地位,并且涉及这些规定的书面协议也已签署。该协议涉及关于宗教多样性方面的立法,此后伊斯兰教的存在不再像今天一样会产生问题并受到关注。

在审视协议中涉及食品问题的内容之前,有必要先简要地概述一下西班牙宪法在宗教自由、国家与宗教的关系上的结构。

在规定了宗教自由之后,《西班牙宪法》第16条授权公权力机关去重视国民的宗教信仰并维持和天主教以及其他教派之间的合作关系(第3段)。1980年《组织法》第7条在宗教自由上规定与教会、教派、登记注册的团体以及在西班牙社会具有"notorio arraigo"身份的人(即具有根深蒂固的信仰)的合作将以合作协议的方式提出。

在理解西班牙宗教法时要牢记的另一重要原则是《宪法》的第9条第2段,它要求公权力机关确保基本自由和平等能落实到实处。适用于宗教问题上,该条款意味着国家有义务去扫除障碍并主动采取行动以确保每个人都能同等的享有行使宗教自由的可能性,而不是为对该权利的明显消极的保护做出辩解。从这个角度上讲,合作协议可以视为是为了促进宗教自由的行使和保护宗教多样性而采取的措施。

目前为止所签署的含有一般规则、针对的具体事项和权利的实现方式等内容的协议已经在1980年的宗教信仰自由法中得到认可,并且"特殊权利"的规定给予宗教多样性一种特殊的保护。关于宗教食品需求的条款明显包含于后一类之中。犹太教和伊斯兰教都制定了一份关于饮食习惯的详细清单对允许与禁止的食品进行区别,并且在信徒被允许食用某一动物的肉之前规定了

特殊的宰杀方式：这个协议过去常用来管理宗教团体在食物上被允许遵守的特殊信仰方式。

该协议对伊斯兰教和犹太教的饮食问题的管理可以分为三类：首先是 halal 和 casher 食物(即穆斯林和犹太人各自所被许可的食物)的证明制度。该证明帮助信徒去识别哪些是获得许可的食物并按照宗教的规定进行准备。其次是按照宗教规范和现行的动物宰杀例外规定进行祭祀仪式的许可制度。最后是为那些在医院或监狱等国家机构里学习或工作的信徒规定了不同的进餐制度。在这里，个人不能为了获取更喜爱的食品或是为了遵守宗教戒律(涉及斋戒或进餐时间等等)而排斥公共机构的干预。

三、Halal 和 Kasher 证书

协议的第 14 条第 1 段和第 2 段都规定为了证明食物符合宗教的规定可以注册宗教食物商标(如穆斯林的 halal 和犹太人的 casher 或协议中指出的其他类似的语言版本)。

根据协议，应由有能力的宗教机构向 Registro de la Propriedad Industrial(也就是国家商标注册登记处)请求并获得上述商标；这两个指定的机构是 Federación de comunidades israelitas de España(西班牙犹太人团体联合会，即 FCI)和 Comisión Islamica de España(西班牙伊斯兰委员会，即 CIE)。

这些规定产生的结果至少是双重的。首先是国家批准了关于食物的"宗教商标"的设立(在和犹太人的协议中还包括化妆品)，在西班牙这些商标像其他任何商标一样得到认可。其次，它受予 FCI 和 CIE 在登记注册上的权威和对 halal/casher 商标的所有权。换言之，为了保护那些承认宗教食品并按照宗教规范进行准备的信徒，宗教权威将此当作一种权力而不是义务去行使于这一领域。

然而，Acuerdos 条款并没有规定去制定可以从国家法律中得到豁免的有关宗教商标的特殊规则。甚至在关于商标的《17/2001 判例法》中(Ley de Marcas)，第 14 条明显使关于 halal 和

casher 商标的注册从属于现行立法。而依照之后的法律，食品的宗教商标一经注册就会产生法律效力。考虑到单方立法与国家和宗教的协议的互补性，为了更好地理解 acuerdos 第 14 条中关于食品商标的重要性而参考有关商标的西班牙国内立法是很有必要的。首先，根据《17/2001 判例法》中的第 68 至 73 条，halal 和 kasher 商标可以归类于品质商标（《marcas de garantía》）。第 68 条规定这些商标可以是任一图形符号，以此来证明产品在质量、材料、原产地和生产方法等方面满足某些要求。这一规定适用于那些表明所生产的食品与设定的标准（在这个案件中指宗教规范）一致的"宗教商标"，这是使其不被禁止的理由。而且，《17/2001 判例法》规定了一系列的条例对品质商标的使用进行特别的管制。尤其是，它规定商标所有人有权去授权其他公司按照设定的标准在他们的产品上使用品质商标（art. 68）。所有者对商标的注册负责并对其所接受的管理商标使用的规则负责（《reglamento de uso》），这些规则要求指明被授权公司的名单、必须得到保证的产品特性和对产品的管理负责的主要部门（art. 69）。

至于 halal/kasher 商标，作为 acuerdos 中指定的主体 FCI 和 CIE，应该是各自商标的所有者并且是经 reglamento de uso 批准和赋予相应权利来管理商标注册的机构，这看上去似乎是合理的。然而，却出现了不公平。

例如，在签署协议之后，鉴于 FCI 已经通过在国家商标注册登记处交付 casher 商标来行使这项权力，CIE 并没有遵循相同的程序。然而，另一个 halal 商标（《Marca de garantía halal》）已经在 2003 年被另一个叫作 Junta Islámica（伊斯兰理事会）的主体注册。最近几年，在穆斯林食品问题上 Junta 承担了一个特殊的关联角色。它有一个被称为 Instituto Halal 的特殊机构管理伊斯兰食品销售、检查并制定被伊斯兰教习惯所认可的产品规则。而且，当 Marca de garantía halal 的注册继续进行的时候，Junta 声明是它制定了协议的第 14 条，反而国家实际上已经表明由 CIE

注册并使用这个商标。

这已经表明注册商标的主体即使不是 CIE 也可以被认为是合法的。事实上,该协议并没有确定 CIE 是唯一被授权的主体去注册 halal 商标,但是仅仅授予 CIE 享有这一利益的权利。然而,由于这个问题基本上是由单边国内法所调整,任何主体都能免费注册宗教商标(因为确实发生过),并且它仅仅约束主体要合法。在《17/2001 判例法》下,仅仅是在某些特殊情况下注册会被拒绝,尤其是当这个商标违反法律、公共秩序、公共礼仪(art. 5 和70.1)和与现存的标志相同或类似时,因为这样的情况会在商标产品的资质上误导消费者(art.6 和 70.2)。

在 Junta Islámica 的 marca de garantía 案中,还没有 halal 商标是通过它的注册而产生的。因此,该注册在程序上没有违反上述规定。因而,如果这个标志被认为是合法的,人们可能很想知道如果 CIE 行使协议所赋予的权力时会发生什么。

事实上,根据《17/2001 判例法》,否认相同或相似于 Junta Islámica 标志的注册可能会产生一个矛盾的结果,即使它是由 CIE 自己提出的。因此,当协议有意要承认和保护后者的行为的时候,根据形势的演变,ley de marcas 法则可能为 Junta 的标志提供特殊的保护。

在这方面,值得关注的是协议第 14 条的目的是指明某一主体(即 CIE)并赋予其担任 halal 证书的持有人的职责,以便减少相似商标的产生,否则在注册之后会对食品的质量产生误导。这样一来,acuerdo 的意图是:第一,保护了消费者和信徒的信赖;第二,使他们尊重宗教食品的习惯,并从而保证他们的宗教自由的权利。另一方面,ley de marcas 有一个不同的目的就是保护工业产权和商标并在某些情况下保护消费者。理论上讲,该法保护最先注册的 halal 商标,而不考虑协议所赋予的宗教权力。

即使在协议中有 raison d'être,对宗教食品商标的管理却是包含在一套规章制度的框架之内而使它自身不能适应宗教的需求,这是因为完全不同的目的而采用的。

此外,在西班牙的伊斯兰教背景下适用这些条例产生了严重的问题。通过这一协议,国家试图去统一众多的伊斯兰教团体并赋予 CIE 一个特殊的角色。后者被认为是一个"核心的"教派机构和信徒权利的保证人。然而,ad hoc 建立 CIE 是为了签署协议,但对于西班牙的穆斯林来说,它并没有扮演一个关键角色。例如,在关于食品商标的案件中,它没能完成预期的程序并且也没有按照协议对商标行使"专卖权"。即使如此,作为与国家签订协议的主体,给予 CIE 使用 halal 商标的权利,这一选择似乎是合理的。

总之,除非正视 Junta Islamica 的 marca halal 的不法性,否则仅仅依靠单边法律限制这一问题,等待 CIE 制定第 14 条,或者使协议的规定丧失它的含义,可以说由于西班牙的穆斯林现状,规章制度不会按照立法者所期待的那样发展。

Rebus sic stantibus(情势变迁),acuerdo 的维护信徒需求和不被应征入伍的宗教主体行动自由的目的在条款的严格适用中占据了上风。然而,CIE 将来的行动即依照协议的规定注册它自己的食品商标的可能性是不能遭到排斥的。然而为了阐明宗教机构所扮演的角色和商标立法框架内的宗教食品商标的特殊性,这一方案的可行性研究原本更应该关注的是协议和国家单边法的联系。

四、祭祀仪式

Acuerdos 的第 14 条第 3 段也涉及祭祀仪式。协议直接规定按照宗教习惯实施的宰杀行为必须遵守现行的卫生条例。它含蓄的承认可以进行这样的宰杀并且受到单边国内法的约束。

在签署协议之前,西班牙的法律已经考虑到这样的宗教需求。尤其是,按照宗教的习惯不经击昏就将动物杀死是被允许的,然而标准的宰杀方式通常规定在宰杀之前要将动物击昏,以避免这一过程中不必要的痛苦。

在《54/1995 皇家法令》中可以找到涉及这一问题的现行条例。第 5 条第 2 段规定当按照某一宗教仪式进行宰杀时不适用击昏动物的义务,以此来作为第 5 条第 1 段 C 项内容的替代。在对动物宰杀时的保护上,法令颁布了 1993 年 12 月 22 日的《93/119/EC 理事会指令》,该指令授权会员国在这方面可以采取例外规定。

最近,2007 年 11 月 7 日的《32/2007 皇家法令》重申,如果遵守 Ley Orgánica de Libertad Religiosa 的限制,在 Registro de Entidades Religiosas(宗教团体注册登记处)注册登记的宗教团体在实施宰杀动物时不适用击昏义务。值得注意的是,这一法令所指的宗教仪式是已在注册登记处登记过的。甚至是从未与国家签订过协议的宗教也会从这一例外规定中获益。因而,这个协议的规定似乎是仅仅提醒了这些宗教习惯的存在,而没有增加单边法所认可的例外规定。然而,必须牢记的是在保护宗教团体的权利上,协议所规定的条款需要得到国家进一步的保障。尽管 acuerdos 规定了一系列当事人之间同意的特权(这里指祭祀仪式的可能性),但他们在等级制度来源上的地位将难以废除。在将来,立法者可以随意的修改关于宰杀的单边规范,从而撤销对宗教需求的承认。另一方面,至少是违背了关于教派保障的政治观点才可以单方面废除协议。

Acuerdos 第 14 条进一步指出国内法要求祭祀仪式必须遵守现行的卫生条例。此外,授予宗教团体在宰杀技术上的合理豁免在任何情况下都不能违背卫生习惯,这是在肉类的生产和销售领域中保障公共健康。

必须指出的是当设立了家畜的运输方式时,这些规定进一步约束家畜的宰杀和肉类的加工。

除了这些细节,似乎还应提醒一些要点,在祭祀仪式的特殊情形下它们可能会产生一些问题。要特别指出的是第一,地点的鉴定和宰杀动物的前提;第二,实施宰杀的主体。

关于第一个问题,某些宗教习惯可能与卫生条例规定的在适当的地点(屠宰场)实施宰杀的义务形成对比。而实际情况是,一些宗教庆典的宰杀不会在屠宰场进行,例如私人房屋或非法的屠宰场。最流行的庆典是穆斯林的 Aid El Kebir,每个家庭都供奉一只山羊或一只绵羊以纪念 Isaac 的牺牲。

就这一点而言,2009 年 9 月 24 日的《1099/2009 欧盟法》近期已经修订了关于这一问题的立法,明确表示未经击昏的动物宰杀因为宗教原因而得到承认《在屠宰场实施宰杀的规定》(art. 4.4)。

在西班牙的 Ceuta 和 Melilla,伊斯兰团体众多并且 Aid El Kebir 庆典得到了很好的普及。在 Melilla,当地政府(Ciudad Autónoma)允许家庭使用城镇的屠宰场并对从摩洛哥或其他地区进口的动物进行检查。在 Ceuta,2003 年 2 月 3 日的法令规定了庆典期间供奉动物的卫生条件,甚至允许在家宰杀;然而,除了节日期间以外,宰杀都应在城镇的屠宰场进行。通过在适当的地点宰杀动物并有官方的兽医在场(并监督)这种当地政府与宗教团体的合作是一种尝试,在规定了举行仪式的条件的同时,也遵守了欧洲和国内的法律。

上述案例引导我们去审视关于实施宰杀的主体资格问题并且对卫生规定的遵守进行约束。为了这个目的,《54/1995 皇家法令》要求动物的宰杀由具备必要技术和专业知识的合格人员来实施(art. 7)。他们的资格由"自治区域"(Comunidades autónomas)的机构来认证,也就是当地单位即法令第 2 条下的主管部门。至于祭祀仪式,该皇家法令的第 2 附加条款规定现行立法承认的宗教机构有权实施并控制祭祀仪式程序。这些机构应在官方兽医的监督下运作。但这并不意味着宗教机构亲自实施宰杀,但是允许他们挑选有能力的机构并对过程进行监督。在任何情况下,运作都要在区域(autonómica)立法的规定下进行,因为在这一问题上地方机构都是主管部门。有时自治区域与教派合作共同规定:第一,相关主体;第二,如同在 Ceuta 和 Melilla 案例中所看到的祭祀仪式的地点和方式。关于伊斯兰教,值得怀疑的是关于宗教权威能力的鉴定。尽管这一鉴定在地方一级会更加简单,但必须指出的是在未经宗教屠夫(matarifes)授权并验证资格的情形下,私自宰杀的发生是非常频繁的。值得注意的是,最近的立法明确要求在进行祭祀仪式时要重视保健和卫生条件。他们还强迫屠宰场的管理者向主管部门公布实施的过程(《皇家法令 32/2007》,art. 6.3)并且对人员的能力和既定标准(1099/2009 欧共体法)的遵守进行严格的控制。

五、公共机构中的 Halal 饮食

当经过审核的协议涉及商标和祭祀仪式时,只有 acuerdo 与伊斯兰委员会含有在学校和医院、监狱等其他公众中心尊重宗教饮食习惯的规定。第 14 条第 4 段要求在公众中心、武装部队和在私人以及公共的教育机构中必须考虑伊斯兰的饮食教规(centros docentes)。这样的考虑应该注重所使用的食品类型和进餐时间(尤其是在斋月期间,穆斯林需要在不同的时间进餐,因为他们在日落之前不得饮食)。

第 14.4 条的规定在多元化的环境中变得非常重要,因为它承诺宗教多样性的表现力由国家进行保护。合作协议可以作为一种适应宗教特殊需求的有效方式。为了赋予其充分表达宗教自由的可能性,它允许国家和教派在处理宗教利益的最适当方式和多样性保护上达成一致。然而,西班牙人与穆斯林团体所达成的协议并没有充分开发这一潜能。

首先,第 14.4 条的规定更多的是一种劝告而不是一种要求。它仅仅规定,它将尽量(se procurará)考虑穆斯林学生和其他公众中心人员的饮食需求(internados)。因此,协议提及的机构没有义务并且信徒也无权要求当局考虑他们在这一问题上的要求。因而,所使用的适合穆斯林的菜单的不同取决于关注的程度和个别中心的服务质量。

其次,协议中的规定应该更明确地提出主管部门所采取的办法能够调节穆斯林的饮食需求。例如,可以设想一种地方级别的协商制度或者为宗教机构设立一个角色。反而,第 14.4 条所规定的指导都被忽略了并且个别机构已经被授予了充分的自由裁量权。

从这层意义上说,不如单边法能够直接帮助协议中提及的中心地点的运行。他们确实关注对宗教信仰自由的保护,然而仅仅在少数场合即在关于监狱制度和移民中心的规定中,尊重宗教饮食习惯的议题得到了明确的处理。

涉及监狱的 1979 年 9 月 26 日的《1/1979 组织法》(Ley General Penitenciaria)规定监狱管理部门按照卫生保健标准和健康指导并考虑犯人的宗教和哲学信仰来分发食物尽可能(第 21 条)。第 21 条可以理解为是与第 54 条的结合。后者要求监狱保障犯人的宗教信仰自由并为他们能够行使这一权利而创造条件。这就意味着他们必须促进犯人遵守自己的宗教饮食习惯的可能性。此外,协议中所使用的动词,诸如 proporcionar(提供)和 facilitar(促进)来替代一般的 procurar(尽力),尽管使用 en la medida de lo posible(尽可能)加以缓和,但似乎是表明了一种更严格的保证。

后者介绍了合理的标准,这有利于评价监狱在考虑了自身的组织和物力的情况下,如何加以运用从而促进宗教食品的多样性。事实上,这些措施需要一定的费用并且能用过多种方式来准备。例如,它并不是总要提供有 halal 证明的食品,但是提供可供选择的菜单(为素食者或不吃猪肉的人)还是合乎情理的。此外,《1/1997 法律》第 24 条允许犯人购买食品,这也包含 halal 食品。为实施《1/1997 法律》,《1996 年法规》在监狱问题上以类似的方式设立了一个一般的保证去为未决犯提供适合他们宗教信仰的饮食,尽可能(第 226 条)。第 230 条在宗教信仰自由的保护上也强调了这一保证。

1999 年 2 月 22 日的政府规定第 32 条关于移民拘留中心规定了类似的规则。在这两个案例中,只要公共机构的经济条件允许将必须为获得所信仰的宗教规定的食物提供帮助,并保护安全和人权。

而且,关于青少年法律制裁的单行条例(2000 年 1 月 12 日的《5/2000 组织法》)保证未成年人的宗教信仰自由和接触宗教领袖的权利并受到精心的照料(第 56 条)。制定条例第 39 条(《1774/2004 皇家法令》)要求监狱确保未成年人也能遵守自己的宗教饮食习惯。

上述规范没有提到与穆斯林达成的协议中第 14.4 条规定的内容。准确地说,单边立法没有授权因饮食需求的调整而获益的可能性仅属于穆斯林或属于已与国家签订协议的教派的公民(要不它就违背了平等原则);关于犯人和移民,这一可能性为任何宗教的信徒而设立。在与穆斯林达成的协议中提到的其他机构的案例中情况是不同的。在军队、医院、学校和其他公众中心,单边法律在这一议题上是不明确的,并且因为种种原因使协议中的规定只意味着是一种无力的劝告去请求特殊的宗教饮食。

就这一点而言,穆斯林和其他信徒之间的不平等问题将会突显。事实上,穆斯林可以基于协议第 14.4 条的规定要求获得调整食品的权利(rectius:一种可能性);其他信徒(尤其是他们自己的协议规定特殊的饮食需求的犹太人)必须参考在宗教信仰自由上的一般标准。然而,LOLR 没有设立任何义务去适应宗教需求;此外,它没有明确提出关于食品的宗教习惯的遵守。因而,关于伊斯兰教以外的教派的信徒的食品需求在立法上存在缺口。另一方面,与 CIE 达成的协议如果被当作是一种劝告而不是一种命令对话,将会失去其主要意义:有关部门的一般承诺不会给予穆斯林 internados 在这一领域主张拥有权利的可能性。在与犹太人达成的协议里缺少类似的规定但似乎没有因此而产生歧视。事实上,这不是在不平等的情况下去享有权利,而是两个协议中只有一个在处理这一问题上有选择权。

在这种情况下,在地方一级出现了一些有趣的进展。例如,在马德里市(Comunidad de Madrid)与犹太人、穆斯林团体的协议中,对于两个教派的宗教饮食需求的保护都被批准,而在国家一级的 1992 年协议里这样的规定却仅仅是针对穆斯林的。在 1997 年 11 月 25 日与马德里犹太人团体(Convenio Marco de colaboración entre la Comunidad de Madrid y la Comunidad Israelita de Madrid)达成的协议和 1998 年 3 月 3 日与伊斯兰社团联盟 UCIDE(Convenio Marco de Colaboración entre la Comunidad de Madrid y la Unión de Comunidades Islámicas de Espaa (UCIDE))达成的公约中,都在第 3 条规定通过当地政府和宗教团体的合作来许可人们在公共机构获得 halal 或 casher 食物。当存在为数众多的信徒并经他们请求,将会进行这样的干预。即使后一观点看似合理(如果没人请求,公共机构就不会准备 halal 或 casher 食品),但所提到的信徒《为数众多》会使人产生困惑。的确,如果公共机关致力于宗教自由的保护(包括对宗教饮食习惯的尊重),就没有理由不去保护少数人的权利。毫无疑问的是机构的费用限制和组织关系使对这一问题的干预受到限制。不过,可能是听从于人的良心而确定的"多数人标准"似乎是不正确的。

六、一个将来可能出现的观点:食品、宗教信仰自由和禁止歧视法

与 CIE 达成的协议里第 14.4 条的起草(一直强调其存在很多不足和不准确之处)反映了在签订协议时穆斯林的利益和特点。穆斯林是很零星地分布在国家里,并且他们在学校、监狱和工厂里的饮食需求也不像今天这样频繁地出现。似乎是西班牙政府必须决定在协议里提出一个一般性建议去充分考虑公共机构里的穆斯林的要求。

如今,这一规定似乎早已过时。这种看法的产生不仅是因为基于这一规定的请求日益增加(并且仅仅成为一种口号,没有能力进行管理),也是因为反抗宗教歧视并保护宗教多样性的新法律体制。

尤其是,通过欧洲反歧视立法,诸如禁止间接歧视和合理调节等理念将会带来更多的相关措施去消除不平等并促进宗教多样性。

就这一点而言,值得一提的是众所周知的欧盟第 2000 号指令已经确定了歧视的定义并且要求成员国按照超国家一级规定的原则在他们的国内法律制度上实施机会平等原则。西班牙通过 62/2003 法律来实施 2000/78 指令。值得注意的是在工厂里禁止歧视的措施也涉及宗教饮食需求的调节。法律第 34 条规定在人事任用和工作条件上禁止直接或间接的歧视,然而第 35 条允许制定积极的措施去处理某些宗教团体出现的不利局面。也应当谈一下该法的第 42 条,它规定集体合同可以包含反歧视条款或措施来促进工人的机会平等。尽管这些规定仅仅表现为一种可能性而不是义务,并且仅涉及工作领域,但是它们表明反歧视立法是支持采取积极的措施和宗教多样性的保护,当然,也包括支持饮食习惯的调整。

存在于欧盟法律和欧洲各国中的这种趋势使西班牙采用在目前的法律体制中从未有过的关于宗教信仰自由的概念,即合理调节。

实际上,关于宗教饮食需求,某些事件表现出对少数派的特殊关注,例如在伊斯兰教就已经发生了。比如,似乎可以这样说根据多元文化社会的变化,通过深入理解保护宗教自由的承诺,已经在监狱和学校发现了宗教食品多样化的调整方法。尽管在这个问题上单边立法存在缺陷,但是这些公共机构还是对协议中的劝告做出了积极的回应。

然而,为了设立更适当的方式去保护宗教饮食需求,考虑到当代西班牙社会的变化,对宗教需求这一保护即 de facto 的发展不能忽略修改现行法律体制的机会。一方面,协议可以作为一种恰当的工具来规定调节这些需求的方式。另一方面,单边规范可以遵循组织法在监狱问题上提出的标准（Ley General Penitenciaria）,并且在法规的实施过程中可以在这方面进一步的保障。